# 汽车电气设备与维修

主　编　贾会星　杨　靖

副主编　张婷婷　杨章林

参编者（按姓氏笔画排序）

王　超　申路路　朱　烨

杨　诚　徐　康

北京交通大学出版社

·北京·

## 内 容 简 介

本书结合高职院校汽车制造、技术服务类专业汽车电器课程的教学实践，将汽车电气设备、汽车车身电气设备、发动机点火系统、汽车空调等教学内容进行了整合。编写形式采用了项目化教学模式，各项目内容及重要知识点以任务进行引导，激发学生自主学习积极性。基本理论以应用为目的，以讲清概念、强化应用为重点，注重实践性、启发性和科学性，注重对学生操作能力、创造能力和团队合作能力的培养。

全书共分为 9 个项目，28 个学习任务，主要内容包括：汽车蓄电池的使用与维护、发电机的检测与维修、起动系统的检测与维修、点火系统的检测与维修、照明与信号系统的检测与维修、仪表与报警系统的检测与维修、安全与舒适系统的检测与维修、汽车空调系统的检测与维修、汽车电路识图。

本书图文并茂，通俗易懂，每个学习任务配有任务学习工单，既可用作学校汽车专业及相关专业的教材，也可供汽车维修与检测技术人员参考，还可以作为各类汽车维修培训班的培训教材。



**图书在版编目（CIP）数据**

汽车电气设备与维修 / 贾会星，杨靖主编. -- 北京 ：北京交通大学出版社，2025. 8.
ISBN 978-7-5121-5486-5

Ⅰ. U472.41

中国国家版本馆 CIP 数据核字第 2025UE6781 号

**汽车电气设备与维修**

QICHE DIANQI SHEBEI YU WEIXIU

责任编辑：廖志平

出版发行：北京交通大学出版社　　电话：010-51686414　　http://www.bjtup.com.cn

地　　址：北京市海淀区高梁桥斜街 44 号　　邮编：100044

印 刷 者：北京华宇信诺印刷有限公司

经　　销：全国新华书店

开　　本：185 mm×260 mm　　印张：13.25　　字数：510 千字　　插页：8.25 印张

版 印 次：2025 年 8 月第 1 版　　2025 年 8 月第 1 次印刷

定　　价：58.00 元（全两册）

本书如有质量问题，请向北京交通大学出版社质监组反映。对您的意见和批评，我们表示欢迎和感谢。

投诉电话：010-51686043，51686008；传真：010-62225406；E-mail：press@bjtu.edu.cn。

# 前言

为贯彻落实党的二十大精神，落实立德树人根本任务，适应当前经济社会对汽车生产制造、技术服务行业高素质劳动者和技术技能人才的需求，我们组织教师与相关企业技术人员共同编写了本书。本书旨在深化产教融合、校企合作，推动人才培养模式改革及信息化教学革新，体现岗课赛证综合育人理念，为汽车生产制造、技术服务行业培养掌握理论知识与实践技能、德才兼备的高素质技术技能人才。

本书编写的创新点：

（1）本书内容的选择以企业需求为基本依据，以就业为导向，对烦冗枯燥的原理部分进行了精简，做到适量、够用，更突出对学生动手技能的培养；结合课程内容的特点，在教学内容中融入了思政元素，很好地体现了课程思政。

（2）结合常见的汽车电气系统现象，以任务进行引导，采用基于工作过程导向的项目化编写模式，将需要掌握的知识点分解到每一个项目和任务中，让学生在动手完成项目任务时掌握知识点。

（3）教材内容简单，通俗易懂，通过任务引导，利用维修实例激发学生的学习兴趣，便于学生的学习。

（4）本书除了教材主体外，还为每个学习任务配套了工单，教师带领学生完成任务工单的内容即可完成每个工作任务的学习，并配有合理的学习效果评价方案；同时每个学习项目还配有学习自测题及参考答案，使学生课外学习更加便利。

本书适用于高职高专汽车检测与维修技术、汽车制造与试验技术、汽车服务与营销等专业的教学，参考学时为 60～100 学时，同时也可作为其他相关专业的教材或参考书。此外，本书还可供从事汽车维修的工程技术人员参考。

本书的主编是贾会星、杨靖，副主编是张婷婷、杨章林，参编人员有教师朱烨、杨诚，汽车服务企业专家申路路、徐康，汽车制造企业专家王超。

在本书的编写过程中，编者参考了一些国内外出版的同类书籍，在此特向有关作者表示衷心感谢！

由于编者水平有限，书中错误、疏漏之处在所难免，敬请使用本书的师生和广大读者批评指正。

**编　者**

**2024 年 8 月**

# 目录

# 项目1

# 汽车蓄电池的使用与维护

## 项目描述

一辆大众帕萨特轿车，在使用过程中，过不了多久就需要为蓄电池进行一次补充充电。换过蓄电池后，问题得以解决。

在对汽车蓄电池进行检测前，必须先了解汽车蓄电池的结构和工作原理，再根据汽车蓄电池的结构原理去检测相关的技术参数，并根据具体的检测结果寻找相应的故障原因，最终提出正确的故障诊断方法。

通过本项目的学习，可以更好地了解汽车蓄电池的使用和维护方法，掌握汽车蓄电池常见技术性能的检修方法。

## 任务1.1　蓄电池的结构原理

### 知识目标

1. 理解蓄电池的组成及结构原理。
2. 了解蓄电池的工作特性。
3. 掌握蓄电池的性能检测内容和方法。

### 能力目标

1. 掌握蓄电池的结构原理及工作特性。
2. 学会蓄电池的充电方法。
3. 掌握蓄电池的维护方法。

### 思政目标

1. 培养良好的职业道德和精益求精的工匠精神。
2. 培养安全意识和团队协作精神。
3. 提高自主学习能力。

**任务描述：**一辆大众帕萨特轿车，在使用过程中，过不了多久就需要为蓄电池进行一次补充充电。经检查发现是汽车蓄电池故障所致，需要对蓄电池进行检测维修。

**任务分析：**针对维修接待和车间确认意见，需要对汽车的蓄电池进行检测，首先需要了解汽车蓄电池的结构及工作原理。

汽车蓄电池是汽车的重要电源之一，在汽车的工作中发挥着极其重要的作用。因此我们需要对蓄电池的结构、原理和维护有清晰的认识。

## 1.1.1 汽车电源系统

### 1. 电源系统

汽车上通常都有蓄电池和发电机两个电源。每次起动发动机时，由蓄电池供给起动系统和点火系统所需要的全部电流，但蓄电池不具备长期给汽车电气系统供电的能力，所以需要不断充电。随着发动机转速的升高，发电机产生的电压超过蓄电池电压，此时发电机供应电气系统所需的电流并为蓄电池充电。这一整套装置被称为“充电系统”，又称为电源系统。

### 2. 电源系统的作用

电源系统的作用有两个：一是为蓄电池充电；二是发动机工作时，向用电设备提供电能。现在汽车上普遍采用的是交流发电机经整流后供应全车用电的方式。

### 3. 电源系统的组成

电源系统主要由蓄电池、交流发电机、发电机调节器、点火开关、电缆和线束等部件组成，如图 1-1 所示。

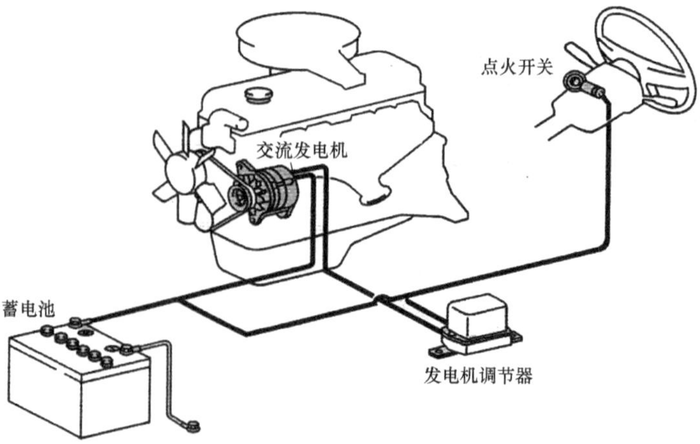


图 1-1　电源系统

## 1.1.2　蓄电池的结构及原理

### 1. 蓄电池的作用及分类

蓄电池（俗称“电瓶”），是一种可逆的低压直流电源，它既能将化学能转化为电能，也能将电能转化为化学能。蓄电池放电时，将其储存的化学能转变为电能；蓄电池充电时，将电能转变为化学能储存起来，直到化学能储存满时，充电结束。

（1）蓄电池的作用。

① 在发动机起动时，蓄电池向起动机提供强大的电流（约为 200～600 A，柴油机可达 1 000 A），同时向点火系统、燃油喷射系统及发动机其他用电设备供电。

② 当发电机不工作时，由蓄电池向用电设备供电。

③ 当发电机正常发电时，蓄电池将发电机的电能转变为化学能储存起来（即充电）。

④ 当发电机过载时，蓄电池协助发电机向用电设备供电。

⑤ 当取下车钥匙时，蓄电池会向时钟、发动机及其他控制单元、音响系统和防盗报警系统等供电。

⑥ 蓄电池相当于一个大容量电容器，可以保持汽车电气系统电压的稳定，保护电子元件。

（2）蓄电池的分类。

如图 1–2 所示，汽车上使用的蓄电池有铅酸蓄电池和镍碱蓄电池两种类型。铅酸蓄电池分为普通蓄电池、免维护蓄电池、干荷蓄电池及胶体蓄电池等；镍碱蓄电池有铁镍蓄电池和镉镍蓄电池等。铅酸蓄电池具有价格便宜、内阻小等特点，在大多数汽车上使用；镍碱蓄电池具有容量大、使用寿命长、维护简单等优点，但价格昂贵，目前只在少数汽车上使用。

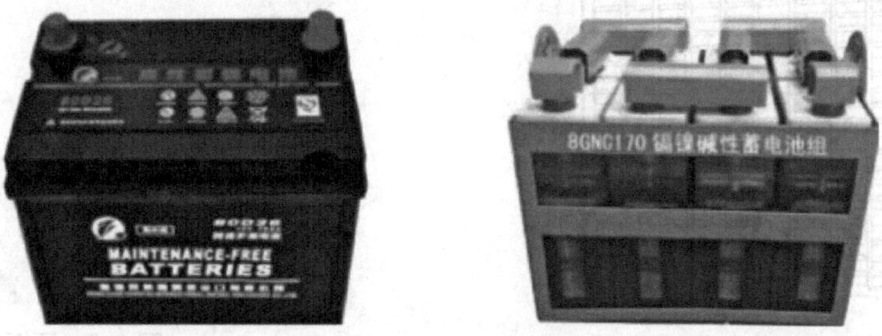


铅酸蓄电池　　镍碱蓄电池

图 1–2　蓄电池的分类

### 2. 铅酸蓄电池的构造

普通铅酸蓄电池主要由极柱、极板、隔板、电解液、壳体、联条等部分组成，如图 1–3 所示。蓄电池由单格组成，12 V 蓄电池由 6 个单格组成，每个单格电池电压约为 2.1 V。

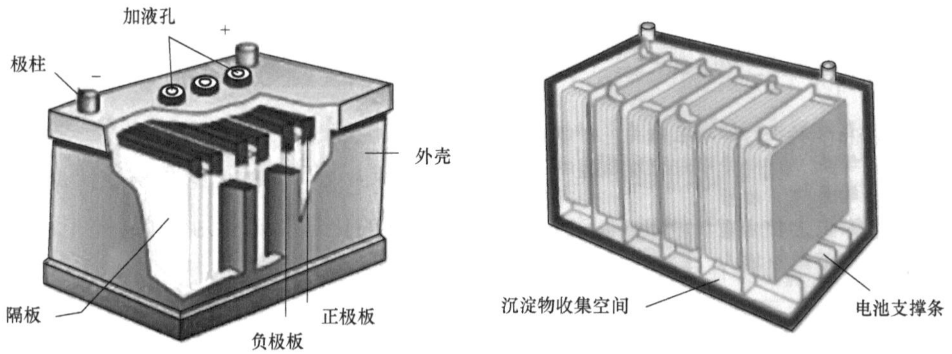


图 1-3　蓄电池的结构

（1）正、负极板。

极板是蓄电池的核心部分，分为正极板和负极板两种，均由栅架和填充在其上的活性物质构成，如图 1-4 所示。在蓄电池充、放电过程中，电能与化学能的相互转换依靠极板上的活性物质与电解液中的硫酸进行化学反应来实现。

正极板上的活性物质是二氧化铅（$PbO_2$），呈棕红色；负极板上的活性物质是海绵状纯铅（Pb），呈青灰色。

（2）隔板。

为了减小蓄电池内阻和尺寸，蓄电池内部正、负极板应尽可能地靠近，但为了避免因彼此接触而短路，正、负极板之间要用隔板隔开。隔板如图 1-5 所示。隔板材料应具有多孔性和渗透性，并且化学性能稳定，即具有良好的耐酸性和抗氧化性。常用的隔板材料包括木质隔板、微孔橡胶、玻璃纤维和纸板等。

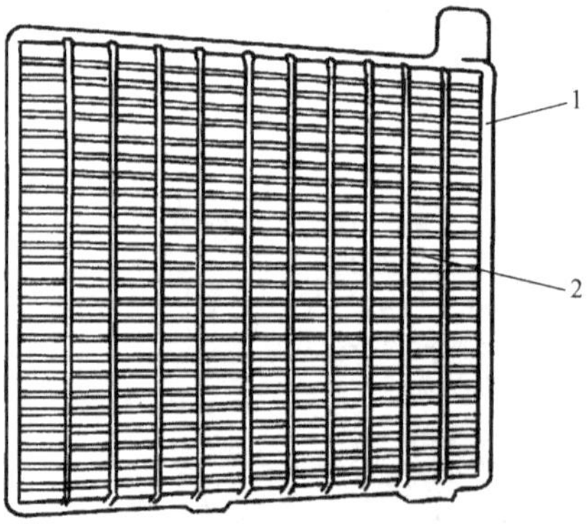


1—栅架；2—活性物质

图 1-4　极板

图 1-5　隔板

（3）电解液。

电解液是由密度为 1.84 g/cm³ 的纯硫酸与蒸馏水按一定比例配制而成，密度一般为 1.24～1.31 g/cm³（电解液的温度为 25 ℃）。此外，电解液的纯度也是影响蓄电池性能和使用寿命的重要因素。配制电解液必须用纯净的专用硫酸和蒸馏水，配制电解液应使用耐酸器皿，切记只能将硫酸慢慢地倒入蒸馏水中，并不断搅拌。电解液如图 1-6 所示。

（4）壳体。

蓄电池的壳体是用来盛放极板和电解液的容器。壳体应由耐酸、耐热、抗震，绝缘性良好，并且具有一定机械强度的材料制成。蓄电池的壳体通常采用橡胶或塑料制成，如图 1-7 所示。壳体为整体式结构，内部由 6 个互不相通的单格组成，底部有凸起的肋条用来搁置极板组。肋条之间的空间用来储存脱落下来的活性物质，以防止在极板间造成短路。极板装入壳体后，上部用与壳体相同材料制成的电池盖密封。每个单格的顶部有一个加液孔，用于添加电解液和蒸馏水，也用于检查电解液液面的高度和测量电解液的密度等。加液孔盖和盖板上设有排气孔，以便蓄电池在化学反应中产生的气体能随时逸出。

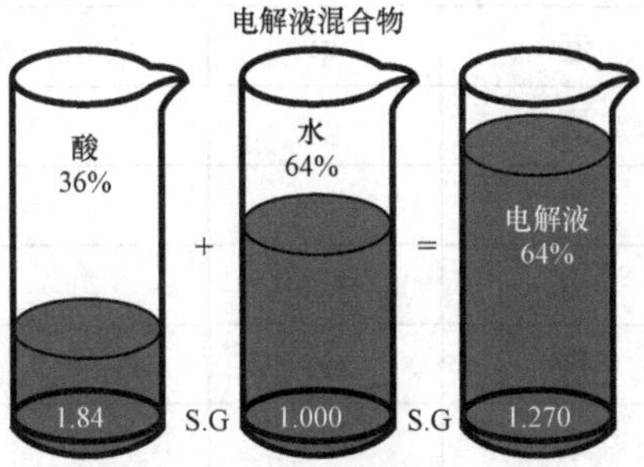

图1-6　电解液

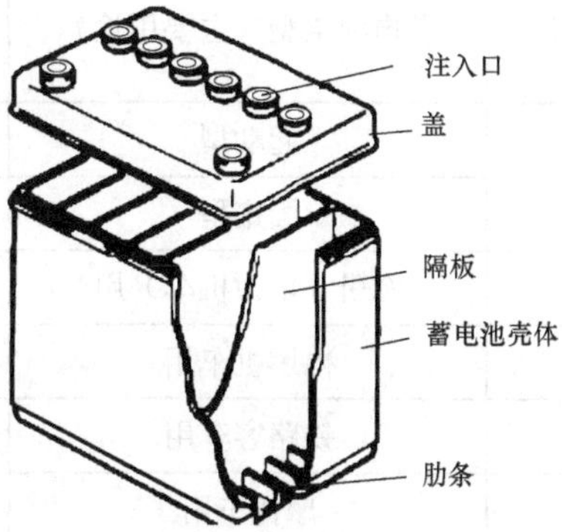

图1-7　壳体

（5）联条。

如图 1-8 所示，联条的作用是将单格电池串联起来，提高整个蓄电池的端电压。普通蓄电池联条的串接方式一般是外漏式，而新型蓄电池联条的串接方式是穿壁式。

视频讲解

（6）蓄电池的型号。

汽车用铅酸蓄电池的型号都是按照一定标准来命名的，在国内市场上使用的蓄电池型号主要是按照国家标准以及日本标准、德国标准和美国标准等命名的。

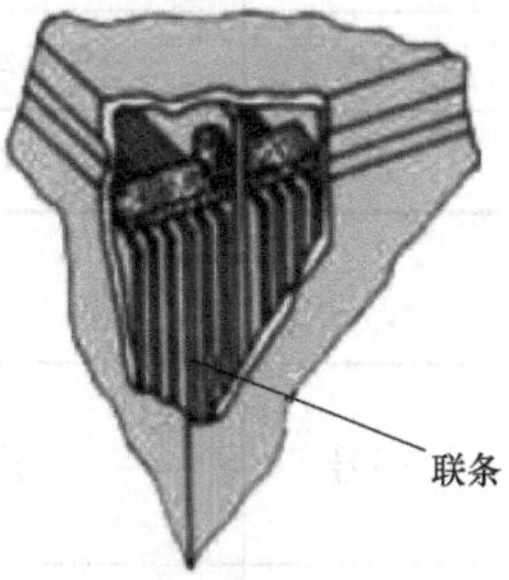

图1-8　联条

按我国机械行业标准 JB/T 2599—2012《铅酸蓄电池名称、型号编制与命名》的规定，铅酸蓄电池的型号由三部分组成：第一部分为串联的单体蓄电池数；第二部分为蓄电池的用途、结构特征代号；第三部分为标准规定的额定容量。各部分之间用连接线分开，其内容及排列如下：

**串联单格电池数–电池类型和特征–额定容量（特殊性能）**

① 串联单格电池数是指该电池总成所包含的单格电池数目，用阿拉伯数字表示。

② 电池类型和特征。根据其主要用途划分，起动型铅酸蓄电池用“Q”表示，代号 Q 是汉字“起”的第一个拼音字母。不同用途蓄电池类型划分见表 1-1。电池特征为附加部分，仅在同类用途的产品具有某种特征，而在型号中又必须加以区别时采用。蓄电池特征划分见表 1-2。

③ 额定容量和特殊性能。额定容量是指 20 h 放电率的额定容量，用阿拉伯数字表示。额定容量的单位为 A・h（安・时），在型号中可以略去不写。

有时在额定容量后面用一个字母表示特殊性能：G——高起动率、S——塑料外壳、D——低温起动性能好。

例如：6–QW–90，表示由 6 个单元电池组成，额定电压 12 V，Q——起动用，W——免维护型蓄电池，额定容量为 90 A・h。

**表 1–1　蓄电池类型划分**

| 序号 | 蓄电池类型（主要用途） | 型号 | 汉字及拼音或英文字头 | | |
|---|---|---|---|---|---|
| | | | 汉字 | 拼音 | 英语 |
| 1 | 起动型 | Q | 起 | qi | |
| 2 | 固定型 | G | 固 | gu | |
| 3 | 牵引（电力机车）用 | D | 电 | dian | |
| 4 | 内燃机车用 | N | 内 | nei | |
| 5 | 铁路客车用 | T | 铁 | tie | |
| 6 | 摩托车用 | M | 摩 | mo | |
| 7 | 船舶用 | C | 船 | chuan | |
| 8 | 储能用 | CN | 储能 | chu neng | |
| 9 | 电动道路车用 | EV | 电动车辆 | | electric vehicles |
| 10 | 电动助力车用 | DZ | 电助 | dian zhu | |
| 11 | 煤矿特殊 | MT | 煤特 | mei te | |

**表 1–2　蓄电池特征划分**

| 序号 | 蓄电池特征 | 型号 | 汉字及拼音或英文字头 | | |
|---|---|---|---|---|---|
| | | | 汉字 | 拼音 | 英语 |
| 1 | 密封式 | M | 密 | mi | |
| 2 | 免维护 | W | 维 | wei | |
| 3 | 干式荷电 | A | 干 | gan | |
| 4 | 湿式荷电 | H | 湿 | shi | |
| 5 | 微型阀控式 | WF | 微阀 | wei fa | |
| 6 | 排气式 | P | 排 | pai | |
| 7 | 胶体式 | J | 胶 | jiao | |
| 8 | 卷绕式 | JR | 卷绕 | juan rao | |
| 9 | 阀控式 | F | 阀 | fa | |

### 3. 免维护蓄电池

免维护蓄电池又称 MF 蓄电池，如图 1–9 所示，其含义是蓄电池由于自身结构上的优势，电解液的消耗量非常小，在使用寿命内基本不需要补充蒸馏水。它具有耐震、耐高温、体积小、自放电小等特点。

免维护蓄电池的使用寿命一般为普通蓄电池的两倍。市场上的免维护蓄电池有两种：一种是在购买时一次性加电解液，以后使用中不需要维护（添加补充液）；另一种是电池本身出厂时就已经加好电解液并封死，用户根本就不能加补充液。

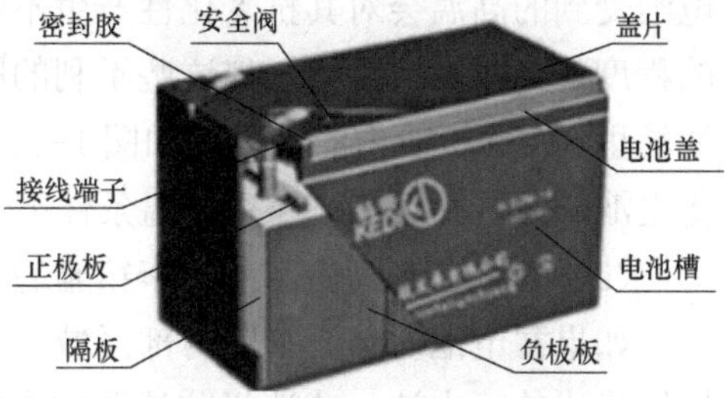

图 1–9 免维护蓄电池结构

（1）免维护蓄电池原理。

电池在充电时，电能转化为化学能，放电时化学能又转化为电能。电池在放电时，金属铅是负极，发生氧化反应，被氧化为硫酸铅；二氧化铅是正极，发生还原反应，被还原为硫酸铅。电池用直流电充电时，两极分别生成铅和二氧化铅。移去电源后，它又恢复到放电前的状态，组成内部动态平衡的化学电池。铅酸蓄电池是一种能够反复充电、放电的电池，又叫作二次电池。

（2）免维护蓄电池的结构特点。

免维护蓄电池采用铅钙合金栅架，充电时产生的水分解量少，水分蒸发量低，外壳采用密封结构，释放出来的硫酸气体也很少，所以它与传统蓄电池相比，具有不需添加任何液体且对接线桩头、电线腐蚀少，以及抗过充电能力强、起动电流大、电量储存时间长等优点。

免维护蓄电池因其在正常充电电压下，电解液仅产生少量的气体，极板有很强的抗过充电能力，而且具有内阻小、低温起动性能好、比常规蓄电池使用寿命长等特点，因而在整个使用期间不需添加蒸馏水，在充电系统正常的情况下，不需要拆下进行补充充电，但在保养时应对其电解液的比重进行检查。

大多数免维护蓄电池的盖上均设有一个孔形液体（温度补偿型）比重计，它会根据电解液比重的变化而改变颜色，可以指示蓄电池的存放电状态和电解液液位的高度。当比重计的指示眼呈绿色时，表明充电已足，蓄电池正常；当指示眼绿点很少或为黑色时，表明蓄电池需要充电；当指示眼显示淡黄色时，表明蓄电池内部有故障，需要修理或进行更换。观察孔结构如图 1–10 所示。

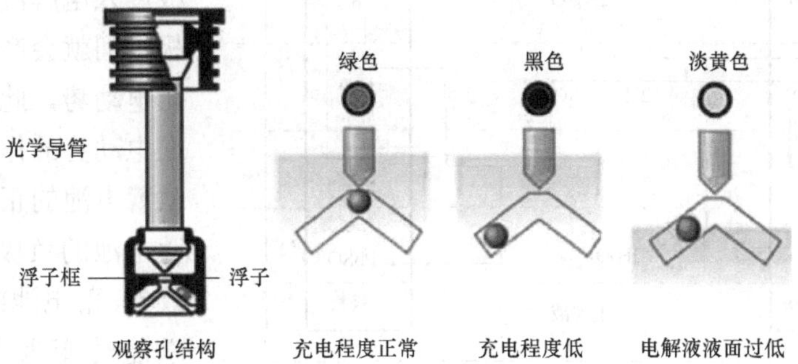

图 1–10 观察孔结构

**4. 蓄电池的安装位置**

（1）安装在发动机舱的蓄电池。

如果出于设计上的考虑将蓄电池安装在发动机或具有强烈热辐射的装置附近，那么蓄电池受到的高温会对其抗老化性产生不利的影响。正极板栅架的腐蚀、水的消耗和自放电的程度都会增加。为了抵挡这些不利的影响，蓄电池常常被安装在由合成材料制成的蓄电池箱里，发动机舱内的蓄电池如图 1–11 所示。如果温度特别高，会额外使用隔热套来保护蓄电池，但这并不能在冬季低温条件下为蓄电池提供防冻保护。

（2）安装在车辆内部或行李箱舱的蓄电池。

如果蓄电池安装在车辆内部区域，那么在使用湿式蓄电池的情况下，始终要选择经过抗倾优化的蓄电池，或选择防泄漏的 AGM 蓄电池。同样，对于安装在车辆内部空间内的蓄电池，必须装配一条排气软管，以排除蓄电池充放电时产生的气体。行李舱内的蓄电池如图 1–12 所示。

图 1–11　发动机舱内的蓄电池

图 1–12　行李舱内的蓄电池

**5. 蓄电池的工作原理**

蓄电池在充放电过程中，其内部的活性物质处于化合和分解的矛盾运动中。这个过程是可逆的：

$$PbO_2+Pb+2H_2SO_4 \rightleftharpoons 2PbSO_4+2H_2O$$

（1）铅酸蓄电池的放电。

当铅酸蓄电池的正、负极板浸入电解液中时，在正、负极板间就会产生约 2.1 V 的静止电动势，此时若接入负载，在电动势的作用下，电流就会从蓄电池的正极经外电路流向蓄电池的负极，这一过程称为放电，蓄电池的放电过程是化学能转变为电能的过程。蓄电池的放电如图 1–13 所示。

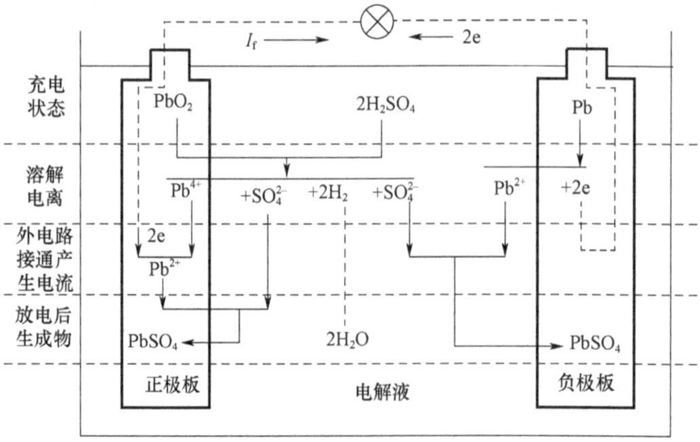


图 1–13　蓄电池的放电

放电时，正极板上的 $PbO_2$ 和负极板上的 Pb，都与电解液中的 $H_2SO_4$ 反应生成硫酸铅（$PbSO_4$），沉附在正、负极板上。电解液中的 $H_2SO_4$ 不断减少，密度逐渐下降。

（2）铅酸蓄电池的充电。

根据蓄电池的技术状态不同，充电工艺分为初充电、补充充电和去硫化充电三种。由于现在多采用带储存的免维护蓄电池，无法对蓄电池进行补液或换液，所以不再对初充电和去硫化充电方法进行说明。充电时，蓄电池的正、负极分别与直流电源的正、负极相连，当充电电源的端电压高于蓄电池的电动势时，在电场的作用下，电流从蓄电池的正极流入、从负极流出，这一过程称为充电。蓄电池充电过程是将电能转换为化学能的过程。充电时，正、负极板上的 $PbSO_4$ 还原成 $PbO_2$ 和 Pb，电解液中的 $H_2SO_4$ 增多，密度上升，如图 1-14 所示。

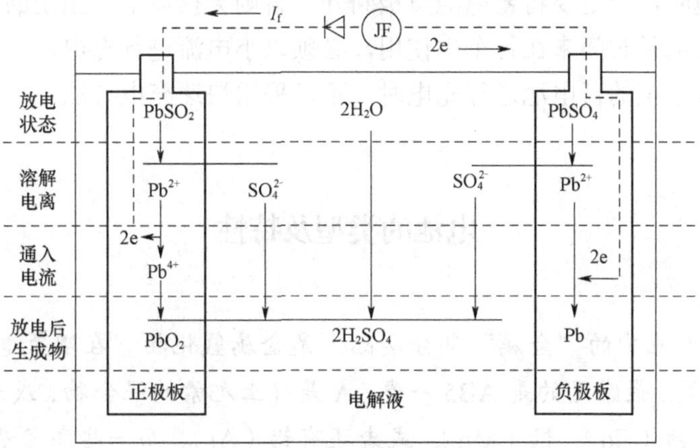


图 1-14　蓄电池的充电

① 补充充电。蓄电池使用后的充电，称为补充充电。汽车发电机对蓄电池的充电，只恢复蓄电池容量的 90%左右。因此，建议每隔 2～3 个月对车用蓄电池进行一次补充充电，以改善其性能和使用寿命。慢速恒流充电是一种以 5～15 A 的弱电流对蓄电池进行充电的方式。针对不同容量的蓄电池，慢速充电可能需要 5～30 h，慢速充电是最安全、最简便的充电方法。实际上，很多快速充电机都可以调整成慢速充电机。对蓄电池进行慢速充电时，按照单元电池中每个正极板 1 A 来确定充电电流。

② 快速恒流充电。快速充电器较为常用，用快速充电器对蓄电池充电时，充电效率较高。12 V 蓄电池一般采用 40 A 电流充电，6 V 蓄电池采用 70 A 电流充电，以这种电流充电，大多数蓄电池可以在 1 h 左右充足电。但是，蓄电池必须处于能够接受快速充电的良好状态。在快速充电时，如果蓄电池的极板存在硫化，将会导致过度气化、电解液沸腾和热量聚积等问题。在蓄电池出现硫化或隔板损坏时，禁止对蓄电池进行快速充电。

③ 定压充电。在充电过程中，电源电压始终保持恒定不变的充电方法，叫作定压充电。定压充电时各蓄电池需要并联，所以也称为并联充电。定压充电的电流刚开始很大，随着蓄电池电压的上升，电流逐渐减小，最后降至零。定压充电单元的电池电压需要达到 2.5 V 以上，对于 12 V 的蓄电池来说充电电压应该选择在 15 V 左右。

（3）蓄电池充电注意事项。

① 充电室应该安装通风和防火设备，并且在充电过程中严禁烟火，以免发生事故。

② 在充电过程中，要及时检查记录各单格电池电解液密度和端电压。在充电初期和中期，每 2 h 检查记录一次即可，接近充电终了时，每 1 h 检查记录一次。

③ 在充电过程中，观察各单格电池的端电压和电解液密度，若有异常，应停止充电。

④ 在充电过程中，必须随时测量各单格电池的温度，以免温度过高影响蓄电池的性能。当电解液温度上升到 40 ℃时，应立即将充电电流减半。减小充电电流后，如果电解液温度仍继续升高，应该停止充电，待温度降低到 35 ℃以下时，再继续充电。

⑤ 初充电作业应连续进行，不可长时间间断。

⑥ 充电时，应旋开出气孔盖，使产生的气体能够顺利逸出。

⑦ 就车充电时，一定要将蓄电池负极断开，否则会损坏电控系统的电子元器件。

⑧ 如果蓄电池长时间未在行车中使用，必须以小电流进行充电。

⑨ 在对过度放电的蓄电池进行充电时，不可采用快速充电方法。

## 知识拓展

### 电池的类型及特性

**1. 镍氢电池**

**组成：**镍氢电池中的“金属”部分实际上是金属氢化物。在镍氢电池的制造上，它们主要分为两大类。最常见的是 AB5 一类，A 是稀土元素的混合物，或者再加上钛（Ti）；B 则是镍（Ni）、钴（Co）、锰（Mn），或者还有铝（Al）。而一些高容量电池的“含多种成分”的电极则主要由 AB2 构成，这里的 A 则是钛（Ti）或者钒（V），B 则是锆（Zr）或镍（Ni），再加上一些铬（Cr）、钴（Co）、铁（Fe）和锰（Mn）。所有这些化合物扮演的都是相同的角色：可逆地形成金属氢化物。当电池充电时，氢氧化钾（KOH）电解液中的氢离子（$H^+$）会被释放出来，由这些化合物将它吸收，避免形成氢气（$H_2$），从而保持电池内部的压力和体积。当电池放电时，这些氢离子会经过相反的过程回到原来的地方。

**特性：**镍氢电池是由氢离子和金属镍合成的，电量储备比镍镉电池多 30%，比镍镉电池更轻，使用寿命也更长，并且对环境无污染。镍氢电池的缺点是价格比镍镉电池要贵很多，性能比锂电池要差。

**应用前景：**镍氢电池被普遍地应用在消费性电子产品中。一些功率特别大的镍氢电池，其容量、输出电池及功率比镍镉电池大，所以在电动遥控玩具（如遥控车）上取代了镍镉电池。大功率的镍氢电池也被应用于油电混合动力车辆中，最佳的例子是丰田的 PRIUS，该车采用了特别的充放电程序，使电池充放电寿命可足够车辆使用十年。

**2. 锂离子电池**

锂离子电池（Li-ion Batteries）由锂电池发展而来。因此在介绍之前，先介绍锂电池。举例来讲，以前照相机里用的扣式电池就属于锂电池。锂电池的正极材料是二氧化锰或亚硫酰氯，负极是锂。

**组成：**可充电锂离子电池是目前手机、笔记本电脑等现代数码产品中应用最广泛的电池，但它较为“娇气”，在使用中不可过充、过放（会损坏电池或使之报废）。因此，在电池上有保护元器件或保护电路，以防止昂贵的电池损坏。锂离子电池充电要求很高，要保证终止电压精度在±1%之内，目前各大半导体器件厂已开发出多种锂离子电池充电的IC，以保证安全、可靠、快速地充电。

**特性：**它是一种二次电池（充电电池），主要依靠锂离子在正极和负极之间移动来工作。

**应用前景：**日本索尼公司发明了以碳材料为负极、以含锂的化合物为正极的锂电池，在充放电过程中，没有金属锂存在，只有锂离子，这就是锂离子电池。当对电池进行充电时，电池的正极上会产生锂离子，这些锂离子通过电解液运动到负极。而作为负极的碳呈层状结构，它有很多微孔，达到负极的锂离子就嵌入到碳层的微孔中，嵌入的锂离子越多，充电容量越高。同样，当对电池进行放电时（即使用电池的过程），嵌在负极碳层中的锂离子脱出，又运动回正极。回正极的锂离子越多，放电容量越高。

### 3. 海洋电池

海洋电池是我国首创。海洋电池大规模用于灯塔等海边或岛屿上的小规模用电，因为电线难以跨海为灯塔供电，所以海洋电池的发明解决了这一难题。海洋电池还可以用于生产救生衣灯。

**应用前景：**海洋电池在海洋下任何深度都可以正常工作。海洋电池以海水为电解质溶液，不存在污染，是海洋用电设施的能源新秀。

### 4. 铁电池

目前国内外研究的铁电池有高铁和锂铁两种。

**组成：**高铁电池以高铁酸盐（$K_2FeO_4$、$NaFeO_4$等）作为正板材料。

**特性：**高能高容量、原料丰富；密度大、体积小、重量轻、寿命长、无污染。

**应用前景：**随着技术的成熟，锂铁电池将会有更好的发展。

在国外，有很多生产厂家都在研究动力电池，而在国内，虽然目前只有比亚迪一家成功推出了“锂电池”概念，并应用在其生产的$F_3D$车型上，但这毕竟是大胆地尝试了将技术转化为产品，这种商业化运作模式为其他致力于生产电动汽车及混合动力汽车的企业带来了很大的启示，也为电池制造企业指了一条明路。相信随着电池技术在汽车上的应用不断成熟，“铁电池”技术将会拥有更大的用武之地。

### 5. 纳米电池

**组成：**纳米电池由正负电极、电解质、聚合物隔离膜组成，纳米电池的负极材料是纳米化的天然石墨，纳米电池的正极是纳米化材料，采用由PP和PE复合的多层微孔膜作为隔离膜，并在电解质中加入导电的纳米碳纤维。电池的正极，由铝箔与电池正极连接，中间是聚合物的隔膜，它把正极与负极隔开，由纳米石墨组成的电池负极，由铜箔与电池的负极连接。电池的上下端之间是电解质，电池由金属外壳密闭封装。

**特性：**纳米即$10^{-9}$米，纳米电池即用纳米材料（如纳米$MnO_2$、$LiMn_2O_4$、$Ni(OH)_2$等）

制作的电池，纳米材料具有特殊的微观结构和物理化学性能，如量子尺寸效应、表面效应和隧道量子效应等。目前国内技术成熟的纳米电池是纳米活性碳纤维电池。

**应用前景**：美国科学家研制出了拥有三维纳米结构电极的电池，充放电可在几秒内完成，而且快速充放电不会影响电池的能量密度。最新成果有望彻底改变电池的设计方法。

**思政课堂**

1. 分组讨论，在蓄电池结构观测过程中，需要注意哪些安全事项呢？如何正确地对蓄电池充电？

2. 分组讨论，如何在蓄电池结构观测和充电过程中体现汽车维修技术人员的综合素养，你打算从哪几个方面去做？

## 任务 1.2　蓄电池的技术状况检测及维护

**知识目标**

1. 理解蓄电池的技术状况检测项目。
2. 掌握蓄电池的技术状况检测方法。
3. 掌握蓄电池的跨接及检修方法。

**能力目标**

1. 掌握蓄电池技术状况检测种类。
2. 学会用各种工具检测蓄电池技术状况。
3. 掌握蓄电池的跨接及检修方法。

**思政目标**

1. 培养良好的职业道德和工匠精神。
2. 培养安全意识和团队协作精神。
3. 提高自我管理和自主学习能力。

**任务描述**：一辆大众帕萨特轿车，在使用过程中，过不了多久就需要为蓄电池进行一次补充充电。经检查发现是汽车蓄电池故障所致，在熟悉其结构原理的基础上需要对其进行检测。

**任务分析**：针对维修接待和车间确认意见，需要对汽车的蓄电池进行检测，首先要需要了解蓄电池技术状况检测的具体项目，并掌握其检测方法。

## 1.2.1　蓄电池的技术状况检测

**1. 电解液液面高度检测**

（1）对于有加液口的蓄电池，可以使用玻璃管进行测量，如图 1–15 所示。

① 用一根空心玻璃管插入蓄电池电解液内极片的上平面处。

② 玻璃管内的电解液与电池液面同高，用大拇指按紧玻璃管上端，使管口密封。

③ 提起玻璃管，测量玻璃管内的液面高度，即为蓄电池电解液液面高度。标准值为 10～15 mm，过低应加入蒸馏水使之符合标准。

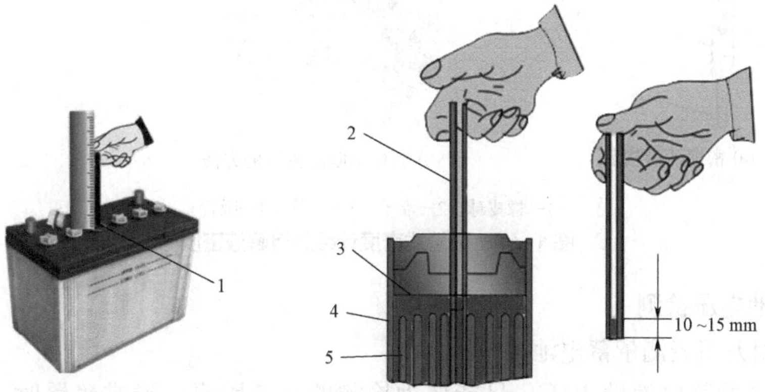


1—加液孔；2—玻璃管；3—外壳；4—防护板；5—极板组

图 1–15　用玻璃管检查电解液高度

（2）部分轿车蓄电池在电解液加液孔内侧的标准液面位置处开有方视孔，检视液面高度，观察液面在方视孔下面为液面过低；正好与方视孔齐平时为标准；液面满过方视孔而充满加液口底部以上为过多。标准值应在上、下刻线之间，如图 1–16 所示。如果液面过低，一般情况下可以直接加入蒸馏水。

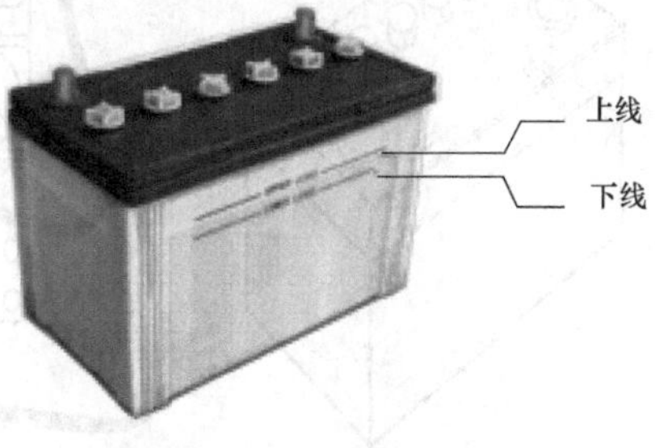


图 1–16　液面高度指示线

**注意**：除非确定液面降低是由于溅出所致，否则不允许加入硫酸溶液。对于不透明外壳的全封闭免维护蓄电池则不能也无须进行电解液面高度的测量。

**2. 电解液密度检测**

电解液的密度大小是判断蓄电池容量的重要标志。用密度计测量电解液密度如图 1–17 所示，具体步骤如下：

（1）打开蓄电池的加液盖。

（2）将密度计下端的橡皮管插入单格电池的加液孔内。

（3）用手将橡皮球捏瘪，然后慢慢放开，电解液就会被吸到玻璃管中。

（4）注意控制吸入时电解液不要过多或过少，以能将密度计浮子浮起而不会顶住为宜。

**注意：**在测量电解液密度的同时要测量电解液温度，并将实际测得的电解液密度值换算为 25 ℃时的相对密度。

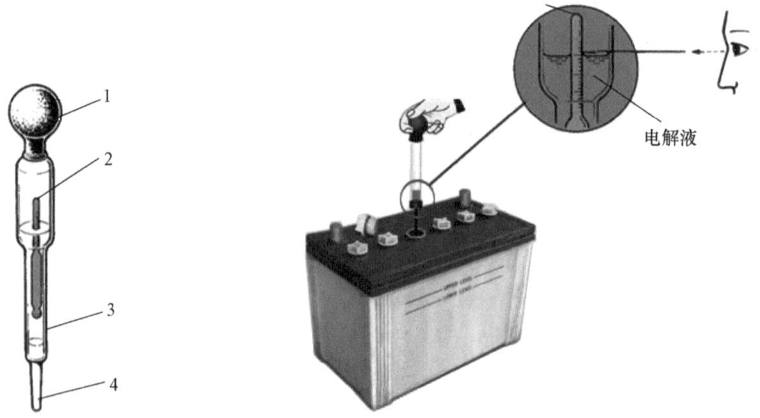


(a) 密度计的构造　　(b) 测量电解液密度的方法

1—橡皮球；2—浮子；3—外管；4—吸管

图 1–17　吸管式密度计检测电解液密度

**3. 蓄电池电压检测**

（1）使用万用表测量蓄电池端电压。

万用表测量蓄电池端电压，只能作为检测的参考因素。通常静置时，测量端电压≥12.6 V，并且电解液密度≥1.22 g/cm$^3$，才可以基本判定蓄电池具有一定的电量储备。测量蓄电池的端电压如图 1–18 所示。

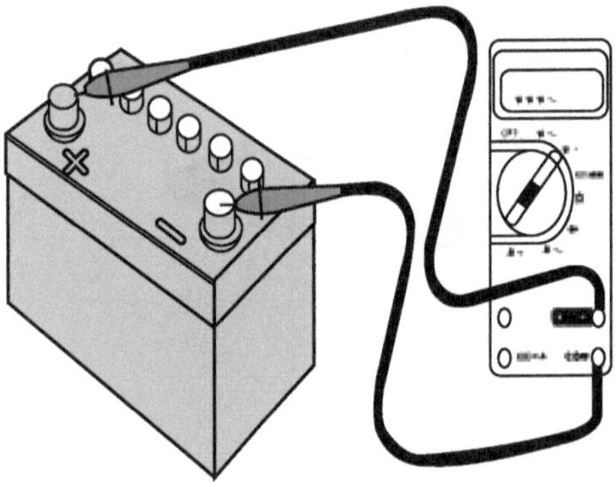

图 1–18　测量蓄电池的端电压

（2）使用高率放电计检测。

高率放电计的结构及测量方法如图 1–19 所示。高率放电计是模拟起动机工作状态，检测蓄电池容量的仪表。它由一只电压表和一个负载电阻组成。由于在检测时，蓄电池对负载电阻的放电电流可达 100 A 以上，所以，能比较准确地判定蓄电池的容量和基本性能，这是目前普遍使用的检测仪表。以 12 V 蓄电池为例，使用方法如下：

① 将测试夹分别对应夹在蓄电池的正、负极柱桩上。此时读数显示蓄电池的空载电压值。通常情况下，显示在 11.8～13 V 范围内是正常的。

② 按下按钮开关，蓄电池开始瞬间大电流放电，在 5 s 内读出电压表的负载电压指示数值。若指针稳定在 10～12 V 区间（绿色区域），说明蓄电池存电充足，不需要充电；若指针在 9～10 V 区间（黄色区域），说明蓄电池存电不足，需要充电；若指针在 9 V 以下区间（红色区域），说明蓄电池严重亏电，要立即充电才能使用；如果空载电压基本符合要求，但负载时指针迅速下降至红色区域以下，说明蓄电池已经损坏。

**注意：**此项测量不能连续进行，必须间隔 1 min 后才可以再次检测，以防止蓄电池损坏。

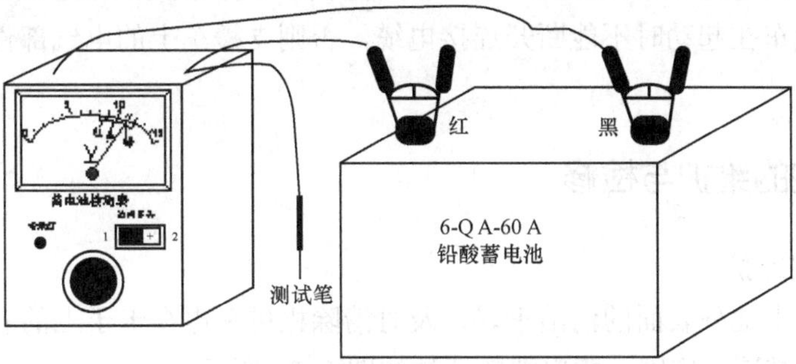


图 1-19 高率放电计测量蓄电池的放电程度

## 1.2.2 蓄电池的跨接

### 1. 跨接方法

用起动电源跨接起动时，跨接电压不能超过 16 V，以防损坏发动机电控系统；如果跨接起动困难，起动发动机，将发动机转速提高到 2 000 转，再次尝试起动；跨接线的连接方法是将一个 12 V 的备用蓄电池和原来的蓄电池正极与正极、负极与负极相连。与备用蓄电池的连接方法如图 1-20 所示。

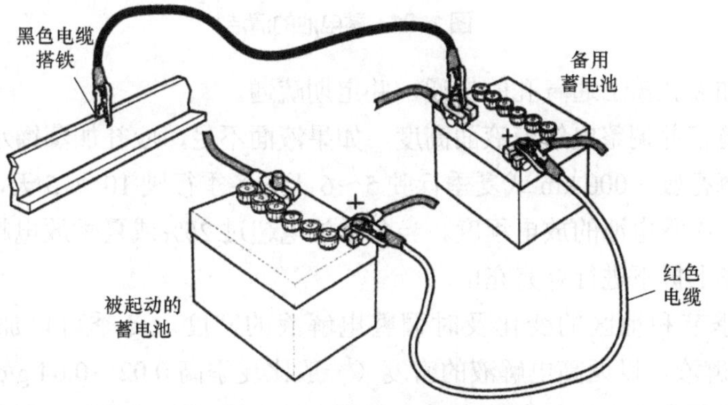


图 1-20 与备用蓄电池的连接方法

### 2. 跨接注意事项

（1）连接跨接线时，操作人员必须戴上护目镜。因为等待跨接起动汽车蓄电池的周围可能存在易于引起爆炸的氢气。

（2）保证两辆汽车的手制动都拉上，并且变速器档位为空档或停车档。

（3）保证两辆车身之间无接触。避免车辆起动过程中出现电流通过接触的车身流向支援车。

（4）连接起动电缆前必须关闭起动开关和所有电气附件。

（5）不能使用支援车作为蓄电池充电机，因为这样可能会使支援车的交流发电机过载而发生损坏。

（6）禁止使用超过 16 V 的电压去跨接起动汽车，过高的电压会损坏汽车的电气部件。

（7）抛锚汽车在起动时不能断开连接电缆，否则支援车上的电气部件可能会被高电压击穿而损坏。

## 1.2.3 蓄电池的维护与检修

**1. 蓄电池的维护**

（1）保持蓄电池外表面的清洁干燥，及时清除极桩和电缆卡子上的氧化物，并确保蓄电池极桩上的电缆连接牢固。蓄电池的清洁如图 1–21 所示。

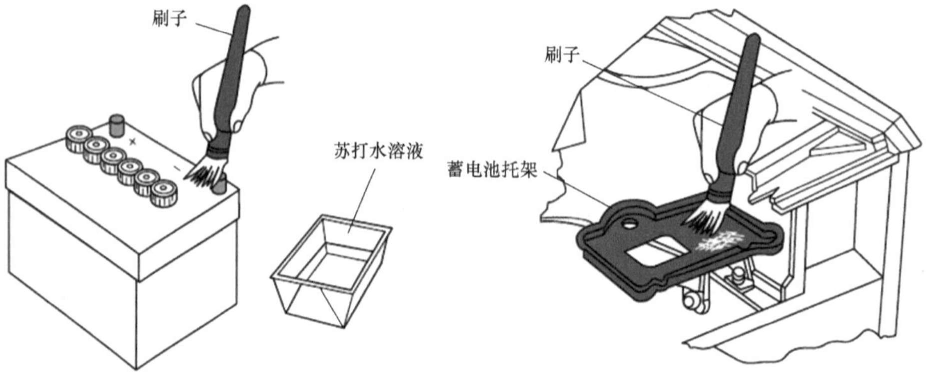


图 1–21 蓄电池的清洁

（2）保持加液孔盖上通气孔的畅通，并定期疏通。

（3）定期检查并调整电解液液面高度，如果液面不足，应补加蒸馏水。

（4）汽车每行驶 1 000 km 或夏季行驶 5～6 天、冬季行驶 10～15 天，应用密度计或高率放电计检查一次蓄电池的放电程度。当冬季放电超过 25%或夏季放电超过 50%时，应及时将蓄电池从车上拆下进行补充充电。

（5）根据季节和地区的变化及时调整电解液的密度。冬季可以加入适量的密度为 1.40 g/cm$^3$ 的电解液，以调高电解液的密度（一般比夏季高 0.02～0.04 g/cm$^3$）。

（6）冬季向蓄电池内补加蒸馏水时，必须在蓄电池充电前进行，以免因水和电解液混合不均而引起结冰。

（7）冬季蓄电池应经常保持在充足电的状态，以防因电解液密度降低而结冰，引起外壳破裂、极板弯曲和活性物质脱落等故障。

**2. 蓄电池的检修**

（1）蓄电池的拆卸。

① 将点火开关置于“断开（OFF）”位置。

② 拆下蓄电池固定夹板的固定螺栓，然后取下固定夹板。

③ 拧松蓄电池正、负极柱上的电缆接头固紧螺栓，然后取下电缆。

④ 从汽车上取下蓄电池。取下蓄电池时应小心轻放，尽量用蓄电池提把提取。

⑤ 检查蓄电池壳体上是否有裂纹和电解液渗漏痕迹，如果发现裂纹和渗漏应更换蓄电池。

（2）蓄电池的安装步骤。

① 检查蓄电池的型号、规格是否适合该型汽车使用。

② 检查电解液的相对密度和液面高度是否符合技术要求，否则应予以调整。

③ 按照蓄电池正、负极柱和正、负电缆端子的相对位置，将蓄电池安放到固定架上。

④ 用细砂纸或专用清洁器清洁蓄电池的接线柱及连接接线柱夹头，在螺栓、螺母的螺纹上涂凡士林或润滑脂，以防氧化生锈。

⑤ 在正、负极接线柱及其电缆端子上涂抹一层润滑脂，以防极柱和端子氧化腐蚀。

⑥ 安装固定夹板时，需要拧紧夹板固定螺栓。

## 知识拓展

### 蓄电池常见故障

**1. 极板硫化**

极板硫化是指在极板上生成一层白色的颗粒状的硫酸铅物质，在正常充电时不能转化为二氧化铅和海绵状纯铅，这种现象称为硫酸铅硬化，简称硫化。硫化的蓄电池不能正常进行充放电反应，且容量降低、内阻增大，在起动汽车时，端电压下降多，使起动机运转无力。所以，应注意蓄电池的日常维护，预防极板硫化。要经常保持汽车充电系统的正常工作，如果发现发电机和调节器出现故障应及时排除。同时，要保证电解液的液面高度不能过低，在日常维护中应及时添加补足。此外，不要将半放电的蓄电池长期搁置，应定期补充充电，使其保持完全充电状态；不要让蓄电池过度放电，每次接通起动机时间不应超过 5 s，避免低温大电流放电。

**2. 自行放电**

一般情况下，维护良好、充足电的蓄电池在 20 ～30 ℃的环境中，开路搁置 28 天，其容量损失不应超过 20%。如果超过上述数值，则属于自放电过大。自放电过大的主要原因：上盖不清洁；电解液不纯；蓄电池离热源过近，负极海绵状铅溶解加快，析氢量增加，导致负极板自放电加剧。

蓄电池自放电过大的预防：坚持日常维护，保持蓄电池表面清洁干燥；加液孔螺塞通气孔畅通，拧紧加液孔螺塞，防止灰尘及脏物进入壳内；使用按国家标准规定配制的电解液，切不可随意添加矿泉水或自来水；充电电流大小应适宜，防止充电电流过大，导致极板活性物质脱落；蓄电池离热源过近应有隔热措施；暂不用的新蓄电池不要灌注电解液；对已灌电解液待用的蓄电池应定期补充电，以免其容量降低，寿命缩短。

**3. 极板短路**

隔板损坏或活性物质沉积过多都会导致极板短路。极板短路充电时，电解液温度会迅速升高，而蓄电池端电压和相对密度回升相对缓慢，且充电末期气泡很少，用蓄电池放电测试仪测量端电压时，电压很低并且会迅速下降为零。

导致蓄电池内部短路的主要原因：极板活性物质或其他导电物质落入蓄电池内或两极板间使其发生短路。

## 思政课堂

1. 分组讨论，在蓄电池检测过程中，需要注意哪些安全事项呢？如何正确地使用检测工具？

2. 分组讨论，如何准确判断蓄电池存在的故障，并结合实际谈一谈创新意识在解决蓄电池故障过程中的重要性。

# 项目 2
# 发电机的检测与维修

## 项目描述

一辆奥迪 A4 轿车，起动发动机后，充电指示灯稍微发亮。

奥迪 A4 轿车供电系统由集成式交流发电机主导。该发电机内置集成电路调节器，拥有 11 只二极管，用于整流和调节电压。发电机产生的交流电通过整流器转换为直流电，供给车辆的电池和电气系统，并配备充电指示灯以指示蓄电池的充、放电状态。当发电机正常工作时，指示灯会熄灭。行车时，充电指示灯常亮不灭，表明充电系统有故障。

通过本项目的学习，可以更好地了解汽车发电机的常见结构及工作原理，掌握汽车充电系统常见故障的诊断方法。

## 任务 2.1　发电机拆装与检修

视频讲解

### 知识目标

1. 了解发电机的类型。
2. 理解交流发电机的结构和工作原理。
3. 掌握发电机拆装及检修方法。

### 能力目标

1. 能正确将发电机从车上拆下，并正确将发电机安装到车上。
2. 能拆装发电机总成，并正确对发电机组成零件进行检测。
3. 能正确分析充电系统工作电路，并能诊断和排除故障。

### 思政目标

1. 培养良好的职业道德和工匠精神。
2. 培养安全意识和团队协作精神。
3. 提高自我管理和自主学习能力。

**任务描述：**一辆奥迪A4轿车，起动发动机后，充电指示灯稍微发亮。经检查发现是汽车发电机故障所致，需要对发电机进行检测维修。

**任务分析：**针对维修接待和车间确认意见，需要对汽车的发电机进行拆解、检测，首先需要了解交流发电机的基本结构组成及其工作原理。

发电机是汽车的主要电源，其功用是在发动机正常运转时（怠速以上），向所有用电设备（起动机除外）供电，同时向蓄电池充电。汽车用发电机可分为直流发电机和交流发电机。由于交流发电机在许多方面优于直流发电机，直流发电机已被淘汰，目前所有汽车均采用交流发电机。

## 2.1.1　交流发电机的结构及原理

交流发电机是汽车的主要电源，其功能是在发动机起动后，把机械能转变成电能，利用整流功能把交流电变成直流电，给用电设备供电（起动机除外），同时向蓄电池充电。

**1. 交流发电机型号与类型**

（1）型号。

目前汽车上所用的交流发电机，按调节器是否单独安装可分为两大类：一类是调节器单独安装，称为普通硅整流发电机；另一类是调节器安装在发电机内部，称为整体式硅整流发电机。汽车交流发电机的型号组成如下：

| 1 | 2 | 3 | 4 | 5 |
|---|---|---|---|---|

第1部分为产品代号。用大写字母组成。交流发电机的产品代号有JF、JFZ、JFB、JFW四种，分别表示外装电压调节器交流发电机、整体式交流发电机、带真空泵的气制动用交流发电机和无刷交流发电机。

第2部分为电压等级代号。用1位阿拉伯数字表示，“1”表示12 V系统，“2”表示24 V系统，“3—5”备用，“6”表示6 V系统。

第3部分为电流等级代号，用阿拉伯数字表示，如表2-1所示。

**表2-1　交流发电机的电流等级代号含义**

| 电流等级代号 | 1 | 2 | 3 | 4 | 5 | 6 | 7 | 8 | 9 |
|---|---|---|---|---|---|---|---|---|---|
| 电流/A | ≤19 | 20～29 | 30～39 | 40～49 | 50～59 | 60～69 | 70～79 | 80～89 | ≥90 |

第4部分为设计序号。按产品的先后顺序，用1～2位阿拉伯数字表示。例如，“8”表示此交流发电机为第8次设计。

第5部分为变型代号。交流发电机以调整臂的位置作为变型代号。从驱动端看，“Y”表示右边，“Z”表示左边；没有变型代号则表示无调整臂或调整臂处于中间位置。如果发电机被驱动的旋转方向为逆时针，则最后一个字母为“N”。

（2）类型。

① 按总体结构的不同，交流发电机可以分为普通式、整体式、带泵式、无刷式和永磁式等多种类型。

② 按磁场绕组搭铁形式的不同，交流发电机可以分为内搭铁式和外搭铁式两种。内搭铁式交流发电机励磁绕组的两端通过电刷分别引至发电机端盖上的接线柱，分别为 F 和 E 接线柱，如图 2-1（a）所示。外搭铁式交流发电机磁场绕组的两端均与端盖绝缘，其中一端经调节器后搭铁，分别为“$F_1$”和“$F_2$”接线柱，如图 2-1（b）所示。

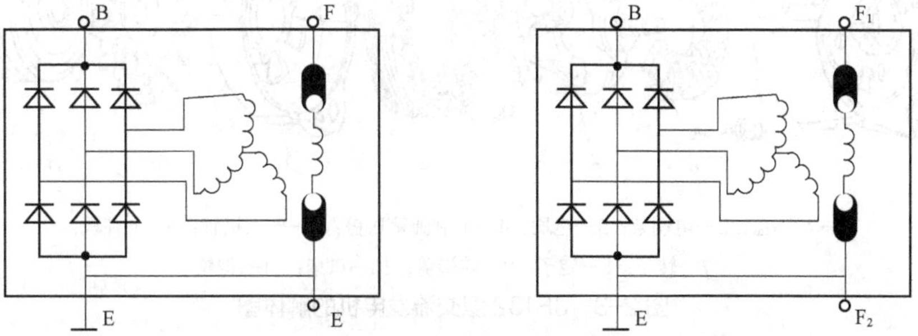


(a) 内搭铁　　(b) 外搭铁

图 2-1　交流发电机的搭铁形式

③ 按整流板二极管数目的不同，交流发电机可以分为 6 管交流发电机、8 管交流发电机、9 管交流发电机和 11 管交流发电机，如图 2-2 所示。

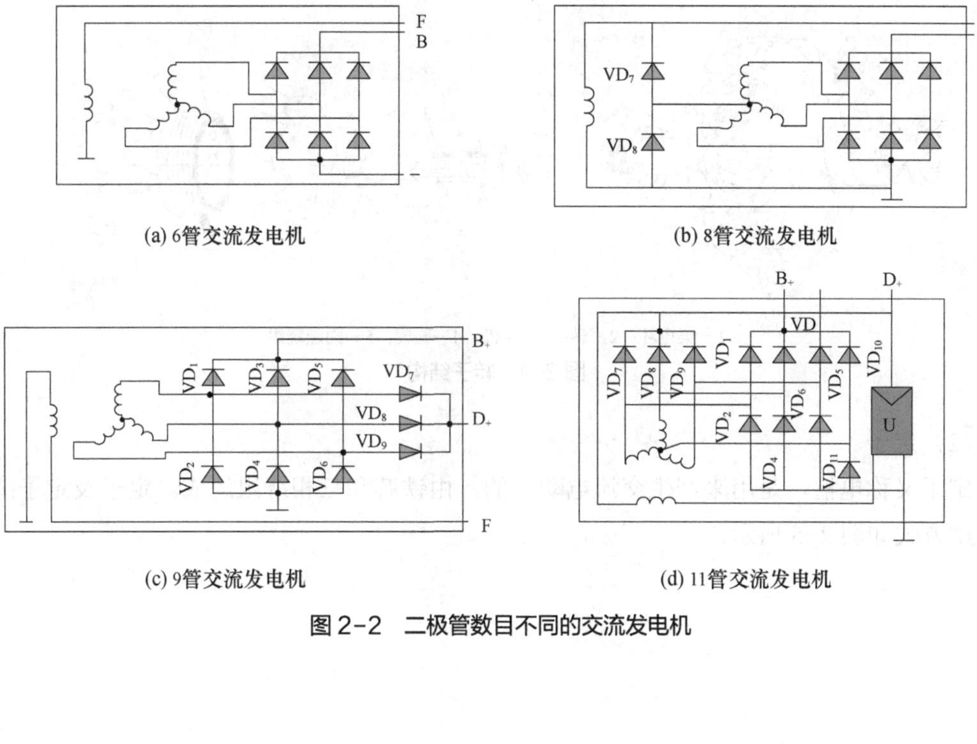


(a) 6管交流发电机　　(b) 8管交流发电机

(c) 9管交流发电机　　(d) 11管交流发电机

图 2-2　二极管数目不同的交流发电机

**2. 交流发电机的结构**

汽车交流发电机一般由转子、定子、前后端盖、风扇、带轮（整体式交流发电机，内部还包含电压调节器）等组成。具体结构如图 2–3 所示。

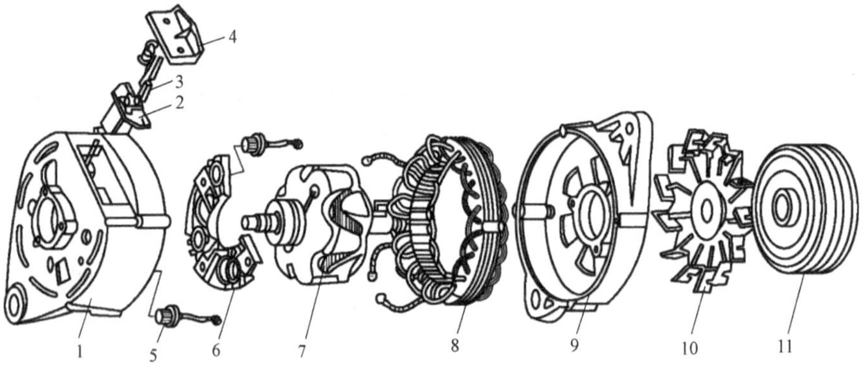


1—后端盖；2—电刷架；3—电刷；4—电刷弹簧压盖；5—硅二极管；6—元件板；
7—转子；8—定子；9—前端盖；10—风扇；11—带轮

图 2–3　JF132 型交流发电机的解体图

（1）转子。

交流发电机的转子是用来建立磁场的，主要由两块爪极、励磁绕组、轴和集电环等组成，如图 2–4 所示。两块爪极压缩在转子轴上，在两块爪极的内腔装有导磁用的铁芯，其上绕有励磁绕组。

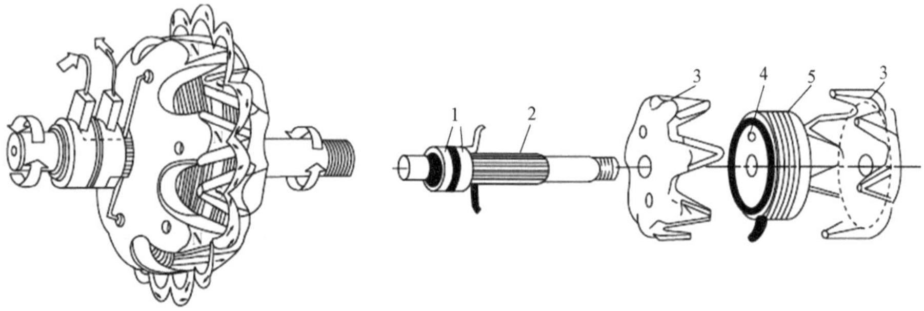


1—集电环；2—轴；3—爪极；4—磁轭；5—励磁绕组

图 2–4　转子结构

（2）定子。

定子又称电枢，是用来产生交流电动势的，由铁芯和三相绕组组成。定子及定子绕组的联结方式如图 2–5 所示。

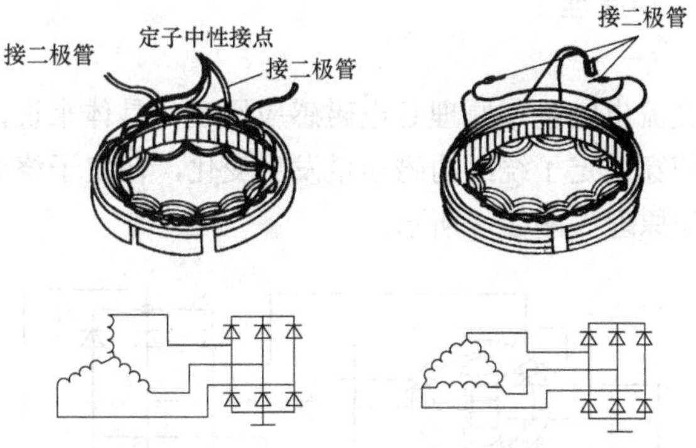


(a) 星形 (Y) 联结　　(b) 三角形(△)联结

**图 2-5　定子及定子绕组的联结方式**

（3）整流器。

交流发电机的整流器是由六只硅整流二极管组成的三相桥式整流电路，功能是将三相绕组产生的交流电转化为直流电。其整流二极管的特点是工作电流大、反向电压高。硅整流二极管的安装如图 2-6 所示，硅整流二极管分为正极管子和负极管子。

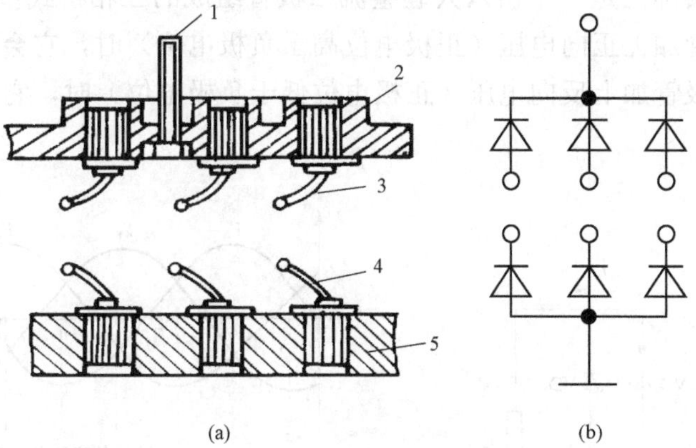


(a)　　(b)

1—火线接线柱；2—元件板；3—正极管子；4—负极管子；5—后端盖

**图 2-6　硅整流二极管的安装**

（4）前端盖、后端盖。

端盖一般分为两部分（前端盖和后端盖），起支撑转子、定子、整流器和电刷组件的作用，如图 2-7 所示。端盖是由非导磁材料铝合金制成的，漏磁少，并具有轻便、散热性能好等优点。

目前，交流发电机的电刷架有两种结构形式。一种是外装式，可直接从发电机的外部拆装，因此拆装维修方便；另一种是内装式，不是直接从电机外部进行拆装，如需要换电刷，需将发电机拆开。

**图 2-7　端盖**

### 3. 交流发电机的工作原理

（1）发电原理。

交流发电机产生交流电的基本原理是电磁感应原理。具体来说，交流发电机是利用产生磁场的转子旋转，使穿过定子绕组的磁通量发生变化，在定子绕组内产生交流感应电动势。交流发电机的工作原理如图 2-8 所示。

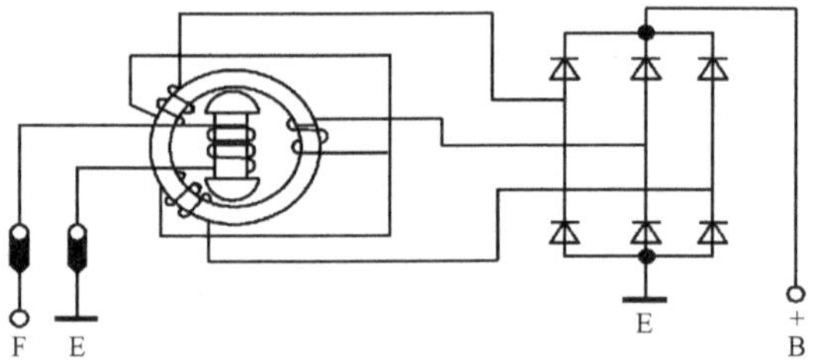


图 2-8 交流发电机的工作原理

（2）整流原理。

利用硅整流二极管的单向导电性，制成了交流发电机的硅整流器，使交流电变为直流电。硅整流器实际上是一个由六只硅整流二极管组成的三相桥式整流电路，如图 2-9 所示。当给二极管加上正向电压（正极电位高于负极电位）时，它会导通，即呈现低电阻状态；当给二极管加上反向电压（正极电位低于负极电位）时，它会截止，即呈现高电阻状态。

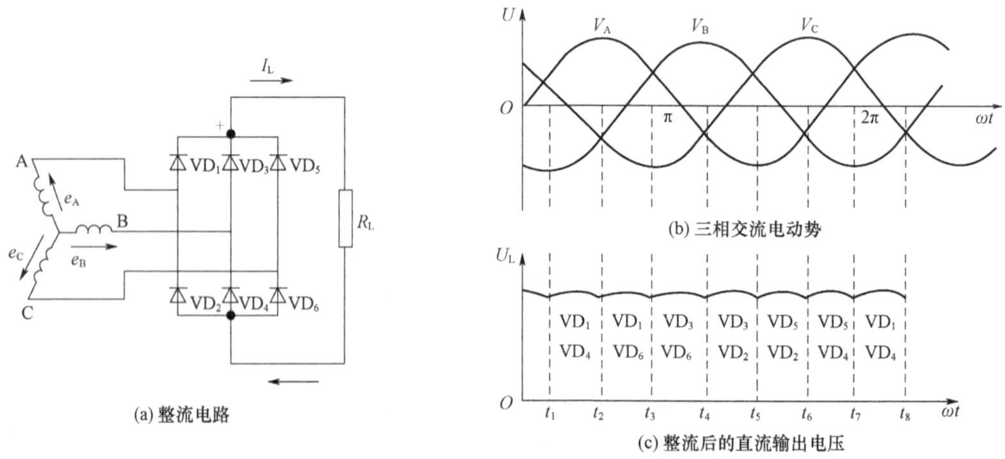


图 2-9 三相桥式整流电路及电压波形

（3）交流发电机的励磁。

将电流引入励磁绕组使之产生磁场称为励磁。交流发电机励磁方式有他励和自励两种。

① 他励。在发电机转速较低时（发动机未达到怠速转速），自身不能发电，需要蓄电池供给发电机励磁绕组电流，使励磁绕组产生磁场来发电。这种由蓄电池供给磁场电流发电的方式称为他励发电。

② 自励。随着转速的提高（一般在发动机达到怠速时），发电机定子绕组的电动势逐渐升高并能使整流器二极管导通，当发电机的输出电压 $U_B$ 大于蓄电池电压时，发电机就能对外供电了。当发电机对外供电时，就可以把自身发的电供给励磁绕组，这种自身供给磁场电流发电的方式称为自励发电。

## 2.1.2 发电机的拆装与检修

### 1. 发电机的拆装

以奥迪 A4 轿车交流发电机为例，拆装需要使用专用扳手固定发电机 V 形带轮，然后旋下紧固螺母，最后将发电机从车上拆下，如图 2–10 所示，顺序如下。

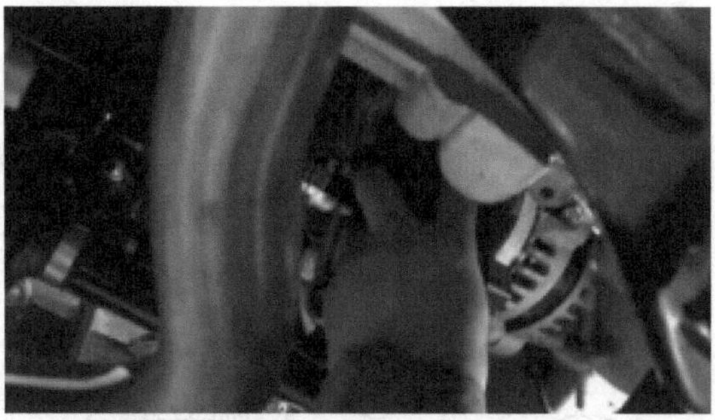

图 2–10 发电机的拆装

（1）断开蓄电池负极端子。

（2）断开发电机电缆及连接器。

（3）拆卸发电机固定螺栓及皮带。

（4）拆卸发电机电刷座总成：

① 发电机端子绝缘体。

② 电刷座。

③ 后端盖。

（5）拆卸发电机调节器总成。

（6）拆卸整流器。

（7）拆卸发电机转子总成：

① 驱动端盖。

② 转子。

③ 整流器端盖。

（8）按拆卸的相反顺序装复。装复后，转动发电机带轮，转子应转动平顺，无摩擦及碰击声。

### 2. 发电机的检修

（1）发电机的就车检修。

① 充电指示灯检查。

充电指示灯对汽车充电系统起到监控、指示的作用。当闭合点火开关时，充电指示灯会点亮，表示发电机没有发电；当发动机起动后，发电机的输出电压高于蓄电池电压时，充电指示灯会熄灭，表示充电系统正常工作。有的汽车不采用充电指示灯，而采用电流表或电压表来监控、指示充电系统的工作。

② 励磁电路检查。

在打开点火开关状态下用一个金属物体检查发电机转子轴是否有磁性。

③ 发电机运行状态检查。

在发动机运转状态下使用万用表检查发电机的输出电压，在 2 500 r/min 的情况下，发电机的输出电压应不小于 14.10 V。

（2）发电机解体后的检查。

① 转子的检修。

a）转子绕组短路与断路的检查。

用数字万用表的低电阻挡检测两集电环之间的电阻，应符合技术标准。一般阻值约为 3.5～6 Ω。如果阻值为“∞”，则说明断路；如果阻值过小，则说明短路。若断路或短路一般都是整体更换。转子的检测如图 2–11 所示。

b）转子绕组搭铁检查。

检查转子绕组与铁芯（或转子轴）之间的绝缘情况。用万用表电阻挡检测两集电环与铁芯（或转子轴）之间的导通情况。若电阻为零且万用表发出响声，说明搭铁有故障，正常为“∞”。转子绕组搭铁检查如图 2–12 所示。

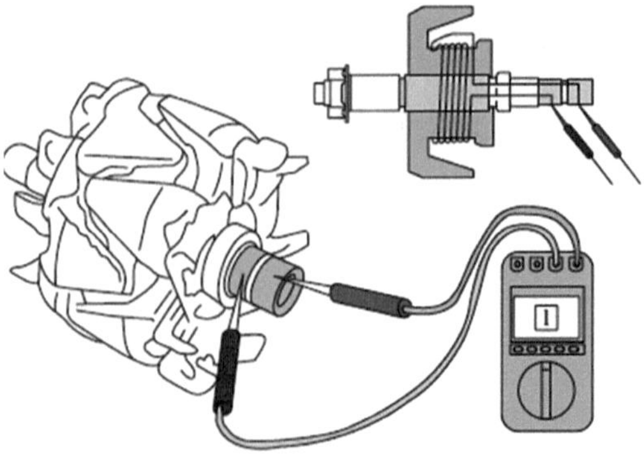

图 2–11　转子的检测

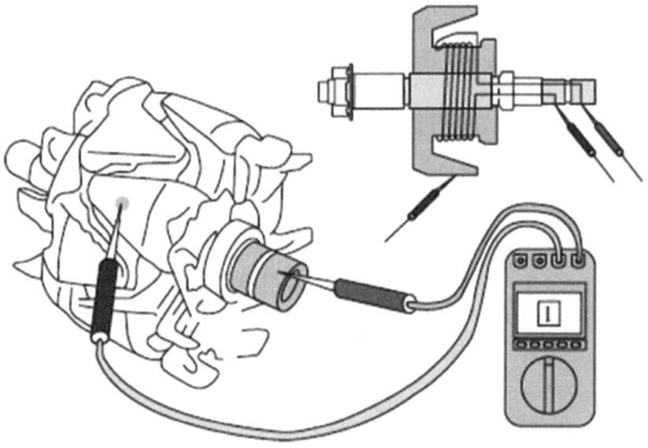

图 2–12　转子绕组搭铁检查

c）集电环的检查。

集电环表面应平整光滑，无明显烧损，否则可用 0 号砂纸打磨。两集电环间隙处应无积聚物。集电环圆度误差不超过 0.025 mm，厚度不小于 1.5 mm。

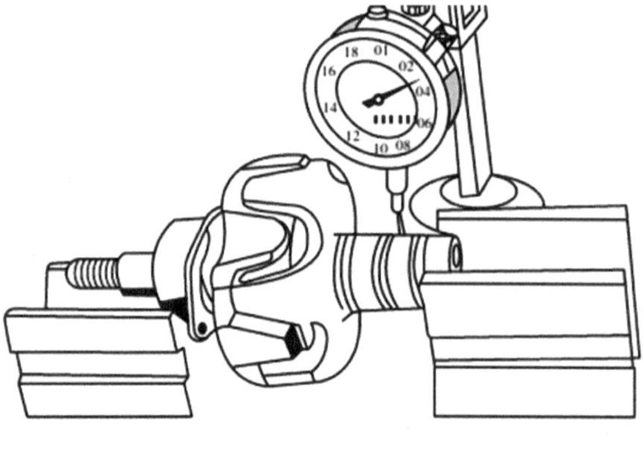

图 2–13　转子轴检查

d）转子轴检查。

用百分表检查轴的弯曲度，弯曲度不超过 0.05 mm（径向圆跳动不超过 0.1 mm），否则应予以校正。爪形磁极在转子轴上应固定牢靠、间距相等，如图 2–13 所示。

② 定子的检修。

a）定子绕组短路与断路的检查。

用数字万用表的低电阻挡检测定子绕组的三个接线端，两两接线端分别相测。正常情况下，阻值小于 1 Ω 且相等。当阻值为“∞”时，说明断路；当阻值为零时，说明短路。如果断路或短路一般都需要进行整体更换。

b）定子绕组搭铁检查。

检查定子绕组与外壳之间的绝缘情况。用万用表检测定子绕组接线端与外壳之间的导通情况。若电阻为零且万用表发出响声，说明有搭铁故障，正常为“∞”。

知识拓展

## 发电机类型

**1. 汽轮发电机**

与汽轮机配套的发电机。汽轮发电机（steam turbine generator）是指用汽轮机驱动的发电机。锅炉产生的过热蒸汽进入汽轮机内膨胀做功，使叶片转动而带动发电机发电，做功后的废汽经凝汽器、循环水泵、凝结水泵、给水加热装置等送回锅炉循环使用。

**2. 水轮发电机**

是由水轮机驱动的发电机。由于水电站自然条件的不同，水轮发电机组的容量和转速的变化范围很大。通常小型水轮发电机多采用卧式结构，而大、中型水轮发电机多采用立式结构。由于水电站多数处在远离城市的地方，通常需要经过较长输电线路向负载供电，因此，电力系统对水轮发电机的运行稳定性提出了较高的要求：电机参数需要仔细选择，对转子的转动惯量要求较大。所以，水轮发电机的外型与汽轮发电机不同，它的转子直径大而长度短。水轮发电机组起动、并网所需时间较短，运行调度灵活，除了一般发电以外，特别适合作为调峰机组和事故备用机组。

**3. 柴油发电机**

是由内燃机驱动的发电机。它起动迅速，使用方便。但内燃机发电成本较高，所以柴油发电机组主要用作应急备用电源，或在流动电站和一些大电网还没有到达的地区使用。柴油发电机通常转速在 1 000 r/min 以下，容量在几千瓦到几千千瓦之间，尤以 200 kW 以下的机组应用较多。它制造起来比较简单。柴油机轴上输出的转矩呈周期性脉动，因此发电机在剧烈振动的条件下工作。因此，柴油发电机的结构部件，特别是转轴必须具有足够的强度和刚度，以确保不会因振动而断裂。此外，为防止因转矩脉动而引起发电机旋转角速度不均匀，造成电压波动，引起灯光闪烁，柴油发电机的转子也要求有较大的转动惯量，而且应使轴系的固有扭振频率与柴油机的转矩脉动中任一交变分量的频率相差 20%以上，以免发生共振，造成断轴事故。

**4. 风力发电机**

风力发电机的工作原理比较简单，风轮在风力的作用下旋转，它把风的动能转变为风轮轴的机械能。发电机在风轮轴的带动下旋转发电。广义地说，风能也是太阳能，所以也可以说风力发电机是一种以太阳为热源，以大气为工作介质的热能利用发电机。

思政课堂

1. 分组讨论，在对发电机进行拆装、检测时，需要注意哪些安全事项？如何进行相关检测项目的安全操作？

2. 分组讨论，如何在交流发电机拆装、检测中体现汽车维修技术人员的工匠精神？你打算从哪几个方面去做？

# 任务 2.2　充电系统故障诊断与排除

**知识目标**

1. 了解充电系统的作用。
2. 理解充电系统的原理。
3. 掌握充电系统故障诊断与排除方法。

**能力目标**

1. 能了解充电系统的作用。
2. 能正确理解充电系统的原理。
3. 能正确分析充电系统工作电路，并能诊断和排除故障。

**思政目标**

1. 培养良好的职业道德和工匠精神。
2. 培养安全意识和团队协作精神。
3. 培养高尚的爱国情操。

**任务描述：**一辆奥迪 A4 轿车，起动发动机后，充电指示灯稍微发亮。经检查发现是充电系统故障所致，需要对其进行检修。

**任务分析：**针对维修接待和车间确认意见，需要对充电系统进行检测，首先需要了解充电系统的基本结构组成、工作原理及其检修方法。

## 2.2.1　充电系统的作用

充电系统是汽车电源系统的重要组成部分，主要包括发电机、发电机调节器及其他电路元件，其主要任务是对除起动机以外的所有用电设备供电，并向蓄电池充电。充电系统是应用电磁感应原理产生足够的电流给电池充电并驱动汽车电子附件的电路。

## 2.2.2 充电系统的原理

不论充电系统电路采取何种形式，我们都可以将充电系统电路分为两部分：第一部分称为主电路；第二部分称为控制电路。

主电路是指交流发电机对蓄电池进行充电的电路，其连接路线是：蓄电池正极—熔断器—电流表（有些车没有）—发电机输出端。如果这一部分电路良好，只要蓄电池与车辆主电路连接好，在发电机输出端（通常标注“B+”“B”“A”）即可测得蓄电池电压。如果无法测得蓄电池电压，则说明主电路存在故障。

控制电路是指为交流发电机励磁绕组提供励磁电流的电路。这一部分电路由点火开关控制，通常电源经点火开关后接到发电机“D+”、“L”、“IG”、调节器“+”等端子。如果这一部分电路良好，点火开关闭合时，应能在这些端子上测得蓄电池电压。若不能测得蓄电池电压，说明控制电路有故障。

奥迪 A4 轿车充电系统原理图如图 2-14 所示。

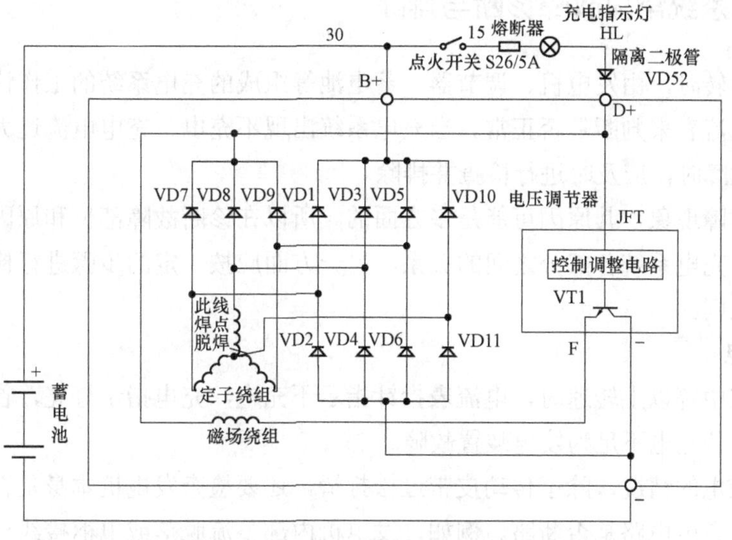


图 2-14 奥迪 A4 轿车充电系统原理图

（1）点火开关闭合，发电机被励磁。

当点火开关处于“ON”档位时，15 号线上的蓄电池电压经 S26 号熔丝—仪表板上充电指示灯 HL—隔离二极管 VD52—发电机“D+”端接线柱，进入发电机内部后分为两路：一路由电子调节器“＋”端接线柱—电子调节器内的控制调整电路—搭铁，这一回路使大功率开关管 VT1 导通；另一路经磁场绕组—电子调节器 F 接线柱—电子调节器内部的大功率调整管 VT1 的 c-e 极—搭铁，这一电流通路使充电指示灯 HL 点亮，以示发电机不发电但磁场电路被接通。

（2）发电机随转速上升时，电压高于蓄电池电压。

当发电机被发动机带动运转，且转速达到 1 000 r/min 以上时，发电机开始发电，其定子绕组中产生的交变电压经 VD1～VD6 二极管整流以后送给有关电路；定子绕组交变电压的另一路经 VD7～VD9 与 VD2、VD4、VD6 二极管整流后一路加至 JFT 调节器“＋”端，另一路加至 VD52 负极上，使其截止而导致充电指示灯 HL 熄灭，以示发电机处于充电状态。

（3）发电机电压随转速上升时超过电子电压调节器的额定值。

当发电机输出的电压随转速上升超过电子电压调节器的额定值（一般为 14.5 V 左右）时，在 JFT 调节器的控制下，使其内部的大功率调整管 VT1 截止，从而切断或减小发电机磁场绕组中的电流，使发电机输出的电压下降。

（4）发电机电压随转速下降时低于电子电压调节器的额定值。

当发电机输出电压随转速下降至低于电子电压调节器的额定值以后，在 JFT 调节器的控制下，使其内部的大功率调整管 VT1 重新导通，发电机磁场绕组中的电流通路重新形成，使发电机恢复至正常的运转状态，并进行充电。上述过程周而复始地进行，最终使发电机输出的电压稳定在正常值范围内，从而达到了电子电压调节的目的。

### 2.2.3 充电系统常见故障诊断与排除

发动机运转时，由发电机、调节器、蓄电池等组成的充电系统的工作情况，可通过充电指示灯或电流表来判断是否正常。当充电系统出现不充电、充电电流过大或过小、充电电流不稳等故障时，应及时进行检查并排除。

同一种故障现象，其原因可能是多方面的。所以在诊断故障部位和原因时，一方面要综合考虑整个充电系统各部分之间的关系，另一方面应按一定的步骤进行检查，一般遵循先易后难的原则。

**1. 不充电**

发动机在中等以上转速时，电流表指针指示不充电，充电指示灯亮，首先要考虑蓄电池充电情况，若充电不足为发电装置故障。

出现不充电的情况，除了传动皮带过松打滑，还要检查发电机本身是否不发电或调节器故障，以及充电电路是否断路。例如，发电机内部整流脱落或电枢接线柱底部与二极管元件板接触处不通；二极管击穿短路，造成定子绕组烧损；电刷在炭刷架内卡住接触不良，或磁场绕组断路等。

可先检查蓄电池、发电机、调节器和电流表等各机件的接线柱及其导线连接是否牢靠，检查风扇皮带是否过松或者打滑等简单故障。在排除简单故障后，可在诊断中提高发动机转速，验证故障是否来自发电机。方法是将发动机置于中速运转，开启前照明灯，如果电流表指针瞬间偏转放电方向或保持原位不动，则表示发电机与调节器工作正常，而蓄电池充电已足；若电流表指针较大地偏向放电方向，为充电系统有故障，故障可能在发电机或者调节器上，应予检修。

**2. 充电电流过小**

在蓄电池存电不足的情况下，提高发动机转速，电流表指针指示较小的充电电流，则为充电电流过小故障。这一般是发电机本身电压不足、调节器技术状态不良，以及充电线路中电阻增大所致。

可按以下步骤判断和排除：检查蓄电池、发电机、调节器和电流表等各机件的接线柱及其导线连接是否牢靠，检查风扇皮带是否过松而导致发电机转速不高。在上述检查正常时，可在发动机中等转速下检查调节器的限额电压，拆检发电机是否有磨损损坏的异常现象。检查调节器活动触点是否有烧蚀或氧化物存在，以及活动触点臂与铁芯间的间隙和弹簧拉力是否符合技术要求。同时，检查调节器接线是否有松动现象。如果发现异常现象应及时修复。发动机在中速以上运转时，接通前照灯，若电流仍显示充电，为充电系统技术状况良好；若电源表显示放电，为充电电流过小故障，应予检修。

**3. 充电电流过大**

充电电流过大是指汽车电流表指针偏转到最大充电电流位置。若夜间行车，发动机转速高时，就会出现照明灯和仪表指示灯特别亮。此时，灯泡容易烧毁，分电器触点容易烧蚀，蓄电池电解液会消耗过快。可以检查调节器火线与磁场两接线柱导线是否接错，活动触点是否烧蚀或黏合于常闭状态。如果接线柱和活动触点都没有问题，可以在检查调节器时，拆下磁场接线，若充电电流明显减小，为调节器故障，可能是低速触点烧结分不开、线圈有断路等；若充电电流仍然很大，可能是磁场接线和电枢接线有短路。可以检查是否因蓄电池内部短路和严重亏电而引起的充电电流过大，对蓄电池予以检修。

**4. 充电电流不稳**

在发动机怠速以上转速运转时，电流表指针左右摆动，显示间歇充电（有时充电有时不充电的现象），一般为发电机的端电压不稳定。首先应该检查各连接线头是否松动或接触不良，以及皮带是否过松及蓄电池的极桩是否松动。若无异常再检查调节器触点是否烧蚀、脏污，线圈或电阻有无接触不良、断路等；仍无异常，则应拆检发电机内部的技术状况，并逐项修复。发电机中速以上运转时，电流表指示充电，但指针不断左右摆动、充电电流时大时小，应予检修。

**5. 发电机不发电**

发电机不发电的主要原因有：整流二极管击穿短路或断路；激磁绕组短路或断路；三相定子绕组相间短路或搭铁；转子滑环严重氧化脏污，炭刷架损坏或炭刷在刷架中卡住。

## 2.2.4 发电机的常规维护

**1. 注意事项**

交流发电机与调节器的结构简单、维护方便，若正确使用，不仅寿命长而且故障少；若使用不当，则会很快损坏。因此在使用和维护中应注意以下几点：

（1）蓄电池的极性必须是负极搭铁，不能接反。否则，可能会烧坏发电机或调节器的电子元件。

（2）发电机运转时，不能用试火的方法检查发电机是否发电，否则会烧坏二极管。

（3）整流器和定子绕组连接时，禁止使用兆欧表或220 V交流电源检查发电机的绝缘情况。

（4）发电机与蓄电池之间的连接必须牢靠，如果突然断开，会产生过电压，从而损坏发电机或调节器的电子元件。

（5）一旦发现交流发电机或调节器出现故障应立即进行检修，及时排除故障，不应再继续运转。

（6）为交流发电机配用调节器时，交流发电机的电压等级必须与调节器的电压等级相同，交流发电机的搭铁类型必须与调节器的搭铁类型相同，调节器的功率不得小于发电机的功率，否则系统不能正常工作。

（7）线路连接必须正确，目前各种车型调节器的安装位置及接线方式各不相同，因此在接线时需要特别注意。

（8）调节器必须受点火开关控制，发电机停止转动时，应将点火开关断开，否则会使发电机的磁场电路一直处于接通状态，不但会烧坏磁场线圈，而且会引起蓄电池亏电。

**2. 交流发电机与调节器的维护**

交流发电机在使用中，应定期进行以下检查：

（1）检查驱动皮带的外观。用肉眼观看应无裂纹或磨损现象，如有则应更换。

（2）检查驱动皮带的挠度。用100 N的力压在皮带的两个传动轮之间，新带挠度约为5～10 mm，旧带约为7～14 mm。

（3）检查导线的连接。① 接线是否正确；② 接线是否牢靠；③ 发电机输出端接线螺丝必须加弹簧垫。

（4）检查运转时有无噪声。

（5）检查是否发电。

① 观察充电指示灯的熄灭情况。若充电指示灯一直亮着，说明发电机或调节器有故障，也可能是充电指示灯线路有故障，应及时维修。

② 用万用表直流电压挡测量电压。在发电机未转动时测量蓄电池端电压，并记录下来。起动发动机并将转速提高到怠速以上转速，测量蓄电池端电压，若能高于原记录，说明发电机能发电；若测量电压一直不上升，说明发电机或调节器有故障，应及时维修。

（6）当发现发电机或调节器有故障需要从车上拆下检修时，首先关断点火开关及一切用电设备，拆下蓄电池负极电缆线，再拆卸发电机上的导线接头。

## 知识拓展

### 纯电动汽车充电装置

电动汽车产业能否得到快速发展，充电技术是关键因素之一。智能、快速的充电方式已经成为电动汽车充电技术发展的趋势。

蓄电池充电装置是电动汽车不可缺少的系统之一，它的功能是将电网的电能转化为电动车车载蓄电池的电能。电动汽车充电装置的分类有不同的方法，总体上可分为车载充电装置和非车载充电装置。

车载充电装置是指安装在电动汽车上的采用地面交流电网或车载电源对电池组进行充电的装置，包括车载充电机、车载充电发电机组和运行能量回收充电装置。它将一根带插头的交流动力电缆线直接插到电动汽车的插座中给电动汽车充电。车载充电装置通常使用结构简单、控制方便的接触式充电器，也可以是感应充电器。它完全按照车载蓄电池的种类进行设计，针对性较强。

非车载充电装置，即地面充电装置，主要包括专用充电机、专用充电站、通用充电机、公共场所用充电站等。通常非车载充电器的功率、体积和重量都比较大，以便能够适应各种充电方式。

另外，根据对电动汽车蓄电池充电时的能量转换的方式不同，充电装置可以分为接触式和感应式。

随着电力电子技术和变流控制技术的飞速发展，以及高精度可控变流技术的成熟和普及，分阶段恒流充电模式已经基本被充电电流和充电电压连续变化的恒压限流充电模式取代。目前，主导充电工艺的还是恒压限流充电模式。接触式充电的最大问题在于安全性和通用性，为了使它能够满足严格的安全充电标准，必须在电路上采用许多措施使充电设备能够在各种环境下安全充电。恒压限流充电和分阶段恒流充电均属于接触式充电技术。

近年来，新型的电动汽车感应充电技术发展迅速。感应充电器是利用高频交流磁场的变压器原理，将电能从离车的原方感应到车载的副方，以达到给蓄电池充电的目的。感应充电的最大优点是安全，这是因为充电器与电动汽车之间并无直接的点接触，即使电动汽车在恶劣的气候下，如雨雪天，进行充电也无触电的危险。

电动汽车蓄电池充电方法主要包括恒（定）流充电、恒（定）压充电和脉冲充电。根据具体情况，可以选择一种充电方法或几种方法组合的方法。现代智能型蓄电池充电器可以设置不同的充电方法。

**1. 恒（定）流充电**

恒（定）流充电是指在充电过程中使充电电流保持不变的方法。恒（定）流充电具有较大的适应性，易将蓄电池充足，有益于延长蓄电池的寿命。缺点是在充电过程中，需要根据逐渐升高的蓄电池电动势调节充电电压，以保持电流不变，充电时间也较长。

**2. 恒（定）压充电**

恒（定）压充电是指在充电过程中保持充电电压不变的充电方法，充电电流随蓄电池电动势的升高而减小。合理的充电电压，应在蓄电池即将充足时使其充电电流趋于0。如果电压过高会造成充电初期充电电流过大和过充电，如果电压过低则会使蓄电池充电不足。充电初期如果充电电流过大，应适当调低充电电压，待蓄电池电动势升高后再将充电电压调整到规定值。

恒（定）压充电的优点是充电时间短，充电过程无需调整电压，较适合于补充充电。

缺点是不易将蓄电池完全充足，充电初期大电流对极板会有不利影响。

**3. 脉冲充电**

脉冲充电是先用脉冲电流对电池充电，然后让电池短时间、大脉冲放电，在整个充电过程中使电池反复充、放电。

**思政课堂**

1. 分组讨论，在充电系统出现常见故障时，如何以问题为导向排除这些故障?

2. 分组讨论，分析纯电动汽车的充电装置结构，并结合突出的民族自主品牌，谈谈自己的感受。

# 项目3

# 起动系统的检测与维修

## 项目描述

一辆大众桑塔纳轿车无法着车，经检查发现是汽车起动系统故障，需要对其进行维修。

在对汽车起动系统进行维修前，还必须先了解汽车起动系统的结构及工作原理，再根据汽车起动系统的结构原理去检测、判断故障点，避免盲目地增加工作量。

通过本项目的学习，可以更好地了解汽车起动系统的常见结构及工作原理，掌握汽车起动系统常见故障的检修方法。

视频讲解

## 任务3.1 起动机的组成、型号和工作原理

### 知识目标

1. 了解起动机的作用和类型。
2. 掌握起动机的组成。

### 能力目标

1. 能认识不同类型的起动机。
2. 能掌握起动系统组成部件的结构及作用。

### 思政目标

1. 培养良好的职业道德和工匠精神。
2. 培养独立思考和解决问题的能力。
3. 提高对科技的认知能力。

**任务描述：**一辆大众桑塔纳轿车无法着车，经检查发现是汽车起动系统故障所致，需要对其进行维修。

**任务分析：**针对维修接待和车间确认意见，需要对起动系统进行拆解，首先需要了解汽车起动系统的作用及基本种类。

发动机的起动是指发动机借助外力作用，由静止状态过渡到自行运转的过程。人力起动在一些汽车上作为一种后备方式保留着；辅助汽油机起动主要用于大功率的柴油发动机上；电力起动操作简便，起动迅速可靠，具有重复起动的能力，在现代汽车上广泛采用。

### 3.1.1 起动系统的组成与要求

**1. 起动系统的组成**

起动系统主要由蓄电池、起动机和起动机控制电路等组成，起动时借助点火开关和起动继电器，控制起动机接通或切断主电路，来起动发动机。

**2. 对起动系统的要求**

为了完成起动的任务，不管何种起动机都要满足以下要求：

（1）起动时应平顺，起动机的齿轮与发动机的飞轮齿圈啮合要柔和，不应发生冲击。

（2）发动机起动后，起动机的小齿轮应能自动打滑或脱离啮合。

（3）起动系统结构应简单、工作可靠。

（4）在发动机工作时，起动机的小齿轮不能再进入啮合，防止发生冲击。

### 3.1.2 起动机的类型

按照起动机的结构和功能进行分类，汽车起动机可以分为传统起动机和减速起动机。

（1）传统起动机。

在这种起动机中，驱动齿轮与电枢以相同的转速旋转，没有减速机构。因此，它能够提供的扭矩相对较小。

（2）减速起动机。

减速起动机按照减速机构的不同，大致可分为以下三种。

① 外啮合减速型起动机。这种起动机通过减速齿轮降低电枢转速，从而增加力矩。它适用于需要较大扭矩来起动发动机的场合。

② 行星齿轮型起动机。这种起动机通过行星齿轮传动机构降低电枢转速，增大驱动力矩。它同样适用于需要大扭矩的场合，并且具有结构紧凑、效率高等特点。

③ 行星减速-整流导体（PS）型起动机。这种起动机使用永久磁铁产生磁场，并通过传动杆使驱动齿轮与飞轮齿圈啮合或脱开。它结合了行星齿轮减速机构和永磁体的优点，能够提供稳定的起动性能和较长的使用寿命。

### 3.1.3 起动机的结构组成

各种普通起动机的结构大同小异，外形如图 3-1 所示。它主要由直流电动机、传动机构和控制装置三部分组成。起动发动机时，通过操纵控制装置（开关），直流电动机产生转矩，经传动机构传递给曲轴，带动发动机。

图 3–1　普通起动机实物图

**1. 直流电动机**

直流电动机主要由壳体、磁极、电枢、换向器和电刷组件等部分组成。普通起动机如图 3–2 所示。它能将电能转换为机械能，产生转矩带动发动机曲轴旋转，从而起动发动机。一般采用直流串励式电动机。串励是指电动机电枢绕组与磁场绕组串联。

（1）磁极。

磁极的作用是产生电枢转动时所需要的磁场，它由固定在机壳上的磁极铁芯和磁场绕组组成，如图 3–2 所示。为了增大起动机的电磁转矩，磁极一般有四个或六个。四个激磁绕组的连接方式有两种：一种是四个绕组串联后再与电枢绕组串联，如图 3–3（a）所示；另一种是两个绕组先串联后并联，然后再与电枢绕组串联，如图 3–3（b）所示。目前普遍采用后一种连接方式。无论采用哪一种连接方式，其激磁绕组通电产生的磁极必须 N、S 极相间排列。

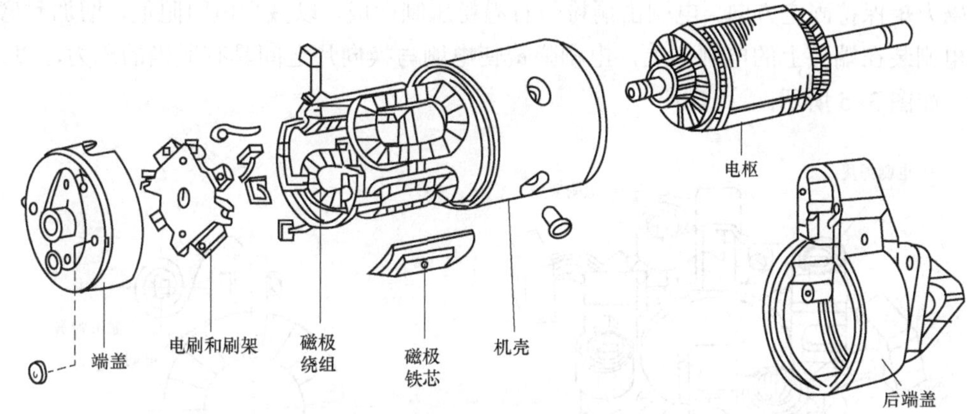


图 3–2　直流电动机结构图

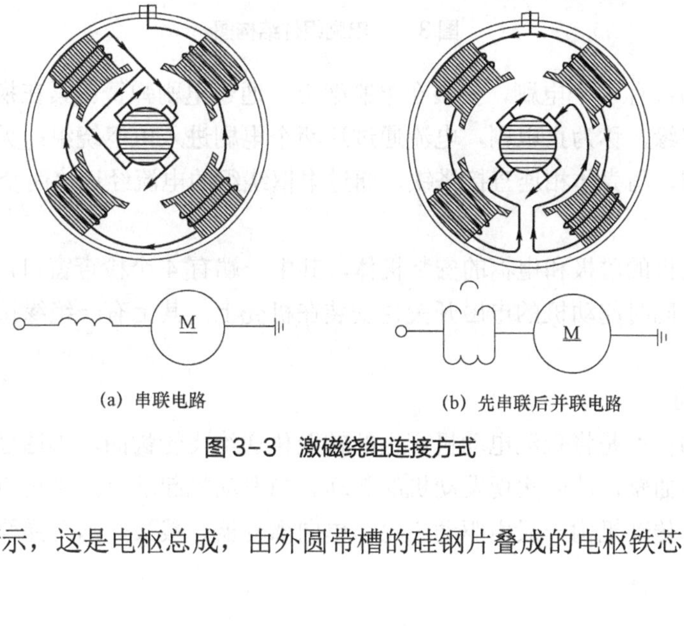


(a) 串联电路　　(b) 先串联后并联电路

图 3–3　激磁绕组连接方式

（2）电枢。

如图 3–4 所示，这是电枢总成，由外圆带槽的硅钢片叠成的电枢铁芯、电枢绕组、换向器等组成，磁场绕组和电枢绕组一般采用矩形断面的裸铜线绕制。

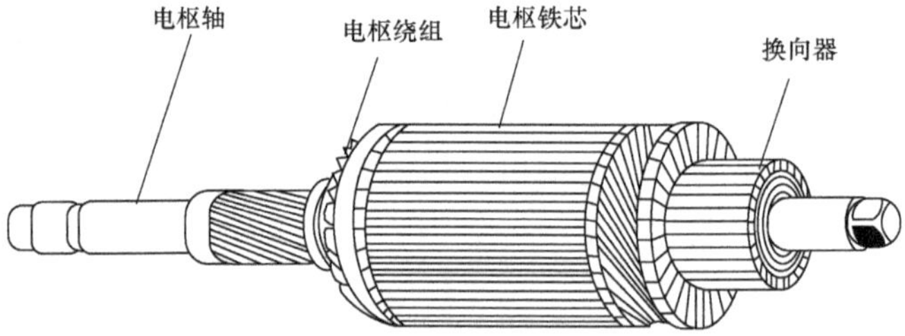


图 3–4　电枢结构图

换向器装在电枢轴上，它由许多换向片组成。换向片嵌装在轴套上，各换向片之间均用云母绝缘。

（3）电刷。

电刷和换向器配合作用。它主要用来连接磁场绕组和电枢绕组的电路，并使电枢轴上的电磁力矩保持固定方向。电刷由铜粉与石墨粉压制而成，以减少电阻阻值，增加耐磨性。

电刷装在端盖上的电刷架上，电刷弹簧使电刷与换向片之间具有适当的压力，以保持配合，如图 3–5 所示。

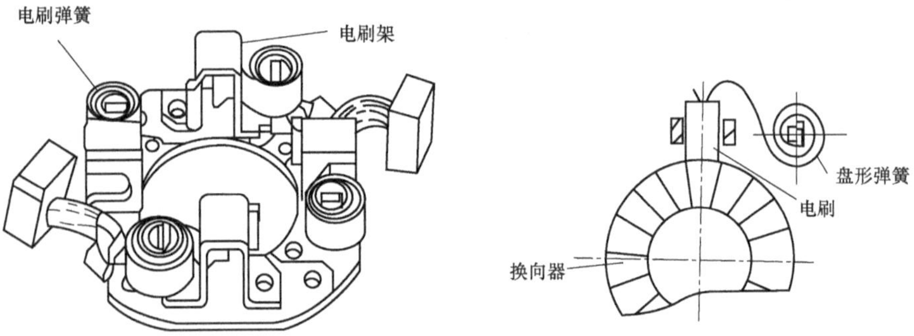


图 3–5　电刷组件结构图

四磁极电动机有 4 个电刷，安装在电刷架上，通过电刷弹簧压紧在换向片上。其中两个电刷与机壳绝缘，称为正电刷，电流通过这两个电刷进入电枢绕组；另外两个为搭铁电刷，称为负电刷，与壳体相连直接搭铁，通过电枢绕组的电流经过这两个电刷搭铁。

（4）机壳。

机壳是电动机的磁极和电枢的安装机体，其中一端有 4 个检查窗口，便于进行电刷和换向器的维护，同时起动机的电磁开关也安装在机壳上，其上有一绝缘接线端，是电动机电流的引入线。

**2. 传动机构**

传动机构的作用是将直流电动机产生的转矩传递给飞轮齿圈，再通过飞轮齿圈将转矩传递给发动机的曲轴，从而实现发动机的起动。当发动机起动时，飞轮齿圈与驱动齿轮会自动打滑脱离。传动机构一般由驱动齿轮、单向离合器、拨叉、啮合弹簧等组成。单向离合器有滚柱式、摩擦片式、弹簧式等几种类型。其中，滚柱式单向离合器是最常用的。这里主要介绍滚柱式单向离合器。

（1）滚柱式单向离合器的构造。

如图 3-6 所示，滚柱式单向离合器的驱动齿轮与外壳制成一体，外壳内装有十字块和 4 套滚柱、压帽和弹簧。十字块与花键套筒固定连接，壳底与外壳相互扣合密封。

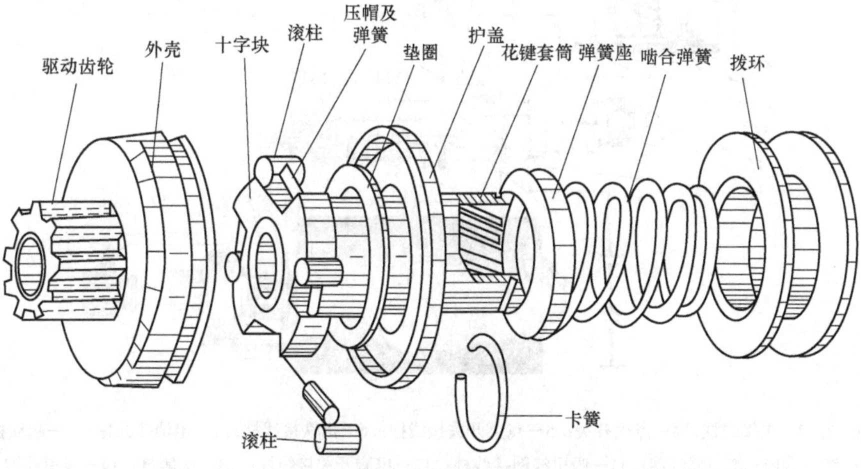


图 3-6　滚柱式单向离合器的结构

花键套筒的外面装有啮合弹簧及衬圈，末端安装拨环和卡簧。整个离合器总成套装在电动机轴的花键部位上，可做轴向移动并随轴转动。在外壳与十字块之间，形成 4 个宽窄不等的楔形槽，槽内分别装有一套滚柱、压帽及弹簧。滚柱的直径略大于楔形槽的窄端，略小于楔形槽的宽端。

（2）滚柱式单向离合器的工作过程。

当起动机电枢旋转时，转矩通过套筒带动十字块旋转，滚柱滚入楔形槽窄端，将十字块与外壳卡紧，使十字块与外壳之间能传递力矩，如图 3-7 所示；发动机起动时，飞轮齿圈会带动驱动齿轮旋转。当转速超过电枢转速时，滚柱滚入宽端打滑，从而阻止发动机的力矩传递至起动机，起到保护起动机的作用，如图 3-8 所示。

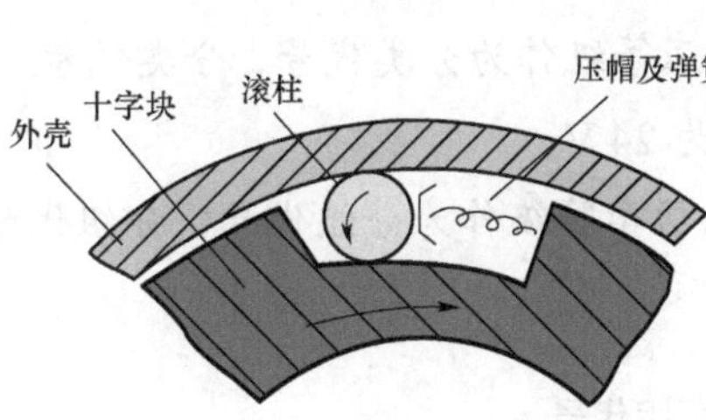


图 3-7　起动时滚柱的受力

图 3-8　齿圈超过电机电枢转速时滚柱受力

**3. 控制装置**

电磁控制装置在起动机上称为电磁开关，其作用是控制驱动齿轮与飞轮齿圈的啮合与分离，并控制电动机电路的接通与切断。在现代汽车上，起动机都采用电磁式控制电路，电磁式控制装置是利用电磁开关的电磁力操纵拨叉，使驱动齿轮与飞轮啮合或分离。

图 3-9 展示了电磁开关的结构图，它是 QD124 型起动机的电路。

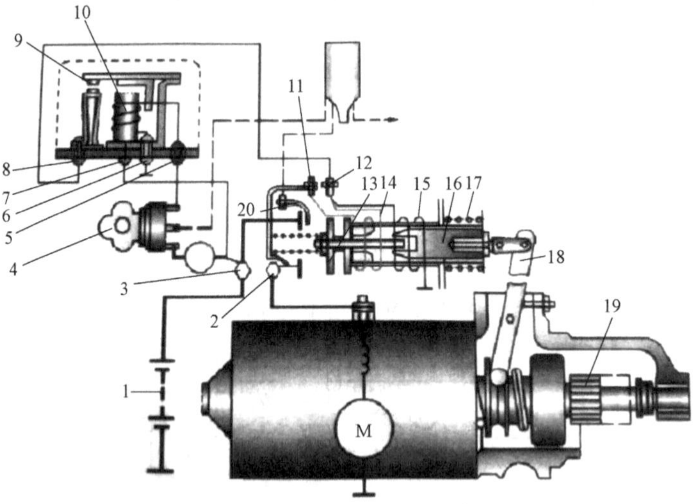


1—蓄电池；2，3—主接线柱；4—点火开关；5—点火开关接线柱；6—搭铁接线柱；7—电池接线柱；8—起动机接线柱；9—触点；10—继电器线圈；11—吸引线圈接线柱；12—电磁开关接线柱；13—接触盘；14—吸引线圈；15—保持线圈；16—活动铁芯 ；17—回位弹簧；18—拨叉；19—驱动齿轮；20—导电片

图 3-9 QD124 型起动机的电路

知识拓展

## 起动机型号

我国汽车行业标准 QC/T 73—93《汽车电气设备产品型号编制方法》中规定如下：

| QD | □ | □ | □□ | □ |
|---|---|---|---|---|
| 产品代号 | 电压等级 | 功率等级 | 设计序号 | 变型代号 |

第一部分为产品代号：起动机的产品代号为 QD，其中 Q 表示起、D 表示动。

第二部分为分类代号：起动机的型号中以电压等级作为分类代号，分类代号“1”表示电压等级为 12 V，分类代号“2”表示电压等级为 24 V。

第三部分为分组代号：起动机的型号中，以功率等级作为分组代号，分组代号应符合表 3-1 中的规定。

**表 3-1 起动机分组代号**

| 分组代号 | 1 | 2 | 3 | 4 | 5 | 6 | 7 | 8 | 9 |
|---|---|---|---|---|---|---|---|---|---|
| 功率等级/kW | ～1 | ＞1～2 | ＞2～3 | ＞3～4 | ＞4～5 | ＞5～6 | ＞6～7 | ＞7～8 | ＞8 |

第四部分为起动机的产品设计先后顺序，用 1～2 位阿拉伯数字表示，如“4”表示此起动机为第 4 次设计。

第五部分为起动机的变型代号。起动机的变型代号是电气参数和结构的改变，用大写英文字母表示。

例如：QD143，表示额定电压为 12 V、功率为 3～4 kW、第 3 次设计的起动机。

例如：QDY134，表示额定电压为 12 V、功率为 2～3 kW、第 4 次设计的永磁起动机。

思政课堂

1. 分组讨论，在对汽车起动机拆装、检测时，需要注意哪些安全事项？如何进行相关检测项目的安全操作？

2. 分组查找我国知名的起动机供应商。

# 任务 3.2 起动机的控制电路

知识目标

1. 掌握控制电路的结构。
2. 分析控制电路的工作过程。

能力目标

1. 能认识不同车型的控制电路。
2. 能理解控制电路的工作原理。

思政目标

1. 培养严谨、细致、认真的态度。
2. 培养安全意识和团队协作精神。
3. 提高自我管理和自主学习能力。

**任务描述：**一辆丰田凯美瑞无法着车，经检查发现是汽车起动系统故障所致，需要对其进行维修。

**任务分析：**针对维修接待和车间确认意见，需要对汽车的起动机控制电路进行拆解、检测，首先需要了解汽车起动机控制电路的基本结构组成及其工作原理。

## 3.2.1 带起动继电器的起动机控制电路

装起动继电器的目的是减小通过点火开关的电流，防止点火开关烧损。起动继电器有

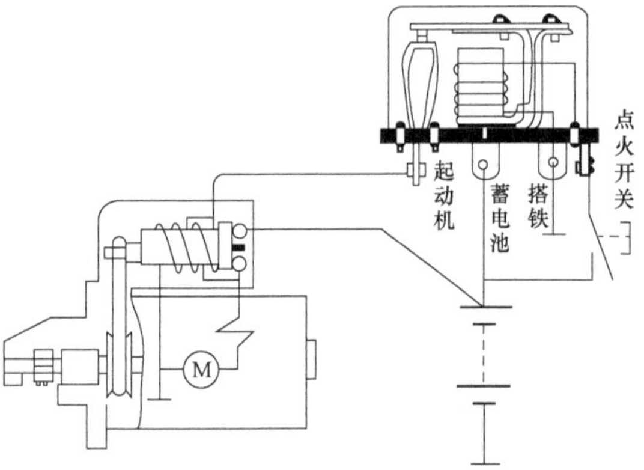


图 3-10　带起动继电器的控制回路

4 个接线柱，分别是起动机、蓄电池、搭铁和点火开关。点火开关与搭铁接线柱之间是继电器的电磁线圈，起动机和电池接线柱之间是继电器的触点。接线时，点火开关接线柱接点火开关的起动档，电池接线柱接电源，搭铁接线柱直接搭铁，起动机接线柱接起动机电磁开关上起动机接线柱。带起动继电器的控制回路如图 3-10 所示。

发动机起动时，将点火开关与起动档接通，继电器的电磁线圈通电，使触点闭合，电源的电流便经继电器的触点通往起动机电磁开关的起动机接线柱。电磁开关通电后，便控制起动机进入工作状态。从电路中可以看出，起动期间流经点火开关起动挡和继电器线圈的电流较小，大电流经过继电器触点开关流入起动机，保护了点火开关。

有的汽车起动继电器线圈通过防盗系统搭铁，发动机起动时，只有防盗系统发出起动信号后，继电器线圈才能搭铁。如果防盗系统没有收到起动信号，则继电器线圈中无电流，起动机就不能工作，实现了防盗功能。

## 3.2.2　带保护继电器的起动机控制电路

为了防止发动机起动以后起动电路再次接通，一些起动电路中还安装了带有保护功能的组合式继电器。

如图 3-11 所示，组合继电器共有 6 个接线柱，分别为：B（电源）、S（起动机电磁开关）、SW（点火开关）、L（充电指示灯）、E（搭铁）和 N（发电机中性点）。在组合继电器中起动继电器触点 $K_1$ 为常开式，保护继电器触点 $K_2$ 为常闭式。由于起动继电器线圈与保护继电器触点 $K_2$ 串联，因此，当 $K_2$ 触点打开时，$K_1$ 触点不可能闭合。

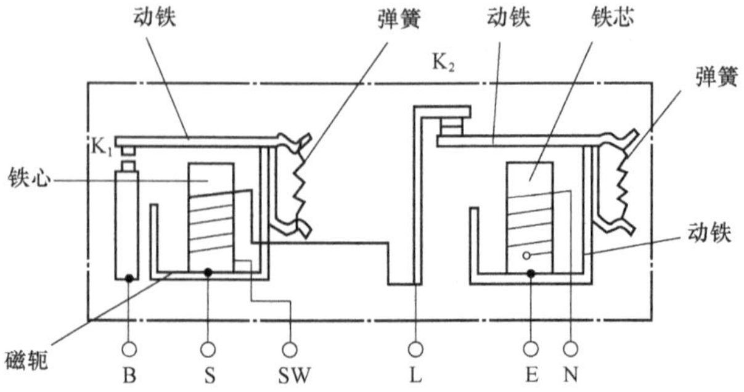


图 3-11　JD171 型组合继电器

CA1091 型汽车的起动系统电路如图 3-12 所示。其工作过程如下：

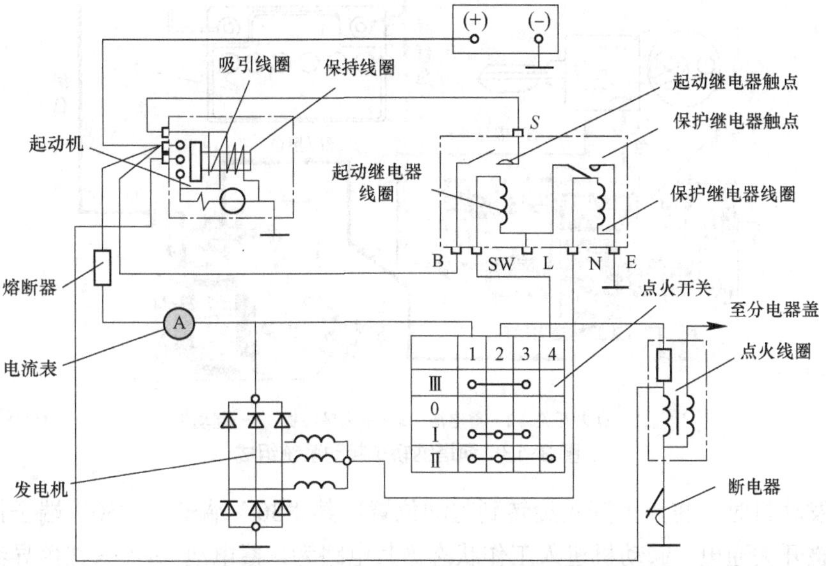


图 3-12　CA1091 型汽车起动系统电路图

（1）当点火开关置于起动档（Ⅱ档）时，起动继电器线圈通电，电流回路为：蓄电池“+”极—熔断器—电流表—点火开关电源接柱 1—点火开关起动接柱 4—起动继电器线圈—保护继电器常闭触点—搭铁—蓄电池“-”极。

起动继电器线圈通电使起动继电器的常开触点闭合，接通了起动机电磁开关电路，从而使起动机进入起动状态。

（2）发动机起动后，松开点火开关，钥匙自动返回点火挡（Ⅰ档），起动继电器触点打开，切断了起动机电磁开关电路，电磁开关复位，起动机停止工作。

（3）发动机起动后，如果点火开关没能及时返回Ⅰ档，组合继电器中保护继电器线圈由于承受交流发电机中性点的电压，使常闭触点断开，自动切断了起动继电器线圈的电路，触点断开，使起动机电磁开关断电，起动机便自动停止工作。发动机起动后，由于触点的断开，也切断了充电指示灯的搭铁电路，充电指示灯熄灭。

（4）在发动机运行时，如果误将点火开关置于起动档，由于在此控制电路中，保护继电器的线圈总有交流发电机中性点电压，常闭触点处于断开状态，起动继电器线圈不能通电，起动机电磁开关不能动作，避免了发动机在运行中使起动机的驱动齿轮进入与飞轮齿圈的啮合而产生的冲击，可以起到保护作用。

### 3.2.3　无起动继电器的起动机控制电路

如图 3-13 所示，这是普通桑塔纳轿车采用 QD1225 型起动机的无起动继电器的起动控制电路。在其控制电路中，点火开关端子 30 接电源，由红/黑色导线从点火开关上端子 50 送至中央线路板 B8 结点，再通过中央线路板 C18 结点，引到起动机电磁开关端子 50，用黑色电瓶线连接蓄电池正极与起动机端子 30。

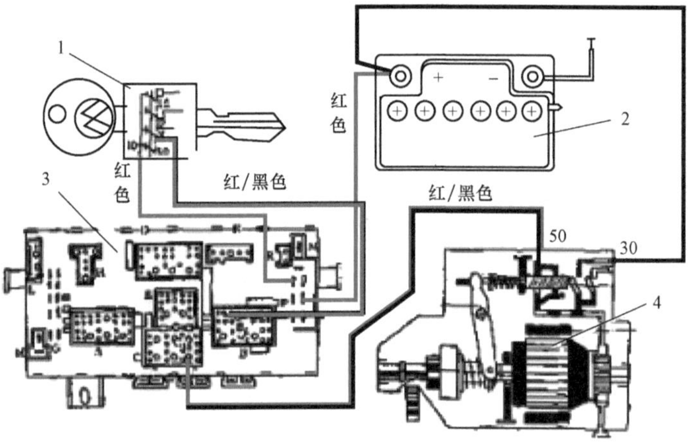


1—点火开关；2—蓄电池；3—中央接线板；4—起动机

图 3-13　桑塔纳轿车起动系统组成

起动发动机时，将点火开关旋转到起动位置，其“30”端子与“50”端子接通，使起动机的电磁开关通电，起动机进入工作状态。其电路为：蓄电池“+”—红色导线—中央线路板的单端子插座 P 端子—中央线路板内部线路—中央线路板单端子插座 P 端子—红色导线—点火开关“30”端子—点火开关—点火开关“50”端子—中央线路板 B8 结点—中央线路板内部线路—中央线路板 C18 结点—起动机“50”端子—进入电磁开关，起动机开始工作。

知识拓展

## 防盗计算机控制起动系统

随着汽车向智能化、安全化方向发展，传统的起动控制装置已经不适应使用要求。防盗计算机控制起动系统应运而生。

**工作原理**

继电器由车身电脑或者发动机电脑等控制，电脑会分析各种起动条件是否满足，如果满足，才会给起动继电器供电，否则不给信号。

除此之外，带有防盗起动控制系统的发动机需要与防盗电脑进行通信，确认起动钥匙合法后，才能起动。如果不匹配，起动机可以运转，但是发动机电脑不给喷油、点火。发动机电脑除与防盗通信核对数据外，还会与车辆其他模块 CAN 通信核对数据，确认无误后，才会起动或控制喷油点火。目前，在一些中高档汽车上采用带防盗车载计算机控制起动系统。

思政课堂

1. 分组讨论起动系统控制电路的结构原理，并讲述不同类型的优缺点。

2. 分组讨论，为什么现在一些中高档汽车上采用计算机防盗起动电路？如何在学习和工作中发扬技术人员的工匠精神？

# 任务 3.3　起动系统的使用和故障诊断

视频讲解

**知识目标**

1. 掌握拆装起动机、检测起动机各个零部件的方法。
2. 掌握诊断、排除起动系统故障的方法。

**能力目标**

能正确诊断、排除起动系统的故障。

**思政目标**

1. 培养严谨、细致、认真的精神。
2. 培养安全意识和团队协作精神。
3. 提高自我管理和自主学习能力。

**任务描述：**一辆丰田凯美瑞无法着车，经检查发现是汽车起动系统故障所致，需要对其进行维修。

**任务分析：**针对维修接待和车间确认意见，需要对汽车的起动机控制电路和起动机进行拆解、检测，首先需要了解汽车起动机控制电路的基本结构组成及其工作原理。

## 3.3.1　起动机的分解与组装

起动机解体前应清洁外部的油污和灰尘，然后按下列步骤进行解体。

（1）旋出防尘盖固定螺钉，取下防尘盖，用专用钢丝钩取出电刷；拆下电枢轴上止推圈处的卡簧，如图 3-14 所示。

（2）用扳手旋出两个紧固穿心螺栓，取下前端盖，抽出电枢，如图 3-15 所示。

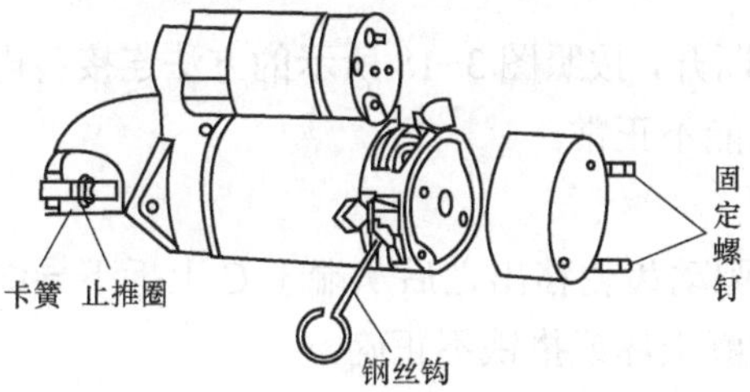

图 3-14　拆卸电刷

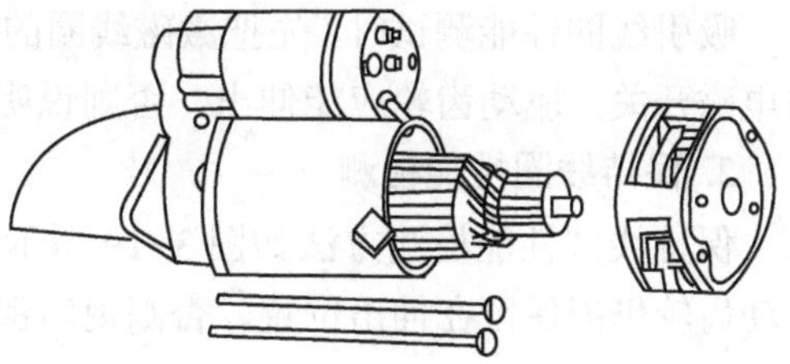
图 3-15　拆卸前端盖和电枢

（3）拆下电磁开关主接线柱与电动机接线柱间的导电片；旋出后端盖上的电磁开关紧固螺钉，使电磁开关后端盖与中间壳体分离，如图 3–16 所示。

（4）从后端盖上旋下中间支承板紧固螺钉，取下中间支承板，旋出拨叉轴销螺钉，抽出拨叉，取出单向离合器，如图 3–17 所示。

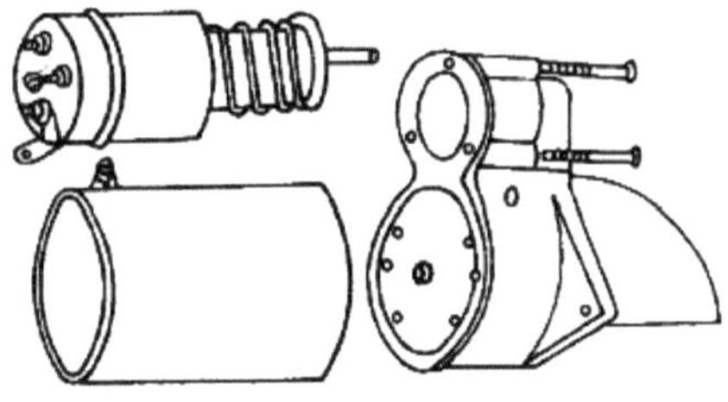

图 3–16　拆卸电磁开关

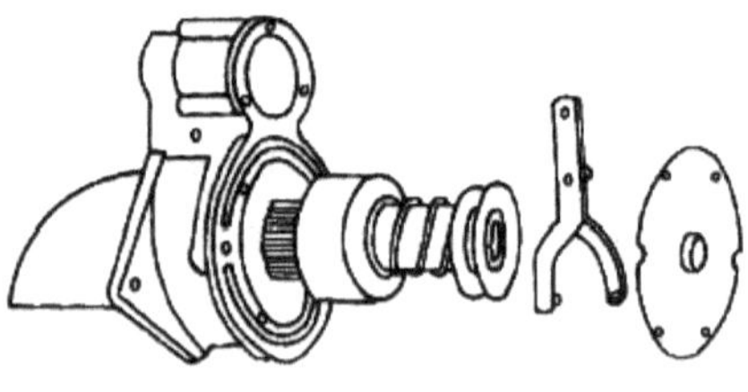

图 3–17　拆下单向离合器

（5）将已解体的机械部分浸入清洗液中清洗，电气部分用棉纱沾少量汽油擦拭干净。

**注意：禁止用溶剂清洗起动机，否则，零部件上的残留物会着火，导致起动机着火或损坏。可以使用 172.3 kPa 的压缩空气进行清洗，并在清洗后用干净的抹布擦净起动机及其零部件。**

起动机的形式不同，具体装复的步骤也不完全相同，但基本原则是按分解时的相反步骤进行。组装的一般步骤是：先将离合器和移动拨叉装入后端盖内，再装中间轴承支撑板，将电枢轴装入后端盖内，装上电动机外壳和前端盖，并用长螺栓紧固，然后装电刷和防尘罩，装起动机开关可早可晚。

## 3.3.2　起动系统的检测

起动机的检测可以分为解体检测和不解体检测两种。解体检测通常与解体过程一同进行，而不解体检测则可以在拆卸之前或组装之后进行。

在进行起动机的解体之前，最好进行不解体检测，通过不解体的性能检测大致可以查出故障。起动机组装完毕后，应进行性能检测，以确保起动机能够正常运行。在进行以下检测时，应尽快完成，以免烧坏电动机的线圈。

**1. 吸引线圈性能检测**

吸引线圈性能测试时，先把激磁线圈的引线断开，按照图 3–18 所示的方法连接蓄电池与电磁开关，驱动齿轮应能伸出，否则说明其功能不正常。

**2. 保持线圈性能检测**

保持线圈性能检测方法如图 3–19 所示，在驱动齿轮移出之后从端子 C 上拆下导线。驱动齿轮仍能保留在伸出位置，否则说明保持线圈损坏或搭铁不正确。

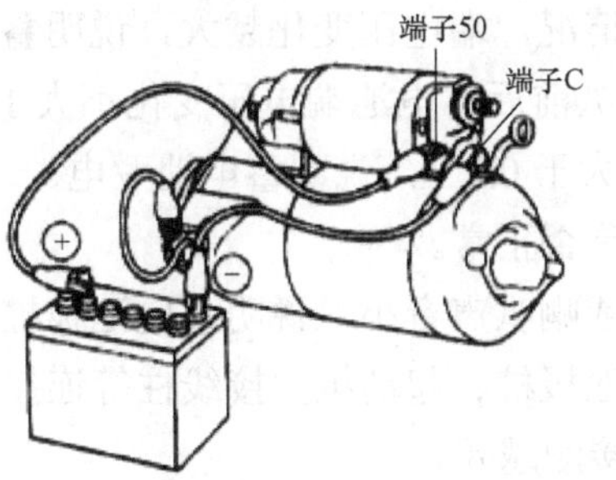


图 3–18　电磁开关吸引线圈性能试验

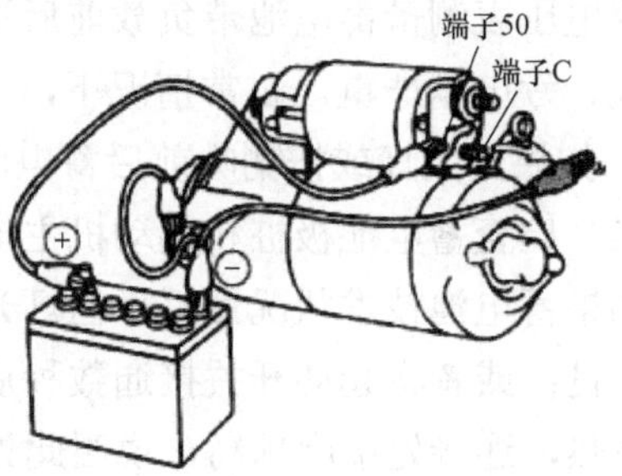


图 3–19　电磁开关保持线圈性能试验

### 3.3.3　起动系统的故障诊断

起动系统能否正常工作，直接影响到汽车的使用性能和蓄电池的使用寿命。因此，明确起动系统正常工作的特征、了解起动系统常见故障的现象及诊断排除方法，对及时发现起动系统的故障、准确诊断故障发生的部位和原因并采取有效措施迅速排除故障具有重要的意义。

#### （一）起动系统工作正常的特征

起动系统的工作情况，可以通过检查起动时驱动齿轮的啮合情况和发动机的运转情况来了解。起动系统工作正常时具有以下特征。

（1）起动开关接通后，驱动齿轮应迅速与飞轮啮合，确保驱动齿轮和飞轮之间没有连续打齿或撞击现象。

（2）起动机能带动发动机以高于最低起动转速（指在一定条件下，发动机能够起动的最低曲轴转速，汽油机一般为 50～70 r/min，柴油机一般为 100～150 r/min）持续运转一定时间，便于可燃混合气形成和点燃。

（3）起动开关断开或发动机起动时，起动系统能够迅速停止工作。

#### （二）起动系统常见故障

如果起动系统的工作情况与上述特征不完全相符，则表明起动系统存在故障。

起动系统常见故障主要有起动机不转、起动机起动无力等。在诊断与排除起动系统的故障时，要根据控制电路的不同情况来具体分析。现以带起动继电器的控制电路为例来说明起动系统故障的诊断与排除方法。

**1. 起动机不转**

该故障现象表现为：将点火开关旋至 ST 位置，起动机不运转。故障原因可以归纳为三类：电源及线路部分的故障、起动继电器的故障和起动机的故障。

故障排除应遵循从易到难的原则，首先应检查蓄电池电压和蓄电池接线柱是否有松动，然后再做进一步的检查。故障诊断与排除程序如下。

（1）检查蓄电池的技术状况。

用电压表测量蓄电池带负载前后端电压的变化情况，端电压变化越大，说明蓄电池内阻越大、亏电越严重。正常情况下，开大灯或按喇叭前后蓄电池端电压变化不大于 0.1～0.2 V；如果开大灯或按喇叭前后蓄电池端电压变化大于 0.2 V，说明蓄电池亏电。

（2）检查蓄电池极桩和起动机主电路导线连接是否正常。

如果蓄电池技术状况良好，但灯光比平时暗淡或喇叭声音小，说明蓄电池极桩或导线连接不良；或者将起动开关接通数秒后，检查蓄电池极桩、起动机主接线柱等连接处是否明显发热，连接处温度越高，说明此处电阻越大、接触越差。

（3）蓄电池技术状况和主电路连接正常后，起动机仍不转动时，可以通过短接与蓄电池连接的起动机主接线柱和电磁开关接线柱来判断起动机是否正常。短接后，如果起动机运转正常，说明起动机无故障，故障发生在起动机控制电路；反之，如果起动机不转动，说明起动机有故障。

（4）如果故障发生在起动机控制电路，可以先用万用表或试灯检查导线连接情况，然后通过短接的方法判断起动开关或起动继电器是否正常。如果起动开关或起动继电器短接后，起动机运转正常，说明起动开关或起动继电器有故障，如起动继电器线圈短路或断路、触点接触不良、闭合电压偏高等。如果闭合电压偏高，可以通过减小弹簧的预紧力进行调整，调整后起动继电器触点将从断开转为闭合，起动继电器线圈两端的电压、闭合电压应在规定的范围内。

（5）如果起动机出现故障，应进一步分析故障是否发生在电磁开关，而不是发生在电动机上，以便维修。接通起动电路或短接与蓄电池连接的起动机主接线柱和电磁开关接线柱后，如果电磁开关的铁芯不动作，说明吸拉线圈或保持线圈有故障；如果电磁开关的铁芯动作而起动机不转动，说明电磁开关线圈正常，起动机主开关接触不良或电动机有故障。可以使用足够粗的导线直接将起动机两主接线柱短接，如果起动机运转，说明电磁开关有故障；如果起动机不运转，说明电动机有故障。如果短接处火花特别强，说明电动机有短路或搭铁故障；如果短接处火花较弱或无火花，说明电动机内部接触不良或断路。

**2. 起动机起动无力**

（1）现象。

钥匙开关旋至起动档或起动按钮接通时，起动机转动缓慢或不连续，导致发动机无法起动。

（2）常见原因。

① 蓄电池亏电或有故障。

② 蓄电池极桩氧化或桩头、导线连接松动。

③ 电磁开关故障，如接触盘和主接线柱烧蚀等造成接触不良。

④ 直流电动机常见的故障，包括换向器脏污或烧蚀，电刷磨损严重、电枢绕组或磁场绕组部分短路等。

（3）诊断方法。

① 检查蓄电池的技术状况是否良好。

② 检查蓄电池极桩和起动机主电路导线连接是否正常。

③ 如果蓄电池技术状况和主电路连接正常，起动机转动无力，则表明起动机存在故障。接通起动开关并用足够粗的导线直接将起动机两主接线柱短接，如果起动机运转正常，说明主接线柱和接触盘接触不良；如果起动机仍然转动无力，说明电动机存在故障。

**3. 起动机空转**

（1）故障现象。

起动发动机时，起动机只是空转，无法带动发动机运转。

（2）故障实质。

单向离合器故障、起动机小齿轮移动不到位、起动机轮齿或飞轮轮齿打坏。

（3）诊断思路与方法。

① 起动机空转时，有较轻摩擦声音，起动机驱动齿轮不能与飞轮轮齿啮合而产生空转；驱动齿轮还没有啮合到飞轮轮齿中，电磁开关就提前接通，说明主回路的接触盘行程过短，应拆下起动机，进行起动机接通时刻的调整。

② 起动机空转时，有严重的碰擦轮齿的声音，说明飞轮轮齿或起动机驱动齿轮严重磨损，应拆下起动机进一步检查，根据实际情况更换驱动齿轮或飞轮轮齿。

③ 起动机空转时，速度较快但无碰齿声音，说明起动机单向离合器打滑，即驱动齿轮已经啮入飞轮轮齿中，但不能带动飞轮旋转，只是起动机电枢轴在空转，应更换单向离合器总成。

## （三）起动机使用注意事项

为了提高起动转速、延长起动机和蓄电池的使用寿命，在使用中应注意做好以下工作。

（1）尽量保持蓄电池处于充足电状态，并注意做好蓄电池的保温工作，提高蓄电池电动势，减小内电阻。

（2）起动线路的连接必须牢固、可靠，避免松动和氧化锈蚀等情况，从而减小接触电阻。

（3）起动线路导线长度、面积和材料要符合要求，减小导线电阻。

（4）起动机要定期维护，减小起动机内部电阻和摩擦阻力矩。

（5）起动前，尽量对发动机进行充分预热，降低润滑油黏度，加强润滑。对一些柴油机，还要利用其减压装置，尽可能地减小发动机的阻力矩。

（6）起动过程中，应关掉所有与起动无关的用电设备，并踩下离合器，以减小蓄电池的内部压降和发动机的阻力矩。

（7）发动机起动后，尽快断开起动开关，停止起动系统的工作，减少起动机不必要运转造成的磨损和电能消耗。

（8）起动机每次连续工作时间一般不超过 5 s，若起动转速较高时可以不超过 10 s，若重复起动，两次起动之间的间隔时间要在 10 s 以上。

知识拓展

## 减速起动机

为了减小起动机的体积和质量，通常使用永久磁铁代替绕线式的磁极线圈，但这样会使电动机的扭矩减少，为了获得同样的技术性能，起动机上增加了一套减速增扭装置，因此称为减速起动机。

减速起动机的齿轮减速器有外啮合式、内啮合式、行星齿轮式三种形式，还有常规型、减速型、行星型、行星加速部分马达导体型等。

**折叠外啮合式减速起动机**

其减速机构在电枢轴和起动机驱动齿轮之间利用惰轮做中间传动，且电磁开关铁芯与驱动齿轮同轴心，直接推动驱动齿轮进入啮合，无需拨叉。外啮合式减速机构的传动中心距较大，因此受起动机构的限制，其减速比不能太大，一般不大于5，多用在小功率的起动机上。

**折叠内啮合式减速起动机**

其减速机构传动中心距小，可有较大的减速比，因此适用于较大功率的起动机。但内啮合式减速机构噪声较大，驱动齿轮仍需拨叉拨动进入啮合，因此，起动机的外形与普通起动机相似。

**折叠行星齿轮式减速起动机**

其减速机构结构紧凑、传动比大、效率高。由于输出轴与电枢轴是同轴线、同旋向的，故电枢轴没有径向载荷，振动较轻，整机尺寸也相对较小。因此，行星齿轮式减速起动机应用越来越广泛，丰田系列轿车和部分奥迪轿车也都采用了行星齿轮式减速起动机。

思政课堂

1. 分组讨论起动系统故障的可能原因。
2. 查阅资料并讨论，我国在减速机构上的技术突破。

# 项目 4

# 点火系统的检测与维修

## 项目描述

一辆大众速腾汽车因无法起动而来进行维修，经检查发现是汽车点火系统故障所致，需要对其点火系统进行维修。

在对汽车点火系统进行维修前，必须先了解汽车点火系统的结构及其工作原理，再根据汽车点火系统的结构原理去检测并判断故障点，避免盲目地换件乱试，这需要新一代汽车维修人员去思考与实践。

通过本项目的学习，可以更好地了解汽车点火系统的常见结构及其工作原理，掌握汽车点火系统常见故障的检修方法。

## 任务 4.1　认识点火系统

视频讲解

### 知识目标

1. 了解几种常见点火系统。
2. 理解点火系统的作用与要求。
3. 理解不同类型点火系统的优缺点。

### 能力目标

1. 能识别不同类型的点火系统，并指出其优缺点。
2. 能理解点火系统组成部件的结构及作用。
3. 能进行点火系统的整体拆卸。

### 思政目标

1. 培养良好的职业道德和工匠精神。
2. 培养安全意识和团队协作精神。
3. 提高自我管理和自主学习能力。

**任务描述：**一辆大众速腾汽车因无法起动而来进行维修，经检查发现是汽车点火系统故障所致，需要对其点火系统进行维修。

**任务分析：**针对维修接待和车间确认意见，需要对汽车的点火系统进行拆解，首先需要了解汽车点火系统的作用及基本种类。

按照系统的构造和工作特点，点火系统可以分为传统触点式点火系统、无触点电子点火系统和微机控制点火系统。随着汽车科技的快速发展，微机控制点火系统已成为汽车点火系统的主流。

## 4.1.1 点火系统的作用与要求

**1. 点火系统的作用**

发动机点火系统的作用是按照发动机的点火顺序，在一定的时刻供给火花塞足够能量的高压电，使其两极间产生电火花，点燃混合气，使发动机做功。

**2. 点火系统的要求**

为了确保发动机能正常工作，发挥最佳的性能，点火系统应满足下列三个要求。

（1）能产生足以击穿火花塞电极间隙的高电压。

汽车发动机在满负荷低速时需 8～10 kV 的高电压，而在起动时则需 9～17 kV 的高电压，正常情况下，点火电压通常在 15 kV 以上。为了保证点火可靠，考虑各种不利因素的影响，点火高电压必须有一定的储备量，所以传统点火装置产生的电压均在 15～20 kV，电子点火系统产生的电压可达 20～30 kV。使火花塞电极之间产生火花的电压称为击穿电压。

（2）电火花应具有足够的能量。

电火花应具有足够的点火能量，能够在各种不同的使用条件下点燃混合气。发动机正常工作时，由于混合气压缩终了的温度已接近其自燃温度，因此，所需的火花能量仅 1～5 mJ 即可。传统点火系统能发出 15～50 mJ 的火花能量，足以点燃混合气。在发动机起动、怠速，以及节气门突然急剧打开时需要较高的火花能量，为了保证可靠点火，一般应保证有 50～80 mJ 的点火能量，起动时应有大于 100 mJ 的火花能量。此外，电火花还应有一定的火花持续时间，通常不少于 500 μs。

（3）点火时刻应与发动机的工作情况相适应。

点火时刻对发动机工作性能的影响较大。首先，点火系统应按发动机的工作顺序进行点火。一般气缸发动机的点火顺序为“1—3—2—4”，而 6 缸发动机的点火顺序为“1—5—3—6—2—4”。具体的点火顺应应以制造厂家提供的技术数据为准。其次，必须在最有利的时间进行点火。

混合气体在发动机的气缸内从开始点火到完全燃烧需要一定的时间（千分之几秒），所以要使发动机产生最大的功率，就不能在压缩行程终了，活塞行至止点时才点火，而是需要适当提前一些。因为发动机气缸的多少、负荷的大小、转速的变化、燃油品质的不同，即使是同一发动机由于工况和使用条件的不同，都直接影响气缸内混合气的点火时间，为了使发动机能发出最大的功率，点火装置必须适应上述情况的变化实现最佳点火。

## 4.1.2　常见的点火系统

目前，汽车上所采用的点火系统大部分是电感储能式点火系统，早期汽车上使用的传统蓄电池点火系统即典型的电感储能式点火系统。由于电子技术的不断发展，现在汽车上的点火系统已被电子点火系统或微机控制点火系统取代。但不管是传统点火系统还是电子点火系统，其点火的基本原理是相同的。

**1. 传统点火系统**

传统点火系统广泛用于各种化油器式的车辆。但随着汽车电控技术的发展、环保性能的提高，目前汽车上已较少使用。传统点火系统如图 4-1 所示。

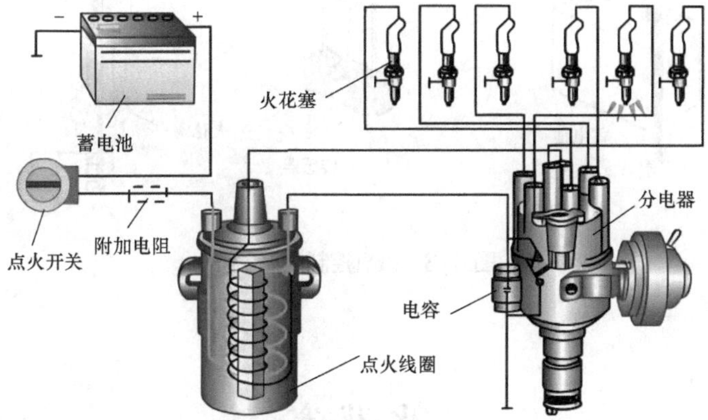


图 4-1　传统点火系统

**2. 电子点火系统**

电子点火系统改变了传统点火系统采用断电器触点控制点火线圈初级电流的方式，利用晶体管控制点火线圈初级电流，克服了次级高压受积炭、发动机缸数、转速等因素影响的缺点。无触点电子点火系统如图 4-2 所示。

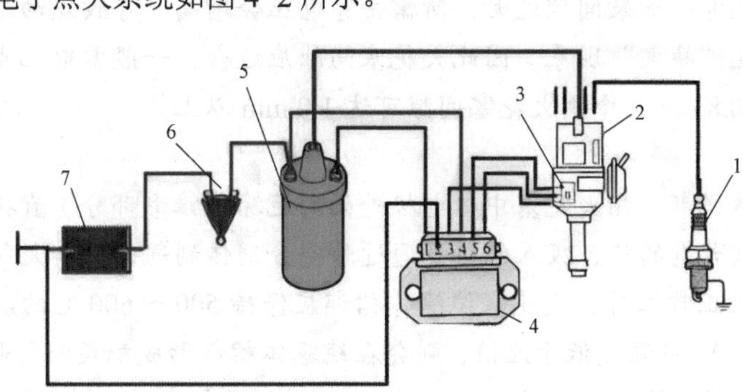


1—火花塞；2—分电器；3—点火信号发生器；4—点火控制器；5—点火线圈；6—点火开关；7—电源

图 4-2　无触点电子点火系统

### 3. 微机控制点火系统

微机控制点火系统利用各种传感器收集发动机瞬时信息，按照特定的程序进行判断、运算后，按照最佳点火提前角控制点火线圈初级电路通断信号进行点火，使点火系统具有了点火能量大、点火电压高、能够实现点火的恒流控制、闭合角控制等多种控制功能，极大地改善了发动机的性能。微机控制点火系统如图 4–3 所示。

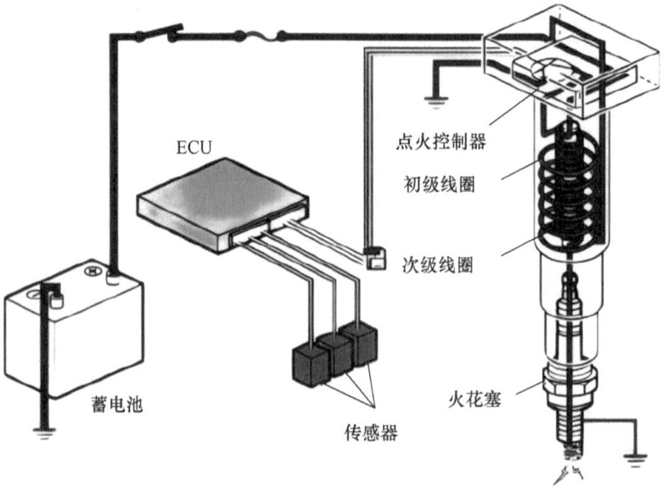


图 4–3　微机控制点火系统

知识拓展

## 火 花 塞

火花塞主要由接线螺母、绝缘体、接线螺杆、中心电极、侧电极和外壳组成，侧电极焊接在外壳上。

**间隙**

火花塞电极间的间隙对火花塞的工作有很大影响。如果间隙过小，则火花微弱，并且因易产生积炭而漏电；如果间隙过大，所需击穿电压会增高，导致发动机不易起动，并且在高速时容易发生“缺火”现象。因此火花塞间隙应适当，一般蓄电池点火系统使用的火花塞间隙为 0.7～0.8 mm，个别火花塞间隙可达 1.0 mm 以上。

**温度**

火花塞绝缘体裙部（指火花塞中心电极外面的绝缘体锥形部分）直接与燃烧室内的高温气体接触而吸收大量的热，吸入的热量通过外壳分别传到气缸盖和大气中。实验表明，要保证汽车发动机正常工作，火花塞绝缘体裙部应保持 500 ～600 ℃的温度（这一温度称火花塞的自洁温度），若温度低于此值，则会在绝缘体裙部形成积炭而引起电极间漏电，影响火花塞跳火。如果绝缘体温度过高（超过 900 ℃），混合气与这样炽热的绝缘体接触时，就会发生炽热点火，从而导致发动机早燃。火花塞正常工作的温度在 450～870 ℃之间，火花塞呈黄褐色。如果火花塞工作温度长期低于 450 ℃，火花塞周围会有很多积炭，火花塞会呈现黑色。

**特性**

火花塞的标准中通常用热值来表征火花塞的热特性，火花塞热值表示火花塞绝缘体裙部吸热与散热的平衡能力。热值越高，则吸热与散热平衡能力越强，因而热型火花塞热值低，冷型火花塞热值高。一般功率高、压缩比大的发动机会选用热值高的冷型火花塞；相反，功率低、压缩比小的发动机则会选用热值低的热型火花塞。一般火花塞的选用是工厂通过产品定型实验确定的，不应随意更换。

**发展改进**

随着汽车工业的发展，火花塞的性能也在不断改进，借以提高汽油机的工作质量。例如，为了改善排气净化效果，采用了宽间隙火花塞（间隙为 1.0～1.2 mm）；为了限制汽车电波的噪声，研制了防干扰火花塞等。以往，火花塞的使用寿命很短，汽车厂家规定，汽车在行驶 3 000 km 后（或 6 个月）必须检查或更换火花塞。随着火花塞和有关点火装置的改进，再加上排气净化的一些措施，火花塞的使用寿命大幅度提高。一般规定汽车在行驶 10 000 km 之后（或每 1 年），必须检查或更换火花塞。白金电极的火花塞使用寿命更长，一般在汽车行驶 100 000 km 之内无须检查更换。

**思政课堂**

分组讨论，对汽油发动机点火系统的发展趋势作出预估。作为未来从事汽车行业的技术人员，你打算如何为我国汽车产业发展贡献自己的力量？

# 任务 4.2　无触点电子点火系统

**知识目标**

1. 理解无触点电子点火系统的结构。
2. 理解无触点电子点火系统的工作原理。
3. 理解几种常见的无触点电子点火系统的性能特点。

**能力目标**

1. 能识别无触点电子点火系统的主要部件。
2. 能指出几种类型电子点火装置的结构特点。
3. 能对无触点传统点火系统进行整体拆装。

思政目标

1. 培养良好的职业道德和工匠精神。
2. 培养安全意识和团队协作精神。
3. 提高自我管理和自主学习能力。

**任务描述：**一辆大众速腾汽车因无法起动而来进行维修，经检查发现是汽车点火系统故障所致，需要对其点火系统进行维修。

**任务分析：**针对维修接待和车间确认意见，需要对汽车的点火系统进行拆解、检测，首先需要了解汽车点火系统的基本结构组成及其工作原理。

## 4.2.1 无触点电子点火系统概述

无触点电子点火系统一般由点火信号发生器、点火器、附加电阻、点火线圈、点火开关、火花塞等组成，如图 4-4 所示。

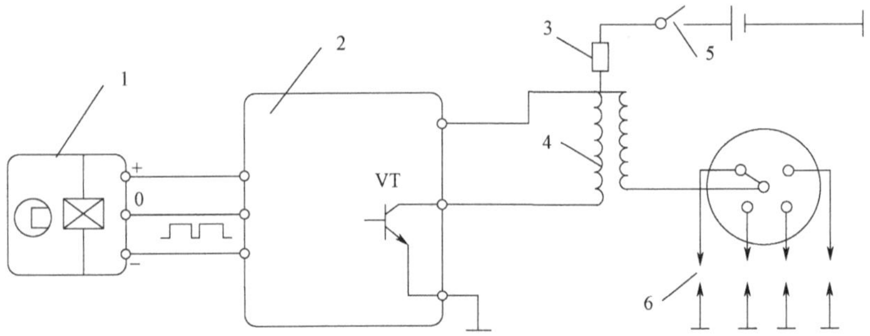


1—点火信号发生器；2—点火器；3—附加电阻；4—点火线圈；5—点火开关；6—火花塞

**图 4-4　无触点电子点火系统的基本组成**

基本工作原理：转动分电器使点火信号发生器产生脉冲电压信号，此脉冲电压信号经点火器大功率三极管前置电路的放大、整形等处理后，控制串联于点火线圈一次侧回路的大功率三极管的导通和截止。大功率三极管导通时，点火线圈一次侧通路，点火系统储能；当输入点火器的点火信号脉冲使大功率三极管截止时，点火线圈一次侧断路，二次侧绕组便产生高压电。按点火信号发生器的形式不同，无触点电子点火系统可以分为磁脉冲式、光电式、霍尔效应式等多种形式。

## 4.2.2 磁脉冲式无触点电子点火装置

丰田汽车常用的磁脉冲式无触点电子点火装置，如图 4-5 所示。它由点火信号发生器、点火器、分电器、点火线圈、火花塞等组成。

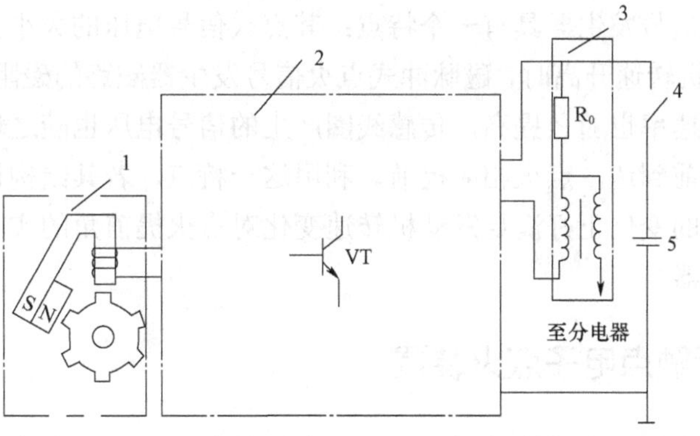


1—点火信号发生器；2—点火器；3—点火线圈；4—点火开关；5—蓄电池

图 4-5 磁脉冲式无触点电子点火装置

磁脉冲式点火信号发生器的工作原理：磁脉冲式点火信号发生器（或称传感器），用来产生点火信号，控制点火器和点火系统的工作。它安装在分电器内，由分电器轴带动的信号转子、永久磁铁和绕在支架上的传感线圈等组成，如图 4-6（a）、4-6（b）所示。其信号转子上的凸齿数与发动机的气缸数相同。永久磁铁的磁通经信号转子凸齿、线圈铁芯构成回路。

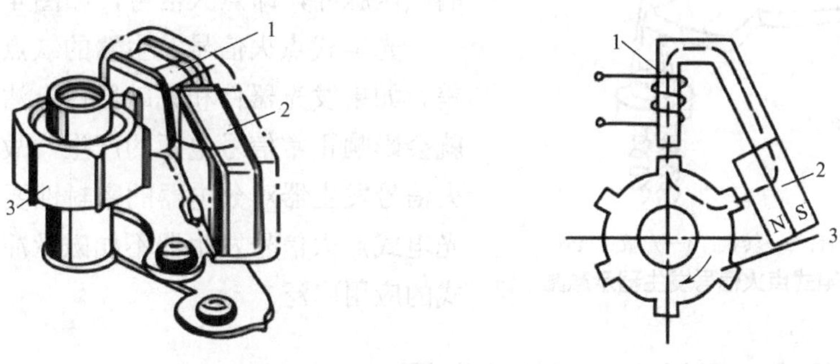


(a) 点火信号发生器的结构　　(b) 原理示意图

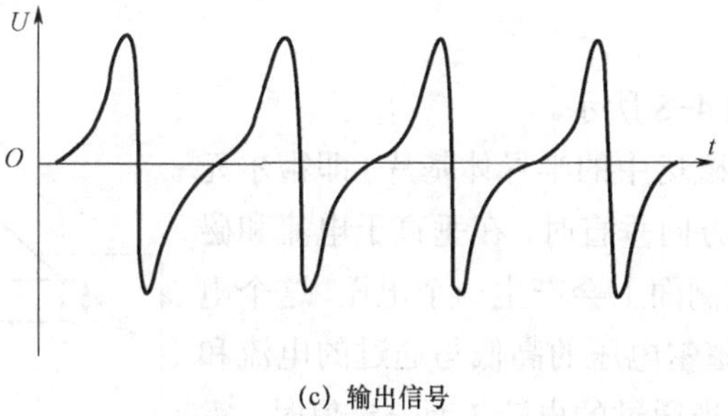


(c) 输出信号

1—传感线圈；2—永久磁铁；3—信号转子

图 4-6 磁脉冲式点火信号发生器的工作原理

当信号转子由分电器轴带动旋转时，转子凸齿与线圈铁芯间的空气间隙将发生变化，同时磁路的磁阻也会发生变化，导致通过传感线圈的磁通量发生变化，从而在传感线圈内感应出交变电动势，如图 4-6（c）所示。

磁脉冲式点火信号发生器具有一个特点：其点火信号电压的大小会随发动机转速的变化而变化。当发动机转速升高时，磁脉冲式点火信号发生器磁路的磁阻变化速率随之提高，相应磁通量的变化速率也随之提高，传感线圈产生的信号电压也随之增大。这一结果会使点火的击穿电压提前到达，点火相应提前。利用这一特点，若其结构设计合理，使点火提前角随发动机转速的变化正好满足发动机转速变化对点火提前角的实际需要，就可以省去离心点火提前调节器。

### 4.2.3 光电式无触点电子点火装置

光电式无触点电子点火装置采用光电式点火信号发生器产生点火信号，控制点火器和点火系统的工作。光电式点火信号发生器安装在分电器内，它由安装在分电器轴上的转盘、安装在分电器底板上的光触发器、发光二极管和光敏三极管组成。转盘的外缘开有与发动机气缸数相对应的缺口。当发光二极管的光线照射光敏三极管时，光敏三极管导通，产生与曲轴位置相对应的电压脉冲，即点火信号，如图 4–7 所示。

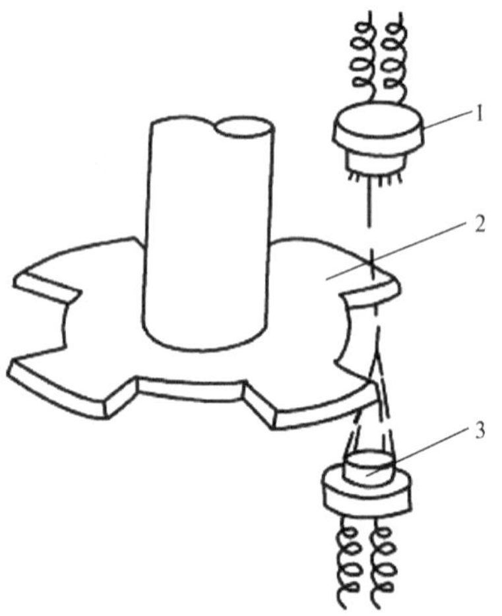

1—发光二极管；2—转盘；3—光敏三极管

图 4–7 光电式点火信号发生器示意图

光电式点火信号发生器的缺点是抗污能力较差。如果发光器件和光敏器件上沾有灰尘和油污就会影响正常信号电压的产生，故这种光电式点火信号发生器对分电器的密封性要求很高。因此，光电式点火信号发生器不如磁脉冲式和霍尔效应式的应用广泛。

### 4.2.4 霍尔效应式无触点电子点火装置

**1. 霍尔效应**

霍尔效应原理如图 4–8 所示。

当电流 $I$ 通过放在磁场中的半导体基片（即霍尔元件）且电流方向和磁场方向垂直时，在垂直于电流和磁场的半导体基片的横向侧面上会产生一个电压，这个电压称为霍尔电压 $U_H$。霍尔电压的高低与通过的电流和磁感应强度 $B$ 成正比，当通过的电流 $I$ 为一定值时，霍尔电压 $U_H$ 随磁感应强度的大小而变化。同时也可看出，霍尔电压 $U_H$ 的高低与磁通的变化速率无关。

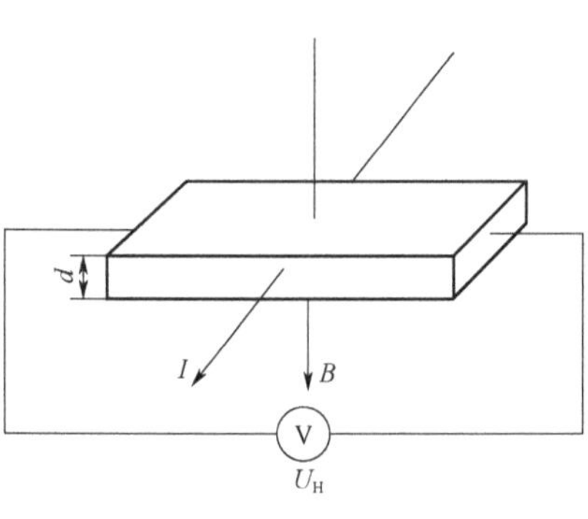

图 4–8 霍尔效应原理

**2. 霍尔效应式点火信号发生器**

霍尔效应式点火信号发生器是根据霍尔效应原理制成的，它装在分电器内。其基本结构如图 4–9（a）所示，它由触发叶轮和信号触发开关等组成。触发叶轮 1 与分火头制成一体，由分电器轴带动，其叶片数与气缸数相等。信号触发开关 3 由霍尔集成电路 2 和带导磁板的永久磁铁 4 组成。霍尔集成电路 2 的外层为霍尔元件，同一基板的其他部分制成集成电路。由于霍尔效应式点火信号发生器工作时，霍尔元件产生的霍尔电压 $U_H$ 是毫伏级，信号很微弱，因此需要集成电路进行信号放大和整形，最后以整齐的矩形脉冲（方波）信号输出。触发叶轮 1 的叶片在霍尔集成电路 2 和永久磁铁 4 之间转动。

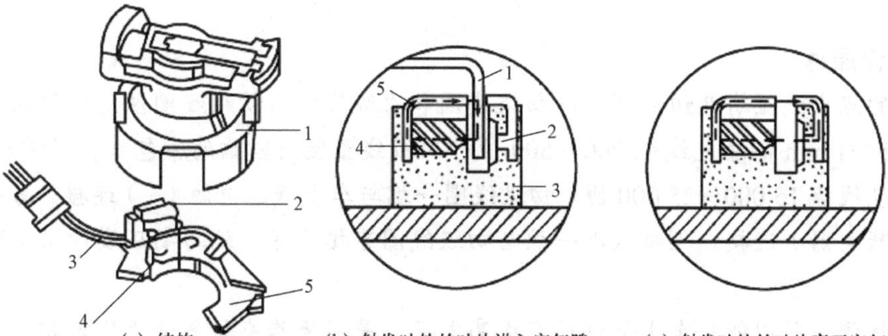


(a) 结构　(b) 触发叶轮的叶片进入空气隙　(c) 触发叶轮的叶片离开空气隙

1—触发叶轮；2—霍尔集成电路；3—信号触发开关；4—永久磁铁；5—导磁板

图 4-9　霍尔效应式点火信号发生器的组成和原理

霍尔效应式点火信号发生器的工作原理如图 4-9（b）和图 4-9（c）所示。当触发叶轮转动使叶片进入永久磁铁与霍尔元件之间的空气隙时，霍尔电路中的磁场即被叶片所旁路，这时霍尔元件上不产生霍尔电压。集成电路输出级的三极管处于截止状态，霍尔效应式点火信号发生器输出高电平。当触发叶轮的叶片离开空气隙时，永久磁铁的磁通便通过霍尔元件经导磁板构成回路，霍尔元件产生霍尔电压，集成电路输出级的三极管处于导通状态，霍尔效应式点火信号发生器输出低电平。点火器就是依靠信号发生器输出的方波信号进行触发并控制点火系统工作的。在霍尔效应式点火信号发生器输出的点火信号（波形）中，高低电平的时间比由触发叶轮的叶片分配角决定。例如，在桑塔纳轿车的霍尔效应式分电器中，高低电平的时间比为 7:3。

**3. 点火器**

与霍尔效应式点火信号发生器相匹配的点火器，一般多由专用点火集成电路 IC 和一些外围电路组成。该点火器除了具备丰田汽车点火器的开关功能（即接通和切断一次侧电路）外，还具备许多其他功能，如限流控制、闭合角控制、停车断电保护等。该点火器具备较多的功能，因此显示出更多的优越性，如点火能量高、在发动机转速范围内基本保持恒定、高速不断火、低速耗能少、起动可靠等优点。常见的点火器实物如图 4-10 所示。

图 4-10　常见的点火器实物

知识拓展

## 点火线圈

随着汽车汽油发动机向高转速、高压缩比、大功率、低油耗和低排放的方向发展，传统的点火装置已经不适应使用要求。点火装置的核心部件是点火线圈和开关装置，提高点火线圈的能量，火花塞就能产生足够能量的火花，这是点火装置适应现代发动机运行的基本条件。

**1. 工作原理**

通常的点火线圈有两组线圈，即初级线圈和次级线圈。初级线圈使用较粗的漆包线，通常用 0.5～1 mm 的漆包线绕 200～500 匝；次级线圈使用较细的漆包线，通常用 0.1 mm 左右的漆包线绕 15 000～25 000 匝。初级线圈一端与车上低压电源（+）连接，另一端与开关装置（断电器）连接。次级线圈一端与初级线圈连接，另一端与高压线输出端连接输出高压电。

点火线圈之所以能将车上低电压变成高电压，是因为其有与普通变压器相同的形式，初级线圈比次级线圈的匝数比大。但点火线圈工作方式却与普通变压器不一样，普通变压器的工作频率是固定的 50 Hz，又称工频变压器，而点火线圈则是以脉冲形式工作的，可以看成是脉冲变压器，它根据发动机不同的转速以不同的频率反复进行储能及放能。

当初级线圈接通电源时，随着电流的增长，其四周产生一个很强的磁场，铁芯储存了磁场能；当开关装置将初级线圈电路断开时，初级线圈的磁场会迅速衰减，而次级线圈则会感应出很高的电压。初级线圈的磁场消失速度越快，电流断开瞬间的电流越大，两个线圈的匝比越大，则次级线圈感应出来的电压越高。

**2. 线圈种类**

按照磁路，点火线圈分为开磁式和闭磁式两种。传统的点火线圈是用开磁式，其铁芯用 0.3 mm 左右的硅钢片叠成，铁芯上绕有次级线圈与初级线圈。闭磁式则采用形似Ⅲ的铁芯绕初级线圈，外面再绕次级线圈，磁力线由铁芯构成闭合磁路。闭磁式点火线圈具有漏磁少、能量损失小、体积小等优点，因此在电子点火系统中被广泛采用。

**3. 型号**

点火线圈的型号包括以下几个部分。

（1）产品代号

D 表示点火，Q 表示线圈。如果 DQ 后面还有字母，G 表示干式点火线圈，D 表示电子点火系统用点火线圈。

（2）电压等级代号

用数字表示点火线圈的额定电压。例如，1——12 V；2——24 V；6——6 V。

（3）用途代号

用数字表示点火线圈的用途，含义如下：

1——单、双缸发动机

2——四、六缸发动机

3——四、六缸发动机（带附加电阻）

4——六、八缸发动机（带附加电阻）

5——六、八缸以上缸发动机

6——八缸以上发动机

7——无触点分电器

8——高能点火

9——其他（包括三、五、七缸）

（4）设计序号：以数字表示。

（5）变型代号：以 A/B/C……顺序表示。

例如：DQ124 表示电压为 12 V，用于 4—6 缸发动机，设计序号为 4 的点火线圈。

**4. 使用注意事项**

如果使用方法不当，会造成点火线圈损坏，因此应注意以下几点：

（1）防止点火线圈受热或受潮；（2）发动机不运转时不要开点火开关；（3）经常检查、清洁、紧固线路接头，避免其短路或搭铁；（4）控制发动机性能，防止电压过高；（5）火花塞不得长期“吊火”；（6）点火线圈上的水分只能用布擦干，决不能用火烘烤，否则会损坏点火线圈。

**思政课堂**

1. 分组讨论汽油发动机无触点电子点火系统的结构原理，讲述汽油发动机无触点电子点火系统具有的优势。

2. 分组讨论无触点电子点火系统存在的缺点。有哪些改善无触点电子点火系统的思路？如何在学习和工作中发扬技术人员的工匠精神？

视频讲解

# 任务 4.3　微机控制点火系统

**知识目标**

1. 理解微机控制点火系统的结构。
2. 理解微机控制点火系统的工作原理。

**能力目标**

1. 能指出微机控制点火系统的主要部件。
2. 能利用设备进行微机控制点火系统故障的诊断。

思政目标

1. 培养爱岗敬业、严谨创新的工匠精神。
2. 培养安全意识和团队协作精神。
3. 提高自我管理和自主学习能力。

**任务描述：** 一辆大众速腾汽车因无法起动而来进行维修，经检查发现是汽车点火系统故障所致，需要对其点火系统进行维修。

**任务分析：** 针对维修接待和车间确认意见，需要对汽车的点火系统进行拆解、检测，首先需要了解微机控制点火系统的基本结构组成及其工作原理。

微机控制的点火系统除能随发动机转速控制初级线圈的通电时间外，还可以通过电子手段控制发动机各工况的点火提前角，使发动机在功率、加速性能和排放等方面达到最优。

## 4.3.1 微机控制点火系统的组成

微机控制点火系统主要由下列元件组成：监测发动机运行状况的传感器，处理信号、发出指令的微处理器，响应微机发出指令的点火器、点火线圈等。微机控制点火系统的组成如图 4-11 所示。

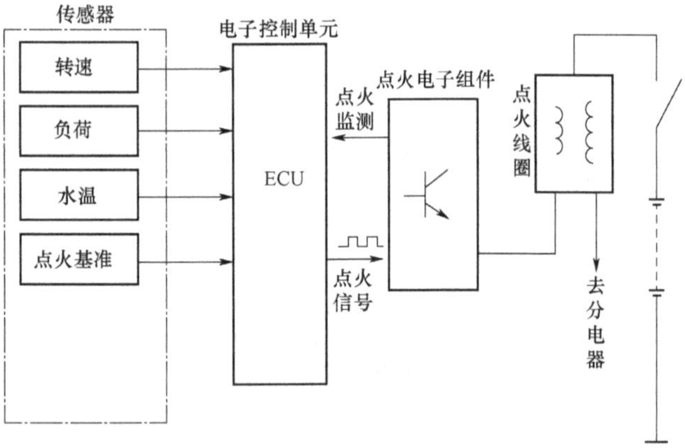


图 4-11 微机控制点火系统的组成简图

### 1. 微机控制点火系统相关的传感器及开关信号

传感器用来不断地检测与点火有关的发动机工况信息，并将检测结果输入电子控制单元，作为运算和控制点火时刻的依据。微机控制点火系统中所用的最主要的传感器有曲轴转角与转速传感器、曲轴基准位置传感器（点火基准传感器）和爆燃传感器。另外，根据进气压力传感器或空气流量传感器、进气温度传感器、冷却液温度传感器、节气门位置传感器，以及起动开关信号、空调开关信号、空档开关信号等开关信号，可以对各种工况下的点火提前角进行必要的修正。

（1）曲轴转角与转速传感器。在微机控制点火系统中，发动机转速信号是微机读取或计算基本点火提前角最主要的依据之一，而曲轴转角信号则用来计算具体的点火时刻。

（2）曲轴基准位置传感器（点火基准传感器）。该传感器可在曲轴转至某一特殊的位置，如一缸上止点或上止点前某一确定的角度时，输出一个脉冲信号，微机将这一脉冲信号作为计算点火提前角的曲轴位置基准点，并与曲轴转角信号一起计算曲轴任一时刻所处的具体位置。

上述两个传感器信号是保证微机控制点火系统正常工作最基本的输入信号，缺少任一信号，都会造成点火系统不点火，发动机无法起动的故障。传感器一般安装在分电器内或飞轮壳上，较新型的发动机则大多安装在配气机构凸轮轴的前端或后端，信号的获取方式也有磁感应式、光电式和霍尔效应式等多种形式。

**2. 电子控制单元 ECU**

点火电子控制单元是点火控制系统的中枢，用来接收上述各有关传感器信号，并按照特定的程序进行判断、运算后，给点火电子组件输出最佳点火提前角和初级电路导通时间的控制信号以及气缸判别信号。在现代发动机集中控制系统中，点火系统仅是电子控制单元的一个子系统。

**3. 点火电子组件**

点火电子组件是微机控制点火系统的功率输出级，它接收电子控制单元输出的点火控制信号并进行功率放大，以便驱动点火线圈工作。点火电子组件的结构原理与电子点火系统的点火器基本相同，其具体电路、功能与结构因车型而异。

## 4.3.2　微机控制点火系统的控制过程

**1. 微机控制点火原理**

微机综合各传感器输入信息，从存储器中选出最适当的点火提前角，再根据曲轴位置传感器判别出曲轴转速、位置及几缸处于压缩上止点，然后控制大功率晶体管的导通和截止，即控制点火线圈初级电流的断续。

**2. 微机控制点火提前角的确定**

在微机控制点火系统中，点火提前角通常由初始点火提前角、基本点火提前角和修正点火提前角三部分组成，如图 4-12 所示。

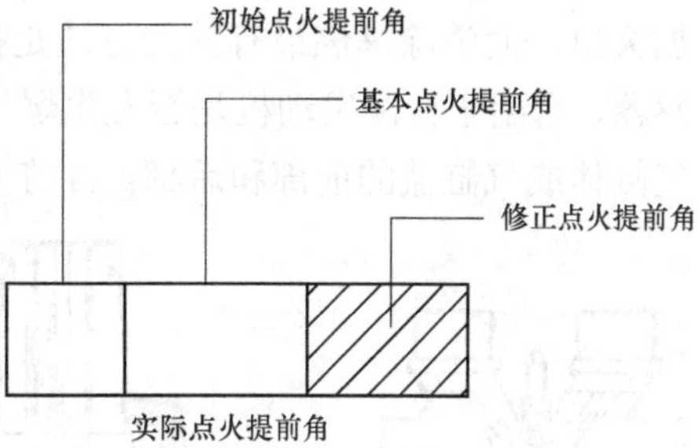


图 4-12　点火提前角的计算

（1）初始点火提前角。初始点火提前角取决于曲轴基准位置传感器（点火基准传感器）信号，以及其最初调整值，这个值随车型或发动机形式而异。另外，该基准信号也常作为发动机起动时的点火信号。

（2）基本点火提前角。基本点火提前角是发动机最主要的点火提前角，它是在进行发动机控制系统的设计时对被控发动机进行了大量的台架试验后，找出使发动机动力性、经济性、排放性能等达到最佳值时的点火提前角数值，同时在汽车行驶中，对各种行驶工况下的燃油消耗、转矩、排放、爆燃倾向，以及其他行驶性能等进行优化处理后得到的结果。然后，将其变为以发动机转速、负荷为变量的函数，将该点火提前角以数据的形式储存于电子控制器中的存储器（ROM）内，以便在点火控制过程中，根据发动机所处的工况随时读取。因此，基本点火提前角是电子控制单元进行点火提前角最佳控制的重要参数。

（3）修正点火提前角。修正点火提前角是电子控制单元根据发动机进气温度、冷却液温度、节气门位置、混合气空燃比、起动开关、空调开关等传感器信号和有关开关信号，对基本点火提前角按一定的修正特性所做的进一步优化性校正，从而使发动机点火性能最佳。实际点火提前角=初始点火提前角+基本点火提前角+修正点火提前角（或延迟角）。

**3. 微机控制点火提前角的控制过程**

点火提前角的控制通常有开环控制和闭环控制两种方式。

（1）开环控制方式。

即电子控制器根据有关传感器提供的发动机工况信息从内部存储器（ROM）中读取出相应的基本点火提前角，并通过计算出的修正值给予修正后得出的最佳点火提前角数据来控制点火，而对控制结果的好坏不予以考虑。点火提前角开环控制方式运算程序简单、运算速度快，控制系统也简单，但其控制精度取决于各传感器的精度，以及修正计算公式的适用程度。传感器所产生的任何偏差都可能导致发动机偏离最佳点火时刻工作，因此只适用于某一特定的发动机。另外，对于一些使用因素对发动机造成的影响，如积炭增多、使用辛烷值较低的燃料所造成的爆燃，以及怠速时由于负荷的不稳定造成的发动机转速波动及发动机使用中的磨损、调整的不同对点火提前角的影响等，开环控制方式便很难及时调整点火提前角，从而影响其控制精度。

（2）闭环控制方式。

闭环控制方式可以在控制点火提前角的同时，不断地检测发动机的有关工况，如发动机是否发生爆燃、怠速是否稳定等，然后根据检测到的变化量大小，及时对点火提前角进行进一步修正，使发动机始终处于最佳的点火状态，而不受发动机零部件的磨损、老化，以及有关使用因素的影响，故控制精度高。闭环控制方式以爆燃控制应用最为广泛。

在汽油发动机中，爆燃是增大发动机压缩比及提高热效率的最大障碍。对涡轮增压式发动机而言，由于混合气进入气缸前要经过废气涡轮增压器进行预压缩，故爆燃问题将更加突出，而消除爆燃最有效的方法是推迟点火提前角。爆燃控制最主要的传感器是爆燃传感器，它用于检测发动机是否发生爆燃，一般每台发动机安装1～2只，分别安装在发动机气缸体或气缸盖的前部和后部。目前使用较多的是压电式爆燃传感器，如图4–13所示，它是利用压电晶体的压电效应制成的。

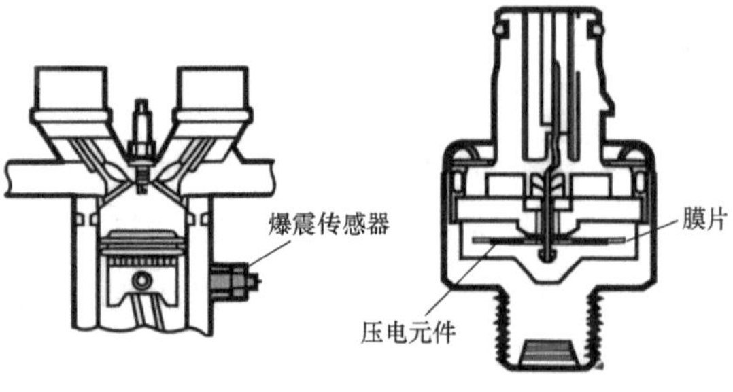

图4–13　压电式爆燃传感器

其工作原理是：当发动机工作时，压电测振元件随发动机的振动受到拉、压作用，当发动机振动的频率与压电测振元件的固有频率一致时，将产生共振，共振时输出的信号最大。在设计时将压电晶体的固有频率调节在发动机爆燃时引起的发动机机体的振动频率之内，则在发动机爆燃时，传感器输出异常的电压信号，微机将输出异常的电压信号分离出来，便得到爆燃信号。

发动机工作期间（多在低速大负荷工况时）如发生爆燃，且爆燃强度达到一定值时，电子控制单元便能接收到提前信号，并根据爆燃强度的大小给点火电子组件发出推迟点火的信号，一般每次推迟 0.5°～1.5° 曲轴转角，直到爆燃消失。爆燃消失后，电子控制单元逐渐将点火提前角移至最佳点火角，或以一定角度提前点火，直到再次发生爆燃时为止。带有爆燃控制的点火提前角闭环控制系统如图 4-14 所示。带有爆燃控制的点火提前角闭环控制系统由于具有爆燃反馈系统，故对传感器精度要求较低，基本上不受环境和使用因素的影响，但由于发动机接近爆燃极限工作，排气中的 $NO_x$ 含量较高，因此，在微机控制的电子点火系统中，爆燃控制通常只在大负荷、中低转速（如小于 3 000 r/min）时发挥作用，而在部分低负荷、高转速时则通常采用开环控制。

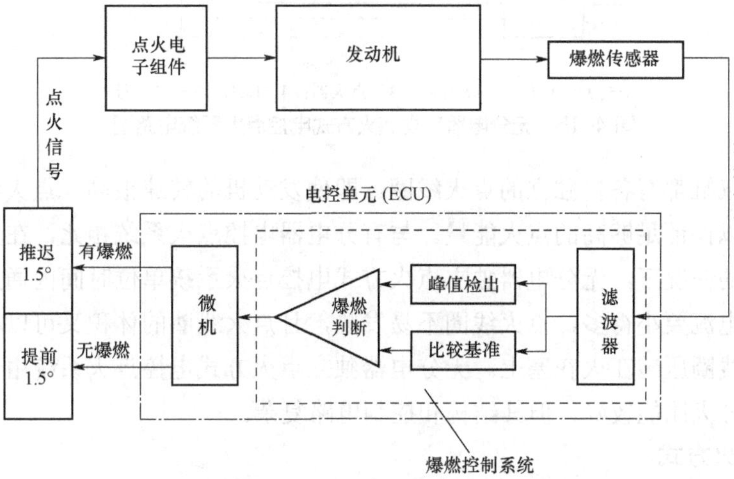


图 4-14　带有爆燃控制的点火提前角闭环控制系统

**4. 微机控制闭合角的控制过程**

它主要影响点火线圈初级绕组的通电时间和点火线圈的储存能量，而点火线圈通电时间和储存能量取决于发动机转速和蓄电池的供电电压。为了保证在不同的转速和蓄电池供电电压时都具有相同的初级绕组断电电流（以保证点火能量恒定），并避免点火线圈因大电流长时间通电而过热损坏，还必须对点火线圈的导通角（通电时间）加以控制。微机控制电子点火系统通常采用导通角随发动机转速、蓄电池电压为变量制成的导通角特性，并将其以数据的形式储存于电子控制单元的存储器中，以便随时读取。

## 三、微机控制点火系统高压电的分配方式

根据点火线圈的数量和高压电分配方式，无分电器电控点火系统可以分为独立点火方式、同时点火方式和二极管配电点火方式三种类型。

**1. 独立点火方式**

无分电器独立点火方式电控点火系统电路如图 4-15 所示。其特点是每个气缸有一个点

火线圈，即点火线圈的数量与气缸数相等。

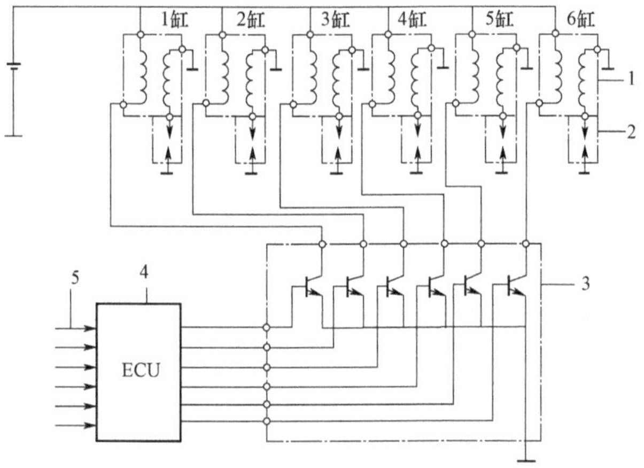


1—点火线圈；2—火花塞；3—点火器；4—ECU；5—传感器

**图 4–15 无分电器独立点火方式电控点火系统电路图**

由于每个气缸都有各自独立的点火线圈，即使发动机的转速很高，点火线圈也有足够的通电时间，以保证足够高的点火能量。与有分电器电控点火系统相比，在发动机转速和点火能量相同的情况下，无分电器独立点火方式电控点火系统单位时间内通过点火线圈一次绕组回路的电流要小得多，点火线圈不易发热，且点火线圈的体积又可以非常小巧，一般直接将点火线圈压装在火花塞上。无分电器独立点火方式电控点火系统由于取消了分电器和高压线，分火比能较好，但其结构和控制电路复杂。

**2. 同时点火方式**

这种点火系统的发动机两个气缸共用一个点火线圈（双火花点火线圈），其中一缸在压缩冲程终了有效点火时，而另一缸处在排气冲程末期，点火则为无效点火。由于处于排气冲程末期的气缸，其缸内压力已经很低，加上燃烧废气中有较多的导电离子，这个气缸火花塞的电极很容易击穿放电，所以，其消耗的能量很小，不会对有效点火气缸的火花能量造成很大的影响。这种点火系统被用在气缸数为偶数的汽车发动机中，点火线圈的个数为气缸数目的一半。

这种无分电器式点火系统也有一定的缺点。

（1）产生的点火火花成对出现，使点火的次数加倍，消耗的能量有所增大，且有浪费。

（2）由于用成对火花点火，因此它不适合应用在气缸数为奇数的发动机上。

（3）需要有两个功率输出级触发，电路较复杂。

无分电器同时点火方式电控点火系统电路如图 4–16 所示。在此点火系统中，发动机每两缸配有一个点火线圈，两个火花塞的极性刚好相反。图 4–16 所示为 6 缸发动机，它配备了三个点火线圈，分别是 1 缸与 6 缸、2 缸与 5 缸、3 缸与 4 缸各一组。点火时，两个火花塞都产生电火花，一个火花在发动机压缩接近终了时产生，为有效点火；另一个火花在发动机排气冲程时产生，为无效点火。

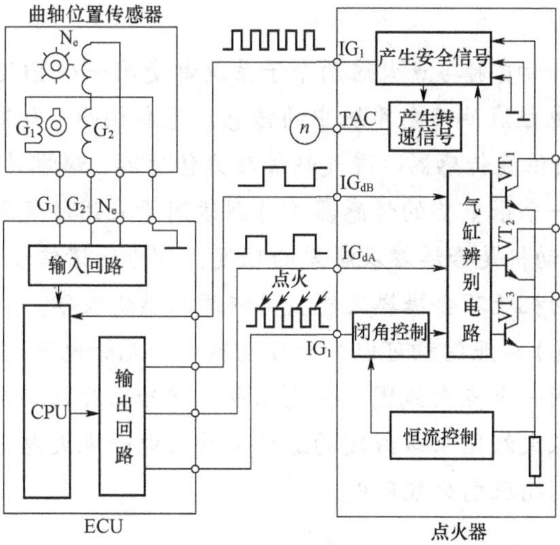


图 4-16　无分电器同时点火方式电控点火系统电路图

**3. 二极管配电点火方式**

二极管配电点火方式电控点火系统电路如图 4-17 所示，其特点是 4 个气缸（4 缸发动机）共用一个点火线圈。点火线圈为内装双一次绕组、双二次绕组的特制点火线圈，利用 4 只二极管的单向导电性交替完成对 1 缸和 4 缸、2 缸和 3 缸的配电过程。

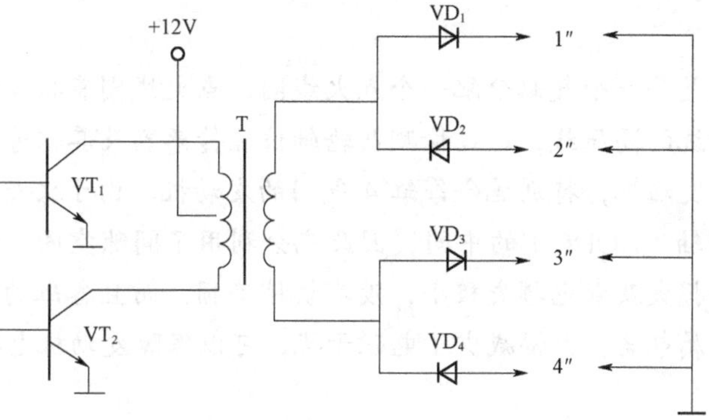


图 4-17　二极管配电点火方式电控点火系统电路图

二极管配电点火方式的特性与同时点火方式相同，但对点火线圈要求较高，而且发动机的气缸数必须是数字 4 的整倍数，所以在应用上受到一定的限制。

这种方式通过使用二极管进行高压电的分配，实现了在较少点火线圈的情况下，仍然能够满足发动机的工作需求，适用于对成本和空间有严格限制的应用场景。

知识拓展

## 数字式电控点火系统（ESA）

在现代汽车的高速汽油发动机上，已经采用由微处理机控制的点火系统，也称数字式电控点火系统。这种点火系统由微电脑（计算机）、各种传感器和点火执行器三部分组成。

实际上在现代发动机中，汽油喷射与点火这两个子系统都受同一个 ECU 控制，合用一组传感器。ESA 中的传感器与电控汽油喷射系统中的传感器基本相同，如有曲轴位置传感器、凸轮轴位置传感器、节气门位置传感器、进气歧管压力传感器、爆燃传感器等。其中，爆燃传感器是电控点火专用的一个很重要的传感器（特别适用于采用废气涡轮增压装置的发动机）。该传感器能够监测发动机是否爆燃及爆燃的程度，作为反馈信号使 ECU 发出指令实现点火提前，从而确保发动机既不会爆燃又能获得较高的燃烧效率。

数字式电控点火系统（ESA）按照结构可以分为分电器式和无分电器式（DLI）两种类型。分电器式电控点火系统只用一个点火线圈产生高压电，然后由分电器按照点火顺序依次在各缸火花塞上点火。由于点火线圈初级线圈的通断工作由电子点火电路承担，因此分电器已取消断电器装置，仅起到高压电分配职能。

**双缸点火**

双缸点火方式是指两个气缸合用一个点火线圈，因此这种点火方式只能用于气缸数目为偶数的发动机上。如果在 4 缸机上，当两个缸活塞同时接近上止点时（一个是压缩另一个是排气），两个火花塞共用同一个点火线圈且同时点火，这时候一个是有效点火，另一个则是无效点火，前者处于高压低温的混合气之中，后者处于低压高温的废气中，因此两者的火花塞电极间的电阻完全不一样，产生的能量也不一样，导致有效点火的能量大得多，约占总能量的 80%。

**单独点火**

单独点火方式是每一个气缸分配一个点火线圈，点火线圈直接安装在火花塞上。这种点火方式取消了传统的高压线，通过检测凸轮轴位置传感器及其信号来实现精确点火。它适用于任何缸数的发动机，特别适合每缸 4 气门的发动机。由于火花塞点火线圈组合可以安装在双顶置凸轮轴（DOHC）的中间，因此充分利用了间隙空间。由于取消了分电器和高压线，能量传导损失及漏电损失极小，没有机械磨损，而且各缸的点火线圈和火花塞装配在一起，外用金属包裹，大幅减少了电磁干扰，可以保障发动机电控系统的正常工作。

**思政课堂**

1. 分组讨论汽油发动机微机点火系统的结构原理，讲述微机点火系统的性能特点，以及在检修中必须要注重的操作规范。

2. 分组讨论微机点火系统存在的弊端，并结合汽车电子技术的发展，谈谈如何在学习、工作中发扬技术人员严谨创新的工匠精神。

# 任务 4.4　点火系统的故障诊断

**知识目标**

1. 熟知电子点火装置使用注意事项。
2. 理解点火系统的维护、检修方法。

**能力目标**

1. 能够对点火系统进行故障诊断与排除。
2. 能够对点火系统进行维护与检修。

**思政目标**

1. 培养职业规划的能力。
2. 培养安全意识和团队协作精神。
3. 提高自我管理和自主学习能力。

**任务描述**：一辆大众速腾汽车因无法起动而来进行维修，经检查发现是汽车点火系统故障所致，需要对其点火系统进行维修。

**任务分析**：针对维修接待和车间确认意见，需要对汽车点火系统产生故障的可能原因进行分析，并对点火系统的组件进行拆解、检测，诊断并排除相应故障。

## 4.4.1　电子点火装置的维护

### 1. 电子点火装置使用注意事项

如今，电子点火系统已基本取代传统点火系统，其产品技术已较为成熟，可靠性也较高，若安装、使用得当，通常无须进行维护和修理。但若安装、使用不当，也会造成一些人为故障，甚至损坏点火装置。

为此，在使用过程中，应注意以下事项。

（1）电子点火装置必须有可靠的搭铁，并尽量减小搭铁处的接触电阻，以确保电路稳定可靠地工作。

（2）安装时，接线必须正确、牢固。

（3）电子点火系统中的点火线圈一般为专用高能点火线圈，不能用普通点火线圈代替。

（4）洗车时应尽量避免水溅到点火电子组件和分电器内。

（5）发动机运转时，不可拆去蓄电池连接线，也不可用刮火的方法检查发电机的发电情况，以免因产生瞬间过电压而损坏点火电子组件。

（6）当需要拆、接电子点火装置连接导线或安装、拆卸检测仪器时，应先关断点火开关或断开蓄电池的搭铁线。

**2. 电子点火装置的检修**

当发动机不能起动，怀疑电子点火装置有问题时，可从分电器盖上拔下中央高压线，并使其端部距离气缸 5～7 mm，然后起动发动机，观察线端是否跳火，若不跳火，则说明点火装置有故障。此时应依次对电子点火装置的有关接线、工作电压和各组成部分进行检查。

下面主要就点火信号发生器及点火器的检查方法作简要介绍。

（1）点火信号发生器。

下面介绍两种点火信号发生器的检测。

① 电磁感应式点火信号发生器的检测。

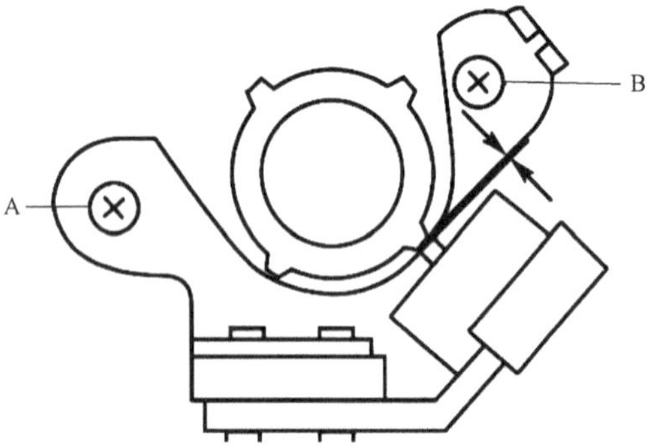


图 4-18 电磁感应式点火信号发生器的间隙调整

a）检查、调整信号转子凸齿与线圈铁芯的间隙。可以使用塑料厚薄规进行测量，该间隙的标准值为 0.2～0.4 mm。若不符合要求，可按图 4-18 所示松开螺钉 A、B，并以螺钉 A 为支点，移动螺钉 B 加以调整，直至间隙符合规定的标准值为止，再将螺钉 A、B 拧紧即可。

b）检测传感器线圈的电阻值。方法是先将分电器与线束之间的插接器拆开，然后用万用表欧姆挡测量与分电器相连接的两根导线之间的电阻值。如果测得的电阻值为无穷大，则表明线圈断路；如果测得的电阻值与标准值相比显得过小，则表明线圈匝间短路。如果出现故障应立即排除或更换传感线圈。

② 霍尔效应式点火信号发生器的检测（以上海桑塔纳轿车的霍尔信号发生器为例）。先断开点火开关 SW，打开分电器盖，拔出分电器盖上的中央高压线并搭铁，将直流电压表的两表笔接在插接器信号输出线“0”和接地线“-”接线柱上，如图 4-19 所示。

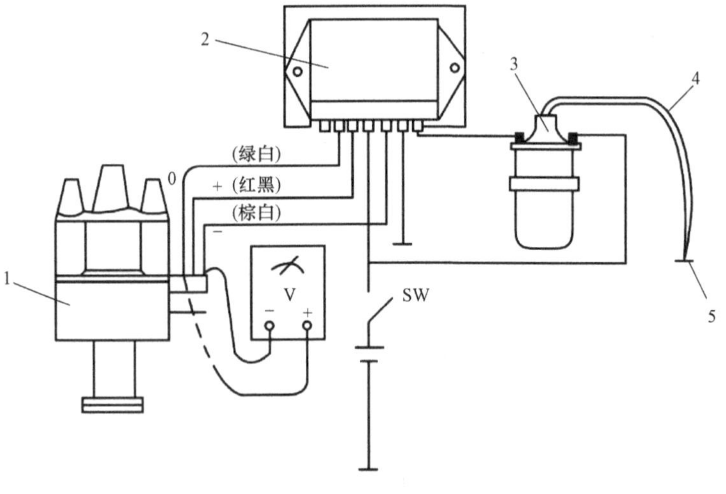


1—分电器；2—点火器；3—点火线圈；4—高压线；5—搭铁

图 4-19 霍尔效应式点火信号发生器输出电压检查

然后按发动机转动方向转动发动机，同时观察电压表上的读数。当触发叶轮的叶片位于霍尔传感器的空气隙中时，其电压值应为9 V左右；当触发叶轮的叶片不在空气隙中时，其电压值应为0.4 V左右。在电源电压正常的情况下，如电压表读数与上述不符，则说明霍尔信号发生器出了故障，应予更换。

对于其他车型的霍尔信号发生器的检查，可以参考上述检查方法。但需注意的是，由于车型不同，或同类车型生产年代不同，其霍尔信号发生器的内部结构、电路和有关工作参数可能不同，所以其输出电压值也可能不同，检查时应与同期生产的同类车型对比判定。

（2）点火器。

判断点火器故障的方法如下。

① 模拟点火信号检查。用1.5 V的干电池一节分别正接和反接于点火器的信号输入端来模拟点火信号，同时测点火线圈“−”接线柱对地电压，如图4−20所示。如果两次测得的电压值分别为1～2 V和12 V，则说明点火器能够导通、截止，性能良好。否则，说明点火器有故障。

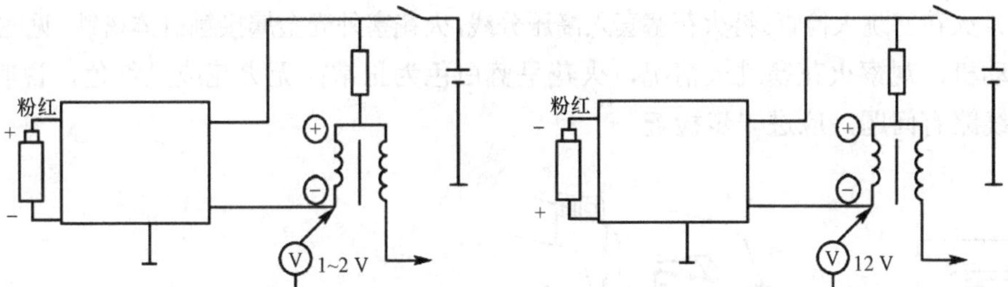


(a)　正接（一次侧通路）检查情况　　(b)　反接（一次侧断路）检查情况

图4−20　模拟点火信号法检查点火器

② 跳火试验法。在确认点火信号发生器基本完好的情况下，可采用跳火试验法来判断点火器是否有故障。常用的方法有以下几种。

a）将分电器的中央高压线拔出，使高压线端距离发动机缸体5 mm左右，起动发动机，观察是否跳火。如果跳火且火花强，则说明点火器良好。

b）如果是电磁感应式点火信号发生器，可打开分电器盖，用螺丝刀将导磁转子与铁芯间作瞬间短路，看高压线端是否跳火。如果跳火，说明电子点火器良好。

c）如为光电式或霍尔效应式点火信号发生器，则可在拆下分电器后，用手转动分电器轴，通过观察高压线端的跳火情况来判断点火器是否良好。

## 4.4.2　点火系统主要部件的检测

### 1. 点火线圈检查

以捷达轿车为例，点火线圈的初级电阻阻值应为0.52～0.76 Ω，次级电阻阻值应为2.4～3.5 kΩ。

**2. 火花塞的检查调整**

（1）火花塞外观的检查。火花塞的绝缘体不得有破裂，否则应予以更换；火花塞的旁电极严重烧蚀时，应予以更换新品。火花塞的绝缘体与壳体之间、绝缘体与旁电极之间，不得有严重积炭，积炭严重的火花塞应用汽油或酒精浸泡清洗，并用毛刷刷净表面。

（2）火花塞电极间隙的检查调整。不同型号发动机的火花塞的电极间隙不同。测量和调整火花塞电极间隙应使用专用量规进行，如图 4–21 所示。对于新的火花塞，可以通过弯曲负电极来调整火花塞电极间隙。

**注意：**使用过的火花塞电极间隙不可调整。若火花塞的电极间隙不在规定的范围内，则需要更换火花塞。

（3）火花塞插头电阻检查。用欧姆表测量火花塞插头电阻（见图 4–22），其电阻值应为（5±0.1）kΩ。若部件的电阻不在规定范围内，应更换新件。

（4）火花塞绝缘电阻测量。用绝缘电阻表（也称兆欧表）测量火花塞绝缘电阻（见图 4–23），电阻值应为 10 MΩ 或更大。

（5）火花塞跳火检查。将火花塞套入高压分线，火花塞外壳金属接触机体搭铁（见图 4–24），起动发动机，观察火花塞跳火情况，火花呈蓝白色为正常；无火花或呈红色，说明火花塞或点火线路有问题，应进一步检查。

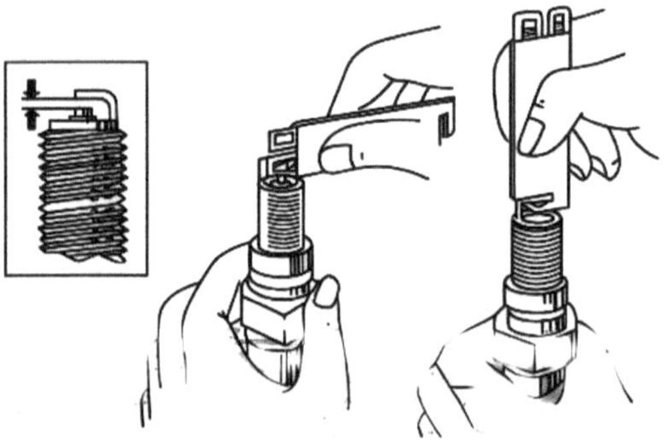

图 4–21　火花塞电极间隙的检查调整

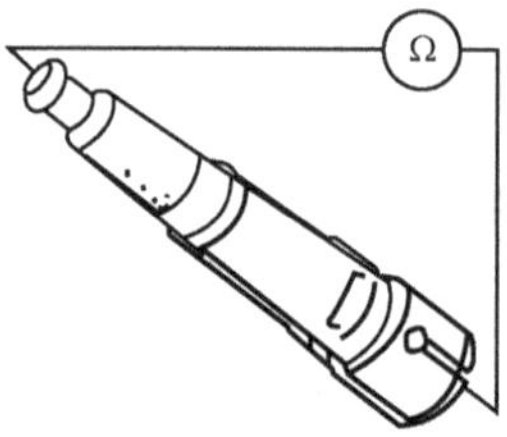


图 4–22　检查火花塞插头电阻

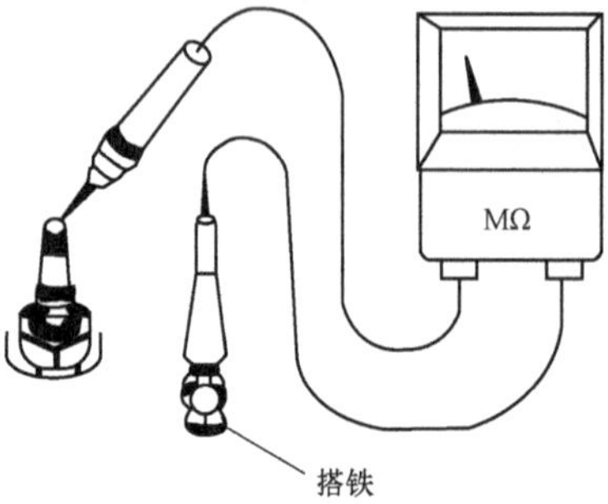


图 4–23　火花塞绝缘电阻测量

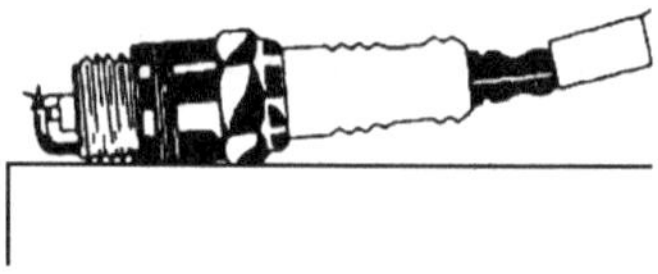

图 4–24　火花塞跳火检查

## 知识拓展

### 汽车故障诊断仪

汽车故障诊断仪（又称汽车解码器）是车辆故障自检终端，是一种便携式智能汽车故障自检仪器，主要用于检测汽车故障。用户可以通过液晶显示屏快速读取汽车电控系统中的故障信息，并迅速查明发生故障的部位及原因。

汽车故障诊断仪是维修中非常重要的工具，一般具有以下几项或全部的功能：① 读取故障码；② 清除故障码；③ 读取发动机动态数据流；④ 示波功能；⑤ 元件动作测试；⑥ 匹配、设定和编码等功能；⑦ 英汉辞典、计算器及其他辅助功能。

故障诊断仪大都随机带有使用手册，按照说明极易操作。一般来说有以下几个步骤：在车上找到诊断座；选用相应的诊断接口；根据车型，进入相应诊断系统；读取故障码；查看数据流；诊断维修之后清除故障码。

**工作原理**

诊断电子控制系统的传感器、执行器，以及ECU的工作是否正常。通过判断ECU的输入、输出电压是否在规定范围内变化，可以判断电子控制系统工作是否正常。

当电子控制系统中的某一电路出现超出规定的信号时，该电路及相关的传感器反映的故障信息以故障代码的形式存储到ECU内部的存储器中，维修人员可利用该诊断仪来读取故障码，并将其显示出来。

**主要功能**

（1）通过CAN、LIN通信模块可以实现与车载内各电子控制装置ECU之间的对话，传送故障代码和发动机的状态信息。

（2）通过单片机的同步/异步收发器可以与PC机进行串行通信，从而完成数据交换、下载程序，以及诊断仪升级等功能。

（3）通过液晶显示器可以显示汽车运行的状态数据和故障信息。

（4）通过程序来执行不同的诊断功能。

（5）通过一种具有串行接口的大容量Flash存储器可以保存大量的故障代码及其测量数据。

## 思政课堂

1. 分组讨论，在汽油发动机点火系统检修中必须要注重哪些操作规范？

2. 分组讨论，如何成为一名优秀的汽修技术人员，并谈谈在今后的学习、工作中如何去实践。

# 项目5

# 照明与信号系统的检测与维修

## 项目描述

一辆大众速腾轿车车主反映，晚间行驶打开远光灯时，远光灯不亮，只好变为近光灯降低车速；路遇一辆更慢的农用车在前压速，准备超车发信号时，发现转向灯闪烁频率过低，只好按喇叭，依靠声音信号勉强超车，非常危险。

根据该车主的描述，可以分析出该车故障的原因出现在照明系统和信号系统中，排除此类故障需要掌握照明与信号系统的结构及其检修方法。

通过本项目的学习，可以更好地了解汽车照明系统与信号系统的常见结构及其工作原理，掌握汽车照明系统常见故障的检修方法。

## 任务5.1　照明与信号系统的认知

### 知识目标

1. 了解汽车照明灯、信号灯在汽车上的位置。
2. 理解汽车照明系统的种类及作用。
3. 理解汽车信号系统的种类及作用。

### 能力目标

1. 能够正确认知汽车照明与信号系统。
2. 能够识别汽车照明灯的位置并指出其作用。
3. 能够识别信号灯的位置并指出其作用。

### 思政目标

1. 培养良好的职业道德和工匠精神。
2. 培养交通安全意识和团队协作精神。
3. 提高自我管理和自主学习能力。

**任务描述：**一辆大众速腾汽车因灯光故障来进行维修，经检查发现是汽车照明系统故障所致，需要对其照明电路进行检修。

**任务分析：**针对维修接待和车间确认意见，需要对汽车的照明系统进行拆解，首先需要了解汽车照明、信号系统的作用及基本种类。

为确保在各种环境下都能安全行驶，所有的汽车都装有照明设备及灯光信号装置，它们分别在车灯开关和专用开关控制下，应用于各种不同的行驶条件，分别发挥着各自的作用。随着照明与信号技术的发展和创新，现代汽车照明与信号系统在汽车照明功能、保障行车安全及使用功能等方面日益进步。

## 5.1.1　汽车照明系统

汽车的照明系统一般包括前照灯、雾灯、牌照灯、仪表灯、顶灯和行李箱灯等。这些设备是为了保证汽车在光线不好的条件下提高车辆行驶的安全性和运行速度而设置的。一般来说，汽车照明设备除了主要用于照明外，还用于汽车装饰。随着汽车电子技术应用程度的不断提高，照明设备正向智能化方向发展。根据安装位置和功能不同，可将照明系统进行分类，见表 5-1。

**表 5-1　汽车照明系统分类**

| 种类 | 外部照明灯 | | | 内部照明灯 | | |
|---|---|---|---|---|---|---|
| | 前照灯 | 雾灯 | 牌照灯 | 仪表灯 | 顶灯 | 行李箱灯 |
| 特点 | 白色常亮<br>远近光变化 | 黄色或橙色<br>单丝常亮 | 白色常亮 | 白色常亮 | 白色常亮 | 白色常亮 |
| 用途 | 为驾驶员安全<br>行车提供保障 | 雨、雪、雾天<br>保证照明并<br>提供信号 | 照亮汽车尾<br>部牌照 | 夜间观察<br>仪表的照明 | 夜间车内的<br>照明 | 夜间拿取行李<br>物品时的照明 |

（1）前照灯。

也称大灯，安装在汽车前部两侧，常见为二灯制和四灯制，用于夜间行驶或光线不良时，照亮车前的道路及物体。前照灯的主要用途是近光和远光的照明，但也可以用近光和远光的变换作为超车信号。

（2）雾灯。

安装在汽车前部比大灯稍低的位置及尾部，分别称为前雾灯和后雾灯，是用于改善大雾、大雨、大雪或尘埃弥漫情况下道路照明的灯具，不但有助于驾驶员看清楚道路，也有助于本车被其他人看到。规定颜色为黄色或橙色，因为其光波较长、透雾性好。

（3）牌照灯。

安装在汽车尾部的牌照上方或左右两侧，确保行人距车尾 20 m 距离以内能看清牌照上的文字及数字。一般没有单独的开关控制，而是由前照灯开关或示廓灯控制。

（4）仪表灯。

安装在汽车的仪表板上，其数量根据仪表设计布置而定。其作用是对仪表进行照明，方便驾驶员迅速看清仪表。有些车辆装有灯光控制变阻器，可调整仪表灯的亮度。

（5）顶灯。

安装在驾驶室或车厢顶部，用于车内照明，但必须防眩目，灯泡功率一般为 5～8 W。

（6）行李箱灯。

安装在轿车或客车行李箱内，当开启行李箱盖时，灯自动亮，用于照亮行李箱内空间。

## 5.1.2 汽车信号系统

汽车信号系统的作用是通过声响和灯光向其他车辆司机以及行人发出警告，引起注意，确保车辆的行驶安全。其主要包括转向灯、制动灯、示廓灯、倒车灯、危险警告灯、驻车灯、各种指示灯及喇叭等。根据其安装位置和功能不同，可将信号系统进行分类，见表 5-2。

**表 5-2　汽车信号系统分类**

| 种类 | 外信号灯 | | | | 内信号灯 | | |
|---|---|---|---|---|---|---|---|
| | 转向灯 | 制动灯 | 示廓灯（小灯） | 倒车灯 | 转向指示灯 | 其他指示灯 | 报警灯 |
| 特点 | 橙色或黄色闪亮 | 红色常亮 | 前为白色后为红色 | 白色常亮 | 绿色闪亮 | 绿色常亮 | 红色或黄色常亮 |
| 用途 | 用于指示车辆行驶趋势或有紧急情况 | 制动时灯亮，提醒尾随车辆防止追尾 | 夜间或光线不良时标示车辆轮廓位置 | 向其他车辆或行人发出倒车信号 | 提示驾驶员车辆的行驶方向 | 提示驾驶员车辆的行驶状况 | 监视汽车异常状况 |

（1）转向灯。

安装在汽车的前后左右四角，其用途是在车辆起步、靠边停车、变更车道、超车和转弯时，发出明暗交替的闪烁信号，使前后的车辆、行人、交警知道行驶趋势。转向灯的灯色可以是橙色，后转向灯也可以是红色。有的汽车侧面中间装有侧转向灯。如果遇到紧急或危险情况，该车的所有转向灯都会同时发出闪光信号，作为危险报警信号。

（2）制动灯。

又称刹车灯，安装在车尾两侧，用来表示该车正在进行制动的灯具，有的汽车在后窗加装高位制动灯。灯光一律为醒目的红色，要求白天距离车尾 100 m 处能确认灯光信号。

（3）示廓灯。

又称小灯，一般安装在车前和车尾两侧的边缘。某些大型汽车的中部、驾驶室外侧还增设一对示廓灯，用来表示该车的存在和车体宽度。

（4）倒车灯。

安装在汽车后面。其作用有两个：一是向其他车辆和行人发出倒车信号，另一个是用于夜间倒车照明。

（5）指示灯。

一般安装在仪表盘上，用以指示有关照明、灯光信号及某些装置的工作情况，颜色及亮度视具体需要设置。

（6）报警灯。

安装在仪表盘上，用于指示某些装置的工作情况，并对异常情况发出报警。颜色可根据需要变为黄色或红色。

（7）喇叭。

喇叭为声响信号装置。按下喇叭按钮，发出声响，提醒警告行人及车辆，确保行车安全。

目前，汽车上多使用组合灯具，将前照灯、前转向灯等组合起来，称为前组合灯，如图 5–1 所示；而将制动灯、倒车灯、后雾灯、后转向灯等组合起来，称为后组合灯，如图 5–2 所示。

图 5–1　前组合灯

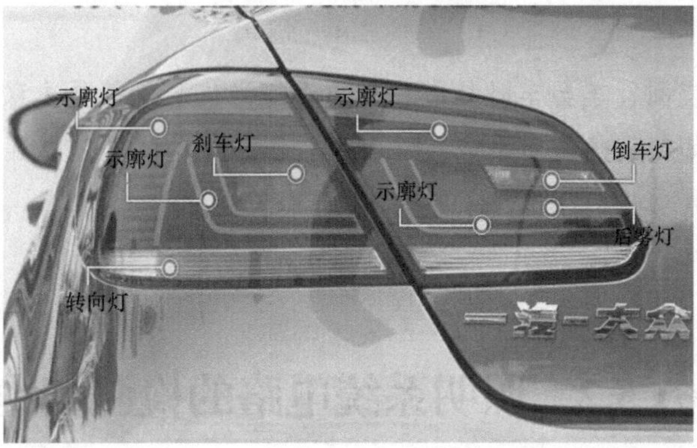


图 5–2　后组合灯

知识拓展

## 灯光检查

检查车辆灯光需要两人合作。在打开驾驶室车门，安装好车内防护四件套后，一人坐在驾驶员座椅上旋动灯光开关，另一人在车外前后、左右观察相应灯光是否正常点亮，并同时做出与灯光相应的手势，向坐在驾驶室的操作人员示意。在检查过程中，应分车辆前部灯和尾部灯两处分段进行。

**1. 前部灯光检查**

示廓灯：双臂平伸水平展开，手指指向大灯方向。

近光灯：双臂向车灯方向伸直，手掌向下。

远光灯：双臂向上弯曲，手背向车灯侧。

前照灯闪亮：上述两动作交替进行。

前雾灯：双臂向车灯方向平伸，双手握拳，大拇指向下。

前左转灯：右手向右伸直，手掌向下，右手示意闪动。

前右转灯：左手向左伸直，手掌向下，左手示意闪动。

前危险警告灯：双臂向两侧伸展，双手示意灯光闪烁。

**2. 尾部灯光检查**

后尾灯、牌照灯：双臂向两侧平伸，双手指向两侧车灯。

制动灯：双臂向下成 60° 展开，双手平放指向车灯处。

后雾灯：双臂前伸，双手握拳，大拇指向下。

后左转灯：左手向左伸直，手掌向下，左手示意闪动。

后右转灯：右手向右伸直，手掌向下，右手示意闪动。

后危险警告灯：双臂向两侧伸展，双手示意灯光闪烁。

倒车灯：双臂向内侧弯曲，双手手心朝向面部。

**思政课堂**

1. 分组讨论，夜间行车会车时如何正确使用灯光信号，需要注意哪些交通规则？

2. 分组讨论，如何正确使用手势，以团队合作的方式配合完成灯光检查？同时，探讨团队合作精神的重要性。

# 任务 5.2　照明系统电路的检测与维修

**知识目标**

1. 了解汽车前照灯的常见结构、作用与控制。
2. 理解汽车照明系统电路的基本原理。
3. 掌握汽车照明系统常见故障及排除。

**能力目标**

1. 能够对汽车照明系统进行拆卸和安装。
2. 能够分析汽车照明系统的电路图。
3. 能够排除汽车照明系统的常见故障。

**思政目标**

1. 培养良好的创新意识和工匠精神。
2. 培养交通安全意识和团队协作精神。
3. 提高自我管理和自主学习能力。

**任务描述**：一辆大众速腾汽车因远光灯不亮来进行维修，经检查发现是汽车照明系统故障所致，需要对其照明系统进行维修。

**任务分析**：针对维修接待和车间确认意见，需要对汽车的前照灯进行拆解、检测，首先需要了解汽车前照灯的基本结构组成及其工作原理。

## 5.2.1　前照灯

**1. 前照灯的基本要求**

（1）夜间车前应有明亮均匀的光照，驾驶员能辨明车前 100 m 以内路面的障碍物。目前汽车前照灯的照明距离已达到了 200～250 m。

（2）具有防眩目装置，避免因灯光眩目造成会车事故。

（3）光束横向应有一定的散射宽度，以便直行时能看清车身侧面运动物体及转弯时的照明需要。

（4）满载时，照明效果不应因车灯高度的变化而下降。

**2. 前照灯的结构**

前照灯主要由灯泡、反射镜和配光镜三部分组成。

（1）灯泡。

目前，汽车前照灯常用的灯泡有：卤素大灯、氙气大灯和 LED 大灯。

① 卤素大灯。如图 5-3 所示，卤素大灯是在惰性气体中加入一定量的卤族元素（如碘、溴），使得从灯丝上蒸发出来的气态钨与卤族元素反应生成一种挥发性的卤化钨，在扩散到灯丝附近的高温区域后又受热分解，使钨重新回到灯丝上，如此循环防止了钨的蒸发和灯泡黑化的现象。

② 氙气大灯。如图 5-4 所示，氙气大灯也称高压放电大灯。灯泡内充有氙气、少量水银蒸气和金属卤化物。当电极之间施加高压时，促使电子和金属原子碰撞并释放光能点亮灯泡，系统在电极两侧释放高压脉冲（大约 20 kV）使氙气发光。随着灯泡内温度的上升，

水银蒸发并放出弧光。当灯泡内的温度进一步增加时，水银电弧中的金属卤化物会蒸发分解，从而释放出金属原子，形成光束。灯光由 ECU 控制，发光稳定。

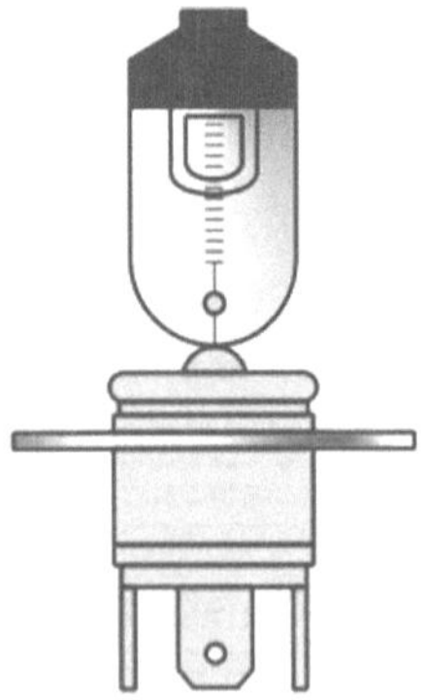

图 5-3　卤素大灯

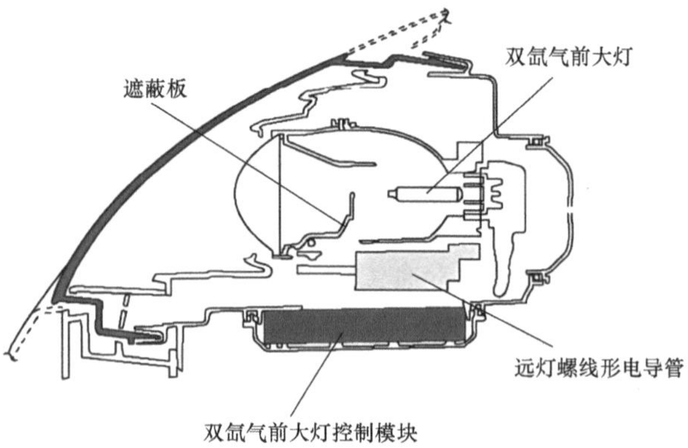


图 5-4　氙气大灯

③ LED 大灯。LED 是一种电致发光器件，利用固体半导体芯片作为发光材料，通过载流子发生复合引起光子发射而直接发光。LED 大灯就是利用 LED 作为光源制造的照明器具。单个二极管体积小，可以用于多种车灯内部设计，其起动速度极快，频闪可在瞬间达到最大亮度，且节能环保、寿命长。

（2）反射镜。

反射镜是用薄钢板冲压而成的，或由玻璃、塑料制成，其内表面镀银、铝或者镀铬，然后抛光处理。目前反射镜内面通常采用真空镀铝较多，如图 5-5 所示。反射镜的表面形状通常是旋转抛物面，位于反射镜焦点（用 $F$ 表示）上的灯泡所发出的光线，经过反射镜反射后的情况如图 5-6 所示。

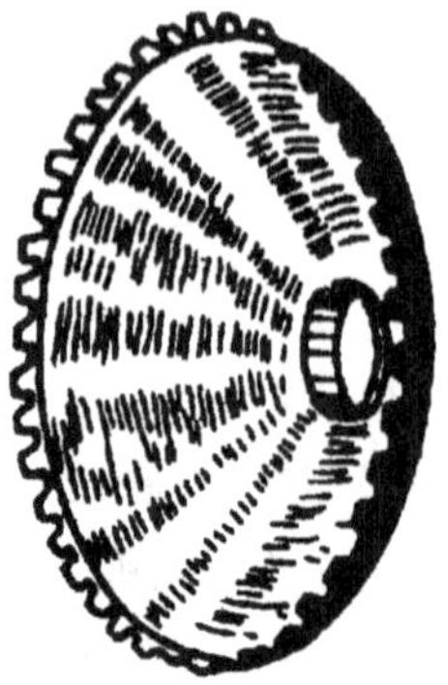

图 5-5　反射镜

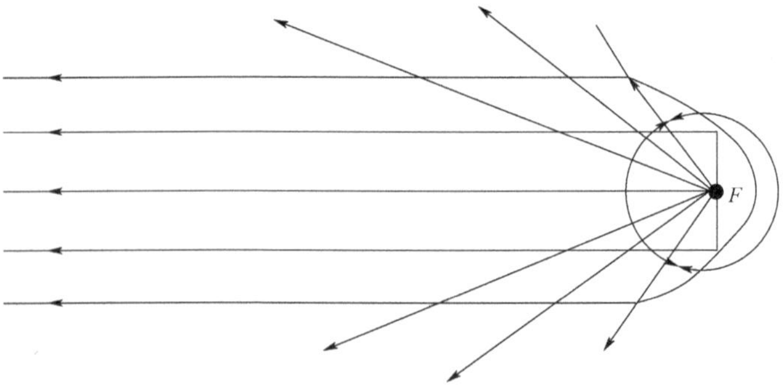


图 5-6　反射镜反射光线的情况

（3）配光镜（散光玻璃）。

配光镜又称散光玻璃，是由透明玻璃压制而成，外表平滑，内侧设计成由多块棱镜和透镜组成的组合体，如图 5-7 所示。装于反射镜之前，可将反射光束通过反射和折射进行扩散分配，扩大光照范围、均匀光照强度，使车前 100 m 以内的路面有良好而均匀的照明，对比效果如图 5-8 所示。

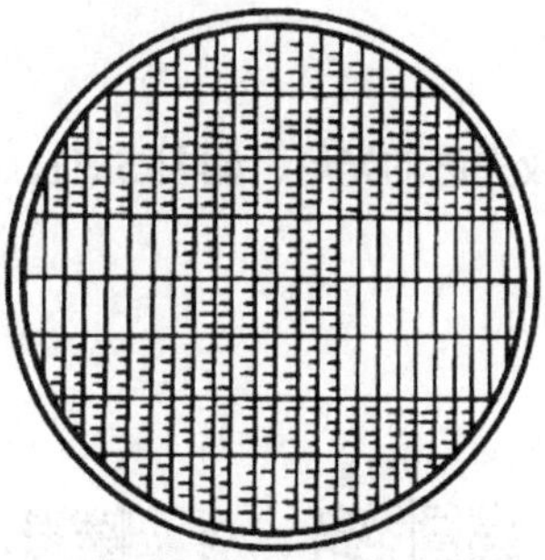

图 5-7 配光镜

(a) 无配光镜　(b) 有配光镜

图 5-8 有无配光镜的效果对比

**3. 前照灯的防眩目措施**

当前照灯灯泡功率足够大、光学系统设计合理时，可明亮而均匀地照明车前 150～400 m 的路面。但是前照灯射出的强光会使迎面来车的驾驶员感到眩目。为了避免前照灯的眩目作用，可采取以下措施。

（1）采用双丝灯泡。

远光灯丝位于反射镜的焦点上，功率较大，能照亮车前方 150 m 以外的路面。夜间行车时，如果对面没有来车，可以使用远光灯。

近光灯丝位于反射镜的焦点的上方或前方，功率较小。夜间行车，当对面来车时，应使用近光灯。由于其光线较弱，且反射后的大部分光线射向车前的下方，所以可避免使对方驾驶员眩目，如图 5-9 所示。

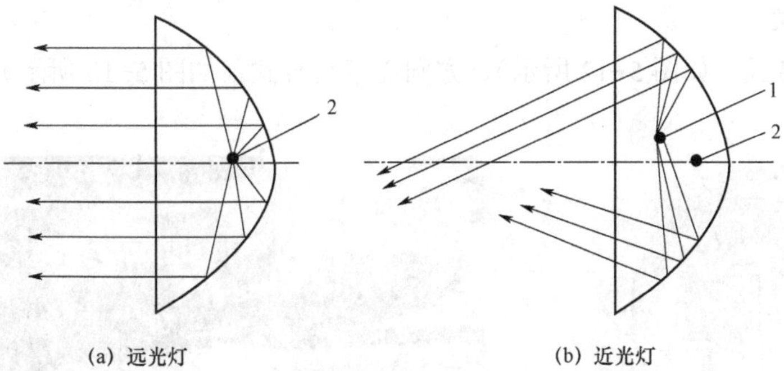


(a) 远光灯　(b) 近光灯

1—近光灯丝；2—远光灯丝

图 5-9 近、远光灯光束

（2）采用带遮光罩的双丝灯泡。

当使用近光灯时，遮光罩可以将近光灯丝射向反射镜下部的光线遮挡住，使其无法反射，从而增强防眩目效果。目前，这种双丝灯泡已经广泛使用于汽车上，如图 5–10 所示。

（3）采用不对称光形。

安装时将遮光罩偏转一定的角度，使其近光灯的光形分布不对称，将近光灯右侧光线倾斜升高 15°，如图 5–11（b）所示。

（4）采用 Z 形光形。

为防止对面来车驾驶员与非机动车人员眩目，Z 形光形是目前较先进的光形，如图 5–11（c）所示。

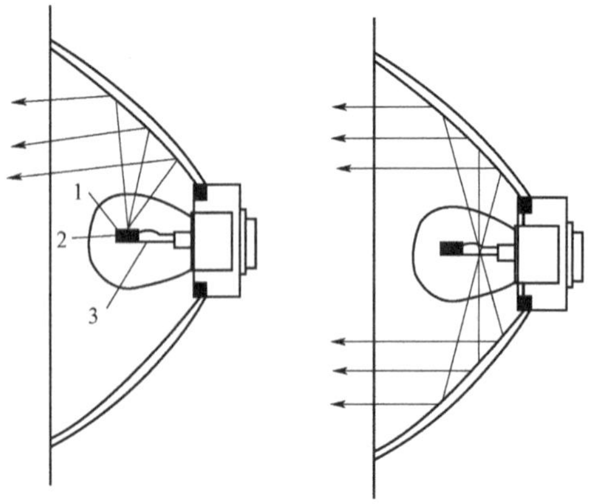


(a) 近光灯丝工作　(b) 远光灯丝工作

1—近光灯丝；2—遮光罩；3—远光灯丝

图 5–10　带遮光罩的双丝灯泡

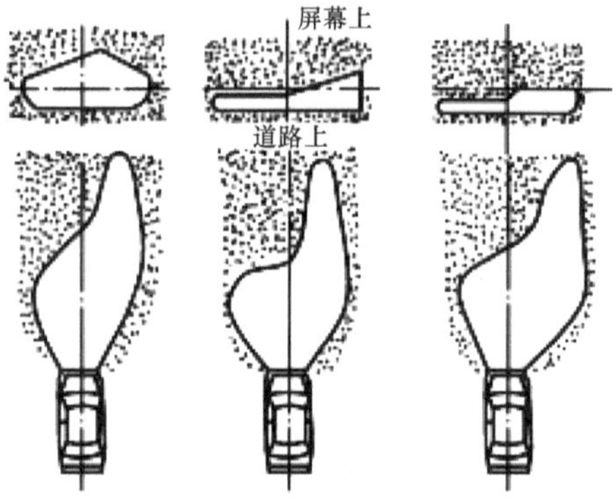


(a) 标准型　(b) 非对称形　(c) Z形

图 5–11　前照灯配光光形

## 5.2.2　前照灯电路组成

前照灯控制电路主要由灯光开关、变光开关、前照灯继电器及前照灯基本电路组成。

**1. 灯光开关**

主要有旋转式（如图 5–12 所示）、方向盘下组合式（如图 5–13 所示）等。

图 5–12　旋转式灯光开关

图 5–13　组合式灯光开关

灯光开关的结构原理如图 5–14 所示。

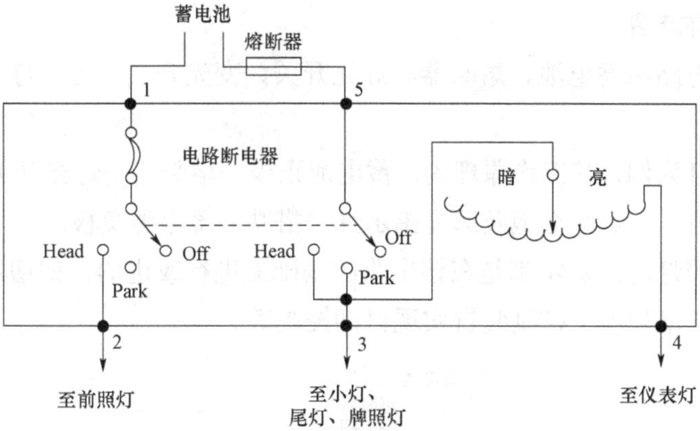


图 5-14　灯光开关的结构原理

### 2. 变光开关

变光开关大多安装在转向柱上，串接在前照灯电路中。当灯光开关打到 Head 时，驾驶员可以根据需要通过变光开关切换远光和近光，如图 5-15 中箭头方向所示。

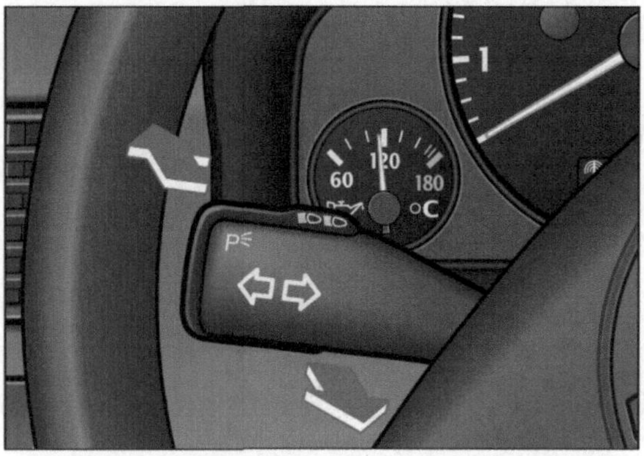

图 5-15　变光开关中的远光和近光切换

### 3. 前照灯继电器

前照灯的工作电流大，特别是四灯制的汽车，若用车灯开关直接控制前照灯，车灯开关易损坏，因此在灯光电路中设有灯光继电器，如图 5-16 所示。

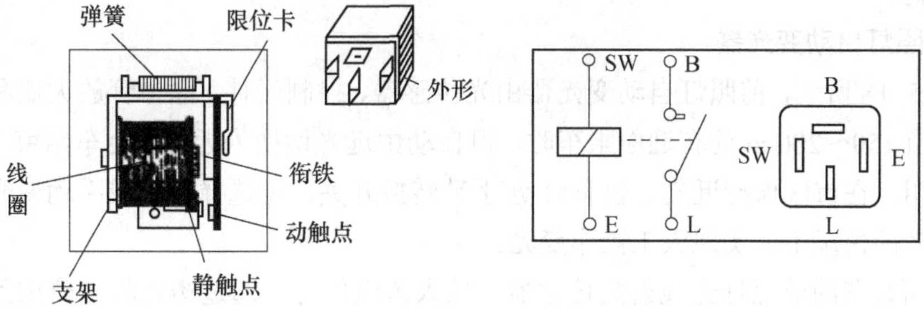


图 5-16　前照灯继电器

**4. 前照灯基本电路**

前照灯基本电路由蓄电池、熔断器、灯光开关、变光开关、近光灯、远光灯、远光指示灯组成。

以图示远光灯为例，其工作原理为：蓄电池正极—熔断器—灯光开关（Head 档）—变光开关（远光位置）—远光灯泡及远光指示灯—搭铁—蓄电池负极。

现代汽车前照灯电路基本都是在该电路的基础上进行改进的，如增加前照灯继电器来保护前照灯开关、增加电子控制装置实现自动控制等。

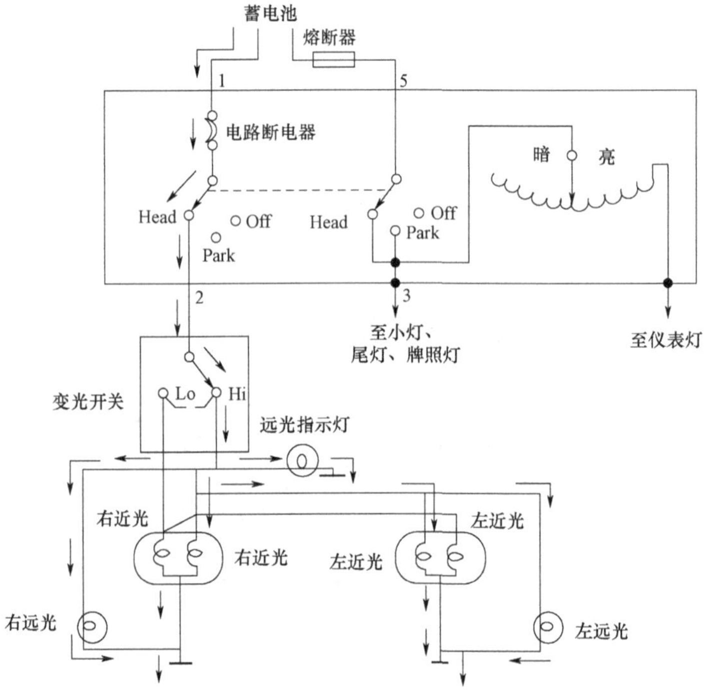


图 5–17　前照灯基本电路

## 5.2.3　前照灯的电子控制装置

为提高汽车行驶的安全性和方便性，很多新型车辆采用了电子控制装置，对前照灯进行自动控制。

**1. 前照灯自动变光器**

如图 5–18 所示，前照灯自动变光器由光传感器、控制元件、晶体管放大器和变光继电器组成，当 150～200 m 处有迎面来车时，可自动由远光切换为近光；会车结束后，自动恢复远光照明，在市区保持近光。也有自动/手动转换开关，可选择自动或手动变光，在自动变光器失效的情况下，实现人工操作变光。

当迎面来车的前照灯光线射到传感器—放大器组件时，通过透镜将光聚焦到光敏元件上，通过放大器输出信号触发功率继电器，将前照灯自动从远光转换到近光。如果迎面来

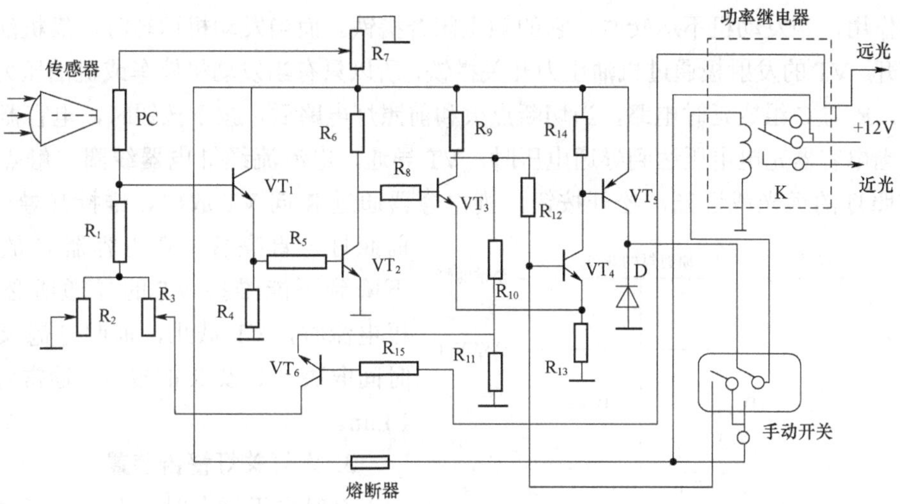


图 5-18　前照灯自动变光电路

车的前照灯也转换到近光，光敏元件接收的光通量减少，但系统设计成在光通量减少时，仍然能使前照灯保持近光照明。当迎面来车通过后，它的前照灯不再照射到传感器上，于是放大器不再向功率继电器输送信号，继电器触点又恢复到远光照明。

传感器采用光敏电阻 PC，其电阻值与光强成反比。在黑暗中，PC 具有高阻值，一旦被照明，其电阻值便迅速下降，PC 和 $R_1$、$R_2$、$R_3$、$R_7$及 $VT_6$ 一起，组成了 $VT_1$ 的偏压电路。现假设远光接通，$VT_6$ 导通，$VT_1$ 基极上偏压达到这样的值，使 PC 减少的电阻值刚好能产生光束转换，即从远光转换到近光；反之，当光束转换到近光时，$VT_6$ 截止，这时偏压电路中只有 $R_7$、PC、$R_1$ 和 $R_2$，因而电路灵敏度增加，以至迎面来车通过以后，前照灯立即转换到远光。

射极输出器 $VT_1$ 的输出，由 $VT_2$ 放大并反相，$VT_2$ 的输出加在施密特触发器 $VT_3$ 和 $VT_4$ 上。$VT_4$ 的集电极控制继电器激励级 $VT_5$，当 $VT_2$ 的集电极电压超过施密特触发器的阈值时，$VT_3$ 导通，$VT_4$ 截止，$VT_5$ 加偏压截止，继电器 K 的触点接通远光灯。当 PC 受到迎面来车的光线照射时，其电阻会下降，导致放大器 $VT_1$ 和 $VT_2$ 的输出低于施密特触发器的阈值。这时，$VT_3$ 截止，$VT_4$、$VT_5$ 导通，继电器线圈有电流通过，从而接通近光灯丝。在迎面来车通过以前，线路一直保持这一状态，迎面来车通过以后，继电器又接通远光灯丝。

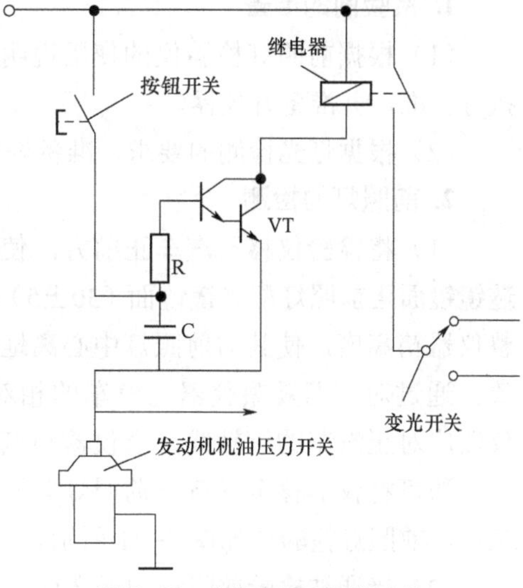


图 5-19　前照灯延时控制电路

**2. 前照灯延时控制电路**

当汽车停放在无照明的车库时，只要接通仪表板上的按钮开关，就能使前照灯延长一段时间关断，直到驾驶员离开车库后，再自动切断前照灯。如图 5-19 所示，图中的发动机机油压力开关起控制作用，当发动机不运转时，它的触点闭合搭铁。而当发动机运转时，靠机油压力使触点断开。VT 的发射极通过机油压力开关搭铁，所以只有当发动机停车或机油压力不足时才接通。R 与 C 组成延时电路，当切断点火和前照灯电路后，按下按钮时，电容器 C 开始充电。当电容器充电电压达到导通电压时，VT 导通，电流流经继电器线圈，触点闭合，接通前照灯的远光或近光，松开按钮，则电容器通过 R 向 VT 放电，维持其导通状态，前照灯一直亮着。在电容器 C 放电电压下降到不能维持 VT 的导通所必需的基极电流时，VT 截止，前照灯熄灭。延迟时间取决于 C 及 R 的参数，通常可延迟约 1 min。

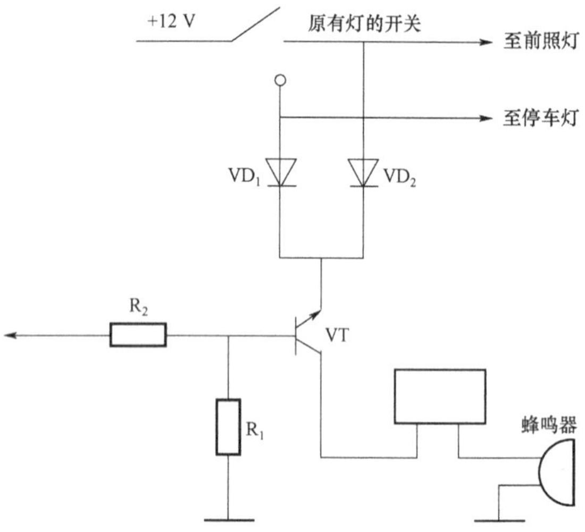

图 5-20　大灯关灯警告装置

**3. 大灯关灯警告装置**

有时白天行车时，在细雨蒙蒙或雾天阴沉的早晨，驾驶员开灯，不是为了照明，而是为了安全或者通过较长的隧洞而打开前照灯等。有时会忘记前照灯开关是接通的，导致停车熄火后大灯常亮，影响蓄电池使用寿命。大灯关灯警告装置就是针对这种情况设计出来的。

大灯关灯警告装置如图 5-20 所示。当点火开关接通时，VT 基极电位升高而截止，蜂鸣器不工作；当点火开关断开时，VT 基极正向偏置导通，蜂鸣器响起，提醒车主关灯。

此外，还有可缩回式前照灯控制装置、前照灯光束自动调整装置等功能。

### 5.2.4 前照灯的检验与调整

**1. 检验前的准备**

（1）根据前照灯检验仪的使用说明，严格执行标准，并准备好仪器。

（2）根据灯光检测的要求，准备好车辆。

**2. 前照灯的检测**

（1）将检验仪移至汽车正前方，使仪器的透镜镜面距前照灯配光镜镜面（30±5）cm，调整仪器箱高度，使其与前照灯中心离地高度一致。通过对正器观察仪器与汽车的相对位置，仪器应对正汽车的纵轴线，当仪器与汽车对正后，即可将仪器移至任意一前照灯前开始检验工作。前照灯检验仪如图 5-21 所示。

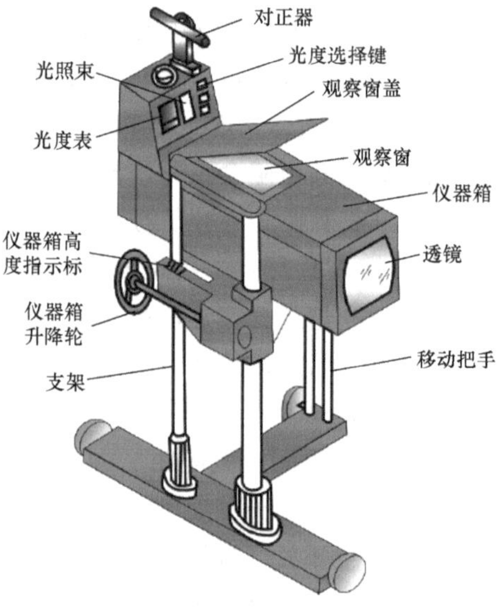

图 5-21　前照灯检验仪

（2）接通被检验前照灯的近光灯，光束则

通过仪器箱的透镜照到仪器箱内的屏幕上。从观察窗目视，并旋转光束照射方向选择指示旋钮，使光形的明暗截止线左半部水平线段与屏幕上的实线重合，这时光束照射方向选择指示旋钮上的读数即为近光光束的下倾值，它表示前照灯近光照射到距离为 10 m 屏幕上的光束中心下倾值，单位为“cm”。若光束下倾值不符合规定，应旋转前照灯上调整螺钉，使光束向上或向下移动，直至符合要求。

（3）读取近光光形明暗截止线的转角点与仪器屏幕上的 V–V 线不重合距离的读数，它表示被测近光灯照射到距离为 10 m 的屏幕上时，光束中心向左或向右的偏移值，单位为“cm”。若不符合规定，应调节前照灯水平方向的调整螺钉，使光束左、右偏移，直至符合要求。

（4）在对近光光束照射方向检验后，按下光度选择按键的近光Ⅲ按键，如图 5–22 所示，检验近光光束暗区的光度。观察光度表，发光强度在 625 cd 以下为绿色区域，即合格区；超过 625 cd 为红色区域，即不合格区。

（5）检验远光光束。接通前照灯的远光灯，远光光束照射到屏幕上的最亮部分应当落在以屏幕上的圆孔为中心的区域，说明远光光束照射方向符合要求，如有上、下或左、右偏移，均应进行调整。

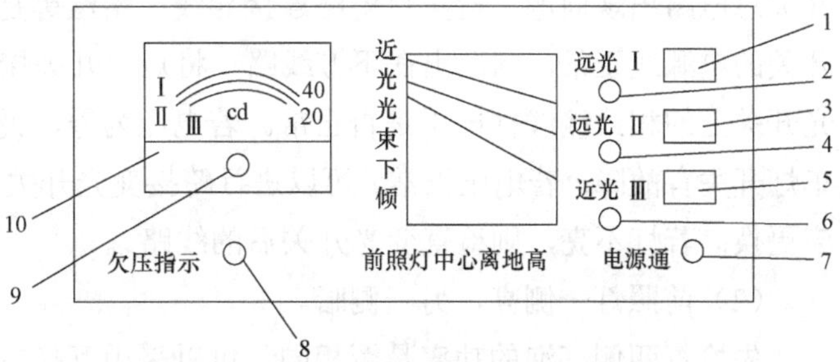


1—远光Ⅰ按键；2—远光Ⅰ调零旋钮；3—远光Ⅱ按键；4—远光Ⅱ调零旋钮；5—近光Ⅲ按键；6—近光Ⅲ调零旋钮；7—电源开关；8—电源电压指示灯；9—光度表调零旋钮；10—光度表

图 5–22　光度指示装置

（6）检验远光灯的发光强度。按下远光Ⅰ按键，观察光度表，若发光强度不超过 20 000 cd，应按下远光Ⅱ按键，检验远光灯最小发光强度是否符合规定。发光强度超过 15 000 cd 为绿色区域，即为合格区域；发光强度低于 15 000 cd 为红色区域，为不合格区域。当发光强度大于 20 000 cd 时，光度表以远光Ⅰ读数为准；当发光强度低于 20 000 cd 时，光度表以远光Ⅱ读数为准。采用同样的方法检查另一前照灯。

## 5.2.5　照明电路常见故障诊断及排除

### 1. 常见故障及原因分析

照明电路的常见故障有以下几种。

（1）所有灯均不亮。

原因分析：蓄电池至点火开关之间导线断开，或者车灯开关损坏，或者电源总熔丝断开。

（2）前照灯远近光不全。

原因分析：变光开关损坏，或者远近光中的一条导线断路，或者双灯丝灯泡中某灯丝烧断、灯光继电器损坏。

（3）前照灯一侧亮，另一侧暗。

原因分析：前照灯暗的那一侧可能存在搭铁不良、变光开关接触不良、左右两侧灯泡功率不同等问题。

（4）前照灯灯光暗。

原因分析：电源电压低、前照灯开关或继电器触点接触不良、熔丝松、导线接头松动。

**2. 故障诊断与排除**

在诊断时，可以根据不同的故障现象分析故障原因，并采取不同的诊断方法。

（1）前照灯的远近光均不亮。

若远光灯和近光灯都不亮，应先检查仪表灯是否亮。如果仪表灯也不亮，可能是车灯开关总电路出现问题，检查总电路连接导线、熔丝等是否断开。如果仪表灯亮，说明车灯开关的电源线正常，问题出在下方线路。将点火开关接通，车灯开关置于 2 档位置，测变光开关上的相线接线柱电压是否正常。若电压为零，说明车灯开关至变光开关之间断路或车灯开关有故障；若电压正常，可以进行跨接变光开关试验。若灯亮，说明变光开关损坏，应更换；若灯不亮，则检查变光开关后的线路。

（2）前照灯一侧亮，另一侧暗。

先检查两侧灯泡的功率是否相同，可以采用互换左右灯泡的方法进行判断。若灯泡功率一致，可用一根导线，一端接车身，另一端接灯光暗淡的灯泡搭铁接线柱。若恢复正常，则表明该灯搭铁不良；若灯光无变化，常为变光开关接触不良或连接该灯泡灯丝的插头松动或锈蚀，使接触电阻过大所致，此时可用电源跨接法迅速判明故障部位。当灯泡搭铁不良时，灯光暗淡。如果灯泡远光与近光同时发光微弱，这时就不是灯泡搭铁不良故障，而可能是前照灯反射镜有灰尘或氧化，可通过清洁或更换反射镜来排除故障。

**知识拓展**

## 中央电器控制单元

中央电器控制单元，又称“车载电器控制单元”，是汽车上用于汽车电能管理的集成电路控制单元。以大众车系为例，其中央电器控制单元（J519）一般安装于驾驶位仪表台下面，以代替传统的中央继电器盒。相较于传统中央继电器盒，J519 有更强的控制和监控功能，可以减少电量消耗，实现电能管理。此外，J519 还具备程序化设置，实现用电器之间的相互通信、程序化设置、自诊断功能等优势，从而达到对用电器的更强管理。

具体来说，中央电器控制单元的主要管理功能包括：（1）用电负荷管理，确保蓄电池有足够的电能使发动机顺利起动和正常运转；（2）外部灯光的控制及灯光缺陷的检测；（3）内部灯光的控制；（4）后风窗加热控制；（5）舒适灯光控制（离家、回家功能）；（6）转向信号控制；（7）供电端子控制（30、15、75）；（8）燃油泵预工作控制；（9）照明指示灯的控制（58 d）；（10）发电机准备功能（励磁）；（11）雨刷电机。

以灯光控制为例，J519 可以实现对全车灯光的控制及监控，如图 5-23 所示。J519 只需要接收相关开关的信号，即可直接点亮相关灯光。如果灯光有异常，仪表灯光故障灯会点亮报警。

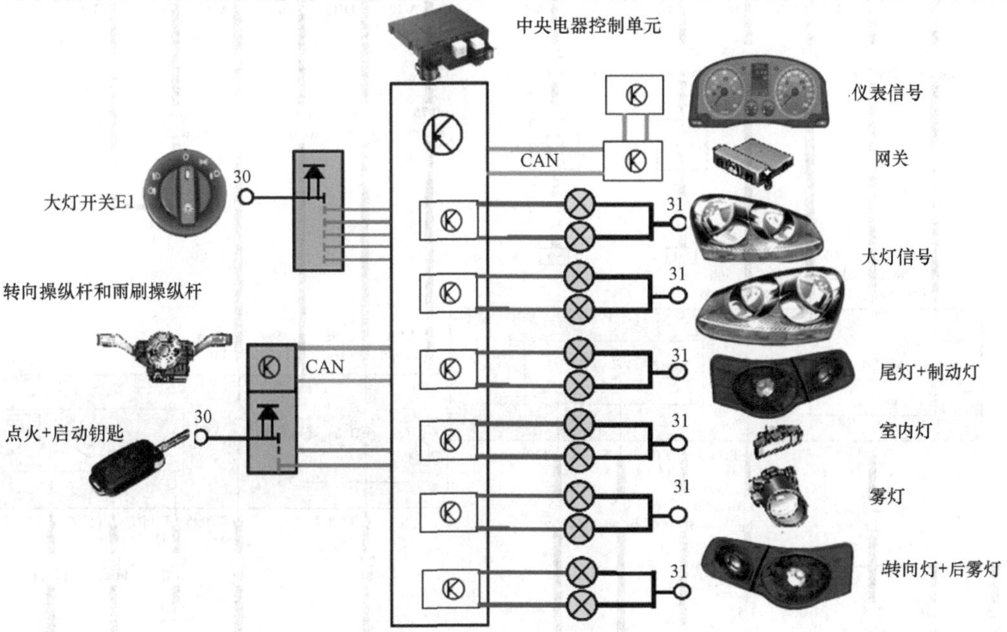


图 5-23　全车灯光控制图

J519 对车灯故障进行监控主要有两种方式。

（1）冷监控。在 15 号线接通后（灯开关没有打开），在 500 ms 之内进行 4 次检测。这也是为什么没开灯，系统仍会提示灯光故障的原因。

（2）热监控。在灯开关打开后，将一直对使用中的灯泡进行监控，检测是否有过载、短路或断路现象发生。

在以上两种检测模式下，一旦检测到故障，控制单元会存储故障记忆，同时组合仪表上会出现故障报警灯，并且会有相应的故障提示信息。灯光故障报警灯如图 5-24 所示。

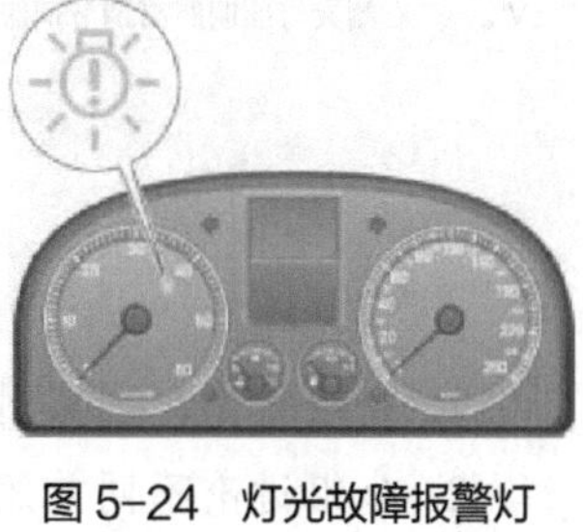

图 5-24　灯光故障报警灯

现代汽车灯光不再是以前的控制方式，在维修中遇到灯光系统故障，除了先做灯泡、保险丝等常规检查之外，还应借助电脑进行读码、看数据状态。使用诊断电脑可以读取开关信号是否正常，并进行动作测试，以确认电脑与灯光连接线路是否正常。

大众速腾轿车灯光电路图如图 5-25 所示。

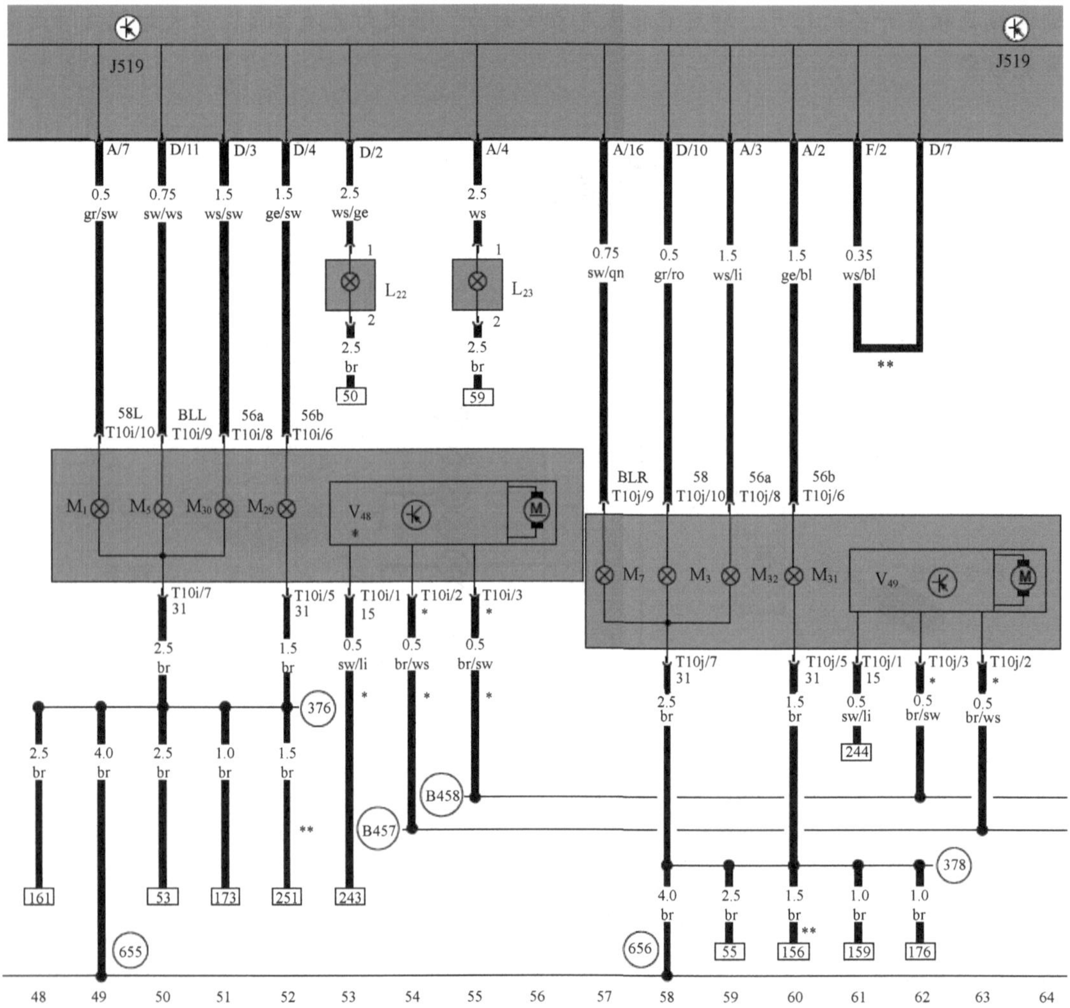


| | | | | | |
|---|---|---|---|---|---|
| J519 | 车载电网控制单元 | $M_1$ | 左侧停车灯灯泡 | $M_3$ | 右侧停车灯灯泡 |
| $L_{22}$ | 左侧雾灯灯泡 | $M_5$ | 左前转向灯灯泡 | $M_7$ | 右前转向信号灯灯泡 |
| $L_{23}$ | 右侧雾灯灯泡 | $M_{29}$ | 左侧近光灯灯泡 | $M_{31}$ | 右侧近光灯灯泡 |
| T10j | 10芯插头连接 | $M_{30}$ | 左侧远光灯灯泡 | $M_{32}$ | 右侧远光灯灯泡 |
| $V_{48}$ | 左侧大灯照明距离调节伺服马达 | | | | |
| $V_{49}$ | 右侧大灯照明距离调节伺服马达 | | | | |

图 5-25 大众速腾轿车灯光电路图

## 思政课堂

1. 分组讨论，国家对前照灯有哪些国标规定？在年检过程中有哪些必检项目？

2. 分组讨论不同前照灯的结构原理，并讲述汽车前照灯的发展规律。探讨在实际应用中如何坚持以人为本，创新发展。

# 任务5.3　信号系统电路的检测与维修

**知识目标**

1. 掌握汽车转向信号系统电路的组成及分析方法。
2. 掌握汽车制动灯电路的工作原理及分析方法。
3. 理解汽车倒车信号电路的工作原理及分析方法。
4. 理解汽车喇叭电路的工作原理及分析方法。

**能力目标**

1. 能够对汽车转向信号系统进行故障检查。
2. 能够分析汽车信号系统的电路图。
3. 能够排除信号系统的常见故障。

**思政目标**

1. 培养良好的职业道德和工匠精神。
2. 培养交通安全意识和团队协作精神。
3. 提高自我管理和自主学习能力。

**任务描述：**一辆大众速腾汽车因转向灯频率过低来进行维修，经检查发现是汽车信号系统故障所致，需要对其信号系统进行维修。

**任务分析：**针对维修接待和车间确认意见，需要对汽车的左转灯电路进行检测维修，首先需要了解汽车转向灯的基本结构组成及其工作原理。

信号系统主要用于向他人或其他车辆发出警告和示意的信号。信号灯可以分为外信号灯和内信号灯。外信号灯通常指转向指示灯、制动灯、尾灯、示廓灯、倒车灯等；而内信号灯则通常指仪表板上的指示灯，包括转向、机油压力、充电、制动、关门提示等。

## 5.3.1　转向信号系统

### 1. 作用

汽车转向信号灯主要用来指示车辆行驶方向。其灯光信号采用闪烁的方式，用来指示车辆左转或右转，以引起其他车辆和行人的注意，提高车辆的安全性。我国的交通法规对转向信号灯的使用有明确的规定，并且还规定汽车在行驶中，如遇危险情况，可使前后左右四个转向灯同时闪烁，作为危险报警信号，请求其他车辆避让。转向信号灯电路系统由转向和报警两部分电路组成，一般都是共用一个闪光器，用转向开关和危险报警开关分别进行控制。

**2. 组成**

转向信号灯电路主要由转向信号灯、闪光器、转向灯开关等组成。当汽车要转向时，由驾驶员打开相应的转向灯开关，以显示车辆行驶方向；转向信号灯亮并按一定频率闪烁，以告知前后车辆驾驶员、行人；前转向灯为橙色，后转向灯为橙色或红色。转向信号灯的闪光频率在国标中规定为60～120次/min。转向信号灯由转向开关控制，而闪光频率则由闪光器控制。

**3. 电子闪光器**

常见的闪光器有电热式、电容式、电子式三种。电热式闪光器结构简单，但闪光频率不够稳定、使用寿命短，已被淘汰。而电容式闪光器闪光频率稳定，电子式闪光器具有性能稳定、可靠等优点，故被广泛应用。

集成电路闪光器（又称电子闪光器），如图5-26所示，其与晶体管闪光器的不同之处就是用集成电路IC取代了晶体管振荡器。这类闪光器也分为触点式和无触点式两种，其特点在于前者有3个接线柱B、L、E，闪光频率和灯泡的功率无关，一般不予维修。

① 带继电器的晶体管闪光器。其工作原理如图5-27所示，主要由晶体管开关电路和小型继电器组成。

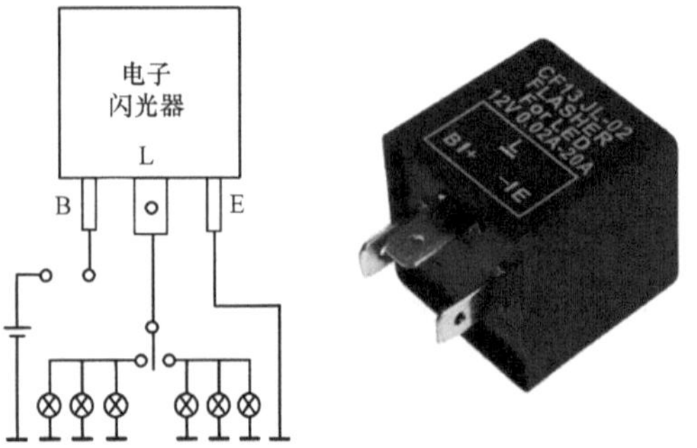


图5-26 电子闪光器

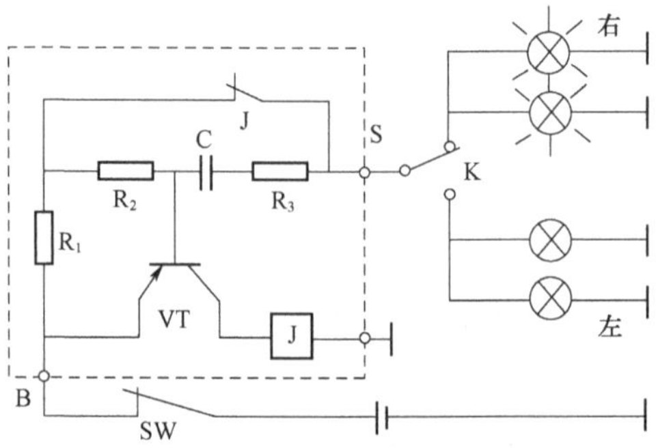


图5-27 带继电器的晶体管闪光器

当汽车打开右转向信号灯时，电流由蓄电池正极—电源开关SW—接线柱B—电阻$R_1$—继电器的常闭触点J—接线柱S—转向灯开关K—右转向信号灯—搭铁—蓄电池负极，形成回路，右转向灯信号灯亮。

当电流通过电阻时，在$R_1$上产生电压降，晶体管VT因正向偏压而导通，集电极电流通过继电器线圈J，使继电器的常闭触点立即打开，右转向信号灯随之熄灭。

晶体管导通的同时，其基极电流向电容器C充电。电流由蓄电池正极—电源开关SW—接线柱B—晶体管的反射极e—基极b—电容器C—电阻$R_3$—接线柱转向灯开关K—右转向灯—搭铁—蓄电池负极，形成回路。随着电容器电荷的积累，充电电流逐渐减小，晶体管的集电极电流也随之减小。当电流减小，线圈中产生的磁力不足以维持衔铁的吸合而释放时，继电器触点重又闭合，转向灯再次发亮。这时电容器C通过电阻$R_2$、继电器触点J、电阻$R_3$放电。放电电流在$R_2$产生的电压降为晶体管VT提供正向偏压，从而使其导通。

这样，电容器不断地充电和放电，晶体管也就不断地导通与截止，控制继电器触点反复地打开、闭合，使转向信号灯闪烁。

② 无触点闪光器（如图 5–28 所示）。

当转向灯开关打开时，晶体管 $VT_1$ 的基极电流由两路提供，一路经电阻 $R_2$，另一路经电阻 $R_1$ 和电容器 C，晶体管 $VT_1$ 导通，复合晶体管 $VT_2$、$VT_3$ 处于截止状态，由于 $VT_1$ 的导通电流很小，仅 60 mA 左右，故转向灯不亮。与此同时，电源对电容器 C 充电，随着电容器 C 两端电压的升高，充电电源逐渐减小，晶体管 $VT_1$ 由导通变为截止。这时 A 点的电位升高，当其电位达到 1.4 V 时，晶体管 $VT_2$ 导通，晶体管 $VT_3$ 也随之导通，于是转向信号灯点亮。

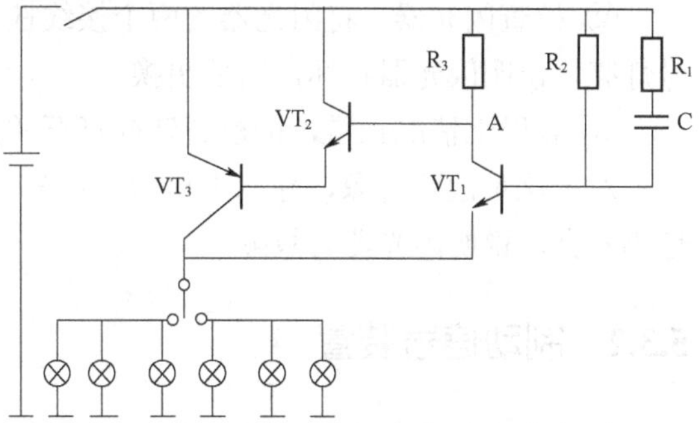

图 5–28　无触点闪光器

此时，电容器 C 经过电阻 $R_1$、$R_2$ 放电，放完电后，电源又对电容器 C 充电，晶体管 $VT_1$ 导通，$VT_2$、$VT_3$ 截止，转向信号灯熄灭，如此反复，使转向信号灯闪烁。闪光频率由电路中元件的参数决定。

**4. 危险报警信号电路**

危险报警闪光灯是在汽车发生特殊情况时，提醒其他车辆和行人注意安全的一种信号灯。一般由左、右转向灯及闪光器和危险报警开关等组成。当危险报警开关闭合时，左、右转向灯同时闪烁。该电路如图 5–29 所示。

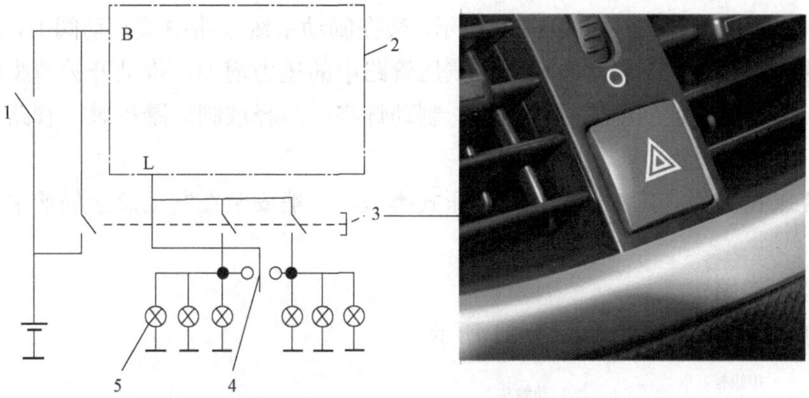

1—点火开关；2—闪光器；3—危险报警开关；4—转向灯开关；5—转向信号灯及转向指示灯

图 5–29　危险报警信号电路

危险报警信号电路为：蓄电池正极—危险报警开关 3—闪光器 2—危险报警开关 3—转向信号灯及转向指示灯 5—搭铁，这样转向信号灯及仪表板上的转向指示灯同时闪烁。

**5. 转向信号灯电路的常见故障**

（1）转向灯开关打到左侧或右侧时，转向指示灯会闪烁比正常情况更快。

这种故障现象说明这一侧的转向灯灯泡有烧坏的，或转向灯的接线、搭铁不良。

排除方法：若灯泡烧坏时，更换灯泡；若接线、搭铁不良时，酌情处理。

（2）左、右转向灯均不亮。

这种故障的原因可能是熔丝烧断、闪光器损坏、转向灯开关出现故障，或线路断路。检查方法主要有三种。

① 检查熔丝，如果断了，则进行更换。

② 检查闪光器，将闪光器的两个接线柱 B、L 短接，并打开转向灯开关。如果转向信号灯亮，说明闪光器损坏，需要更换。

③ 若以上情况正常，请检查转向灯开关及其接线，并酌情修理或更换。

对于这种故障现象，除以上检查方法外，还可以先打开危险报警开关，若左、右转向灯仍不亮，说明闪光器有故障。

## 5.3.2 制动信号装置

制动信号灯安装在汽车的尾部，当汽车制动时，通过制动灯开关使红色信号灯亮起，给尾随其后的车辆发出制动信号，以免造成追尾事故。目前，一些发达国家还规定轿车必须安装高位制动信号灯（在后窗中心线、靠近窗底部附近），这样当前后两辆车靠得太近时，后面汽车驾驶员能从高位制动信号灯的工作情况，判断前面汽车的行驶状况。

**1. 制动灯开关**

制动灯开关一般有以下几种形式：

（1）弹簧负载式常开开关，装在制动踏板的后面。当踩下制动踏板时，开关闭合，制动灯亮。

（2）气压式制动开关，如图 5-30 所示，装在制动系统管路中或制动阀上，用于控制制动信号灯的火线。当踩下制动踏板时，气压管路中的压力增加，推动开关薄膜向上拱曲，压缩弹簧，使触点接通制动信号灯电路，制动灯亮；当释放制动踏板时，管路压力下降，触点断开，制动灯熄灭。

（3）液压式开关，其工作原理与气压式类似，一般安装在制动总泵的前端，由制动踏板控制。

**2. 制动灯电路**

制动灯电路较为简单，如图 5-31 所示。

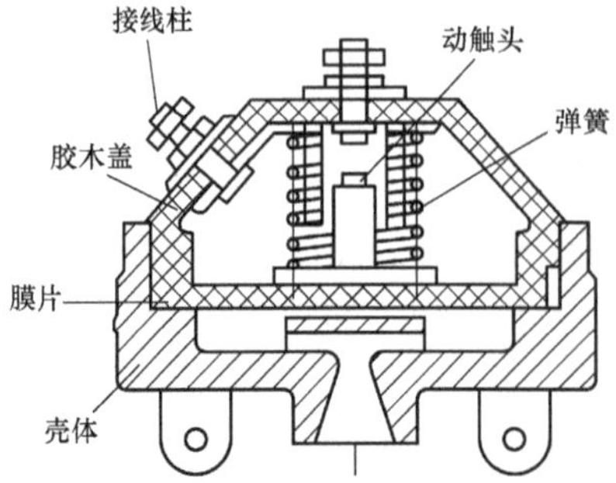


图 5-30 气压式制动开关

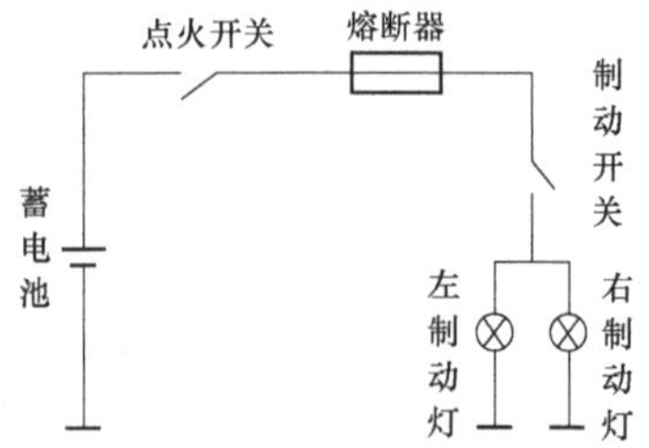


图 5-31 制动灯电路

## 5.3.3　倒车信号装置

**1. 倒车灯及报警器电路**

汽车倒车时，为了警示车后的行人和其他车辆注意避让，在汽车的后部装有倒车灯和倒车蜂鸣器（或倒车语音报警器），它们均由装在变速器上的倒档开关控制。当变速器挂入倒档时，在拨叉轴的作用下，倒档开关连通倒车报警器和倒车灯电路，从而发出声光倒车信号。汽车倒车灯及报警器电路如图 5–32 所示。

**2. 倒车报警开关**

倒车报警开关的结构如图 5–33 所示。当变速杆拨至倒车档时，倒档轴叉上的凹槽恰好对准钢球，钢球在弹簧作用下带动膜片和接触片下移，触点与接触片接触，导致倒车灯亮。

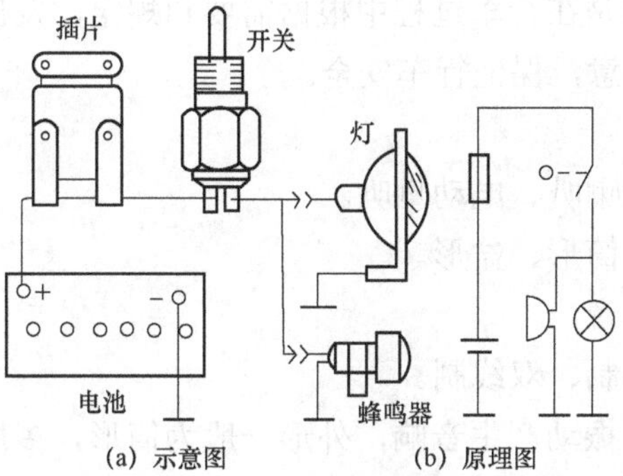


图 5–32　倒车灯及报警器电路

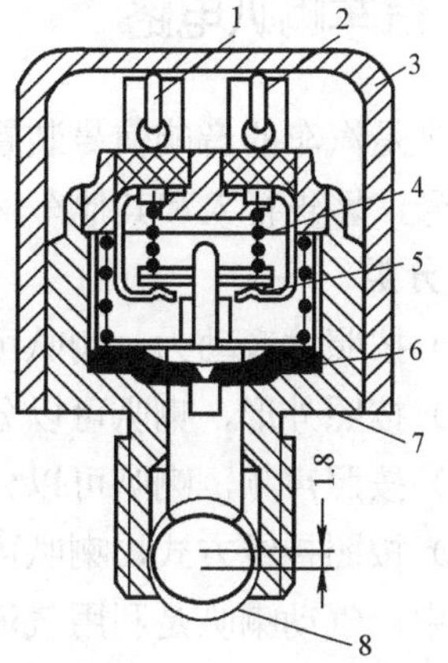


1、2—接线柱；3—外壳；4—弹簧；5—触点；6—膜片；7—底座；8—钢球

图 5–33　倒车报警开关的结构

**3. 倒车蜂鸣器**

倒车蜂鸣器是一种间歇发声的音响装置。汽车装用的倒车蜂鸣器电路如图 5–34 所示。

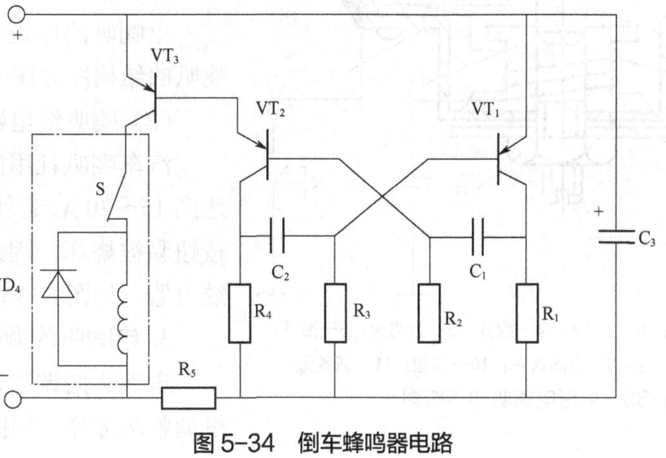


图 5–34　倒车蜂鸣器电路

蜂鸣器发音部分是一只功率较小的电喇叭，控制电路是一个由无稳态电路（即“多谐振荡器”）和反相器组成的开关电路。

晶体管 $VT_1$、$VT_2$ 组成无稳态电路，由于 $VT_1$ 和 $VT_2$ 之间采用电容器耦合，所以 $VT_1$ 与 $VT_2$ 只有两个暂时的稳定状态，或 $VT_1$ 导通、$VT_2$ 截止，或 $VT_1$ 截止、$VT_2$ 导通，这两个状态周期地自动翻转。

$VT_3$ 在电路中起开关作用，它与 $VT_2$ 直接耦合，$VT_2$ 的发射极电流就是 $VT_3$ 的基极电流。当 $VT_2$ 导通时，$VT_3$ 基极有足够大的基极电流导通向 $VD_4$ 供电。$VD_4$ 通电使膜片振动，产生声音；当 $VT_2$ 截止时，$VT_3$ 无基极电流也截止，$VD_4$ 断电，响声停止。如此周而复始，$VT_3$ 按照无稳态电路的翻转频率不断地导通、截止，从而使得倒车蜂鸣器发出“嘀－嘀－嘀”的间歇鸣叫声。

## 5.3.4 汽车喇叭电路

喇叭是汽车的音响信号装置，它的用途是在行车过程中根据需要和规定，发出必要的音响信号，警告行人和其他车辆，以引起注意，保证行车安全。

**1. 分类**

（1）按照发音动力，喇叭可以分为气动喇叭、电动喇叭。

（2）按照外形，喇叭可以分为螺旋形、筒形、盆形。

（3）按照声频，喇叭可以分为高音、低音。

（4）按照接线方式，喇叭可以分为单线制、双线制。

其中，气动喇叭是利用气流使金属膜片振动产生音响，外形一般为筒形，多用在具有空气制动装置的重型载重汽车上；电动喇叭（简称电喇叭）是利用电磁力使金属膜片振动产生音响，其声音悦耳，广泛适用于各种类型的汽车上。本书主要研究的是电喇叭。

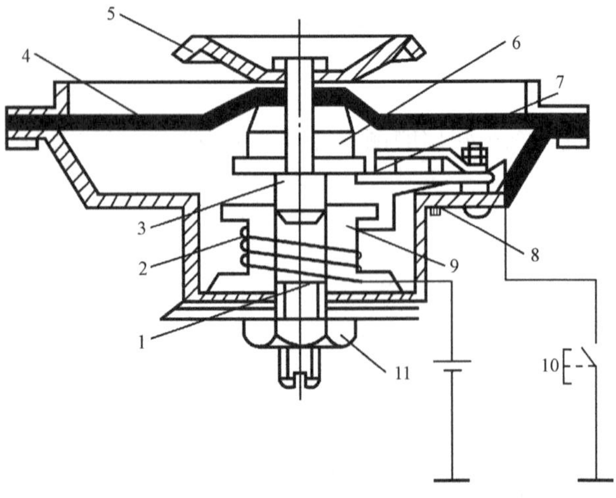


1—下铁芯；2—线圈；3—上铁芯；4—膜片；5—共鸣板；6—衔铁；7—触点；8—调整螺钉；9—电磁铁芯；10—按钮；11—锁紧螺母

图 5-35　盆形电喇叭的结构图

**2. 电喇叭的结构与原理**

（1）盆形电喇叭。

电喇叭的原理基本相同，盆形电喇叭的结构图如图 5-35 所示。

（2）喇叭继电器。

汽车喇叭耗用的电流较大，可以达到 15～20 A，若使用按钮直接控制，按钮易被烧坏，因此一般还选用喇叭继电器，如图 5-36 所示。

**3. 电喇叭的调整**

电喇叭的调整包括音调调整和音量调整两部分，如图 5-37 所示。

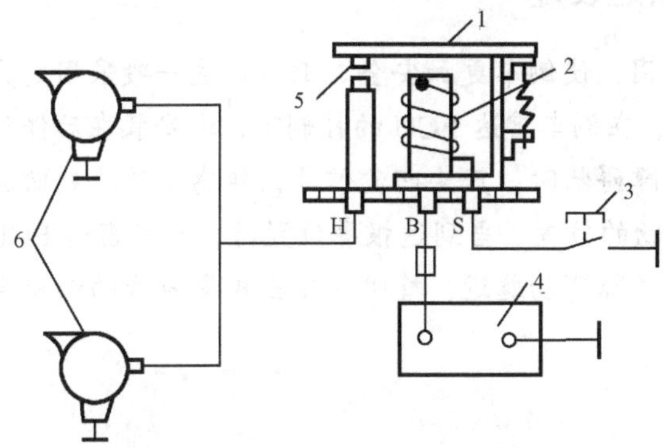


1—触点臂；2—线圈；3—电喇叭按钮；
4—蓄电池；5—触点；6—电喇叭

图 5-36　喇叭继电器的结构与接线方法

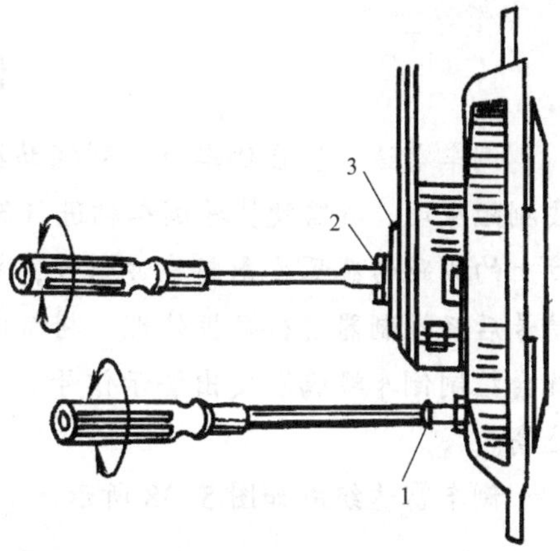


1—音量调整螺钉；2—音调调整螺钉；3—锁紧螺母

图 5-37　盆形电喇叭的调整

（1）音调的调整。

通过调整衔铁与铁芯间的气隙来实现。当铁芯气隙小时，膜片的振动频率高，音调高。

（2）音量的调整。

通过调整喇叭内触点顶压力（即控制喇叭线圈的电流大小）来实现。当触点的接触压力增大时，喇叭的音量则会变大，反之则会变小。

**4. 电喇叭常见故障诊断**

（1）电喇叭不响。

故障现象：按下喇叭按钮，喇叭不响。

故障原因分析：其原因有蓄电池充电不足而亏电、电路中熔丝烧断、线路连接松脱或搭铁不良、喇叭继电器故障、喇叭本身故障等。

故障诊断步骤：可按照电路组成，依次排除。

（2）电喇叭声音沙哑。

故障现象：按下按钮，喇叭声音沙哑。

故障原因分析：其原因有蓄电池充电不足、喇叭固定螺钉松动、喇叭触点或继电器接触不良、喇叭衔铁气隙调整不当、振动膜或喇叭筒等破裂、喇叭内部弹簧片折断等。

故障诊断步骤：

① 发动机未起动前，喇叭声音沙哑，但当发动机以中速以上速度运转时，喇叭声音恢复正常，则为蓄电池亏电；若当发动机以中速以上速度运转时，声音仍沙哑，则可能是喇叭或喇叭继电器有问题。

② 用工具将喇叭继电器（见图 5-36）的 B 和 H 接线柱短接，若喇叭声音正常，则故障在继电器部分，应检测继电器触点是否烧蚀或有污物，以及接触不良；若喇叭声音仍沙哑，则故障出在喇叭内部，应拆下仔细检查。

## 知识拓展

### 倒车雷达装置

倒车雷达装置在倒车时起到辅助报警作用，使倒车更加安全。倒车雷达一般采用超声波测距原理，当驾驶员挂倒车档进行倒车时，在倒车雷达 ECU 的控制下，由安装在后保险杠上的测距传感器发射超声波信号，当遇到障碍物时，产生回波信号，传感器接收到回波信号后经控制器进行数据处理、判断出障碍物的位置。当到达报警位置时，倒车雷达 ECU 就会控制倒车蜂鸣器发出警示信号。随着距离障碍物越近，蜂鸣器发出报警声音的频率会越高。

倒车雷达组成如图 5-38 所示。

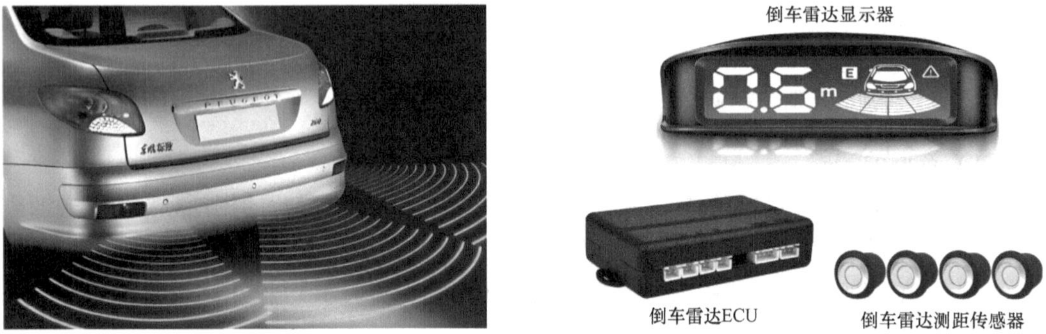


图 5-38　倒车雷达组成示意图

**使用注意事项**

倒车雷达在检测距离和障碍物时有一定的条件限制，所以驾驶员在倒车雷达无法检测到障碍物的情况下应小心驾驶。若车身已经越过障碍物，驾驶员则不能再依赖倒车雷达系统驾驶汽车。

倒车雷达的功能会受到以下因素的影响。

（1）传感器表面有物体覆盖，如雪、水珠等。

（2）处于温度非常高或非常低的环境。

（3）障碍物的直径小于 14 mm，长度小于 1 m。

倒车雷达无法检测有尖角的物体、类似细绳的物体、吸收超声波的物体（如棉花、雪和海绵等）。

## 思政课堂

1. 分组讨论转向信号系统的工作原理，讲述如何正确使用转向灯信号、喇叭信号。

2. 分组讨论，如何在信号系统的检测维修中做到耐心细致？打算从哪几个方面去体现维修人员的工匠精神？

# 项目 6

# 仪表与报警系统的检测与维修

## 项目描述

某 4S 店接到车主的求援电话，称汽车在路上抛锚了，发动机盖前有较大白雾，可能是发动机“开锅”了，但组合仪表上水温表指针并没有超过 100 ℃。

根据该车主的描述，初步判断故障为发动机水温过高，车辆不能再行驶，只能拖回 4S 店进行修理。该车的水温表显示与实际发动机水温不符合。排除此类故障需要掌握仪表与报警系统的结构及其检修方法。

通过本项目的学习，可以更好地了解汽车常见的仪表与报警系统的结构及工作原理，掌握汽车仪表系统常见故障的检修方法。

视频讲解

## 任务 6.1　汽车仪表总成的认知

### 知识目标

1. 掌握汽车仪表总成的组成及其主要部件的作用。
2. 了解汽车常见行车指示灯及其含义。
3. 理解常见仪表报警灯通用符号及其含义。

### 能力目标

1. 能够正确认知汽车组合仪表。
2. 能够正确分析仪表系统的电路图。
3. 能够掌握仪表各主要部件的位置及作用。

### 思政目标

1. 培养良好的职业道德和工匠精神。
2. 培养安全意识和团队协作精神。
3. 提高自我管理和自主学习能力。

**任务描述：**一辆大众速腾汽车因水温表显示与实际发动机水温不符来进行维修，经检查发现是汽车仪表系统故障所致，需要对进行维修。

**任务分析：**针对维修接待和车间确认意见，需要对汽车的仪表与报警系统进行检测，首先需要了解汽车仪表的总成。

为了使驾驶员随时掌握车辆的各种状况，并能及时发现和排除潜在的故障，需要一些仪表和报警灯的提示。现代汽车大多采用组合仪表。传统组合仪表一般由面罩、框架、表芯、印制电路板、插接器、报警灯、指示灯及仪表灯等部件组成，有些仪表还带有电源稳压器和报警蜂鸣器。不同汽车组合仪表中的仪表个数各不相同，本书以帕萨特 B5 仪表总成为例进行介绍，如图 6–1 所示。

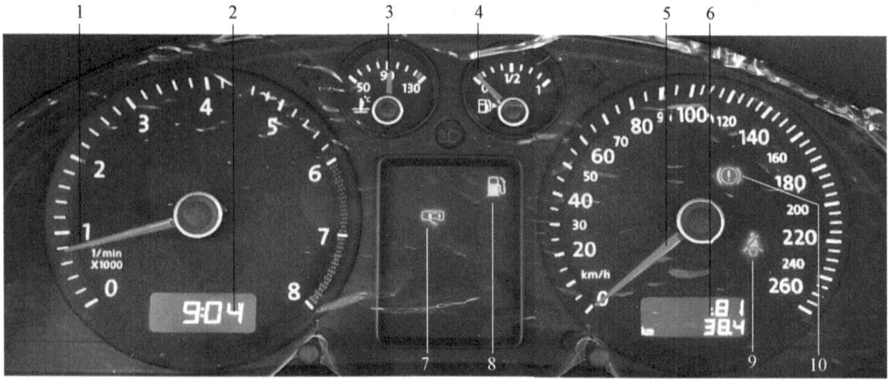


1—转速表；2—数字时钟；3—燃油表；4—冷却液温度表；5—车速表；6—里程表；
7—车门打开指示灯；8—油量指示灯；9—安全带未系指示灯；10—手刹指示灯

**图 6–1　汽车仪表总成**

## 6.1.1　汽车仪表

在车辆行驶过程中，有些参数是需要实时掌握的，这就要通过汽车仪表来测量显示。常用的仪表按照功能不同，可分为冷却液温度表、燃油表、车速里程表、发动机转速表等。

（1）冷却液温度表。用来检测和显示发动机水套中冷却液的工作温度，以防因冷却液温度过高而使发动机过热。

（2）燃油表。用来指示燃油箱内燃油的储存量。

（3）车速里程表。用来指示汽车行驶速度和累计行驶里程数。

（4）发动机转速表。用来指示汽车起动后发动机的实际转速。

按照结构形式不同，汽车仪表可分为电热式和电磁式两类。电热式指示表是利用电热线圈产生热量，使双金属片变形带动指针偏转，它需要的是断续的脉冲电流；电磁式指示表是利用垂直布置的两个电磁绕组通过不同的电流，形成合成磁场来磁化转子，从而带动指针偏转，它需要的是连续不断的电流信号。

## 6.1.2　行车指示灯

行车指示灯一般用于在车辆行驶过程中，显示照明及信号系统工作情况。常见行车指示灯有以下几种。

（1）转向指示灯。用来显示车辆转向灯所在的位置，通常为熄灭状态。当车主点亮转向灯时，该指示灯会同时点亮相应方向的转向指示灯；转向灯熄灭后，该指示灯自动熄灭。

（2）远光指示灯。用来显示车辆远光灯的状态。通常情况下，该指示灯为熄灭状态。当车主点亮远光灯时，该指示灯会同时点亮，以提示车主，车辆的远光灯处于开启状态。

（3）雾灯指示灯。用来显示前后雾灯的工作状况。当前后雾灯点亮时，该指示灯相应的标志就会点亮。关闭雾灯后，相应的指示灯熄灭。

（4）示廓指示灯。用来显示车辆示廓灯的工作状态，平时为熄灭状态。当示廓灯打开时，该指示灯随即点亮。当示廓灯关闭或者关闭示廓灯打开大灯时，该指示灯自动熄灭。

（5）手刹指示灯。用来显示车辆手刹的状态，平时为熄灭状态。当手刹被拉起时，该指示灯自动点亮；当手刹被放下时，该指示灯自动熄灭。有的车型在行驶中未放下手刹会伴随警告音。

## 6.1.3　报警指示灯

报警指示灯安装在仪表板上，灯泡 1～3 W，灯泡前有滤光片，滤光片上印有图形符号，起警告提醒作用。在打开点火钥匙，车辆开始自检时，指示灯应点亮数秒，如果未闪亮，说明灯出现故障。在汽车起动后，指示灯自动熄灭。若指示灯在汽车起动后亮，说明相应系统故障。常见报警指示灯有以下几种。

（1）安全气囊指示灯。用来显示安全气囊的工作状态。若起动后该指示灯常亮，说明安全气囊出现故障。

（2）ABS 防抱死指示灯。用来显示 ABS 的工作状况。若起动后该指示灯仍不熄灭，表明 ABS 出现故障。

（3）机油指示灯。用来显示发动机内部机油的压力状况。若起动后该指示灯常亮，说明该车发动机机油压力低于规定标准，需要维修。

（4）充电指示灯。用来显示蓄电池使用状态。若起动后充电指示灯常亮，说明充电系统出现故障，发电机没有给蓄电池充电。

（5）油量指示灯。用来显示车辆内储油量的多少。若起动后该指示灯点亮，则说明车内油量已不足，提醒驾驶员加油。

（6）刹车盘磨损指示灯。用来显示车辆刹车盘磨损状况。当刹车盘出现故障或磨损过度时，该灯点亮，修复后熄灭。

（7）水温指示灯。用来显示发动机内冷却液温度情况。若自检熄灭后，水温指示灯常亮，说明冷却液温度超过规定值，需要立刻暂停行驶。水温正常后，该指示灯熄灭。

（8）清洗液指示灯。用来显示车辆所装玻璃清洁液的多少，平时为熄灭状态。该指示灯点亮时，说明车辆所装载玻璃清洁液已不足，需添加。添加后，该指示灯熄灭。

常见的仪表总成主要组成如上所述，当然车型不同，各仪表可能有所区别，可以通过维修手册或相关说明了解新指示灯含义。

知识拓展

## 现代汽车仪表——综合信息系统

随着现代电子技术的发展，多功能、高精度、高灵敏度、读数直观的电子数字显示及图像显示的仪表不断在汽车上应用，使驾驶者能够更方便地获取和理解车辆信息。

在我国新能源汽车、智能汽车的蓬勃发展引领下，汽车仪表正向“综合信息系统”的方向发展。汽车仪表与显示系统主要包括乘用车仪表板、中控液晶显示屏和 HUD（head-up display）抬头显示器等。乘用车仪表板是汽车仪表与显示系统的核心部分，通常由多个指针、数字显示屏和警示灯等组成，用于显示车速、转速、油量、水温、里程等重要信息。中控液晶显示屏通常位于仪表板中央，能够显示更多的驾驶信息和车辆状态，如导航信息、音频播放、空调控制等。HUD 抬头显示器则可以将一些关键信息投射到驾驶者的视线上方，使驾驶者无需低头即可查看相关信息。

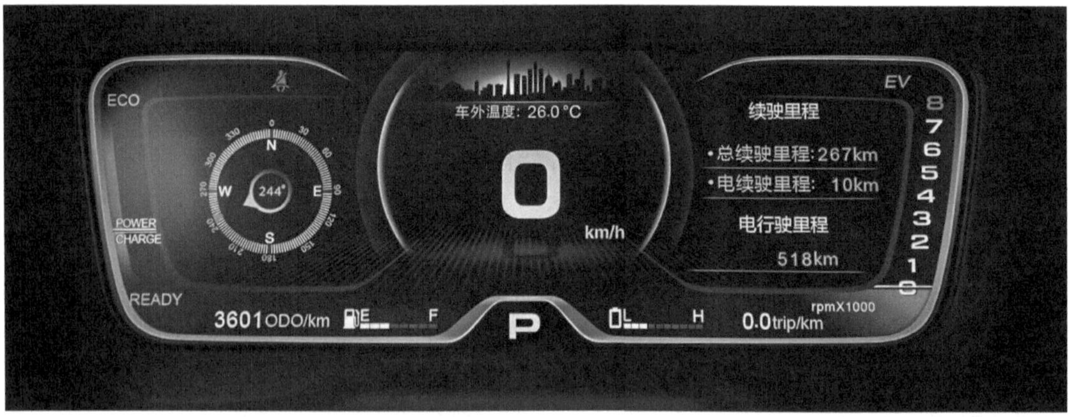


图 6-2　现代汽车仪表

现代汽车的仪表与显示系统已经远远超过了传统的指针与数字显示屏的功能，正逐渐朝着智能化和多功能化的方向发展。现在的汽车仪表与显示系统已经具备了很多高级功能，如语音识别、手势控制、多点触摸等。通过语音识别技术，驾驶者只需通过语音指令，就可以完成很多操作，如调节音量、导航目的地、拨打电话等，避免了驾驶者分心操作的情况。而手势控制则可以使驾驶者通过简单的手势，就可以实现一些操作，如调节音量、接听电话等。多点触摸技术使驾驶者可以通过触摸屏幕来操作多个功能，使得操作更加直观、便捷。

由于汽车行驶时的振动和光照条件的变化，汽车仪表与显示系统还需要具备良好的抗干扰能力和可读性。现代汽车仪表与显示系统普遍采用了抗干扰的设计和技术，使其在车辆行驶过程中可以正常工作，并且通过自动调节亮度和对比度等功能，使得驾驶者在各种光照条件下都能够清晰、舒适地看到显示的信息。此外，现代汽车仪表与显示系统还具备了更高的可视化效果和个性化功能。例如，一些高端汽车的仪表显示可以通过 AMOLED、TFT 等高分辨率液晶屏来显示更丰富的图像和动画效果，使得驾驶者能够更清晰、更直观地看到相关信息。而且，驾驶者还可以根据自己的喜好和需求，进行仪表风格和显示界面的自定义设置，使得仪表与显示界面更符合自己的个人风格。

思政课堂

1. 分组讨论仪表系统的组成，以及仪表系统的发展所展示的中国精神。
2. 分组讨论报警系统的组成，并探讨如何通过用好报警系统增强安全意识。

# 任务 6.2　汽车仪表系统故障诊断与检修

知识目标

1. 掌握常用仪表的组成及其工作原理。
2. 了解仪表各主要部件在车上的安装位置。
3. 掌握汽车仪表常见故障的诊断与检修方法。

能力目标

1. 能够掌握仪表主要部件的拆卸和安装方法。
2. 能够正确分析汽车仪表系统的电路图。
3. 能够正确分析仪表系统的故障原因并排除故障。

思政目标

1. 培养良好的职业道德和工匠精神。
2. 培养安全意识和团队协作精神。
3. 提高自我管理和自主学习能力。

**任务描述：**某 4S 店接到车主的求援电话，称汽车在路上抛锚了，发动机盖前有较大白雾，可能是发动机“开锅”了，但组合仪表上水温表指针并没有超过 100 ℃。经检查，维修技师发现汽车仪表和报警系统有故障，需要对其进行检修。

**任务分析：**针对维修接待和车间确认意见，汽车的仪表与报警系统没有正常工作，因此需要对汽车的仪表系统进行检修。

## 6.2.1　冷却液温度表

冷却液温度表又称水温表，是一种用于指示发动机冷却液工作温度的仪器。冷却液温度表由冷却液温度传感器和温度指示表组成，其中温度传感器一般安装在发动机冷却水道上，温度指示表则安装在仪表盘上。发动机正常工作时，水温一般在 85 ℃左右。

**1. 电热式冷却液温度表的结构组成**

电热式冷却液温度表可分为双金属片式指示表与热敏电阻式传感器、双金属片式指示表与双金属片式传感器两种，其主要区别是传感器选择的不同。目前，温度传感器普遍采用负温度系数型热敏电阻式传感器。

水温表由仪表稳压器、双金属片式水温指示表和热敏电阻式传感器组成，如图 6–3 所示。其中热敏电阻一般由铜、钴、镍、锰等材料烧结而成，由于热敏电阻是负温度系数，即温度上升时电阻值减小，温度下降时电阻值增大，故指针顺时针偏转表示温度升高。

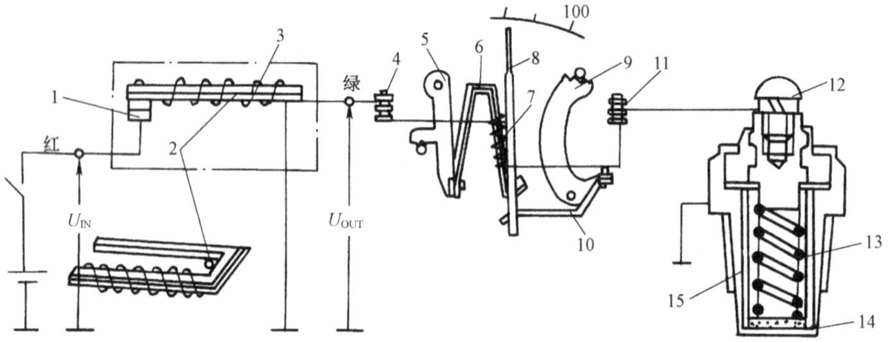


1—稳压器触点；2、6—双金属片；3—加热线圈；4、11、12—接线柱；5、9—调节齿扇；7—加热线圈；8—指针；10、13—弹簧；14—热敏电阻；15—冷却液温度传感器外壳

图 6–3　常见冷却液温度表的工作电路

**2. 电热式冷却液温度表的工作原理**

当点火开关接通时，仪表稳压器电路接通，其加热线圈和双金属片工作，并向水温指示表和热敏电阻式传感器提供一个稳定的平均电压，稳压器输出端经过指示表正极接线柱 4—指示表加热线圈 7—指示表负极接线柱 11—传感器接线柱 12—传感器弹簧 13—热敏电阻 14—壳体搭铁 15—仪表稳压器负极。

当发动机冷却液温度较低时，传感器的热敏电阻值较大，指示表加热线圈流过的电流值较小，指示表双金属片受热弯曲变形小，指针向右偏摆角度较小，从而指示温度较低。

当发动机冷却液温度升高时，传感器的热敏电阻值减小，指示表加热线圈流过的电流值增大，双金属片受热产生的变形量增大，指针向右偏摆角度增大，从而指示温度较高。

## 6.2.2　燃油表

燃油表的功用是指示汽车燃油箱中存储的燃油量。燃油表由安装在燃油箱上的燃油传感器和安装在仪表盘上的燃油指示表两部分组成。

燃油表按照其工作原理可以分为电磁式、电热式（双金属片式）和动磁式三种，传感器均为可变电阻式。下面以电磁式燃油表为例进行介绍。

**1. 电磁式燃油表的结构组成**

电磁式燃油表的结构如图 6–4 所示，其中燃油指示表与电磁式冷却液温度表基本相同，左线圈和右线圈分别绕在两只铁芯上，两只铁芯互相成 90° 安装，且右线圈与燃油传感器并联连接。指针转子套在转子轴上，刻度数值一般为“0、1/2、1”，或“E、1/2、F”，表示实时油量占油箱满量的比值。

燃油传感器主要由可变电阻器、滑片、浮子组成。浮子浮在油面上，随油面升降而改变其高低位置。

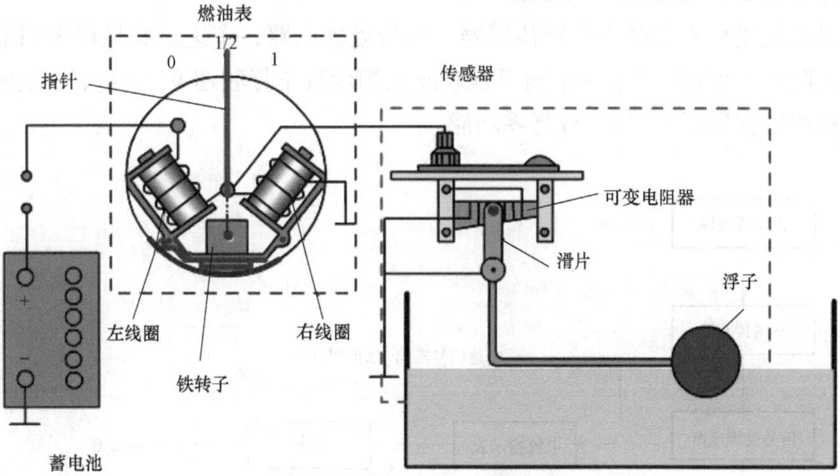


图 6–4 电磁式燃油表结构原理

**2. 电磁式燃油表的工作原理**

当点火开关接通时，电流由蓄电池正极—点火开关—燃油表左接线柱—左线圈—中间接线柱—右线圈—搭铁—蓄电池负极。同时，电流由中间接线柱—传感器接线柱—可变电阻—滑片—搭铁—蓄电池负极。左线圈和右线圈形成合成磁场，转子在合成磁场的作用下转动，使指针指在某一刻度上。

当油箱无油时，浮子下沉，可变电阻器上的滑片移至最右端，可变电阻被短路，右线圈也被短路，左线圈的电流达最大值，产生的电磁吸力最强，吸引转子，使指针停在最左面的“0”（或“E”）位上。

随着油箱中油量的增加，传感器浮子随油面上浮，并带动滑片沿可变电阻器滑动。接入电路的可变电阻部分逐渐增大，左线圈电流相应减小，而右线圈中电流增大。转子在合成磁场的作用下向右偏转，带动指针指示油箱中的燃油量增加。如果油箱半满，指针指在“1/2”位；当油箱全满时，指针指在“1”（或“F”）位。

为了防止因滑片在可变电阻器上滑动时产生电火花而引起火灾，可变电阻器的一端也需搭铁。

### 6.2.3 车速里程表

车速里程表是用来指示汽车行驶速度和行驶里程数的。行驶里程数可以分为累计行驶里程数和单程行驶里程数。按工作原理不同，车速里程表可分为磁感应式和电子式两种，前者已被淘汰。

电子式车速里程表是用设在变速器上的传感器获取车速信号，并通过导线传输信号，能够克服磁感应式车速里程表用软轴传输转矩带来的磨损等缺点。电子式车速里程表还具有精度高、指示平稳、寿命长等优点。因此，现代汽车特别是小轿车普遍采用电子式车速里程表。

**1. 电子式车速里程表的结构组成**

电子式车速里程表主要由车速传感器、信号处理电路、车速表和里程表四部分组成，其结构框如图 6–5 所示。电子式车速里程表既能指示汽车行驶速度，又能记录行驶里程（包括累计里程和单程里程），并具有复零功能。

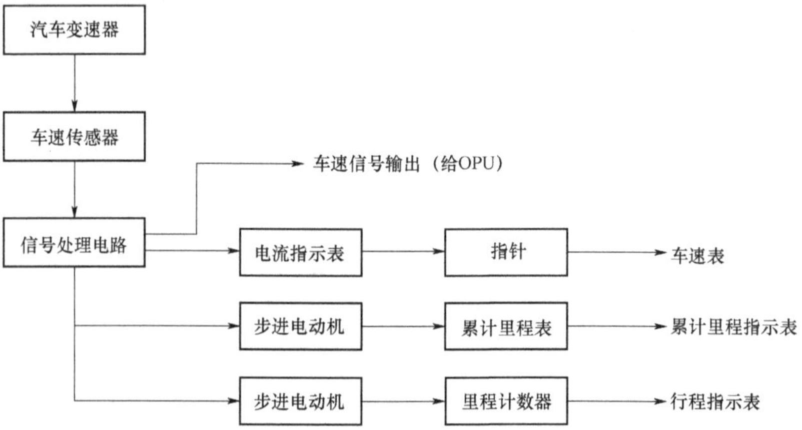


图 6–5　电子式车速里程表结构框

（1）车速传感器。

车速传感器一般采用舌簧开关式或磁感应式传感器，由变速器驱动，能够产生与汽车行驶速度成正比的电信号。例如，大众桑塔纳轿车采用的车速传感器，如图 6–6 所示，由一个舌簧开关和一个具有 4 对磁极的转子组成。转子每转一周，舌簧开关中的触点闭合 8 次，产生 8 个脉冲信号，该脉冲信号频率与车速成正比。如果汽车每行驶 1 km，车速传感器就会输出 4 127 个脉冲信号。

（2）信号处理电路。

信号处理电路的作用是将车速传感器送来的具有一定频率的电信号，经整形、触发，输出一个与车速成正比的电流信号。该电路主要包括稳压电路、恒流电源驱动电路、64 分频电路和功率放大电路，如图 6–7 所示。

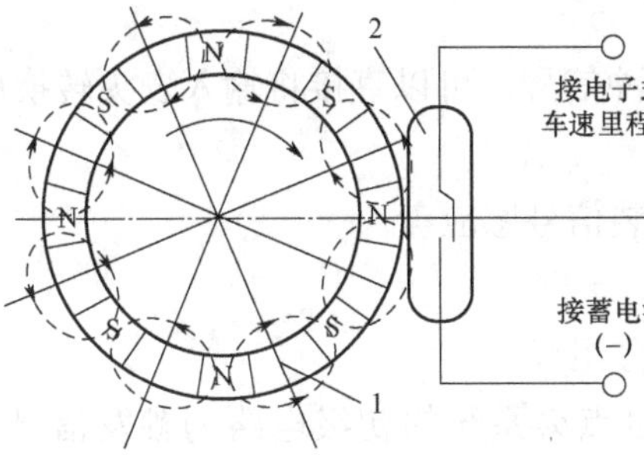


图 6-6　大众桑塔纳轿车车速传感器

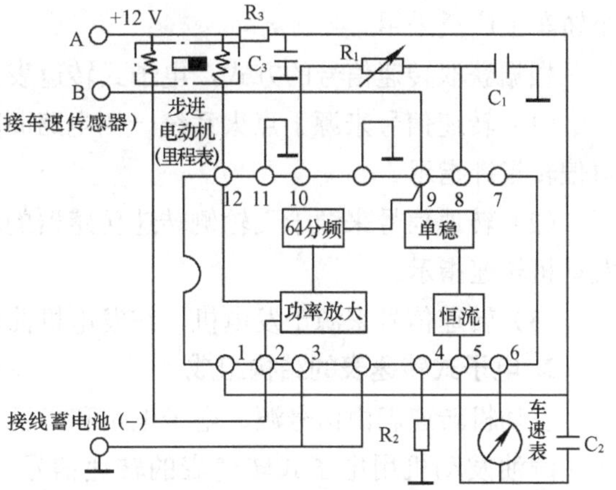


图 6-7　大众桑塔纳轿车电子式车速里程表信号处理电路

（3）车速表。

车速表实际上是一个电磁式电流表。当汽车以不同车速行驶时，从电子电路接线端输出的与车速成正比的电流信号，使车速表指针偏转，即可指示相应的车速。在车速表刻度上 50～130 km/h 的区域标着红色标记，表示经济车速区域。车速表的指示精度由电阻 $R_1$ 调节，初始工作电流由电阻 $R_2$ 调节，电阻 $R_3$ 和电容器 $C_3$ 用于电源滤波。

（4）里程表。

里程表由一个步进电动机和 6 位十进制齿轮计数器组成。车速传感器输出的信号，经过 64 分频后，再经过功率放大器放大到足够的功率，驱动步进电动机，带动 6 位或 8 位数字的十进制齿轮计数器转动，从而记录累计里程和单程里程，如图 6-8 所示。步进电动机是一种利用电磁感应原理将脉冲信号转换为线位移或角位移的电动机，具有精度高、响应速度快、结构简单、运行稳定等优势，在汽车仪表中多有使用。

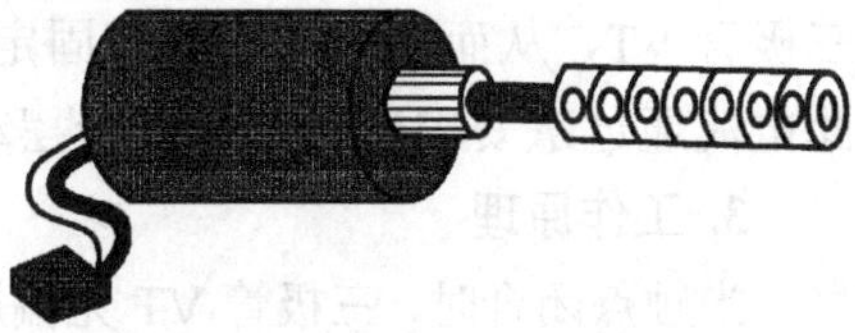

图 6-8　里程表结构

**2. 电子式车速里程表的工作原理**

累计里程和单程里程的任何一位数字轮转动一圈，进位齿轮就会使其左边的相邻计数轮转动 1/10 圈。车速里程表上设有一个单程里程计复位杆，当需要清除单程里程时，只需按一下复位杆，单程里程计的 4 个数字轮就会全部复位为零。

## 6.2.4　发动机转速表

看发动机转速表是为了检查、调整和监视发动机的工作状况，更好地掌握换挡时机，利用经济车速行驶。

**1. 分类**

发动机转速表分为机械式和电子式两种。机械式转速表的结构原理与磁感应式车速表基本相同，现已基本淘汰。电子式转速表具有指示平稳、结构简单、安装方便的特点，在小轿车上广泛采用。

根据获取转速信号的方式，电子式转速表有以下三种。

（1）转速信号来源于点火系统一侧电路断开时的脉冲信号，需要经数字集成电路换算再偏转指针指示。

（2）转速信号来源于飞轮侧转速传感器的转速脉冲信号，可以直接将输入表头转换成发动机转速指示。

（3）转速信号来源于发电机，在发电机曲轴上安装信号感应盘。

**2. 电子式转速表的结构组成**

发动机转速表由信号源、电子电路和指示表三部分组成。

汽油发动机用电子式转速表的转速信号一般来自点火系统的初级电路为触发信号，如图 6-9 所示，由 $R_1$、$R_2$、$C_1$ 组成的积分电路（为开闭脉冲信号整形）及充放电电容器 $C_2$、放大管 VT、稳压管 $VD_2$（使电容器 $C_2$ 充电电压稳定，提高转速表的测量精度）和转速表等组成。

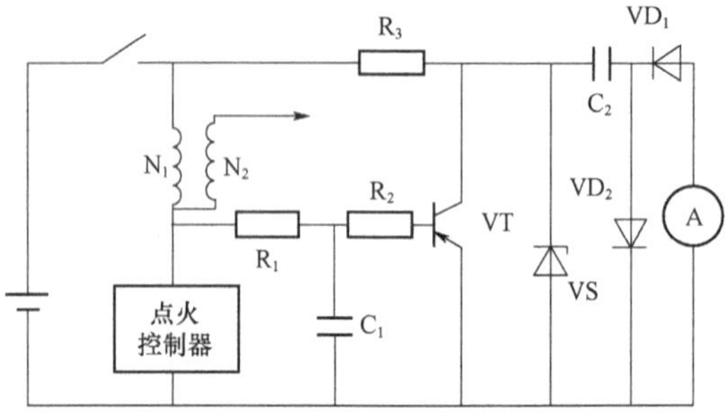

图 6-9 电子式转速表电路原理图

当发动机工作时，分电器触点不断开闭，其开闭次数与发动机转速成正比（曲轴每转一圈，四缸发动机触点开闭两次，六缸发动机触点开闭三次）。触点开闭产生断续电流，经 $R_1$、$C_1$ 组成的积分电流整形送至三极管 VT，从而取得一个具有固定幅值（电流值）和脉冲宽度（时间）的矩形波电流，此电流通过毫安表便可驱动指针摆动指示发动机转速。

**3. 工作原理**

当触点闭合时，三极管 VT 无偏压而处于截止状态，电容器 $C_2$ 被充电，其充电电路为：蓄电池正极—电阻 $R_3$—电容器 $C_2$—二极管 $VD_2$—蓄电池负极，构成回路。

当触点分开时，三极管 VT 的基极电位接近电源正极，VT 由截止转为导通状态。此时电容器 $C_2$ 所充满的电荷经毫安表放电。其放电电路为：电容器 $C_2$ 正极—三极管 VT—毫安表（mA）—二极管 $VD_1$—电容器 $C_2$ 负极。触点循环开闭，电路重复上述工作过程。二极管 $VD_2$ 为电容器 $C_2$ 提供充电回路，二极管 $VD_1$ 为电容器 $C_2$ 提供放电回路，电容器 $C_2$ 的放电电流通过毫安表测量。因为电容器 $C_2$ 每次充、放电电量 $Q$ 与其容量 $C$ 和电容器两端电压 $U$ 成正比，所以每个周期 $T$ 内的平均放电电流与电容 $C$、两端电压 $U$ 及触点的开闭频率 $f$ 成正比。

在电源电压稳定、充电时间常数不变的情况下，$C$ 和 $U$ 是固定值，那么通过毫安表的电流平均值 $I$ 只与触点的开闭频率 $f$ 成正比。因此，毫安表的读数可以直接反映发动机的转速。

## 6.2.5 汽车仪表计算机控制系统

汽车仪表微机控制系统的组成如图 6-10 所示。

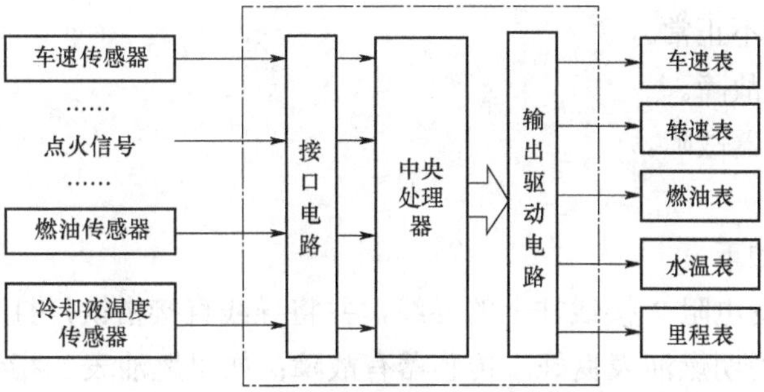


图 6-10 汽车仪表的微机控制系统组成框图

图 6-10 为典型的微机控制汽车仪表框图。它主要由传感器、中央处理系统、显示器等组成。传感器分为模拟传感器和数字传感器两类。模拟传感器把汽车工况（如水温、油压）等变为模拟电信号预处理后，经过 A/D 转换为数字量送入中央处理器；数字传感器则将车速、发动机转速等变成电脉冲信号，经过预处理后送入中央处理器。所有传感器信号经过微机运算、判断等数据处理后，经过输出驱动电路分别送到相应的显示装置和报警装置。

### 6.2.6 汽车仪表系统故障诊断

汽车仪表电路由点火开关控制。点火开关接通后，所有仪表及其传感器都将进入正常工作状态。

**1. 个别仪表不工作**

个别仪表不工作往往是由于仪表、传感器故障或对应线路断路、短路等引起。有些仪表中有稳压器提供稳定电源，故也有可能是稳压器故障，可以先判断故障点。以燃油表的故障诊断为例，如图 6-11 所示。

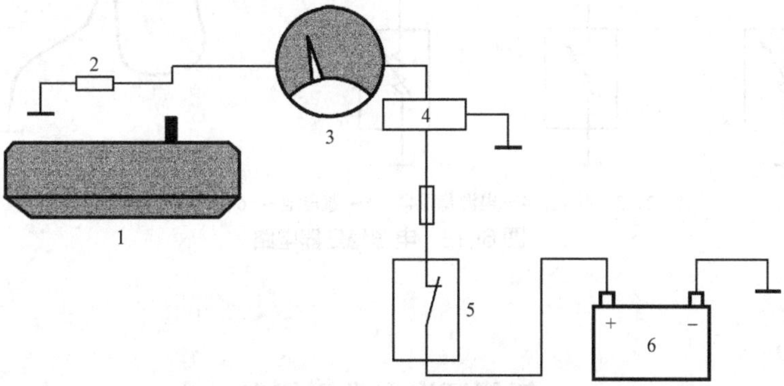


1—燃油箱；2—传感器可变电阻；3—燃油表；4—电源稳压器；5—点火开关；6—蓄电池

图 6-11 燃油表的故障诊断

（1）故障现象。

无论油箱内有多少燃油，燃油表指针总指向无油位置。

（2）故障原因分析。

① 燃油表自身故障。

② 稳压器工作不正常。

③ 线路有断路故障。

④ 燃油表传感器故障。

（3）诊断方法。

具体判断过程如下：

拆下传感器可变电阻 2 接线柱上的导线，并将导线直接搭铁，打开点火开关，如果燃油表 3 指针摆动，说明燃油表良好，传感器有故障；如果燃油表 3 指针不动，说明故障出在仪表自身、稳压器或线路有断路。在只有一个仪表不工作时，基本可排除稳压器、熔断器及电源故障，故可能是仪表本身或线路有断路。

可用试灯一端搭铁，另一端接燃油表电源接线柱，如试灯不亮，说明线路故障；若试灯亮，则说明电源线路没有问题。再用试灯一端搭铁，另一端接燃油表上另一接线柱，若燃油表仍不动说明燃油表坏。

**2. 两个或两个以上仪表同时不工作**

如果冷却液温度表和燃油表同时出现故障，那么稳压器或线路出现故障的可能性较大。应首先检查熔丝，若熔丝正常，然后检查线头有无脱落、松动及搭铁是否正常，再检查稳压器工作是否正常。在排除上述故障之后即可判定故障发生在仪表自身。电源稳压器电路如图 6-12 所示。

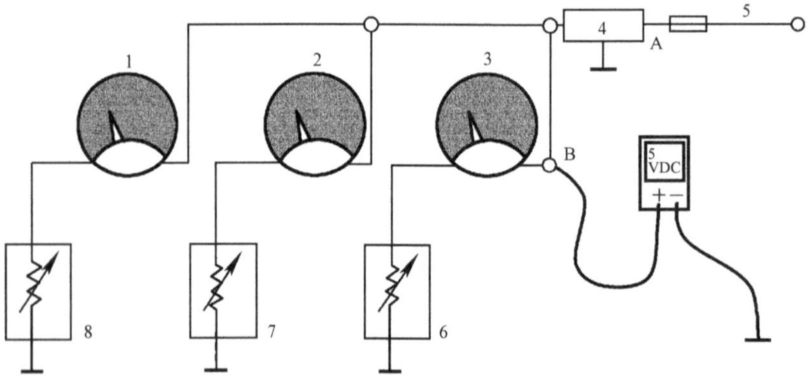


1、2、3—仪表；4—电源稳压器；5—蓄电池+；6、7、8—传感器

图 6-12　电源稳压器电路

## 知识拓展

### 新能源汽车常用仪表

汽车仪表是汽车系统中重要的组成部分。传统的电磁机械仪表系统臃肿、布线复杂、占用空间大、显示信息有限，已无法满足汽车智能化发展的需求。汽车仪表的电子化使得仪表可以快速准确地获得行车过程中车辆的信息，如胎压监测、安全气囊、制动装置等，驾驶者可通过仪表显示的各种信息及时掌握汽车的运行状态，以便能快速准确地处理各种状况。为了提高电控单元的利用率，以及电控单元的通信速率、可靠性和准确率，发展出了汽

车液晶仪表，这是汽车电子化发展的必然趋势。新能源汽车与燃油汽车的驱动方式有很大不同，其所需仪表参数与传统燃油汽车也相差甚远，如图 6–13 所示，其包含以下仪表参数。

**1. 功率表**

功率表用于显示车辆当前驱动电机的输出功率大小，图 6–13 中的功率表以电子指针形式显示当前功率百分比。当功率表显示正功率时，仪表显示的功率侧条为蓝色，表明驱动电机正在消耗电能输出功率。

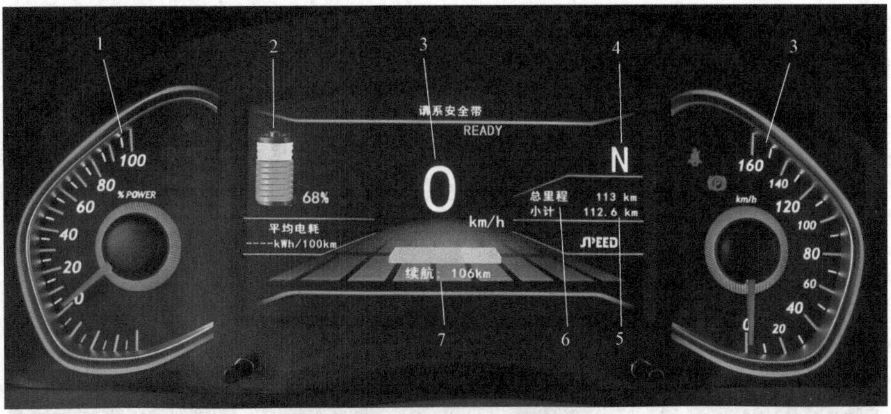


图 6–13　新能源汽车仪表盘

当功率表显示为负功率时，仪表显示的功率指针指向绿色区域，说明驱动电机正在发电并给动力蓄电池充电。

**2. 电池电量表**

该表以柱状条形式实时显示当前剩余电量。当电池电量过低时，电池电量表的柱状条的颜色会变为红色，这表示需要及时充电；当电池电量充足时，电池电量表的柱状条的颜色则会变为绿色。在充电情况下，电量进度条会出现上涨动画，同时旁边会显示充电剩余时间或快充模式。

**3. 车速表**

车速表以电子指针形式指示当前车速，车速表显示车速范围为 0～160 km/h，最小分度为 10 km/h，车速同时会以数码显示于中央部位。当仪表车速表高于 120 km/h 时（允许误差−1 km/h），蜂鸣器按 1 Hz 鸣叫 10 s。

当车速低于 115 km/h 时（允许误差为+1 km/h），蜂鸣器停止鸣叫。在点火后，仪表的车速表中的指针会自动回零，即指针指向 0 km/h 的刻度线。如果指针没有回零，需要联系服务商进行处理。

**4. 档位显示**

显示汽车当前档位，共有 R、N、D、P 四个档位，默认档位为 N 档。在档位切换时，会出现档位切换跳转的动画，待切换完成后，只显示当前档位，其他档位不显示。当档位切换出现不是 R、N、D、P 四个档位中的任意一个错误档位时，仪表显示前一次档位，并以档位闪烁的方式提示。

**5. 小计里程**

小计里程显示范围为 0.0～999.9 km。当达到最大值时，小计里程显示从 0.0 开始重新计算。小计里程显示上次复位或者蓄电池上电后行驶的全部里程。如果仪表蓄电池电量丢失并超过仪表设定的缓冲时间，小计里程值将被清零。

**6. 总里程**

总里程显示范围为 0～999 999 km。当总里程达到最大值后，它的显示保持不变。

**7. 续驶里程**

续驶里程不可以修改，其是通过处理计算得出的，显示在仪依靠电池中的电量支持该车行驶的最高里程。

**8. 充电显示**

如图 6–14 所示，仪表在收到 VCU（纯电动汽车的控制系统）发出的开始充电信号时，会显示充电线连接指示，连接无误后显示连接状态；当收到 VCU 发出的充电信号时，仪表会显示充电界面，并在充电过程中显示充电功率和预计充电剩余时间。充电完成后仪表会收到 VCU 发出的充电完成信号，并显示充电完成，不显示充电电流和充电剩余时间。

图 6–14　新能源汽车充电显示

**思政课堂**

1. 分组讨论，在检测汽车仪表系统时需要注意哪些安全事项？如何全面细致地制订维修方案？

2. 分组讨论，在汽车的发展历程中，新能源汽车的仪表系统有哪些科技创新？如何树立以人为本、全心全意服务社会的意识？

## 任务 6.3　汽车报警系统故障诊断与检修

视频讲解

**知识目标**

1. 掌握汽车报警系统电路的组成及分析方法。
2. 掌握汽车报警灯系统各部件的组成、原理。
3. 理解汽车报警系统的检修方法。
4. 理解汽车报警系统电路原理图的识读方法。

能力目标

1. 能够对汽车报警系统进行故障检查。
2. 能够独立完成汽车报警灯系统各部件的拆装、保养及检修。
3. 能够排除报警系统的常见故障。

思政目标

1. 培养良好的职业道德和工匠精神。
2. 培养安全意识和团队协作精神。
3. 提高自我管理和自主学习能力。

**任务描述：**一辆大众速腾汽车因水温过高未报警来进行维修，经检查发现是汽车仪表报警系统故障所致，需要对其进行维修。

**任务分析：**针对维修接待和车间确认意见，汽车的仪表与报警系统没有正常工作，首先需要对汽车的报警系统进行检修。

## 6.3.1　报警灯系统

为了保证行驶安全和提高车辆的可靠性，现代汽车在车辆内部和外部都安装了很多报警装置。报警装置可分为车内报警和车外报警两类。

报警装置一般由传感器（报警开关）和红色报警灯（或蜂鸣器）组成。报警灯又称警告灯，当被检测的部件或系统工作失常时，报警灯电路自动接通发亮报警，提醒驾驶人采取措施。这些报警装置包括机油压力报警灯、冷却液温度过高报警灯、燃油油量过少报警灯、气压过低报警灯、空气滤清器堵塞警告灯、制动气压过低警告灯等。

**1. 机油压力报警装置**

在汽车润滑系统中，一般都备有机油压力报警装置，该装置由传感器和机油压力报警灯组成。机油压力报警灯一般为红色警告灯，其功用是当润滑系统的机油压力降低到一定值（50～90 kPa）时，警告灯电路自动接通而发亮警报，提醒驾驶人及时检修，避免损坏发动机。与机油压力报警灯配套使用的传感器有膜片式和弹簧管式两种。

（1）弹簧管式机油压力传感器。

如图 6-15 所示，这是最常见的弹簧管式机油压力报警装置的电路图，传感器借助螺纹安装在发动机润滑系统主油道上，主油道润滑油压力直接作用到管型弹簧 4 内。

当点火开关接通，发动机润滑系统主油道润滑油的压力低于 50～90 kPa 时，管型弹簧 4 变形量小，动触点 2 与静触点 3 接触，经过接线柱 5，机油压力报警灯 6 电路接通而发亮，提醒驾驶人停止发动机运转并及时检修。

（2）膜片式机油压力传感器。

膜片式机油压力传感器的结构如图 6-16 所示。传感器通过螺纹安装在发动机润滑系统主油道上，主油道的润滑油压力直接作用于膜片上。

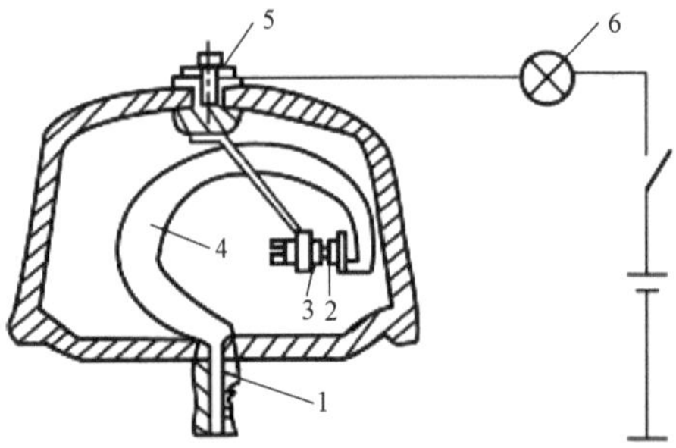


1—管接头；2—动触点；3—静触点；4—管型弹簧；
5—接线柱；6—机油压力报警灯

图 6-15　弹簧管式机油压力报警灯控制电路

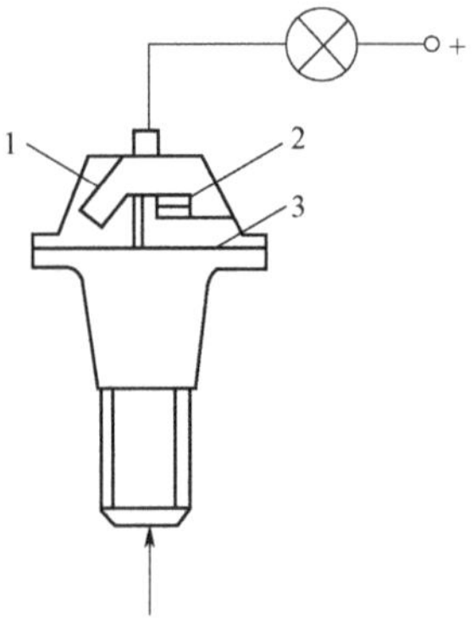


1—弹簧；2—触点；3—膜片

图 6-16　膜片式机油压力报警灯控制电路

当点火开关接通，发动机润滑系统主油道润滑油的压力低于 50～90 kPa 时，膜片 3 在弹簧 1 预紧力的作用下克服机油压力向下拱曲，带动弹片和动触点向下移动并使触点 2 闭合，警告灯电路接通而发亮。

当润滑系统主油道润滑油压力升高时，油压对膜片的作用力会增大。当油压达到正常工作油压时，油压对膜片 3 的作用力将克服弹簧 1 预紧力使膜片 3 向上拱曲，同时带动弹片和动触点 2 断开，警告灯电路切断而自动熄灭，指示润滑系统工作正常。

**2. 冷却液温度报警装置**

冷却液温度报警装置由冷却液温度传感器和温度过高报警灯组成。冷却液温度过高报警灯通常为红色警告灯，其作用是当冷却液温度升高到一定值时，警告灯自动发亮报警，指示冷却液温度过高。冷却液温度报警灯控制电路如图 6-17 所示。

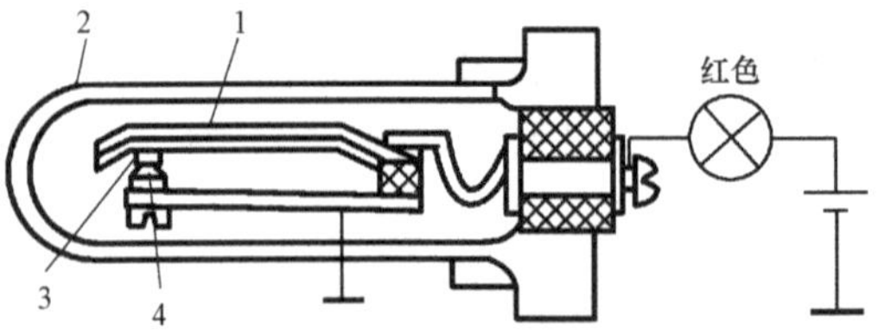


1—双金属片；2—外壳；3—动触点；4—静触点

图 6-17　冷却液温度报警灯控制电路

当冷却液温度升高时，传感器内部双金属片受热产生的变形量会增大。当冷却液温度升高到一定程度时，双金属片向下弯曲变形使触点闭合，警告灯电路接通而发亮，指示冷却液温度过高。

**3. 制动系统报警装置**

制动系统的报警装置较多，以下分别介绍。

（1）制动片磨损过量报警灯。

这个报警灯的作用是当制动摩擦片磨损到使用极限厚度时会点亮，发出报警信号。其结构也有两种，一种是接触式，另一种是无触点式。

接触式的报警电路中，将一个金属触点埋在摩擦片内部，当摩擦片磨损至使用极限厚度时，金属触点就会与制动盘（或制动鼓）接触，使警告灯与搭铁接通，仪表板上的警告灯亮起，以示警告，如图 6-18（a）所示。

无触点式的报警电路采用电子控制器控制，将一段导线埋在摩擦片内部，该导线与电子控制器相连，当接通点火开关后，电子控制装置便向摩擦片内埋设的导线通电数秒进行检查。如果摩擦片已磨损到使用极限厚度，并且埋设的导线已被磨断，电子控制装置会使警告灯亮起，以示制动摩擦片需要更换，如图 6-18（b）所示。

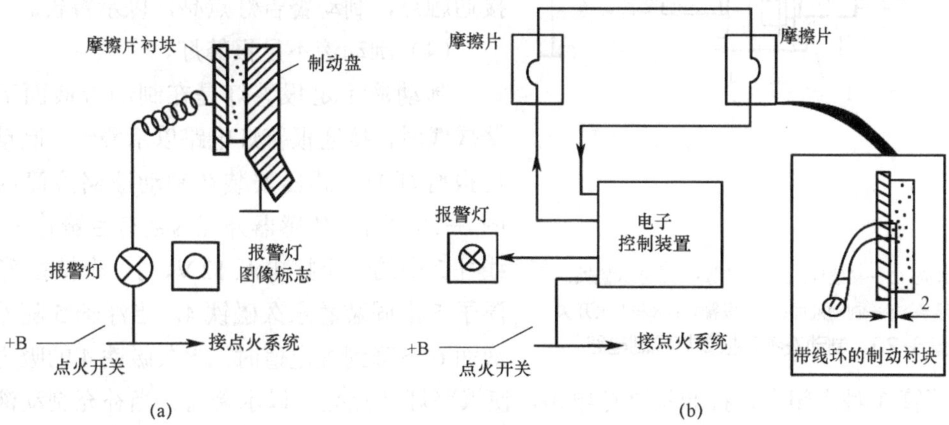


图 6-18　制动摩擦片磨损过量报警灯控制电路图

（2）制动灯线路故障报警灯。

如图 6-19 所示，这是美国 GM 公司采用的制动灯线路故障报警灯控制电路。当两路制动灯中有一路出现故障时，则亮灯提醒。

电路工作原理：在左右制动信号灯电路中，连接有两个电磁线圈及舌簧开关，信号灯线路故障报警灯与舌簧开关串联。

当踩下制动踏板时，如果左（或右）制动信号灯线路（或灯丝）断路，则电磁线圈中将有一个线圈无电流通过，而另一个线圈通电产生的磁场将使舌簧开关触点磁化而闭合，使得报警灯电路接通而发亮，提醒驾驶者及时排除故障。

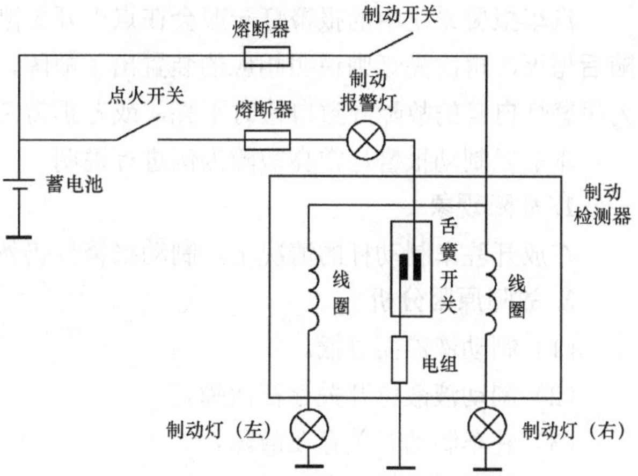


图 6-19　制动灯线路故障报警灯控制电路

（3）制动系统报警灯。

现代轿车上一般均装置了制动系统报警灯。该报警灯指示制动系统可能出现的两种故障：一是点火开关已打开，而驻车制动器仍停放在制动位置；二是双管路制动系统中任一管路失效。制动报警灯通过两个并联的开关与点火开关串联。当驻车制动器处于制动位置时，若打开点火开关，则制动警告灯点亮，用于提醒驾驶者在挂挡起步之前，松开驻车制动器。当松开驻车制动器时，制动报警灯会熄灭。

在双管路制动主缸的制动管路之间并联一个差压开关。当两管路制动正常时，活塞处

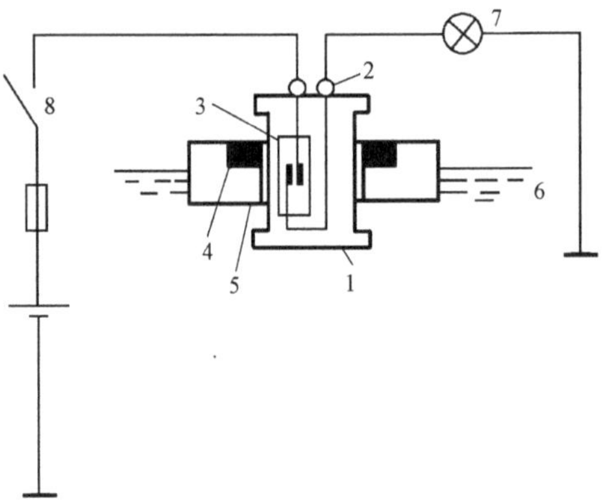

1—外壳；2—接线柱；3—舌簧管；4—永久磁铁；
5—浮子；6—制动液面；7—报警灯；8—点火开关
图 6-20 制动液不足报警灯控制电路

于由平衡弹簧控制的中间位置，制动警告灯不亮。但任一管路失效后，其管路压力下降，当压差达到 1 000 kPa 以上时，活塞将向一边偏移，接通触点，制动警告灯点亮，以示警告。

（4）制动液不足报警灯。

制动液不足报警灯是在制动液液面下降至警戒线时，接通报警灯电路以示警告。制动液不足报警灯的传感器安装在制动液储液筒内，如图 6-20 所示，传感器外壳内装有舌簧管 3，两接线柱 2 中的一个接电源 12 V、另一个接报警灯 7，浮子 5 上固装着永久磁铁 4。当浮子 5 随着制动液面 6 下降到规定值时，永久磁铁 4 的吸力作用使舌簧管 3 触点闭合，接通报警灯电路，使报警灯 7 点亮，以示警告。当补充制动液使制动液液面上升时，浮子 5 带动永久磁铁 4 上升，对舌簧管 3 的吸力作用减弱，舌簧管 3 在自身弹力作用下使触点张开，从而切断报警灯电路，使报警灯熄灭。

### 6.3.2 汽车报警系统故障诊断

汽车报警系统中的报警灯一般会在点火开关刚接通时进行自检，在此过程中都会亮灯，随后熄灭，再次亮灯则说明相应的装置出了故障，要对故障点进行诊断排除。但有时是因为报警灯自身的故障导致自检时不亮，或者正常工作过程中常亮，这需要进行诊断。

本书以制动报警灯常亮故障为例进行说明。

**1. 故障现象**

在放开驻车制动杆的情况下，制动报警灯仍然亮着。

**2. 故障原因分析**

（1）制动液液面过低。

（2）制动液液位开关存在故障。

（3）驻车制动开关存在故障。

（4）警报灯线路存在故障。

**3. 故障诊断与排除**

（1）检查制动液液面是否过低。

（2）如果液面正常，请拔下制动液液位开关插头。如果报警灯熄灭，说明制动液液位开关有故障。

（3）如果报警灯仍亮，请拔下驻车制动开关插头。如果报警灯熄灭，说明驻车制动开关出现了故障；如果报警灯仍亮，说明线路有搭铁处。

### 6.3.3 汽车仪表拆装的注意事项

（1）拆装组合仪表时，应先拆下蓄电池负极电缆线，以免手触摸仪表板后面线束时造成线路短路。

（2）拆组合仪表装饰面板时，由于固定螺钉是隐蔽的，因此，要仔细查找固定螺钉，否则强行拆卸将会损坏装饰面板。

（3）拆装组合仪表时，应注意仪表板后面的线束插接器和车速里程表软轴接头，这些接头通常都带有锁止机构，因此切忌强行拆卸。

知识拓展

## 新能源汽车报警系统

新能源汽车故障灯分为指示灯、警告灯、指示/警告灯三类，用颜色代表故障程度，红色代表“危险/重要提醒”、黄色代表“警告/故障”、绿色/蓝色/白色代表“指示/确认启用”。车起动后或行驶中，电脑会定时对传感器发来的数据进行检查，如果发现异常，电脑就会点亮仪表上相应的故障灯。通过故障灯的方式来提醒驾驶者及时进行维修处理，以免故障恶化。故障灯对于专业的维修技师来说，可以作为对故障进行初步判断的依据。

重要报警系统包括以下几种。

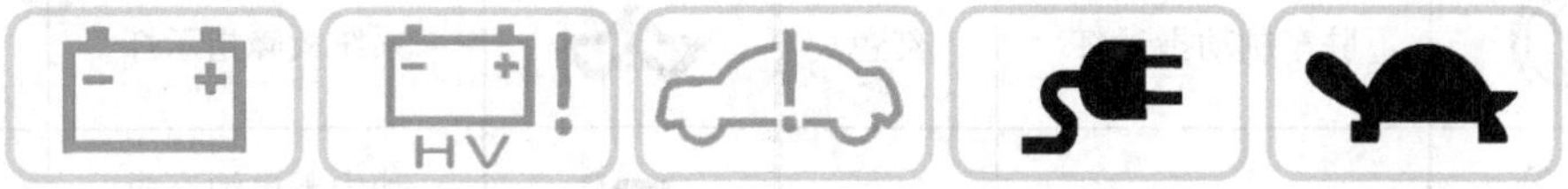


(a)　(b)　(c)　(d)　(e)

图 6-21　新能源汽车报警灯

**1. 蓄电池故障灯**

如图 6-21（a）所示，一般情况下，由于存放时间过长或过量使用蓄电池、DC/DC 转换器故障、不能给 12 V 蓄电池充电、DC/DC 转换器保险熔断、连接 DC/DC 转换器至 12 V 蓄电池端的线束问题等原因，会导致蓄电池故障灯点亮。

**2. 动力蓄电池故障灯**

如图 6-21（b）所示，动力蓄电池故障灯亮的主要原因：BMS 出现了问题，采集板出现了问题，电池的电芯出现了问题。如果该灯点亮，可以停车断电直到指示灯熄灭后再进行驾驶。

**3. 系统故障灯**

如图 6-21（c）所示，系统故障灯常亮或闪烁，表明整车不能上电，Ready 灯也不亮。

系统故障灯点亮的可能原因：整车控制器 VCU 出现严重故障，整车 CAN 通信存在短路/断路故障，制动真空压力传感器异常，高压系统（电池/电机/压缩机整车控制器）互锁系统故障，冷却风扇驱动故障，逆变器驱动继电器驱动故障，加速踏板故障，压缩机或 PTC 驱动故障，电机扭矩监控故障，低压主继电器驱动故障。

**4. 充电线连接指示灯**

如图 6-21（d）所示，当充电线连接时指示灯会点亮。如果充电枪线缆接触不好，则会显示“请连接充电枪”。

**5. 功率限制指示灯**

如图 6–21（e）所示，当整车处于限功率状态时，功率限制指示灯会点亮，主要原因是电机或电机控制器过热或电量不足。此灯若亮，说明电池电量即将耗尽，应就近寻找充电站充电。

**6. 电机及电机控制器过热指示灯**

如果该灯点亮，应检查冷却液是否充足，以及水泵是否正常工作。

另有部分报警灯见表 6–1。

**表 6–1　部分报警指示灯**

| 指示灯 | 名称 | 颜色 | 指示灯 | 名称 | 颜色 |
|---|---|---|---|---|---|
| 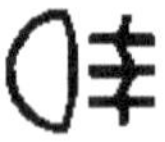 | 后雾灯指示灯 | 黄色 |  | 胎压异常指示灯 | 黄色 |
|  | 制动系统故障指示灯 | 红色 |  | 电子稳定控制系统故障灯 | 黄色 |
|  | 驻车制动指示灯 | 红色 |  | 系统故障指示灯 | 红色 |
|  | ABS 故障指示灯 | 黄色 |  | 动力蓄电池充电指示灯 | 黄色 |
|  | 驾驶人安全带未系报警灯 | 红色 | READY | 准备就绪指示灯 | 绿色 |

**思政课堂**

1. 分组讨论报警指示灯的结构原理，以及报警指示灯如何配合提醒驾驶员汽车状况。

2. 分组讨论，在汽车的发展历程中，新能源汽车的报警系统有哪些科技创新？如何树立以人为本、全心全意服务社会的意识？

# 项目7

# 安全与舒适系统的检测与维修

## 项目描述

消费者对汽车的安全性和舒适性的追求从未停止。伴随技术的不断发展，汽车上的安全与舒适性的配置也日益全面，这些系统的配置极大地提升了车辆的安全性和舒适性。

安全与舒适性配置的结构及工作原理也是汽车维修人员必须要了解的，只有对结构和原理了解清楚的前提下才能有效地判断故障点，进而有针对性地对车辆进行维修。

通过本项目的学习，可以更好地了解汽车安全与舒适性配置的常见结构及工作原理，掌握汽车安全与舒适系统常见故障的检修方法。

## 任务7.1　安全气囊系统的检测与维修

视频讲解

### 知识目标

1. 掌握安全气囊的作用。
2. 理解安全气囊的基本组成。
3. 理解安全气囊的基本工作原理。

### 能力目标

1. 能识别不同位置的安全气囊。
2. 能理解不同位置的安全气囊的作用。
3. 掌握安全气囊的维修注意事项及常见故障原因。

### 思政目标

1. 培养严谨细致的工作作风。
2. 培养安全意识和团队协作精神。

**任务描述：** 一辆大众宝来汽车因安全气囊故障灯点亮而来进行维修，需要对安全气囊系统进行维修。

**任务分析：** 针对维修接待和车间确认意见，需要对安全气囊电路系统进行检测，首先需要了解汽车安全气囊的结构及工作原理。

安全气囊（又称 SRS）作为汽车上非常重要的辅助保护系统，广泛应用于各大品牌汽车中。但安全气囊需要与安全带配合使用，才可以为乘员提供有效的被动保护。若汽车行驶速度超过 30 km/h 且与车辆纵向轴线左右 30° 范围内发生碰撞事故，当系统检测到冲击力超过阈值时，安全气囊通过电雷管引爆火药粉和气体发生剂，产生大量气体，使气囊迅速充气膨胀，在极短时间（<30 ms）内乘员与车辆之间迅速形成一道柔软的弹性屏障，从而减轻车内乘员所受到的伤害。在碰撞发生后，气囊会自动放气，以避免对车内乘员产生二次伤害。

安全气囊系统有以下几种形式：安装在转向盘内的驾驶员安全气囊；安装在仪表板内的副驾驶员安全气囊；安装在车门上的侧面安全气囊；安装在前排椅背上的后排座椅安全气囊。它们分别用来在汽车碰撞时保护驾驶员、副驾驶员及后排乘员。

### 7.1.1 安全气囊的组成

电子式安全气囊主要由安全气囊传感器、电子控制装置、安全气囊组件和 SRS 指示灯组成。

**1. 安全气囊传感器**

按照用途不同，安全气囊系统的传感器可分为碰撞传感器和安全传感器。

碰撞传感器用来检测碰撞时的加速度变化，并将碰撞信号传递给 SRS 控制电脑，作为其触发信号。碰撞传感器又包括车前传感器和中央传感器，二者的区别在于前者用来检测汽车正面低速所受到的冲击信号，后者用来检测汽车发生高速碰撞的信息。

安全传感器是一种用于防止系统在非碰撞情况下引起安全气囊误操作的设备，通常与 SRS 控制电脑一起制作在电子控制装置中。

**2. 电子控制装置**

安全气囊的电子控制装置主要是 SRS 控制电脑，也可称为安全气囊 ECU。其由 SRS 逻辑模块、信号处理电路、备用电源电路、保护电路和稳压电路等组成，用于对传感器信号进行判断处理。

**3. 安全气囊组件**

安全气囊主要由气体发生器、点火器、气囊、饰盖和底板组成。驾驶员侧气囊组件位于转向盘中心处，副驾驶员侧气囊组件一般位于仪表板右侧手套盒的上方。

**4. SRS 指示灯**

SRS 指示灯位于仪表板上。接通点火开关时，诊断单元对系统进行自检，若 SRS 指示灯点亮 6 s 后熄灭表示系统正常；若 6 s 后该灯依然闪烁或长亮不熄，则表示安全气囊系统出现故障，提醒警示应进行检修。

### 7.1.2 安全气囊的工作原理

**1. 基本原理**

安全气囊控制原理如图 7-1 所示。

图 7-1　安全气囊控制原理

在汽车高速碰撞时，安全传感器和中央碰撞传感器同时检测到车速的突然变化信号，在 0.01 s 内将信号传递给 SRS 控制电脑。电脑在经过运算分析确认碰撞强度超过其阈值时，立即引爆安全气囊包内的发火极，使其发生爆炸，这一过程一般只需 0.05 s。发火极引爆之后，充气器中的固态氮粒迅速汽化，大量氮气立即吹胀气囊，并在强大的冲击力之下，气囊冲开盖板完全展开。在乘员压向气囊的同时，气囊内部的氮气就会因受压而从气囊的小孔排出，从而减缓撞击力，因此，缓冲了乘员的撞击，避免了硬碰撞，保护了乘员。如果膨胀的气囊在受乘员压迫时不泄气，就会将乘员反弹回去，造成二次伤害。

**2. 安全气囊系统的工作过程**

如图 7-2 所示，当点火开关闭合接通仪表电路后，安全气囊系统开始自检工作，自检子程序对电器元件进行逐个检查。如有故障，安全气囊故障报警灯将闪亮不熄，提示驾驶员要读取故障码，查出故障并进行排除；如无故障，则启用传感器子程序，并对传感器进行巡回检测。如果没有碰撞发生，则又返回自检子程序。若一直无碰撞，程序就这样循环。

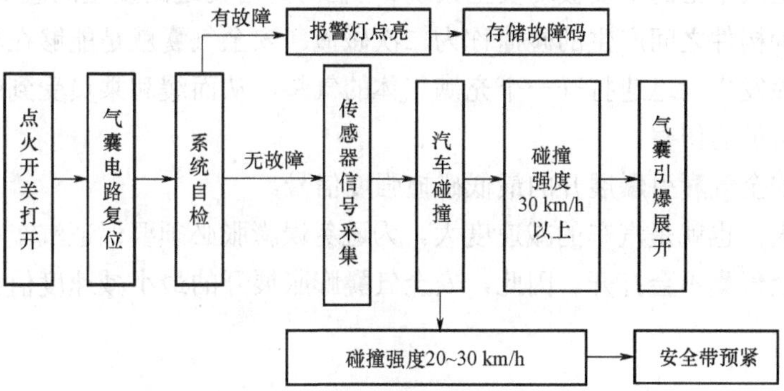


图 7-2　安全气囊工作过程

如果汽车发生碰撞，碰撞强度能使传感器输出电信号，但没有达到使电控装置发出引发气囊膨胀的指令时，电控装置就发出引发安全带预警器的指令，使安全带拉紧，保护乘员。当碰撞强度很大时，会引爆安全气囊，使其膨胀并展开。如果因碰撞强度太大而导致主电源线断路，备用电源电路仍然可以保证引爆安全气囊的用电需要，并使报警灯同时闪亮。

**3. 安全气囊起安全保护的时间过程**

（1）汽车碰撞后 0～30 ms，电子控制装置接收到传感器电信号并进行判断，若此信号达到或超过引爆的最低数值时，则电子控制装置发出使驱动电路引爆传爆管指令，点燃火药，产生高温和大量气体，此时乘员因惯性和汽车还没有产生相对位移。

（2）汽车碰撞后 30～40 ms，大量气体经冷却过滤后迅速使气囊膨胀，乘员逐渐向前移动，安全带被拉长起一定缓冲作用，乘员已紧贴安全气囊，安全气囊吸收了乘员的惯性冲击能量。

（3）汽车碰撞后 60～110 ms，乘员压向安全气囊并使气囊压紧变形，气囊则进一步吸收惯性冲击能量。由于安全气囊上的排气孔排气，使气囊变软，乘员进一步沉入气囊中，使缓冲作用更加良好。汽车碰撞后 100 ms，乘员的惯性冲击能量已减弱，危险期已过。

（4）汽车碰撞后 110 ms，乘员的惯性冲击能量消失，在安全带作用下将其拉回座椅上，气囊中气体也排除大部分，整个过程基本结束。

从汽车碰撞到乘员因惯性与车身产生相对位移后而碰撞受伤的时间间隔大约 50 ms。在 50 ms 之前，大约 30 ms 的时间，安全气囊在乘员与车身之间形成一道柔软的弹性保护气囊，减小受伤程度。

### 7.1.3 防止安全气囊误动作的措施

汽车发生碰撞时，汽车及乘员在极短的时间内，从高速运动到静止，急需安全气囊来吸收和缓冲由此产生的巨大惯性力。但在正常运行时，若气囊错误打开，也会对乘员和安全行驶造成伤害，所以安全气囊系统都必须设有防止安全气囊误动作的措施。具体措施如下。

（1）配备多个安全气囊传感器。

安全气囊是汽车上的主要被动安全系统。车辆与障碍物之间发生的碰撞称为一次碰撞，车内乘员与车辆构件之间产生的碰撞称为二次碰撞。安全气囊就是能够在车辆发生一次碰撞后、二次碰撞发生前迅速打开一个充满气体的气垫，从而缓和乘员受到的冲击并吸收碰撞能量，减轻乘员的伤害。

（2）存储安全气囊引爆展开的最低碰撞强度信号。

碰撞强度大，也就是汽车的减速度大。为避免误膨胀必须要保证汽车在高速行驶中紧急制动时，安全气囊不会打开。因此，安全气囊膨胀展开的最小减速度值要大于紧急制动时的减速度值。

### 7.1.4 容易引起安全气囊误开的因素

（1）温度过高，引起火药燃烧而使安全气囊膨胀展开。

（2）电磁波信号干扰，引起电子控制装置误动作。例如，在车内使用大功率移动电话可能会使安全气囊展开。

（3）进行汽车维修作业时，操作不规范也会引起安全气囊误展开。

### 7.1.5 安全气囊使用注意事项

（1）安全气囊必须与安全带配合使用。

（2）及时排除安全气囊的故障。

（3）不要人为碰撞安全气囊传感器。

（4）按规范保管好安全气囊系统元器件。

### 7.1.6　安全气囊系统维修注意事项

（1）安装、检测、维修工作只能由专业人员完成。

（2）在对安全气囊进行除电气系统检测以外的工作时必须关闭点火开关，需要将蓄电池负极断开 30 s 以上才能进行。

（3）检查安全气囊系统只可使用数字式万用表,万用表输出电流不超过 10 mA。若大于此值，可能会引起气囊电路损坏,甚至导致气囊意外爆炸。

（4）在拆卸安全气囊系统的任何零部件前,首先先将气囊插头断开。

（5）在拆卸和更换过程中,应注意不要使用冲击扳手或锤子等工具,以免气囊受震动后意外爆炸。

（6）安全气囊元件不允许打开或修理，只允许更换新的零部件。

（7）安装任何安全气囊零部件前均应仔细检查,不应安装任何表面有凹陷、裂纹或变形等缺陷的零件。

（8）在发生碰撞而使气囊引爆后应更换新气囊。

（9）不得擅自改动安全气囊系统的任何元件和线路。

（10）为防止安全气囊装置产生间歇性故障,要求其搭铁部位应可靠。

（11）安全气囊系统各个总成或零部件的表面上均标有说明标牌或注意事项,使用与检修时必须遵照执行。

### 7.1.7　安全气囊故障灯点亮原因

（1）碰撞传感器供电及传感器自身故障；

（2）安全气囊系统电路故障（含插接件故障）；

（3）安全气囊控制单元故障；

（4）方向盘内气囊游丝故障。

知识拓展

## 带安全气囊的天窗

福特公司在美国专利商标局为“带安全气囊的天窗设计”申请了专利，这是汽车安全领域的一项新突破。

带安全气囊的天窗设计专利于 2023 年 3 月 6 日提交申请，经过审查后于 2024 年 7 月 23 日正式发布，凸显了福特对未来出行安全的深刻洞察与持续投入，专利编号为 12043196。

福特汽车的专利申请攻势中，安全气囊技术扮演了重要角色。这一新专利设计巧妙地将安全气囊嵌入到车顶结构中，平时隐藏于天窗框架内部，但在遭遇意外时，如碰撞或翻车，天窗上的安全气囊会迅速充气，如同一张无形的防护网，覆盖整个车顶，甚至可能延伸至前窗和后窗部分，确保乘客免受天窗碎片的威胁，提升车辆的整体安全性能。

福特的这一创新举措不仅体现了汽车制造商对行车安全技术的不断追求和优化，也体现了对乘客生命安全的承诺。随着汽车行业的技术革新，我们可以期待在未来的福特车型中看到更多这样的智能安全设计，为驾驶者和乘客提供更为全面的保护。

思政课堂

1. 分组讨论安全气囊的工作过程，并结合安全气囊的保护功能，谈谈系统可靠性的重要性。

2. 分组讨论，在对安全气囊系统进行检修时，为确保安全应注意哪些事项？在实际工作中怎样培养良好的工作态度，如何养成严谨细致的工作作风？

# 任务 7.2　中央门锁控制系统的检测与维修

知识目标

1. 掌握中央门锁控制系统的作用。
2. 理解中央门锁控制系统的基本组成。
3. 理解中央门锁控制系统的基本工作原理。

能力目标

1. 能够掌握中央门锁控制系统的基本结构。
2. 能够理解不同类型中央门锁控制系统的工作原理。
3. 掌握中央门锁控制系统的检修方法。

思政目标

1. 培养严谨创新的工匠精神。
2. 培养安全意识和团队协作精神。

**任务描述：**一辆别克君越轿车因中央门锁控制系统无法落锁而来进行维修，需要对中央门锁控制系统进行维修。

**任务分析：**针对维修接待和车间确认意见，需要对汽车的中央门锁控制系统进行拆解、检测，首先需要了解汽车中央门锁控制系统的基本结构组成及其工作原理。

中央门锁控制系统是指通过设在驾驶（副驾驶）座车门上的开关或通信设备，同时控制车门的关闭和开启的一种控制装置。随着计算机技术的发展，中央门锁控制系统不断朝着网络化、集成化的方向发展。电动中央门锁控制系统极大地提高了汽车的使用安全性和便捷性。

### 7.2.1　电动中央门锁控制系统的类型

汽车电子锁的分类方法很多，既可以按照控制部分中主要元器件的异同进行分类，也可以按照编码方式的异同进行分类。按照控制部分中主要元器件的异同，可将汽车电子锁分为以下几类。

（1）按键式电子锁。采用键盘或组合按钮输入开锁密码，操作方便，内部控制电路常采用电子密码专用集成电路。此类产品包括按键式电子锁和按键式汽车点火锁。

（2）拨盘式电子锁。采用机械拨盘开关输入开锁密码。很多按键式电子锁都可以改造成拨盘式电子锁。

（3）电子钥匙式电子锁。使用电子钥匙作为开锁密码，由元器件搭成的单元电路组成，做成小型手持单元形式，通过光、声、电或磁等多种形式与主控电路联系。此类产品包括各种遥控汽车门锁、转向锁和点火锁，以及电子密码点火钥匙。

（4）触摸式电子锁。也称为无钥匙进入系统。它是利用钥匙内的芯片与车辆防盗系统进行比对，在确认身份合法后，可利用车门上的触摸按键打开和关闭车门。

（5）生物特征式电子锁。将声音、指纹、人脸识别等人体生物特征作为密码输入，由计算机进行模式识别控制开锁，智能化相当高。

### 7.2.2　汽车中央门锁控制系统的结构

目前，中央门锁控制系统通常使用直流电动机作为动力源进行驱动。中央门锁控制系统主要由双向直流电动机、门锁开关、连杆执行机构、导线和继电器等组成。电控门锁结构如图 7–3 所示。

直流电动机主要是为中央门锁的动作提供驱动力，使用双向直流电动机是为了实现开锁和闭锁两个方向的动作。门锁开关是中央门锁系统的核心，用于实现车门门锁功能。连杆执行机构的作用是将直流电动机的运动和力传至门锁开关。

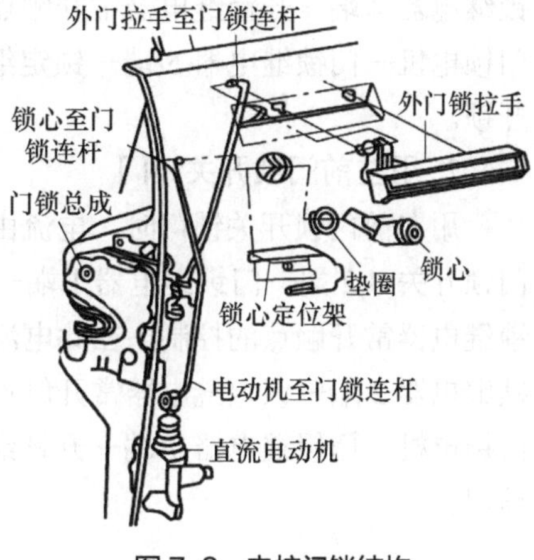


图 7–3　电控门锁结构

基本原理：利用控制直流电动机的正反转电流方向，电动机正反向运转来完成门锁的开、关动作。当用钥匙来开、锁门时，控制器被触发，门锁电动机反转，通过门锁操纵连杆机构带动门锁动作。由于在锁或开门时给控制器的触发不同，故门锁电动机通过电流的方向相反，这样利用电动机的正转或反转，就可以完成车门的闭锁和开锁动作。

### 7.2.3 电动中央门锁控制系统电路工作原理

如图 7-4 所示，这是别克轿车微型直流电动机式中央门锁控制系统。利用控制直流电动机的正、反电流方向，通过电动机正、反向运转来实现门锁的开、关。

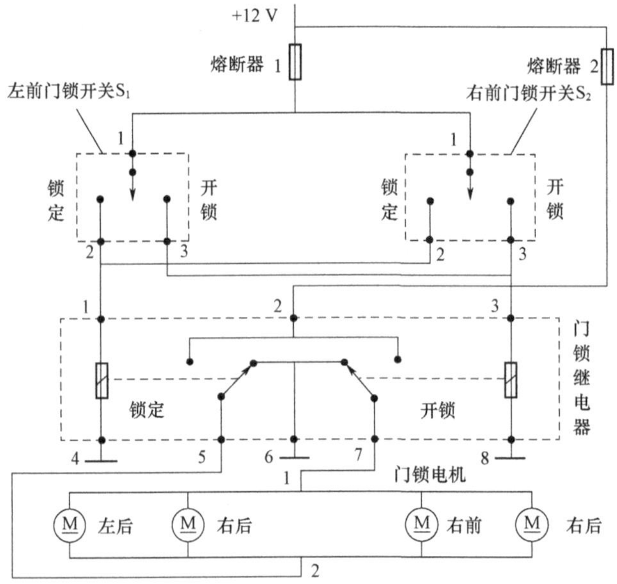


图 7-4 直流电机式中央门锁控制系统

**1. 用左前门锁开关开锁**

用左前门锁开关开锁时，电流由蓄电池“+”—熔断器 1—左前门锁开关 $S_1$1 端—左前门锁开关 $S_1$3 端—门锁继电器 3 端—开锁电磁铁线圈（右）—搭铁 8，形成回路，实现对开锁继电器常开触点的控制，在此电流下使开锁常开触电闭合。蓄电池“+”—熔断器 2—门锁继电器 2 端—开锁继电器常开触点—门锁继电器 7 端—“左前”“左后”“右前”“右后”门锁电机—门锁继电器 5 端—锁定继电器常闭触点—门锁继电器 6 端—搭铁，门锁电动机开锁。

**2. 用左前门锁开关锁门**

用左前门锁开关锁门时，电流由蓄电池“+”—熔断器 2—左前门锁开关 $S_1$1 端—左前门锁开关 $S_1$2 端—门锁继电器 1 端—锁定电磁铁线圈（左）—搭铁 4，形成回路，实现对开锁继电器常开触点的控制，在此电流下使开锁常开触电闭合。蓄电池“+”—熔断器 2—门锁继电器 2 端—锁定继电器常开触点—门锁继电器 5 端—“左前”“左后”“右前”“右后”门锁电机—门锁继电器 7 端—开锁继电器常闭触点—门锁继电器 6 端—搭铁，门锁电动机锁门。

## 7.2.4　大众朗逸轿车右前车门门锁可以正常上锁但是不能开锁的故障的检修

一辆大众朗逸轿车，出现右前车门门锁可以正常上锁但是不能开锁的故障。通过检查发现，使用遥控钥匙与车门上的主驾中控锁开关，除右前门外其他各个车门中控锁正常动作。

大众朗逸轿车采用车身控制模块 J519 对中控门锁等部件的工作进行控制，首先利用解码器进入控制单元查看故障码，再根据维修手册提供的电路图进行检修。

连接大众专用诊断仪 VAS5052 进入 BCM 车身控制单元 J519，读取故障码，除 03328 防重复操作功能激活外，无其他故障码。将 03328 删除后，重新读取，未发现任何故障码。

拆卸右前车门饰板，脱开门锁电机 V57 插接器 T6g。将万用表置直流电压挡，红表笔接 T6g/2 端口，黑表笔搭铁，用遥控器或将点火钥匙插入左前车门锁芯，执行车门开锁，万用表显示电压为“0”，说明开锁时车身控制单元 J519 没有给该门门锁电机供电。查阅中控锁电路图（如图 7-5 所示）与实测得知，车身控制单元 J519 接收到遥控器的无线电信号或左前车门锁芯信号执行上锁时，其 T73a/11 端口输出高电位，同时，J519 的 T73a/15 端口为低电位，电流回路是 J519 的 T73a/11 端口—V56、V57、V115、V97、V155—T73a/15 端口—搭铁。执行开锁动作时，控制模块 J519 的 T73a/12、T73a/15 端口高电位，T73a/11 端口地点为，电流回路为：①J519 的 T73a/12 端口 V56，V155—J519 的 T73a/1 端口—搭铁；②T73a/15 端口—V57、V97、V115—T73a/11 端口—搭铁。

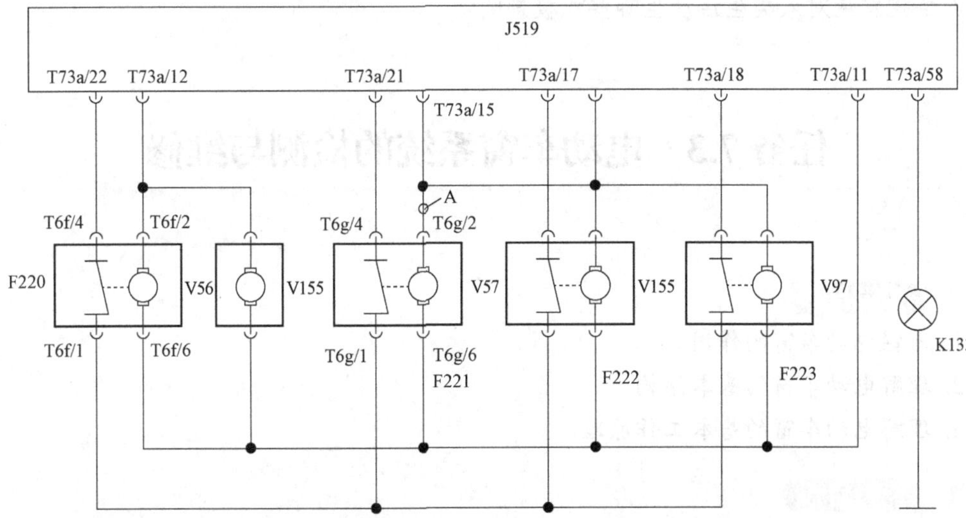


J519—车身控制单元；F220—左前闭锁单元；F221—右前闭锁单元；F222—左后闭锁单元；F223—右后闭锁单元；V56—左前闭锁电机；V57—右前闭锁电机；V115—左后闭锁电机；V97—右后闭锁电机；V155—油箱盖电机；K133—安全指示灯

图 7-5　朗逸中控门锁电路图

由图 7-5 可知，V57、V115、V97 三个电机是并联关系，且两后门功能正常，说明 J519 模块功能正常，分析原因是右前车门门锁电机分支线路存在断路点。拆开右前车门线束，发现中 A 点处导线断路，将导线修复，故障排除。

知识拓展

## 远程锁车

远程锁车功能的实现主要依赖于智能行车系统。该系统通过连接车辆的自身系统和远程锁车系统，实时监控车内的设备并接受远程锁车控制。只要车辆电瓶电量充足，便能与数据中心或手机 App 保持无线通信连接。

车主可以通过手机 App 进行远程遥控，发送锁车指令给车辆系统。一旦车辆系统接收到指令，就会控制行车电脑执行车门上锁或解锁的操作。

如何设置远程锁车功能呢？首先，确保车辆已经配备了电子上锁功能。然后，车主可以选择为车辆加装远程控制终端，从而实现远程控制开锁的功能。这种远程锁车功能非常便利，并且可以根据个人需求进行后期加装。

只要车门具备电子上锁功能并加装远程服务终端，就可以实现远程开锁。然而，部分汽车品牌可能只提供有限的服务，且不是所有车型都配备该功能。因此，在购买车辆时，建议向 4S 店咨询或查阅使用说明书，以确定所购车辆是否自带远程锁车系统或可以加装该功能。

思政课堂

分组讨论，汽车门锁锁车方式的发展过程。想一想：锁车方式的发展过程说明了什么问题？科技发展对人类生活产生哪些积极影响？

# 任务 7.3　电动车窗系统的检测与维修

知识目标

1. 掌握电动车窗的作用。
2. 理解电动车窗的基本结构。
3. 理解电动车窗的基本工作原理。

能力目标

1. 能够识别电动车窗的主要部件。
2. 能够理解电动车窗的工作原理。
3. 掌握电动车窗系统的检修方法

思政目标

1. 培养爱岗敬业的工匠精神。
2. 培养安全规范意识和团队协作精神。

**任务描述：**一辆大众帕萨特轿车车窗因无法正常升起而来进行维修，经检查发现是汽车车窗升降系统故障所致，需要对其进行维修。

**任务分析：**针对维修接待和车间确认意见，需要对汽车的车窗系统进行拆解、检测，首先需要了解电动车窗系统的基本结构组成及其工作原理。

## 7.3.1　电动车窗的作用及其电路组成

电动车窗又称自动车窗，它可以使驾驶员或乘员在座位上利用开关，控制车窗玻璃自动上升或下降，开启或关闭车窗玻璃。

电动车窗系统主要由双向直流电动机、车窗玻璃升降器、控制开关、继电器和断路器等装置组成。电动机有永磁式和双绕组串励式两种。每个车窗都装有一个电动机，通过开关控制它的电流和磁场方向，实现车窗玻璃的上升或下降。

目前，不同车型所采用的电动车窗的电动机及其控制电路各不相同，电动机控制方式主要分为直接搭铁式和控制搭铁式两种。

### 1. 直接搭铁式

直接搭铁式电动车窗是车窗电动机的一端直接搭铁，车窗的升、降靠电动机内绕向不同的磁场线圈来实现。电动机内部有两组绕向相反的磁场线圈，所产生的磁场方向相反。通过接通不同的线圈，使电动机的转向不同，实现车窗的上升和下降动作。其控制电路如图 7-6 所示。驾驶员侧控制开关可以分别控制驾驶员侧和乘员侧车窗，而乘员侧控制开关只能控制乘员侧车窗。

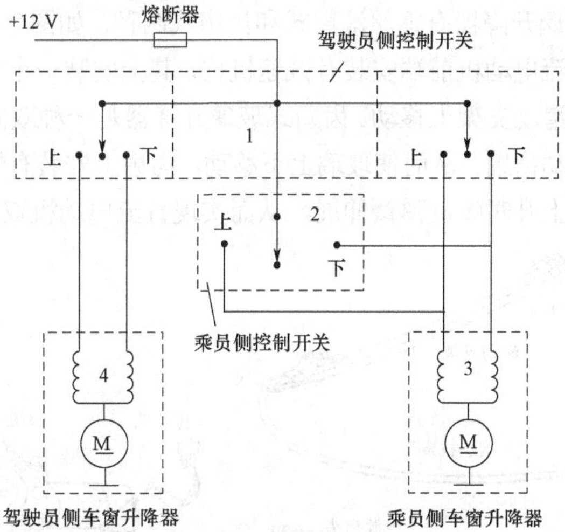


图 7-6　直接搭铁式电动车窗电路图

### 2. 控制搭铁式

控制搭铁式电动车窗是通过控制车窗电动机的搭铁端来实现车窗的升降的。控制搭铁式电动车窗的电动机结构简单，开关和控制线路较直接搭铁式复杂一些，但在实际应用中较广泛，其控制电路如图 7-7 所示。与上述控制方式相同，驾驶员可控制自身侧和所有乘员侧的车窗，而乘员侧只能控制乘员本身一侧的车窗。

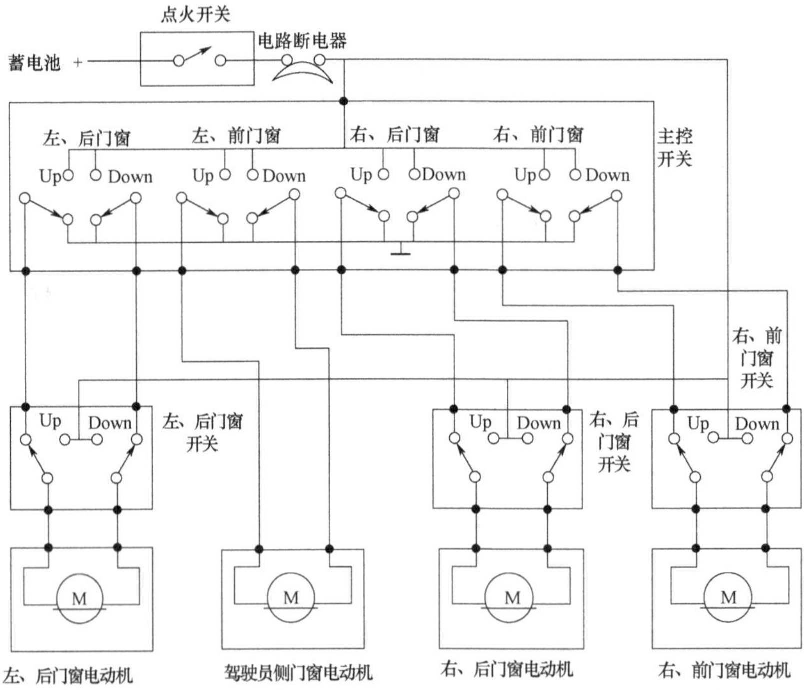


图 7-7　控制搭铁式电动车窗电路图

### 7.3.2　电动车窗玻璃升降器

常见的电动车窗玻璃升降器有钢丝滚筒式和齿扇式两种，如图 7-8、图 7-9 所示。钢丝滚筒式玻璃升降器双向直流电动机前端安装有减速机构，其上安装一个绕有钢丝的滚筒，玻璃卡座固定在钢丝上且可在滑动支架上移动。齿扇式玻璃升降器是一种双向直流电动机通过蜗轮蜗杆减速并改变方向来驱动齿扇，从而使玻璃上下移动，齿扇上安装有螺旋弹簧，当车窗下降时螺旋弹簧收缩，当车窗上升时螺旋弹簧伸展，从而实现直流电动机双向负荷平衡的目的。

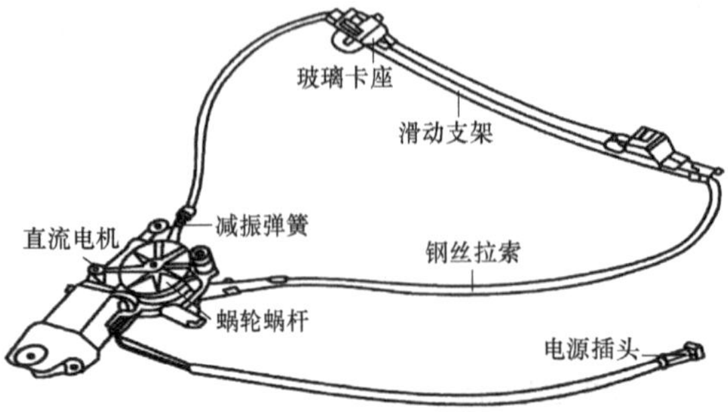


图 7-8　钢丝滚筒式电动车窗玻璃升降器

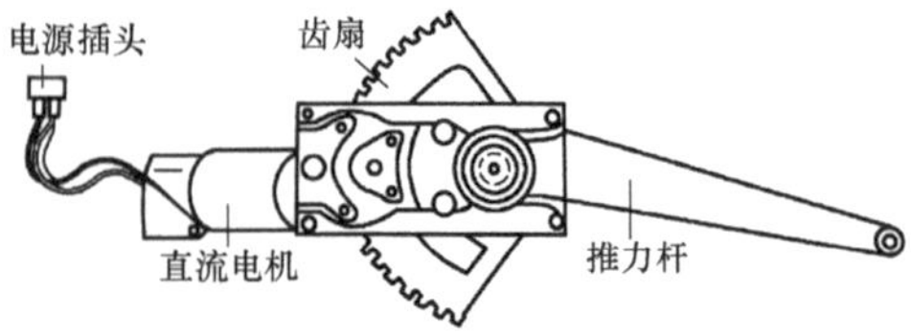


图 7-9　齿扇式电动车窗玻璃升降器

控制开关有两套：一套为主控开关，安装在驾驶员侧车门扶手上或仪表板上，由驾驶员控制升降；另一套为分控开关，安装在每个车门扶手上，可由乘员控制玻璃升降。主控开关上还安装有控制分开关的总开关，如果它断开，分开关就不起作用。若是带有延迟开关的电动车窗系统，可在点火开关关断后约 10 min 内，或在车门打开以前，仍提供电源，使驾驶员和乘员有时间关闭车窗。

为了防止电动机过载，在电路或电动机内装有一个或多个双金属片式热敏断路器，用于控制电动机中的电流。若车窗玻璃因某种原因卡住，即使操纵开关没有断开，双金属片式热敏断路器也会因电流过大发热，双金属片变形自动断路。

### 7.3.3　帝豪 EV450 左后电动门窗无法升降故障的检修

一辆 2018 款帝豪 EV450 车，左后电动门窗无法升降的故障现象，即在驾驶位侧和左后门侧均无法操作左后车窗玻璃升降。

连接故障检测仪，读取车身控制单元（BCM）的故障代码，显示“与左后车窗防夹模块通讯丢失”。

根据帝豪 EV450 电路图（如图 7-10 所示）分析可知，该车车门玻璃的升降是通过玻

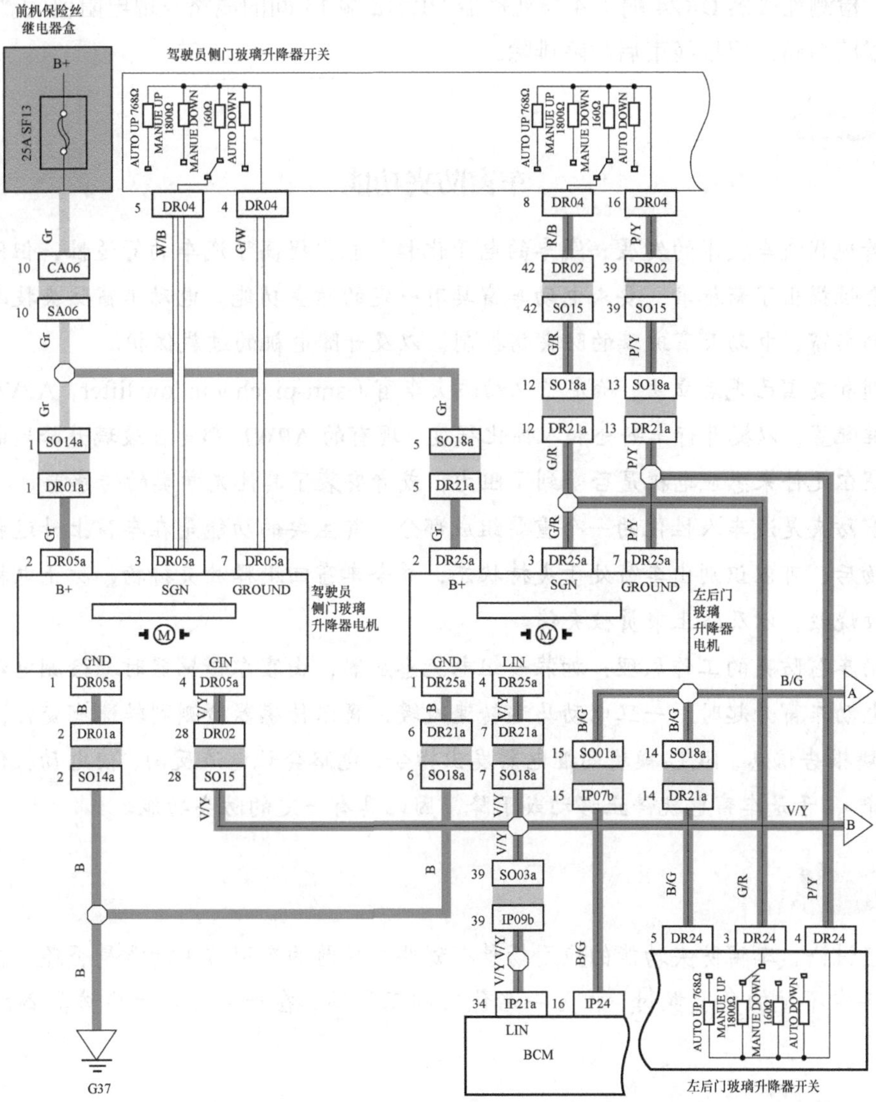


图 7-10　帝豪 EV450 车窗玻璃升降控制电路图

璃升降器开关使不同电阻值的电阻接入电路来识别玻璃的升降。左后门玻璃升降器开关的端子 DR24/4 和端子 DR24/3 为控制车门玻璃升降的共用线路，初步判断左后门玻璃升降器开关自身存在故障。

检测左后门玻璃升降器开关测量端子 DR24/4 与端子 DR24/3 间的电阻，在操作接通时的电阻测量值约为 0.3 Ω，断开时时电阻值为“∞”。根据电阻值判断左后门玻璃升降器开关本身正常，测量值与控制电路不符。

将连接器 DR24 与玻璃升降器开关连接，打开点火开关，左后门玻璃升降器不作任何操作时，测量连接器 DR24 端子 3 与搭铁间的电压为 8.53V，测量连接器 DR24 端子 4 与搭铁间的电压为 0 V。操作左后门玻璃升降器开关上升时，测量连接器 DR24 端子 3 与搭铁间的电压，为 0 V；对左后门玻璃作下降操作时，连接器 DR24 端子 4 与搭铁间的电压测量值为 0 V，检测连接器 DR24 端子 4 与连接器 DR21a 端 13 间的线路发现电阻值为“∞”，说明其间线路短路，更换线束后故障排除。

知识拓展

## 车窗防夹功能

随着现代汽车技术的发展，汽车的电子化和智能化提高了汽车的舒适性，但同时对汽车的安全性提出了新标准，要求电动车窗具有一定的防夹功能。电动车窗防夹技术可用于汽车电动车窗、电动天窗玻璃的防夹伤控制，以及升降电机的过载保护。

欧洲和美国已先后立法，确定了电动防夹车窗（anti-pinch window lifter，APWL）为汽车的标准配置，以提升行车安全和人性化程度。现有的 APWL 都是在玻璃升降器的电机上安装了霍尔元件来感应电机是否受到了阻力，或者安装了其他光学类的传感器。

车窗防夹是汽车人性化的一个重要组成部分，其主要的功能是在车窗上升过程中夹持到障碍物后，可以识别出车窗处于夹持状态，并令车窗回退释放夹持物，防止电机长时间堵转导致烧毁，以及防止乘员被夹伤。

电动车窗防夹的工作原理：加装一组电流感应器，由霍尔传感器时刻检测电动机的转速。当电动车窗升起时，一旦电动马达转速减缓，霍尔传感器检测到转速有变化，就会向 ECU 模块报告信息，ECU 模块向继电器发出指令，电路会让电流反向，使电动机停转或反转（下降），于是车窗也就停止移动或下降，因此具有一定的防夹功能。

思政课堂

分组讨论，车窗防夹功能的应用场景有哪些？目前的车窗防夹功能是否还存在一些不足？从存在不足的角度探讨，作为一名优秀的工程师，在产品设计时应该具备的品质和素养。

# 任务 7.4　电动座椅的检测与维修

**知识目标**

1. 掌握电动座椅的基本结构。
2. 理解电动座椅的基本原理。

**能力目标**

1. 能够识别电动座椅的主要零部件。
2. 能够理解电动座椅的工作原理。
3. 掌握电动座椅的检测与维修方法。

**思政目标**

1. 培养勤奋刻苦的工作作风。
2. 培养爱岗敬业的职业素养。

**任务描述：**一辆大众帕萨特轿车因电动座椅无法调节来进行维修，经检查发现是电动座椅控制系统故障，需要对电动座椅控制系统进行维修。

**任务分析：**针对维修接待和车间确认意见，需要对汽车的电动座椅进行拆解、检测，首先要了解电动座椅的基本结构组成及其工作原理。

## 7.4.1　电动座椅及其组成

为了提高汽车乘坐的舒适性，可通过操作方便的控制开关调整座椅位置或改变坐姿，尽可能地减少驾驶或长时间乘车的疲劳，现代轿车都装有电动座椅装置。电动座椅前、后方向的调整量一般为 100～160 mm，座椅上、下方向的调整量约为 30～50 mm。全程移动时间约为 8～10 s。

电动座椅主要由双向直流电动机、传动机构等组成。

**1. 双向直流电动机**

通过改变双向直流电动机的电流方向，完成两个对立方向的调整。通常双向移动座椅装有两个直流电动机，四向移动的座椅装有四个直流电动机。直流电动机内装有双金属片断路器，以防止过载烧坏直流电动机。

**2. 传动机构**

电动座椅的传动机构主要由减速器（蜗轮蜗杆）、联轴装置和电磁阀等组成，其作用是把直流电动机产生的旋转运动转化为座椅的位置调整。

电动座椅前后调整传动装置如图 7-11 所示，由蜗杆、蜗轮、齿条和导轨组成，齿条装在导轨上。调整时，直流电动机产生的转矩经蜗杆传至两侧的蜗轮上，经齿条的带动，使座椅前、后移动。

电动座椅上下调整传动装置如图7-12 所示，由蜗杆轴、蜗轮和心轴等组成。调整时，直流电动机产生的转矩带动蜗杆轴，驱动蜗轮旋转，使心轴在蜗轮内旋进或旋出，带动座椅上、下移动。

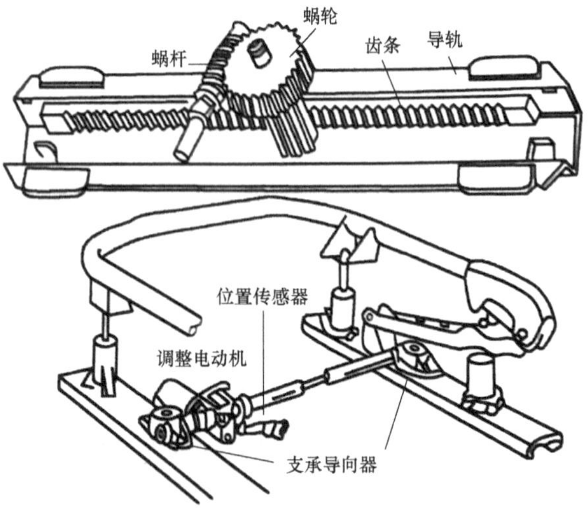


图 7-11　电动座椅前后调整传动装置

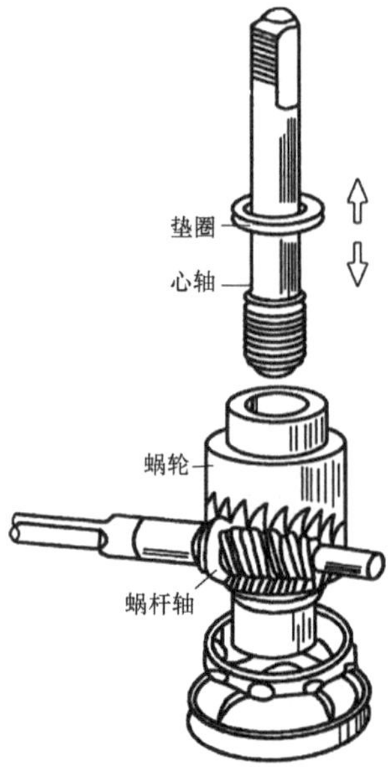


图 7-12　电动座椅上下调整传动装置

### 7.4.2　电动座椅控制电路的工作原理

电动座椅控制电路的工作原理与电动车窗的控制电路相似，都是通过调整开关控制双向直流电动机的电流方向来实现的。别克轿车驾驶员电动座椅控制电路工作原理如图 7-11 所示。该电路具有六种可调方式，包括座椅前部上、下调节，后部上、下调节，座椅前、后调节。例如，电动座椅前、后调节，由前进/后退电动机的正反转实现。电动座椅控制电路工作原理如图 7-13 所示。

（1）向前调节。将电动座椅开关拨到“前进”位置时，电路中的电流为：蓄电池“+”—熔断器—电动座椅开关 F 端—前、后调节开关“前进”—电动座椅开关端子 E—前进/后退电动机—电动座椅开关端子 D—电动座椅开关端子 C—搭铁 G300。前进/后退电动机工作，座椅向前移动，通过前进/后退电动机的电流方向，如图 7-13 中①。

（2）向后调节。将电动座椅开关拨到“后退”位置时，电路中的电流为：蓄电池“+”—熔断器—电动座椅开关端子 F—前、后调节开关“后退”—电动座椅开关端子 D—前进/后退电动机—电动座椅开关端子 E—电动座椅开关端子 C—搭铁 G300。前进/后退电动机工作时，座椅向后移动，通过前进/后退电动机的电流方向，如图 7-13 中②。

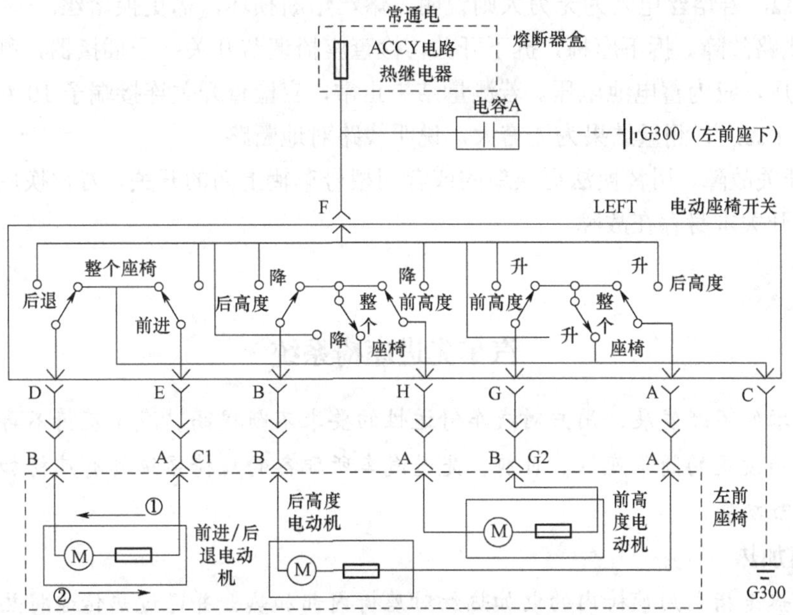


图 7-13　电动座椅控制电路工作原理

## 7.4.3　电动座椅调节功能失效的检修

一辆 2020 款广汽传祺 GS4，电动座椅调节功能失效。

结合广汽传祺 GS4 电动座椅系统电路图（如图 7-14 所示）分析，造成电动座椅所有方向均不工作的可能原因如下：

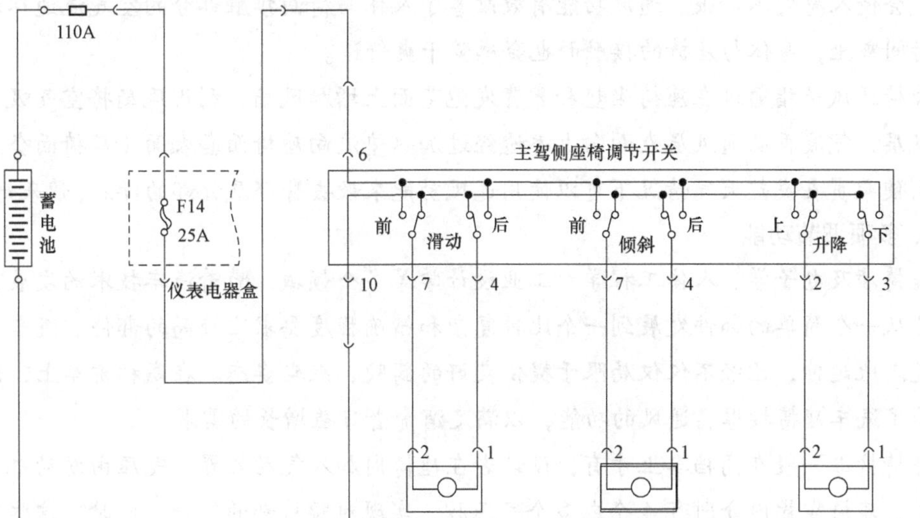


图 7-14　广汽传祺 GS4 座椅调节电路图

（1）熔丝故障。在熔丝盒里面找到熔丝 F14，使用万用表电阻档测量熔丝电阻，其阻值应小于 1 Ω，若熔丝电阻为无穷大则说明，熔丝熔断损坏，需更换熔丝。

（2）线路故障。拆下座椅，拆下开关，检查座椅调节开关端子插接器，测量开关连接端子 6 的电压，应为蓄电池电压。若测量结果正常，应检查开关连接端子 10 对地电阻，标准值为小于 1 Ω，若测量结果为无穷大，说明线路对地断路。

（3）开关故障。用替换法更换新的或者同型号车辆上面的开关，若替换后座椅调节正常，则说明开关本身存在故障。

## 知识拓展

### 汽车先进座椅系统

伴随技术的不断发展，用户对汽车舒适性的要求不断提高，汽车座椅不再是传统的只是为了乘坐而设置的简单座位。目前，先进汽车所配备的座椅系统具有座椅加热、座椅通风和多项调节功能。

**1. 座椅加热**

座椅加热是指利用座椅内的电加热丝对座椅内部加热，并通过热传递将热量传递给乘坐者，以改善冬天时座椅因长时间停放后过凉造成的乘坐不舒适感。

座椅加热一般出现在选用真皮材料座椅的车辆上。在冬季真皮座椅表面温度较低，座椅加热功能可以很好地解决这个问题。大多数电加热装置都有温度可调节的功能。座椅加热可以分为前排座椅加热和后排座椅加热两种。

**2. 座椅通风**

乘员坐在座椅上时，身体后部与椅面紧密接触，接触部分空气不流通，不利于汗液的排出，会使人感到不舒服。通风功能有效改善了人体与椅面接触部分的空气流通环境，即使长时间乘坐，身体与座椅的接触面也会感觉干爽舒适。

座椅通风是指通过在座椅坐垫和靠背发泡背面上增加风扇，利用风扇将空气吸入后导入通风层，气流再从通风层表面向上渗透经过加热垫流向座椅面套表面（座椅面套采用打孔皮），使乘员在炎热天气情况下可以使用通风功能来散去臀部及背部的汗液，带来舒适感。

**3. 多项调节功能**

座椅涉及电子学、人体工程学、工业设计学等多个领域，随着汽车技术的发展，轿车座椅已从一个简单的部件发展到一个比较复杂和精确程度要求比较高的部件。汽车座椅的功能逐渐地延伸，已经不仅仅局限于提供良好的驾驶、乘坐姿态。在高档轿车上，设计人员赋予了汽车座椅按摩、通风的功能，以满足消费者日益增长的需求。

座椅按摩一般在高档车上才有，设计者在座椅内加入气动装置，气压由发动机舱的气泵提供，座椅靠背内分别有 4 个或多个气压腔，实现对腰椎部的保护。同时，这些气压腔由一个装在靠背内的电脑控制的电子振荡器控制，电子振荡器根据事先编写的程序改变气压腔内的压力，使座椅椅面随之运动，达到为驾乘人员按摩的目的。

思政课堂

通过汽车座椅功能的多样化，讨论“科技以人为本”这一话题。

# 任务 7.5　刮水器系统的检测与维修

知识目标

1. 掌握风窗清洗装置的作用。
2. 理解风窗清洗装置的结构。
3. 理解风窗清洗装置的基本工作原理。
4. 理解电动除霜系统的组成及基本工作原理。

能力目标

1. 能够认识风窗清洗装置的主要零部件并说明其功用。
2. 能够理解风窗清洗装置的工作原理。
3. 能够识别电动除霜系统的主要零部件。
4. 能够理解电动除霜系统的工作原理。
5. 掌握刮水器系统的检修方法。

思政目标

1. 培养认真细致的工作作风。
2. 培养安全意识和团队协作精神。

**任务描述：**一辆大众帕萨特轿车因刮水器损坏而来维修，经检查发现是汽车刮水器系统故障所致，需要对其刮水器系统进行维修。

**任务分析：**针对维修接待和车间确认意见，需要对汽车刮水器系统产生故障的可能原因进行分析，并对刮水器系统组件进行拆解、检测，诊断并排除相应故障。

## 7.5.1　风窗清洁装置的作用及电路组成

风窗清洁装置由风窗玻璃刮水器、风窗玻璃洗涤器与除霜装置三部分组成，其作用是清除风窗玻璃上的雨水、雪、尘土或污物，保证驾驶员有良好的驾驶视线。

前风窗玻璃刮水器、风窗玻璃洗涤器电路如图 7-15 所示，由蓄电池、前风窗玻璃刮水器和清洗泵组合开关、刮水器电动机、清洗泵和电动刮水机构等组成。

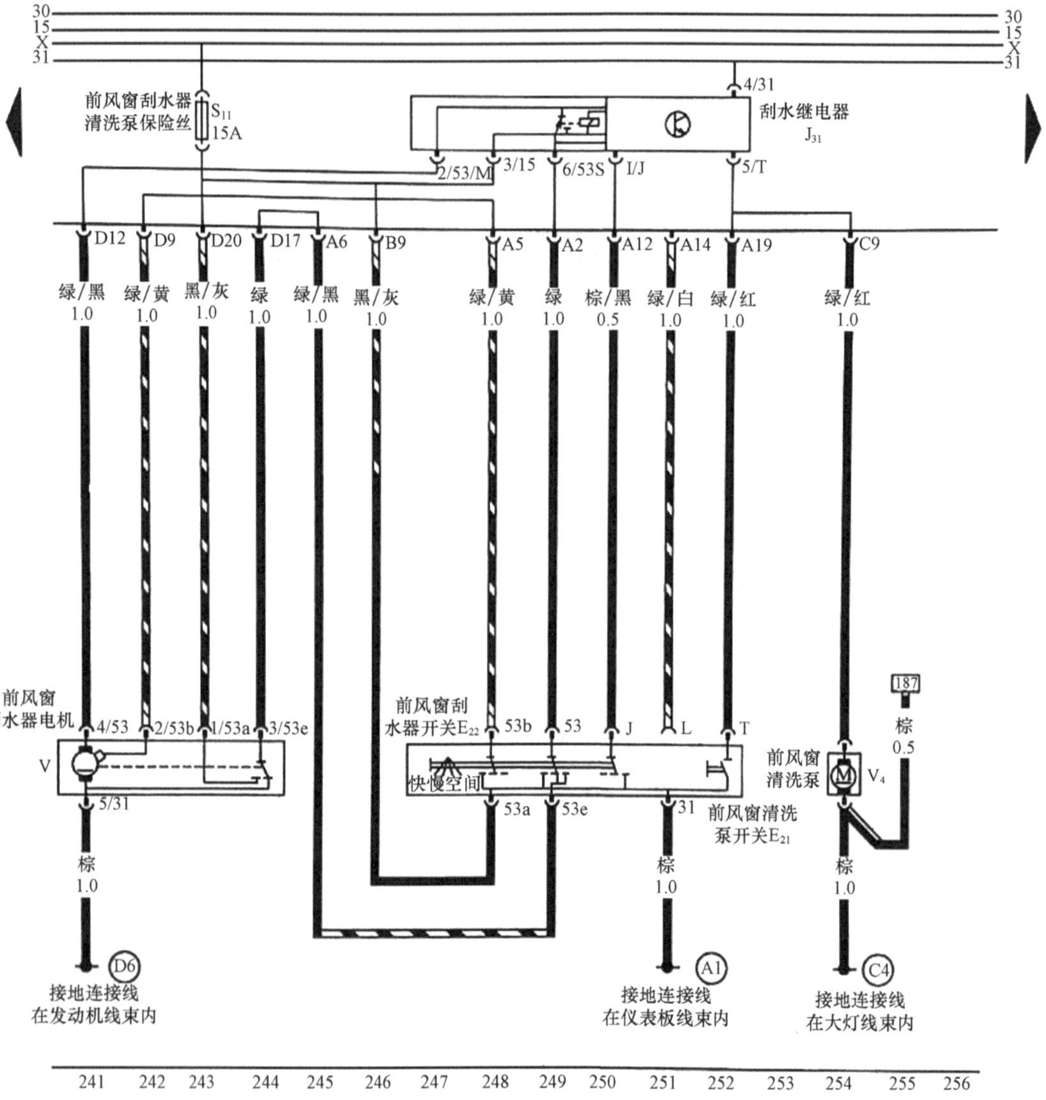


图 7-15　前风窗玻璃刮水器、风窗玻璃洗涤器电路

## 7.5.2　风窗玻璃刮水器

按动力源不同，汽车上采用的风窗玻璃刮水器分为真空式、气动式和电动式三种。电动式风窗玻璃刮水器因其结构简单、动力大、便于维修，在目前的汽车上得到广泛应用。一般汽车在前风窗装有电动刮水器，部分汽车后风窗也装有电动刮水器。

**1. 电动刮水器的结构**

电动刮水器由直流电动机、传动机构、挂臂和刮片组成，如图 7-16 所示。其由一个微型直流电动机、蜗轮箱组成驱动部分，蜗轮的旋转运动由曲柄、连杆、摆杆变成左右往复摆动，刮水臂装在摆杆轴上。

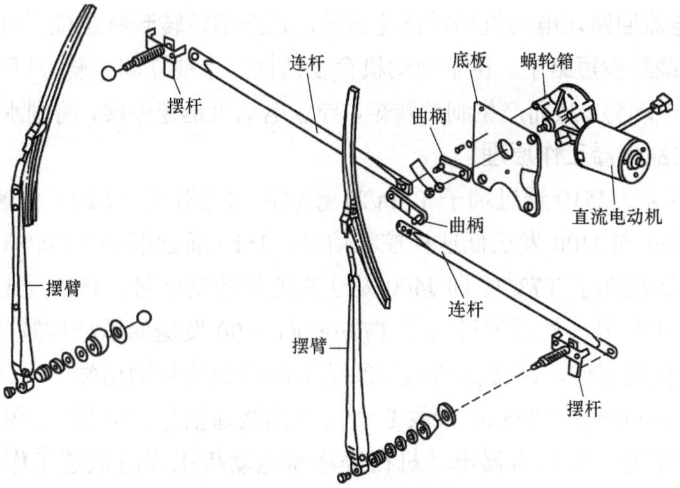


图 7-16　电动刮水器的结构

**2. 电动刮水器的变速原理**

由于电动刮水器的动力来源是直流电动机，因此刮水器的变速就是直流电动机的变速。在实际应用中，通过电枢绕组的电流 $I$、电枢绕组的电阻 $R$ 以及常数 $k$ 均为定数，可见改变直流电动机的磁极磁通 $\Phi$ 和两电刷之间的电枢绕组（导体）数 $Z$ 均能改变直流电机的转速。当磁极磁通 $\Phi$ 减小时，转速 $n$ 上升，反之则转速下降。当导体数目增加时，转速 $n$ 也会下降，反之则会上升。

**3. 刮水器自动复位装置**

为了避免刮水器停止工作时刮水片停在玻璃中间影响驾驶员视线，电动刮水器都设有自动复位装置，其功能是在切断刮水器开关时，刮水片能自动停在驾驶员视线以外的指定位置。刮水器自动复位装置如图 7-17 所示。

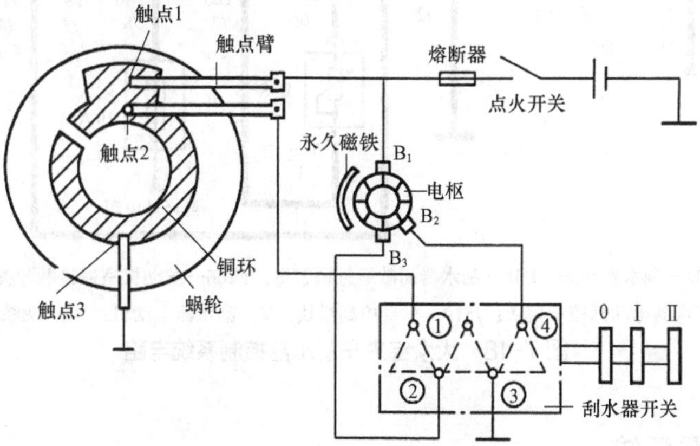


图 7-17　刮水器自动复位装置

当刮水器开关推到 0 档时，如果刮水片没有停在规定的位置，则触点 2 和 3 都与铜环接触，电流由蓄电池“+”—点火开关—熔断器—慢速电刷 $B_1$—电枢绕组—公共电刷 $B_3$—刮水器开关接线柱②—刮水器开关接线柱①—触点臂—触点 2—铜环—触点 3—搭铁—蓄电池“-”形成电流回路，电动机仍以低速运转，直至蜗轮转到特定位置时，铜环将 1、2 短接，电动机电枢绕组被短路了。由于电动机存在惯性，不能立即停转，以发动机方式运行，会产生很大的反电动势，从而产生制动转矩，导致电动机迅速停转，将刮水片停在指定位置。

**4. 电动自动刮水器工作原理**

如图 7-18 所示，J519 通过端子 T73a/27 接收刮水器开关（E22）低速档请求信号，然后通过端子 T73/69 向 J400 发送低速档控制信号；J519 通过端子 T73a/53 接收 E22 高速档请求信号，然后通过端子 T73/71 向 J400 发送高速档控制信号；J519 通过端子 T73a/62 接收 E22 间歇档请求信号，然后通过端子 T73/69 向 J400 发送间歇档控制信号（由于间歇档时刮水器电动机低速工作，因此低速档与间歇档的控制信号输出端子一样，区别在于控制信号不同）；J519 通过端子 T73a/61 接收 E22 洗涤档接通信号，然后通过端子 T73/69 向 J400 发送低速档控制信号，使刮水器电动机在洗涤器电动机工作时低速工作；J519 通过端子 T73a/32 接收 J400 的搭铁信号来确定刮水器电动机已复位，如果接收不到搭铁信号，J519 通过端子 T73/69 控制刮水器电动机低速工作，直至刮水器电动机复位。此外，在间歇档时，可以通过调节刮水器间歇运行调节器（E38）设定不同的间歇时间。

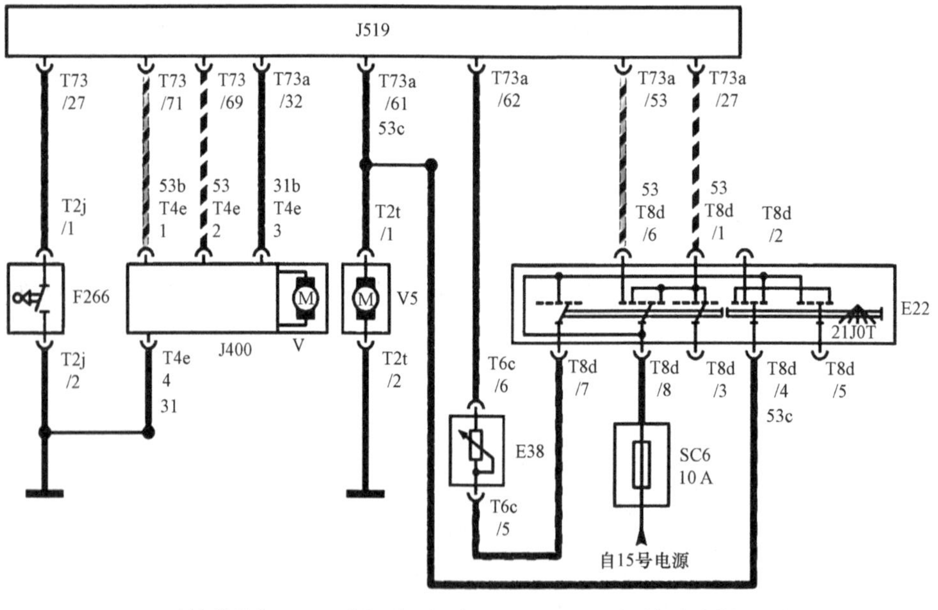


E22—刮水器开关；E38—刮水器间歇运行调节器；F266—发动机室盖接触开关；
J400—刮水器电动机控制模块；J519—车身控制模块；V—刮水器电动机；V5—洗涤器电动机

**图 7-18　大众宝来车刮水器控制系统电路**

## 7.5.3　电热除霜系统

汽车风窗玻璃在下雪天或气温较低的情况下易结霜，刮水器无法清除，严重影响驾驶员的视线，因此汽车上安装有除霜装置。汽车前、侧风窗玻璃上的霜层通常是利用空调系统产生的暖气除去，后风窗玻璃多采用电热式除霜。

电热控制除霜装置由开关、控制器、电热丝和连接线路组成。电热丝采用正温度系数的细小镍铬丝，具有一定的电流调节功能。后风窗玻璃除霜装置电路如图 7-19 所示。

工作过程如下。

（1）除霜开关置于“关”位置时，控制电路和指示灯电路被断开，除霜装置和指示灯无法工作。

（2）除霜开关置于“接通”位置时，12 V 直流电经过除霜开关向除霜加热丝供电，通过 G404 搭铁形成电流回路，除霜指示灯接通，指示灯通过 G201 搭铁形成回路。

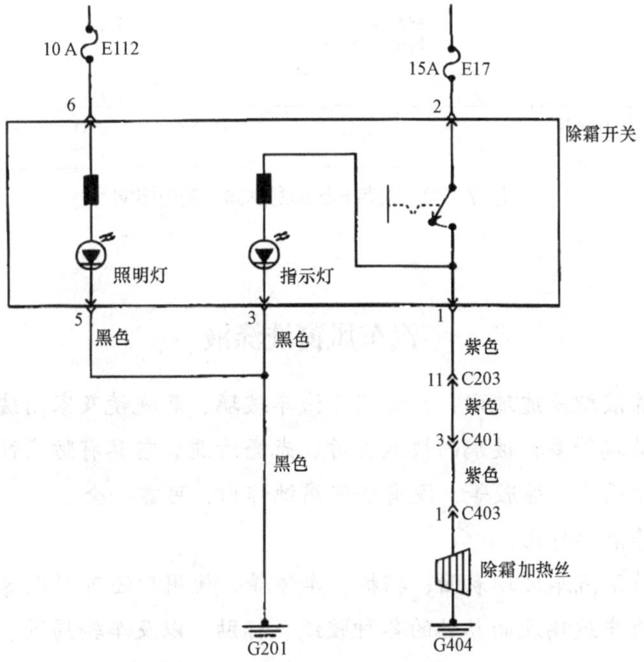


图 7-19　后风窗玻璃除霜装置电路

## 7.5.4　刮水器损坏故障的检修

一辆 2019 款哈弗 H6，因前刮水器损坏进厂维修。前刮水器开关置于高速档时，前刮水器电动机正常工作；前刮水器开关置于非高速档位置时，前刮水器电动机不工作。

连接故障诊断仪，读取故障代码，解码器显示“B102977 前刮水器电动机堵转”。

由哈弗 H6 前刮水器控制电路图（如图 7-20 所示）分析可知，低速档、间歇档及复位时，前刮水器电动机均要低速运转，而该车前刮水器电动机只能高速运转，由此推断故障发生在前刮水器电动机的低速供电回路上。87a 与前刮水器电动机端子 5 之间的低速供电线断路。接通点火开关，用万用表测量前刮水器电动机连接端子 5 上的电压 0 V。测前刮水器继电器连接端子 30 与前刮水器高速继电器连接端子 30 间电阻无穷大，经检查，发现前刮水器高速继电器连接端子 30 出现退针现象，修复退针，故障排除。

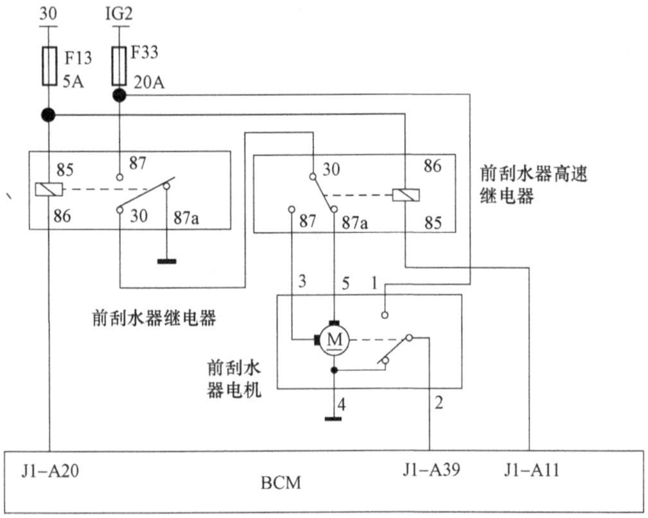


图 7-20　哈弗 H6 前刮水器控制电路图

知识拓展

## 汽车风窗洗涤液

汽车风窗洗涤液就是玻璃水，广泛用于汽车玻璃、后视镜及家用玻璃、办公室玻璃、门窗玻璃、装饰玻璃等多种玻璃的快速去污、光亮清洗。它具有防腐蚀特性，对汽车的各种金属部件，包括面漆、橡胶等，没有任何腐蚀作用，可靠安全。

汽车风窗洗涤液的作用：

（1）能迅速清洁汽车玻璃表面、挡板、车体等，使用后还可形成薄膜以保护车漆。

（2）能除去汽车玻璃表面粘贴的各种胶纸、标贴，以及车轮周围、挡泥板、保险杠、车体及各种工具上的油污。

汽车风窗洗涤液使用注意事项：

（1）在冬季选择合适的玻璃水，一定要提前进行更换，以免造成汽车玻璃水冰冻。在冬季，用清水和洗涤水代替玻璃水就有可能会结冰，所以冬季里不可使用。在冬季 0℃以下环境中，应更换抗冻的冬季玻璃水，达到降低冰点、抗冻的目的。

（2）洗涤液是化工产品，是有毒有害的，使用的时候要特别小心，不可食用。

根据洗涤液的使用场景，风窗洗涤液一般有以下三种。

（1）夏季专用。这种玻璃水里除了常见的清洁液之外还增加了除虫胶的成分，能有效清除撞在挡风玻璃上的飞虫。

（2）防冻型。防冻型玻璃水在零下 20℃左右都不会结冰，不会冻坏汽车设施。

（3）特效防冻型。即使在零下 40℃时依然不结冰，一般只有在我国最北部的严寒地区才会使用。

思政课堂

分组讨论传统刮水器间歇机构和电动刮水器间歇机构的区别，并结合汽车电子技术的发展谈谈，如何在学习、工作中激发创新精神。

# 任务 7.6 电动后视镜系统的检测与维修

知识目标

1. 掌握电动后视镜系统的作用。
2. 理解电动后视镜的基本组成。
3. 理解电动后视镜系统的基本工作原理。

能力目标

1. 能够识别电动后视镜系统的主要零部件。
2. 能够理解电动后视镜系统的工作原理。
3. 掌握电动后视镜系统的检测与维修方法。

思政目标

1. 培养注重安全、规范操作的职业素养。
2. 培养安全意识和团队协作精神。

**任务描述：**一辆丰田皇冠轿车因后视镜无法调节前来维修，经检查发现是汽车电动后视镜系统故障，需要对电动后视镜系统进行维修。

**任务分析：**针对维修接待和车间确认意见，需要对汽车电动后视镜系统产生故障的可能原因进行分析，并对电动后视镜系统组件进行拆解、检测，诊断并排除相应故障。

## 7.6.1 电动后视镜系统的作用及组成电路

一般来说，人工调整后视镜位置是比较麻烦的，通过开关进行调整后，可使驾驶员获得理想的后视线，确保行车安全且操作起来十分方便，目前已被广泛应用。

电动后视镜电路主要由控制开关，以及左、右后视镜的上下、左右驱动电动机及相关配线等组成。电动后视镜结构及控制开关位置如图 7-21 所示。每个后视镜都安装有两个可以正反转的双向永磁式电动机，一个电动机控制后视镜的上/下移动，另一个电动机控制后视镜的左/右移动。当点火开关位于“ACC”或“ON”档位时，就可以通过电动后视镜开关控制后视镜的上/下、左/右移动，从而调整后视镜的位置。有的电动后视镜还带有电动折叠功能，由开关控制折叠电动机工作，使后视镜能够折叠或展开。

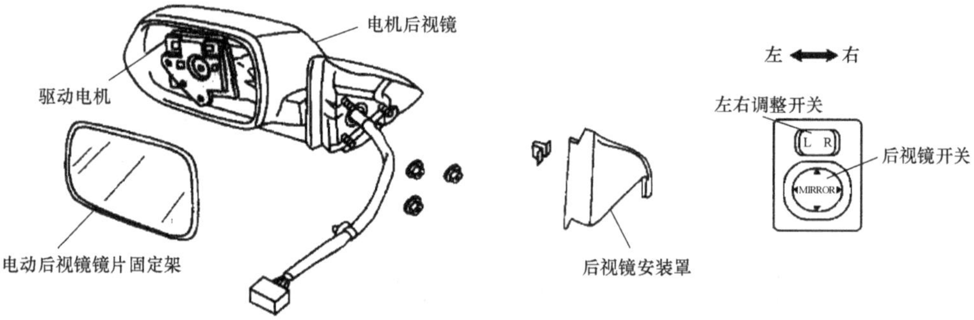


(a) 电动后视镜结构　　　　(b) 电动后视镜控制开关图

图 7-21　电动后视镜结构及控制开关位置图

丰田皇冠轿车可伸缩电动后视镜控制系统电路如图 7-22 所示。在进行调整时，首先通过左/右调整开关选择好要调整的后视镜。例如，调整左镜时，首先通过左/右调整开关选择左侧，此时电动后视镜开关的触点 7 与 8 接通，再通过控制开关即可进行该镜的上下或左右调整。如果需要进行向上调整时，可将控制开关推向上侧，此时控制开关分别与右向上接点、左向上接点结合。电路由蓄电池“+”—熔断器 ALT—熔断器 AM1—点火开关—控制开关向上接点—左/右调整开关—电动后视镜开关 7 端—左侧镜上下调整电机 1 端—电动镜开关 2 端—控制开关左上接点—电动镜开关 3 端—蓄电池负极形成回路，左镜上下调整电动机运转，完成调整过程。

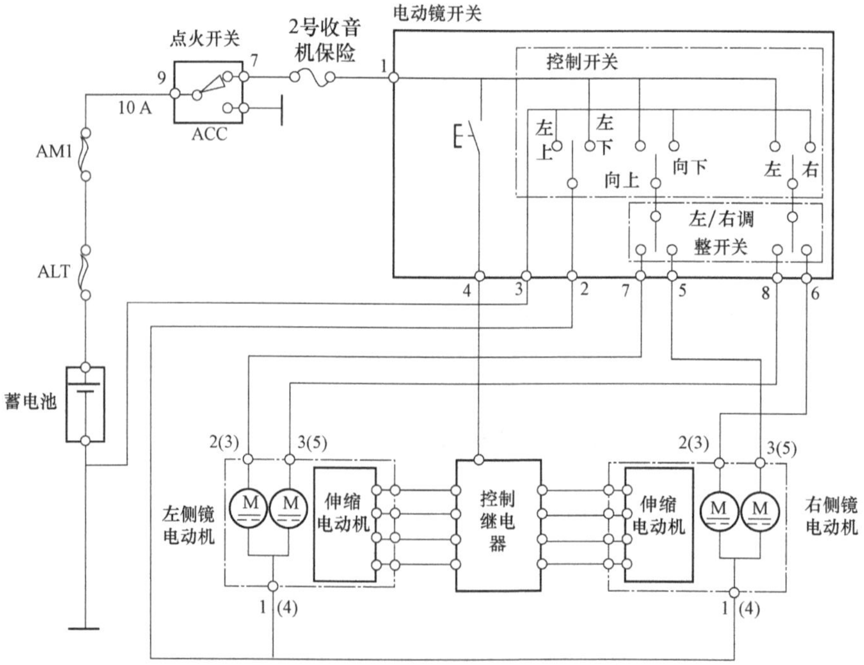


图 7-22　丰田皇冠轿车可伸缩电动后视镜控制系统电路图

调整右镜时，首先通过左/右调整开关选择右侧，电动后视镜开关的触点 5 与 6 接通，再通过控制开关即可进行该镜的上下或左右调整。如果进行向左调整时，可将控制开关推向左侧，此时控制开关分别与向左接点、左向上接点结合。电路由蓄电池“+”—熔断器

ALT—熔断器 AM1—点火开关—控制开关向左接点—左/右调整开关 6 端—右侧镜左右调整电机 1 触电—电动后视镜开关 2 端—控制开关左上接点—电动镜后视镜开关 3 端—蓄电池负极形成回路，左侧镜左右调整电动机运转，完成调整过程。

由以上分析可知，后视镜的调节控制主要分为两个步骤：（1）通过“左右调整开关”实现后视镜左、右调节选择；（2）通过对左（右）侧后视镜的两个电机分别控制实现左（右）后视镜镜片的上、下及左、右调节。在后视镜调节时只需要接通不同的开关，依次完成上述两个步骤即可实现后视镜的电动控制。

## 7.6.2　后视镜无法调节故障检修

一辆 2018 款帝豪 EV450 车，左右两侧后视镜均无法进行调节。

帝豪 EV450 后视镜的控制电路如图 7-23 所示，由于左右两侧后视镜均无法调节，初步判断故障点应该处于两侧后视镜的公共部分。

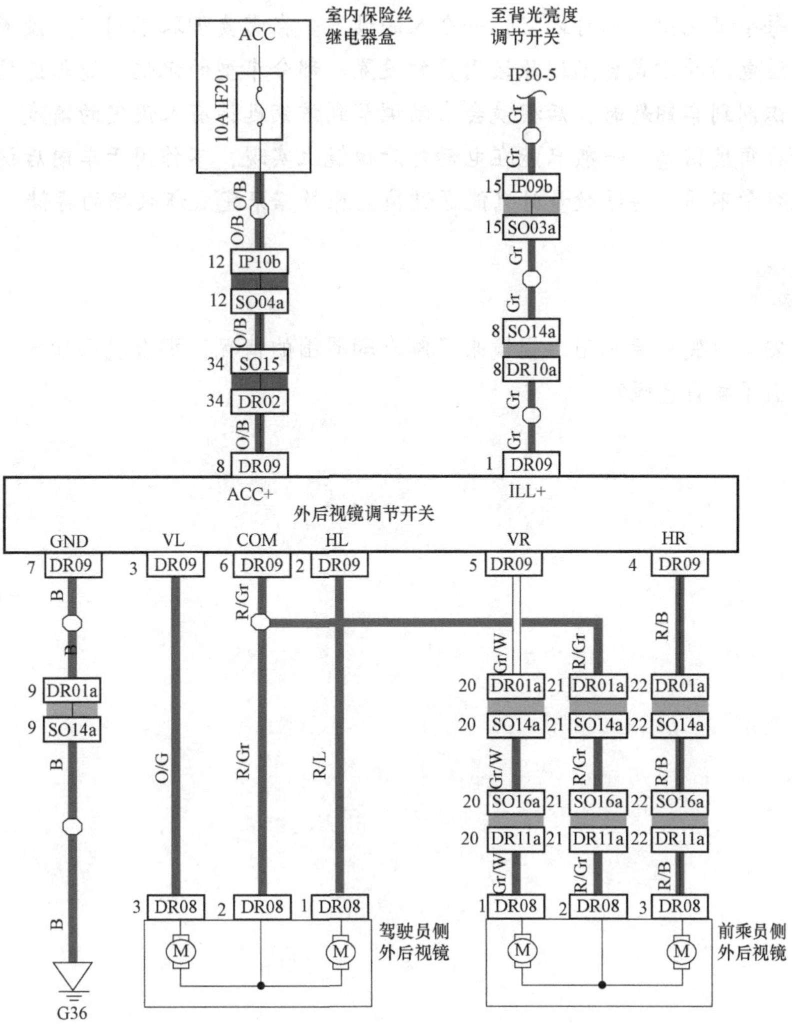


图 7-23　帝豪 EV450 后视镜控制电路图

打开点火开关，利用万用表的电压档测量外后视镜调节开关连接器 DR09 端子 8 对地有无蓄电池电压，测得电压为 12.3 V，说明供电正常。若电压为 0，则需排除室内保险丝继电器盒内 IF20 的 10A 保险丝是否正常，以及该保险丝下游至 DR09 端子 8 的电路是否存在短路故障。

万用表电阻档测量外后视镜调节开关连接器 DR09 端子 7 对地电阻，正常值应小于 1 Ω，否则存在接地短路故障，需对相关线路进行排查。经检测其电阻为 0.1 Ω，属于正常。

经进一步检查，发现外后视镜调节开关连接器 DR09 端子 6 与开关 COM 之间存在虚接，对连接器 DR09 进行修复，试车，故障排除。

知识拓展

## 电动后视镜记忆功能

记忆功能是后视镜与车载电脑结合在一起的配置，通过内置的记忆芯片存储后视镜的调节参数，每个记忆按钮都可以记忆一个人的设置。在需要调取不同用户设置的角度时，后视镜会通过电动的方式自动还原该用户的设置。部分车型的记忆功能与遥控钥匙进行绑定，当车辆识别到车钥匙时，后视镜会自动调节到该钥匙持有人设定的角度。后视镜记忆需要提前储存角度信息，一般只能在电动外后视镜上实现，不作用于车内后视镜。每辆车提供的记忆数量不同，超过数量时只能通过覆盖原数据来完成新数据的存储。

思政课堂

汽车的安全行驶需要利用后视镜来了解车辆周围的情况，那么我们如何在生活、学习和工作中全面了解自己呢？

# 项目 8

# 汽车空调系统的检测与维修

## 项目描述

夏天，一辆大众帕萨特汽车空调不制冷，车主将汽车送入售后维修店，希望能够快速找出问题并给予解决，保障汽车在炎炎夏日能够正常使用空调。

汽车空调制冷系统出现故障的原因很多，以汽车空调的构造、汽车空调的控制原理的知识作为切入点，合理分析故障原因，排除故障点。

通过本项目的学习，可以更好地了解汽车空调系统的常见结构及工作原理，掌握汽车空调常见故障的检修方法。

## 任务 8.1　汽车空调的组成及功能

视频讲解

### 知识目标

1. 了解汽车空调的组成。
2. 了解汽车空调的主要功能。

### 能力目标

1. 能够识别汽车空调的主要组成部分。
2. 能够理解汽车空调不同的组成部分所实现的功能。

### 思政目标

1. 培养团队分工协作的能力。
2. 树立知识产权意识。
3. 提高自我管理和自主学习能力。

**任务描述：**一辆大众汽车车主反映空调不制冷，经过维修人员确认，空调制冷故障确实存在，需要对其进行检修。

**任务分析**：经维修车间技术人员测试，确定故障现象。在分析故障之前，需要了解汽车空调的组成。

由于汽车种类繁多，结构各不相同。即使同一形式的汽车，由于使用对象不同而有不同的车内布置及要求，需要不同的空调机组与之相匹配。例如，轿车、中小型旅行车与大型客车，豪华型客车与普通型客车，高顶车与平顶车，它们的空调机组显然是不同的。不同的汽车对空调装置的性能要求也不尽相同。因此，与房间空调器或其他用途空调器相比，汽车用空调装置的种类要繁杂得多。

## 8.1.1 汽车空调的功能及基本组成

### 1. 汽车空调的基本功能

汽车空调的基本功能是用人为的办法在车厢中制造出使人感到舒适的气候环境，即在夏天能使车室内降温（制冷）、冬天能使车室内升温（采暖），并尽可能满足“头凉足暖”的循环送风原则。当车内空气混浊时，需要补充新鲜空气（新风）或净化空气。对于高级车辆，如果要求自动实现上述功能，则需要一套高级的自动控制和调节设备。

### 2. 采暖系统

汽车采暖系统要具有在冬季车厢内进行采暖及风窗除霜两种作用，主要由暖风散热器、风机、操纵系统及送风管路等总成组成。现代轿车及卡车上常将采暖与制冷合成一套装置，称为全空调装置，此时制冷与采暖系统共用一套风机及操纵设施。根据热量来源的不同，采暖器分为余热式和独立燃烧式两种。余热式是利用汽车发动机的余热（冷却水或排气）作为热源，而独立燃烧式则是以燃油为能源的独立的暖风装置。一般轿车都以发动机冷却水为热源进行采暖。

### 3. 制冷系统

人们俗称的汽车空调主要指汽车空调中的制冷系统（冷气系统）。本书也以制冷系统作为空调系统的主要内容，若无特别说明，汽车空调系统则主要指制冷系统。

汽车空调利用蒸发制冷，即利用沸点很低的制冷剂在汽化过程中吸收周围空气中热量的原理，将车室内空气中的热量转移给制冷剂，最终带至车外大气中，达到车室内降温的目的。汽车空调制冷循环中空气的热量转移和制冷剂状态的变化过程如图 8-1 所示。

汽车空调制冷系统主要由电气调节与控制系统及制冷循环系统两大部分组成。

（1）电气调节与控制系统主要包括电源开关、电磁离合器（也有把它与压缩机制成一体的）、风机转换开关及电阻器、各种温度控制器（或称恒温器）、高/低压力开关、怠速继电器、加速延迟器、真空阀门控制及操纵装置等部分。

（2）制冷循环系统主要由压缩机、冷凝器、储液干燥器、膨胀阀、蒸发器、输液（气）软管和风机（冷凝器风扇、蒸发器风机）等组成。

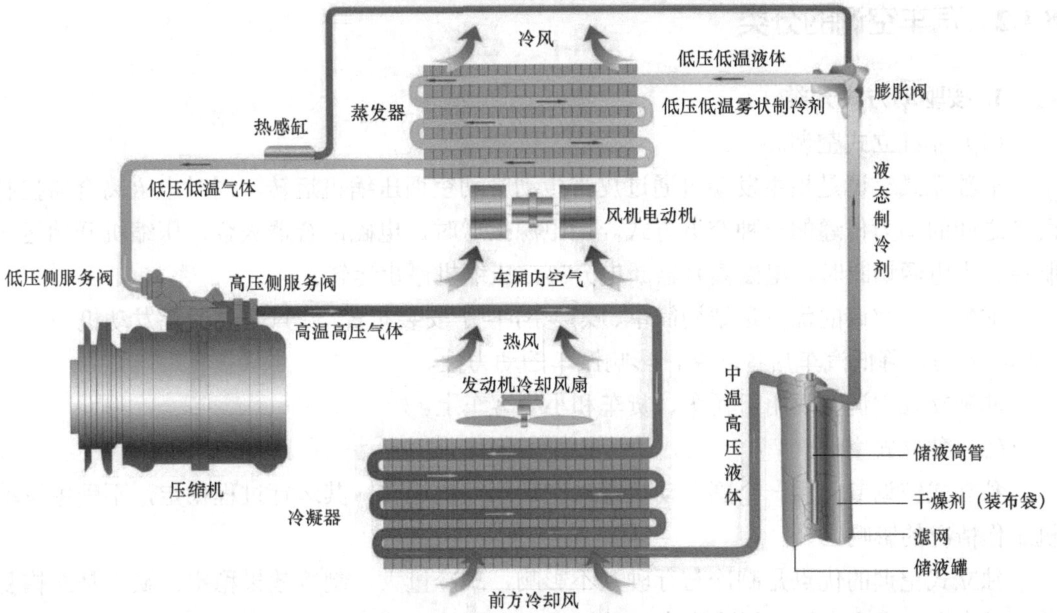


图 8–1　汽车空调制冷循环中空气的热量转移和制冷剂状态的变化过程

对于以汽车发动机为动力源的压缩机，它的启停由电磁离合器决定，而控制电磁离合器工作的是各种温度、压力控制设备以及车速传感设备。为了解决汽车怠速、加速等运行工况时的动力匹配问题，往往采取中断压缩机运行或加大油门的办法。为了使车内温度稳定，避免蒸发器表面结霜、压缩机在缺少制冷剂或气温过低的状态下运行，以及避免发动机水温过高、冷凝温度与压力过高，采取了一系列温度、压力控制和保护措施。其中，通过电磁离合器使压缩机停止工作是一项主要措施。

轿车空调要满足分别向乘员头部、足部送冷风、热风、新风及向前风窗送热风除霜等要求，需要控制多个阀门。除了手动和用钢丝绳拉以外，常常采用真空控制装置。为了减少驾驶员对空调控制的注意力，提高舒适性并节省能耗，出现了全自动计算机控制空调系统。各种不同类型的汽车，其制冷系统的布置方式各不相同，但基本上是由压缩机（含电磁离合器）、冷凝器（包括冷凝风机）、储液干燥器（有时与冷凝器制成一体）、蒸发器（包括膨胀阀、鼓风机）及控制板组成。

**4. 通风系统**

通风系统包括冷气送风、暖气送风（包括除霜送风）、新风与换气（即通风系统）三部分，冷气可以直接从蒸发箱送出，也可以通过专门的送风管道及回风口送出。暖气可以直接从暖风机送出，也可以通过暖风管道送出。通风系统可以分为车辆本身的自然通风（车身设有进风口和排气孔）和强制通风（利用小风机或排风扇），有些车辆还配备了空气净化装置。一般情况下，冷气送风口设置在车身上部，暖气送风口设置在地板上，以满足“头凉足暖”的要求，同时遵循热空气上升、冷空气下沉的气体对流原理。新风进风口一般设置在车身正压区，排气孔设置在负压区。

## 8.1.2 汽车空调的分类

**1. 按驱动方式分类**

（1）非独立式空调。

非独立式空调是指主发动机通过皮带传动带动空调压缩机运转，同时电磁离合器控制两者之间的动力传递的一种空调方式。当电源接通时，电磁离合器吸合，压缩机开始运转制冷；当电源切断时，电磁离合器断电分离，压缩机停止运转。

非独立式空调的优点是结构简单、噪声小，便于安装布置；缺点是要消耗发动机 10%～15%的动力，降低汽车后备功率，影响汽车的动力性。

非独立式空调主要用于轿车、货车和小型客车上。

（2）独立式空调。

独立式空调专门用一个副发动机带动空调压缩机运转，其运行过程稳定，不受主发动机工作情况的影响。

独立式空调的优点是制冷与行驶互不影响，制冷量大，制冷效果稳定；缺点是结构复杂、成本高、噪声大，布置难度大。

独立式空调主要装于大型客车上。

**2. 按布置形式分类**

（1）整体式空调。

整体式空调是将副发动机、压缩机、冷凝器、蒸发器等通过皮带和管道连成一个整体，安装在一个专门机架上，构成一个独立总成，其动力源为副发动机。这种形式主要用于独立式空调系统的布置。

（2）分体式空调。

分体式空调是将压缩机、冷凝器、蒸发器及独立空调系统中的副发动机根据汽车具体结构部分或全部分开布置，用管道相互连接的空调系统。这种形式主要用于独立式空调。

（3）分散式空调。

分散式空调是将压缩机、冷凝器、蒸发器等各部件分散安装于相应部位，用管道相互连接的空调系统。这种布置形式主要适用于非独立式空调系统。

**3. 按控制方式分类**

（1）手动空调。

手动空调采用拨杆或旋钮控制，通常设有开关键、调温键和调风键等功能选择键。其操纵机构一般为拉索式，也有少数为气动式（真空）。

（2）半自动空调。

半自动空调一般用拨杆控制，设有温度选择键和功能选择键。半自动空调的操纵机构一般为气动式。其控制面板如图 8-2 所示。

图 8-2 半自动空调控制面板

（3）全自动空调。

全自动空调一般用按键控制，其操纵机构一般为电控气动式。其控制面板如图 8-3 所示。

图 8-3 全自动空调控制面板

知识拓展

## 汽车空调的正确使用

汽车空调的正确使用方法如下。

（1）普通空调要在全封闭状态下使用，汽车空调也是如此。在使用过程中若车门、车窗关闭不严，不但会导致制冷效果不佳，而且浪费燃油。

（2）注意空调出风口方向的正确调整。有些车主在使用空调时，不注意调整空调吹风的方向，这不利于发挥空调的最佳效果。根据冷空气下沉、热空气上升的原理，正确的做法应该是开冷气时将出风口向上，开暖气时将出风口向下。

（3）避免长时间开空调。有些车主常常在上车后就一直开着空调，但是长时间使用空调会使冷凝器压力过大，这会对制冷系统造成损耗。因为空调是发动机的沉重负担，而发动机本身就是一个发热体，尤其是在高温天气下。在这种情况下，一些小排量汽车甚至会出现水沸现象，不仅影响驾驶，还降低了空调效率。因此，每次使用空调的时间不宜过长，如果车内温度已经达到舒适的温度，就可以把空调关掉，隔一会儿再开。

（4）选择合适的空调温度。在夏季，许多人喜欢把温度调得很低。但温度过低会影响身体健康，所以空调温度一定要适宜。人体最适宜的温度是20～25 ℃，超过28 ℃，人就会觉得闷热，而低于14 ℃，人就会觉得冷。因此，应将车内温度控制在18～25 ℃。

（5）夏季进车时不要立即开启内循环。汽车在烈日下停放的时间较长时，有些车主喜欢起动汽车就立刻开启空调并开启内循环，认为这样可以让车厢内温度下降得快一些。但因为车内的温度比车外温度高，所以这样做效果反而不好。刚进入车内的时候，应该先开窗通风，并开启外循环，把热气排出去；待车厢内温度下降之后，再换成内循环。

（6）不要开着空调在车内吸烟。在车厢内吸烟时，烟雾不能迅速排出，会刺激眼睛和呼吸系统，不利于健康。若必须吸烟，应将空调通风控制调整到“排出”位置，使车厢内烟雾排出车外。

（7）不在开着空调停驶的车内长时间休息或睡眠。由于汽车密封性好，当车辆停驶时，车厢内通气性差，若此时开着空调休息或睡眠，很可能会因发动机排出的CO气体漏入车内引起中毒，甚至死亡。

（8）低速行驶时尽量不要使用空调。行车中遇到交通堵塞时，不要为提高空调效能而使发动机以较高转速运转，因为这样做对发动机和空调压缩机的使用寿命都有影响。

（9）先关空调再熄火。有些车主常常在熄火之后才想起关闭空调，这对发动机是有害的，因为这样在车辆下次起动时，发动机会带着空调的负荷起动，而高负荷会损伤发动机。因此，每次停车后应先关闭空调再熄火。与此同时，应该在车辆起动2～3 min，发动机得到充分润滑后，再打开空调。

**思政课堂**

1. 合理分配小组任务，主动承担知识点汇总工作，注重培养团队合作精神和勇担重任的责任心。

2. 空调的应用体现了人类对于美好幸福生活的向往和追求。结合空调制冷系统的主要部件结构，提升知识应用的重要性的认知，树立知识产权意识。

# 任务8.2　汽车空调制冷系统

**知识目标**

1. 掌握汽车空调制冷系统组成及工作原理。

2. 掌握汽车空调制冷系统各基本元件的作用、原理。

**能力目标**

1. 能够识别汽车空调制冷组成部件。
2. 能够掌握汽车空调压缩机、冷凝器等主要部件的工作原理。

**思政目标**

1. 培养团队分工协作的能力。
2. 培养创新意识和创新思维。
3. 提高自我管理和自主学习能力。

**任务描述**：一辆大众帕萨特汽车在怠速时总是熄火，发现关闭空调后不会出现这种现象。维修人员查询资料后判断，可能是空调故障引起的。

**任务分析**：针对维修接待和车间确认意见，需要对汽车的制冷空调控制电路进行分析，必要时须拆解空调系统机械部分。首先需要了解汽车制冷空调的基本结构组成及其工作原理。

## 8.2.1　汽车空调制冷系统的基本组成及其工作原理

汽车空调制冷系统主要由压缩机、冷凝器、膨胀阀和蒸发器组成（又称为空调四大件），此外还有一个重要的组成部件是干燥过滤器。汽车空调制冷系统的组成及布置如图 8-4 所示。

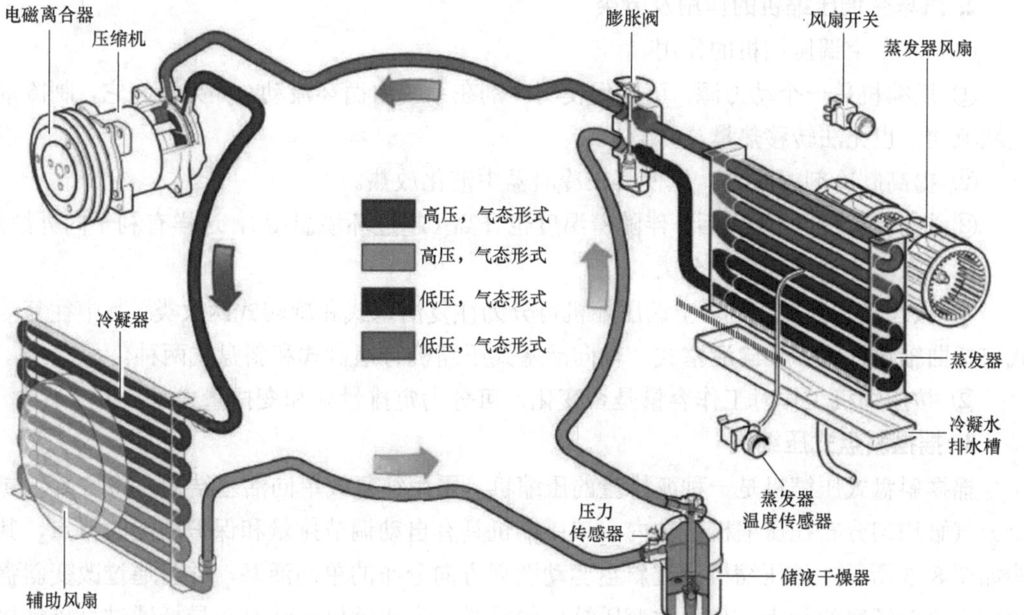


图 8-4　汽车空调制冷系统的组成及布置

汽车空调制冷系统工作过程如下。

发动机带动压缩机运转，将蒸发器送来的低温低压的制冷剂蒸气吸入压缩机内进行压缩后，变为高温高压的气体，送给冷凝器使气态制冷剂液化并放出热量，成为中温中压的液体。冷凝器处装有风扇以提高制冷剂的液化和散热效果。从冷凝器出来的液态制冷剂流经膨胀阀时，从其小孔喷出成为低压雾状制冷剂并进入蒸发器，在蒸发器内由于容积变大压力降低，制冷剂汽化，由液态变为气态，同时需要大量吸热，这时鼓风机使车厢内的热空气流过蒸发器，经热交换后变为冷空气进入车厢，降低车内温度。从蒸发器出来的气态制冷剂又进入压缩机，重新进行新一轮制冷循环。如此周而复始，不断地将车厢内的热量转移到大气中去，达到降低车厢内空气温度的目的。

## 8.2.2 汽车空调压缩机

### 1. 对汽车空调压缩机的要求

对于由轿车发动机驱动的空调压缩机而言，其转速受发动机转速的影响，变化很大，而且工作条件很差。因此，对汽车空调压缩机的性能和结构提出了一些特殊要求。

（1）要有良好的低速性能，即在低速运转时也有较强的制冷能力和较高的效率。

（2）高速运行时功耗小，以节省油耗，并保证发动机的动力性。

（3）体积小、重量轻，能够满足汽车对零部件小型化的要求。

（4）可靠性高，能够承受恶劣的运行条件。要求压缩机能够承受高温、高压和振动冲击，同时保证密封性能良好。

（5）运转平稳、噪声低、振动小、起动转矩小，从而减少了压缩机对汽车的不利影响。

### 2. 汽车空调压缩机的作用及分类

（1）汽车空调压缩机的作用。

① 压缩机是一个动力源，可以促使制冷剂在系统内循环流动。如果没有它，制冷剂就无法流动，也无法转移热量。

② 提高制冷剂的压力，促使其在冷凝器中液化放热。

③ 提高制冷剂的压力后，伴随着温度也升高（超过环境温度），这样有利于向外散热。

（2）汽车空调压缩机的分类。

① 按运动形式的不同，空调压缩机可分为往复活塞式和旋转式两大类。其中往复活塞式包括曲轴连杆式和轴向活塞式。轴向活塞式压缩机有摆盘式和斜盘式两种。

② 按压缩机工作时工作容量是否变化，可分为定排量式和变排量式。

### 3. 摇摆斜盘式压缩机

摇摆斜盘式压缩机是一种变排量的压缩机，采用往复式单向活塞结构，将 5 个（或 7 个）气缸均匀分布在压缩机缸体内。该压缩机具有自动调节排量和保护功能的特点，其结构如图 8-5 所示。该压缩机通过斜盘驱动圆周方向分布的单向活塞，并可通过改变斜盘的角度来改变活塞的行程，从而改变压缩机的排量。当压缩机转动时，导杆通过直接连接轴的凸缘盘转动旋转斜盘，旋转斜盘的这种旋转运动转变成气缸中活塞的运动，活塞执行吸入、压缩和排出制冷剂的过程。

这种压缩机可以根据制冷负荷的大小改变排量，当制冷负荷减小时，可以使斜盘的角度减小，减小活塞的行程，使排量降低负荷增大时则相反。

**4. 电磁离合器**

电磁离合器装在压缩机主轴前端，压缩机是工作还是停止是由电磁离合器的吸合或分离决定的。电磁离合器一般受温度开关、压力开关、电源开关及车速继电器等元件的控制。

电磁离合器由发动机通过传动皮带驱动，是连接发动机和压缩机的装置，根据制冷的需要断开或接通压缩机的动力。它由定子（电磁线圈）、带轮、压缩机输入轴、前壳体等组成。离合器的芯棒和压缩机轴安装在一起，定子安装在压缩机的前室。电磁离合器的结构如图 8–6 所示。

图 8–5 摇摆斜盘式压缩机

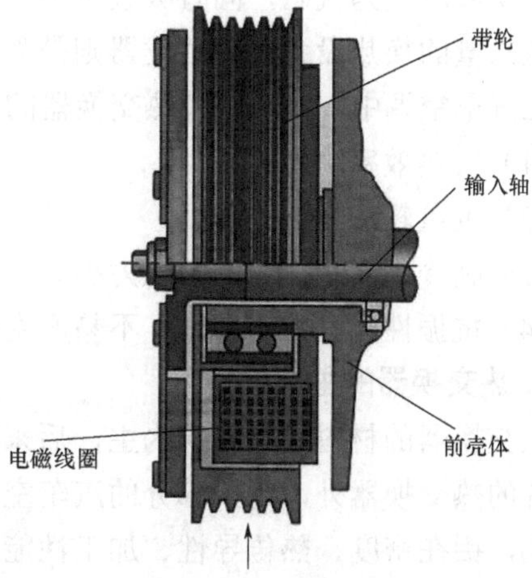


图 8–6 电磁离合器的结构

当电磁离合器开到“ON”时，电流通过定子线圈，使定子成为强磁体，定子以强磁力拉动芯棒，使压缩机和皮带轮一起转动。

电磁离合器的具体工作原理是：当电流通过电磁离合器的定子线圈时，产生一个较强的电磁吸力，克服片状弹簧的弹力，使压板与皮带轮吸合为一体，动力便经皮带轮、压板、片状弹簧、固定盘传到压缩机主轴上，使主轴旋转，压缩机投入工作。若切断定子线圈的电流，电磁吸力便消失，在片状弹簧的回位作用下，压板与皮带轮分离，压缩机便停止工作。

电磁离合器在使用时应注意以下几点。

① 压板和转子表面有划痕是允许的，这不会影响正常工作。

② 电磁线圈的电压应该合适，注意是 12 V 还是 24 V 电气系统。

③ 线圈和转子之间的间隙，以及转子和压板之间的间隙要合适，既要保证能可靠吸合不打滑，又不会在断开时有拖滞现象。

### 8.2.3 热交换器

冷凝器、蒸发器和暖风散热器都是汽车空调系统的热交换器，它们的作用是实现不同温度的流体之间的热量交换。冷凝器是管内的高温高压气态制冷剂通过管壁和翅片放出热量给周围空气，从而使自己冷凝成液体的过程，是放热过程。而通过冷凝器的空气则被加热升温，这是吸热过程。蒸发器是管内的低温低压液态制冷剂通过吸收管壁和翅片周围空气中的热量而沸腾汽化的设备。管内是制冷剂的吸热过程，而管外的空气则被降温，是放热过程。暖风散热器则是通过管中的热水或废气将热量传递给车内空气，热水或废气被降温，是放热过程，而车内空气则因吸收热量而升温，是吸热过程。

**1. 热交换器的作用与要求**

冷凝器的作用是通过增加压力（用压缩机）和降低温度（用冷却风扇等），使制冷剂快速从气态变为液态，同时向外界放出热量。蒸发器的作用是通过降低压力（用膨胀阀），将制冷剂从液态变为气态，同时吸收车厢内空气的热量。也就是说，冷凝器是用来消除制冷剂蒸气热量的换热设备，而蒸发器则是吸收被冷却介质（空气）的热量，即产生冷量的设备。在汽车空调中，对这两种热交换器的基本要求如下。

（1）换热效率高。

（2）重量轻，安装空间小。

（3）制冷剂侧和空气侧的阻力小。

（4）抗振性能好，耐腐蚀，不易产生泄漏。

**2. 热交换器的主要材料**

热交换器的材料原来以铜为主，后来发展为铜管铝片，现在除部分客车空调还采用铜管铝片的热交换器外，绝大部分的汽车空调都采用全铝化热交换器。其主要原因是相较于铜和钢，铝在密度、热传导性、加工性能、耐腐蚀性和极低温性能方面有较好表现，但铝最大的缺点是焊接困难。管子和翅片之间的连接方法主要有钎焊和机械连接两大类。

**3. 冷凝器**

汽车空调冷凝器采用风冷形式，冷凝器冷凝效果的好坏不仅与其本身的散热能力有关，还与通风效果有关。散热能力由冷凝器本身的结构、材料、尺寸及工艺所决定，通风效果则与风扇的通风能力、安放位置等有关。

小轿车的冷凝器一般安装在发动机水箱前面，也有安装在水箱两侧的。冷凝器有管片式、管带式、多元平行流式和鳍片式四种。

（1）管片式冷凝器。

管片式冷凝器由铝或铜质圆管套上铝质散热片组成，片与管装合后经胀管处理，以使片与管接触紧密，传热良好。其结构如图 8–7（a）所示。

这种冷凝器结构简单，加工方便，但换热效率较差。

（2）管带式冷凝器。

管带式冷凝器是由多孔扁管和心形散热带焊接而成，虽然加工工艺较为复杂，但换热效率比片式冷凝器要好一些。其结构如图 8–7（b）所示。

冷凝器的入口在上方、出口在下方，不要装错，否则会引起制冷系统压力升高，导致冷凝器胀裂。

（3）多元平行流式冷凝器。

多元平行流式冷凝器是由管带式冷凝器发展而来的，也是由扁管和波浪形散热片组成，但扁管每根截断，在两端各有一根集流管，集流管中间由隔片分段，起到分流和汇流的作用。每段管子数目不等，刚进入冷凝器时制冷剂呈气态，比容最大，因而管子数最多；随着制冷剂逐渐冷凝成液体，其比容逐渐减小，管子数也相应减少，这样可以使冷凝器的有效容积得到最合理的利用。实验表明，在相同的迎风面积下，多元平行流式结构比蛇形管带式的换热能力提高 10%～30%，制冷剂流动阻力仅是蛇形管带式的 20%～30%，因此，此结构是 R134a 制冷系统最合适的冷凝器形式。多元平行流式冷凝器的结构如图 8-7（c）所示。

（4）鳍片式冷凝器。

鳍片式冷凝器是在扁平的多通道表面直接利用铣床铣出鳍片形状的散热片，然后总成为冷凝器。这种结构形式将散热片与管路融为一体，散热性能较好。其结构如图 8-7（d）所示。

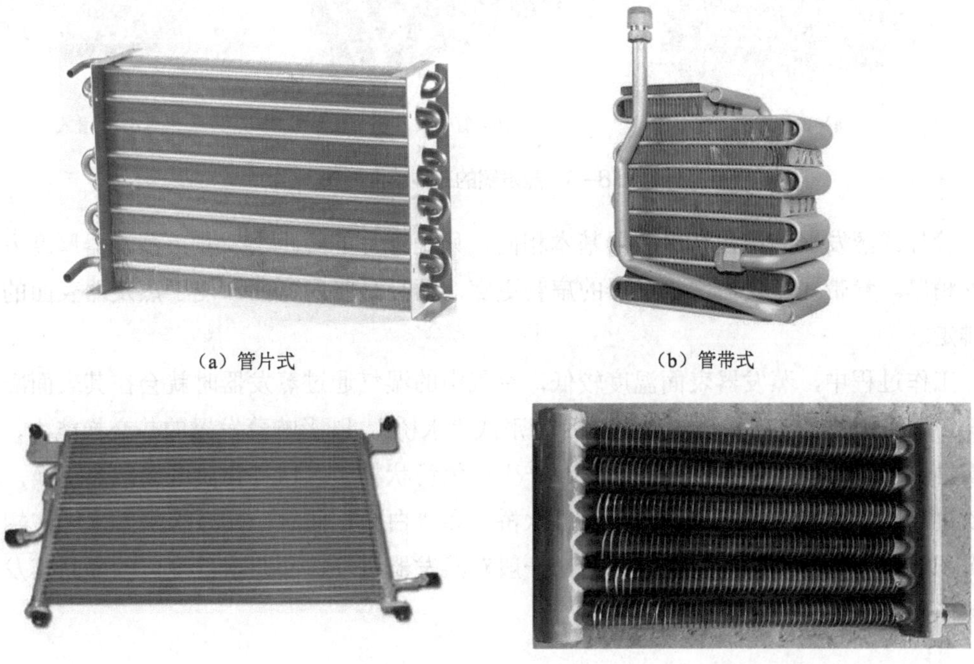

（a）管片式　（b）管带式　（c）多元平行流式　（d）鳍片式

**图 8-7　冷凝器的四种结构形式**

冷凝器多布置在车头或侧面、车底，因而经常有泥浆溅入，还因易受腐蚀而造成泄漏，因此，对冷凝器表面必须采取一定的防腐蚀措施。若冷凝器布置在车头，则必须采取防眩目措施。一般对冷凝器表面进行阳极化发黑处理或涂以黑色亚光漆。为了避免漆涂层影响散热效果，要求涂层尽量薄而均匀，并且与铝材接合牢固。冷凝器表面的泥垢不仅会腐蚀管子，还会严重影响冷凝效果，因此，应对冷凝器表面定期进行清洗。清洗时可以使用冷水或压缩空气进行冲洗，但严禁使用热水进行冲洗。

**4. 蒸发器**

蒸发器是汽车空调制冷系统的重要部件，它与膨胀阀、鼓风机等组成蒸发箱，是整个空调系统产生制冷作用的中心。由鼓风机吹来的暖气流通过散热器的散热片和管子，从膨胀阀流出的低温低压制冷剂进入蒸发器后，因从暖气流中吸收大量的热量而沸腾，转变为制冷剂蒸气，从而使流过散热器的暖气流冷却，达到降低车内温度的目的。

当空气流过蒸发器时，其中的水分在散热器上凝结成水滴，水及空气中的尘污通过排放口排出车外。

蒸发器芯子有管片式、管带式和层叠式三种基本结构，目前应用最广泛的是管片式和管带式，其次是层叠式，如图 8-8 所示。

(a) 管片式　(b) 管带式　(c) 层叠式

图 8-8　蒸发器的三种结构形式

管片式蒸发器的结构与冷凝器基本相同，只是管片的间距小一些，蒸发器厚度方向的尺寸稍厚。管带式蒸发器比冷凝器的扁管更宽，而且是竖向弯曲，便于蒸发器表面的冷凝水排走。

工作过程中，蒸发器表面温度较低，空气中的湿气通过蒸发器时就会在其表面凝结成水珠，时间稍长，水珠很可能在两翅片间形成“水桥”，既影响蒸发器的热交换能力，又促使腐蚀性物质沉积，使铝材受到腐蚀，产生白色粉状物质。这种物质既影响热交换，还会被吹进车内，污染车内环境。为解决“水桥”和“白粉”问题，即减缓凝露水珠在翅片上的沉积，提高翅片表面的耐腐蚀能力，一般对蒸发器进行表面亲水处理，以提高蒸发器的换热能力和使用寿命。

## 8.2.4　节流膨胀机构

为了使制冷剂在蒸发器内更容易吸热蒸发，有必要将从冷凝器出来的高压液态制冷剂进行减压处理，从而变成低压易蒸发的雾状制冷剂，该工作是由节流膨胀机构完成的。常用的节流膨胀机构主要为热力膨胀阀。

在制冷系统的工作过程中，如果含有未蒸发完的液态制冷剂的气体进入压缩机，在压缩机中因压缩升温，其中所含的液滴迅速蒸发膨胀，使气缸内压力骤增，活塞阻力突然加大从而造成压缩机损坏，这种现象称为“液击”。为了防止液击现象的发生，可以采用两种方法。一种是牺牲一部分蒸发器的换热容积，使蒸发器出口处的制冷剂有一定的过热度，以此来保证从蒸发器出来进入压缩机的制冷剂全部是气态。但过热度又不能太大，否则蒸发器的热交换量会降低过多，一般用热力膨胀阀来解决这一矛盾；另一种是在蒸发器和压缩机之间设置气液分离器，这种方法可保证蒸发器的最大换热能力。

**热力膨胀阀**

根据平衡方式，热力膨胀阀可分为内平衡式和外平衡式；根据静止过热度的调整方式，热力膨胀阀可分为内调式和外调式；根据外形，热力膨胀阀可分为 F 型和 H 型等。

（1）热力膨胀阀的作用。

在循环离合膨胀阀制冷系统中，所使用的热力膨胀阀是非常重要的部件，它具有以下作用。

① 节流降压。使从冷凝器来的高温高压液态制冷剂节流降压成为易蒸发的低温低压雾状制冷剂后进入蒸发器，同时分隔了制冷系统的高、低压侧。

② 调节流量。由于制冷负荷以及压缩机转速的改变，需要及时调整制冷系统循环的制冷剂量，以保持制冷剂的正常工作和车内温度的稳定。

③ 防止液击和异常过热现象的发生。热力膨胀阀采用感温包作为感温反馈元件，以确保蒸发器出口有合适的过热度。这样既可防止液态制冷剂进入压缩机产生液击，又可使蒸发器的容积得到有效利用。

（2）热力膨胀阀的结构与工作原理。

① 内平衡式膨胀阀。内平衡式膨胀阀结构及工作原理如图 8-9 所示。膨胀阀膜片承受三个力的作用，分别是感温包内制冷剂气体对膜片的压力 $P_f$、蒸发器进口处制冷剂压力（通过内平衡孔连通）$P_e$ 和弹簧弹力 $P_s$。

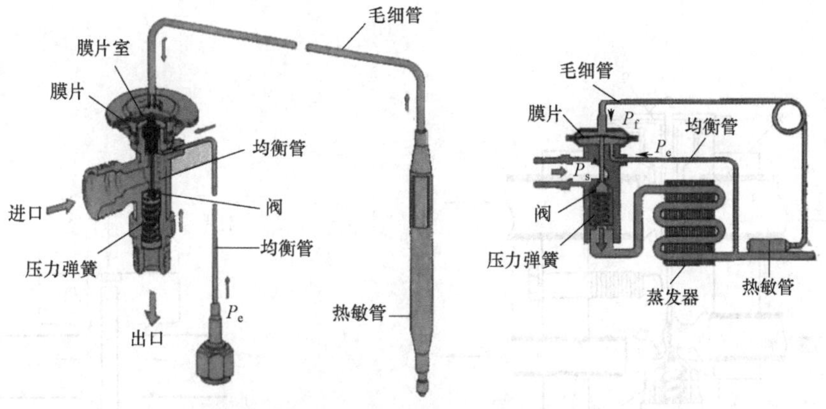


图 8-9　内平衡式膨胀阀结构及工作原理

内平衡式膨胀阀的工作原理如下。

a）当 $P_f=P_e+P_s$ 时，膜片不动，阀处于某一开度，制冷剂保持一定流量。

b）当 $P_f>P_e+P_s$ 时，即若制冷装置负荷增大（如车厢内温度升高），制冷剂提前全部蒸发，过热度增大，蒸发器出口处气态制冷剂的温度升高，使感温包内压力 $P_f$ 上升，使 $P_f>P_e+P_s$，这时膜片通过推杆将阀针朝下推，使阀的开度增大，随着进入蒸发器的制冷剂流量的增大，制冷量也会随之增大。

c）当 $P_f<P_e+P_s$ 时，则与 b 的情况相反。

如此调节，使制冷量与制冷负荷相匹配。

② 外平衡式膨胀阀。制冷剂在蒸发器内部管道流动时，由于存在流动阻力，在蒸发器出口处压力会下降，其内部管道越长则压力下降越大。对内平衡式膨胀阀而言，为了打开阀门，就要有更大的过热度，而要增大过热度，就必须减少制冷剂的流量，这样会导致系统制冷量减小。因此内平衡式膨胀阀只适用于制冷量要求较小、蒸发器压力损失较小的车型上。相比之下，外平衡式膨胀阀能够充分发挥蒸发器的容积效率，在轿车空调上使用较多。外平衡式膨胀阀结构及工作原理如图 8-10 所示。

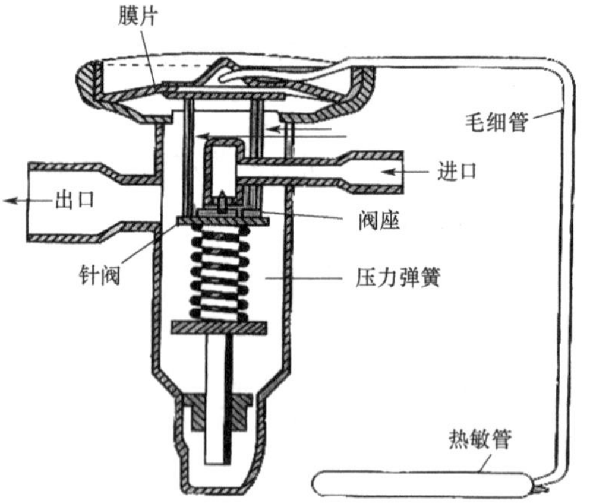


图 8-10　外平衡式膨胀阀结构及工作原理

③ H 型膨胀阀。H 型膨胀阀原理及膜片受力情况如图 8-11 所示。

a）当 $P_f=P_e+P_s$ 时，膜片不动，阀保持一定开度。

b）当车厢温度上升时，$P_f$ 也会随之上升，导致 $P_f>P_e+P_s$，通过推杆使球阀下移，阀的开度增大，制冷剂流量增大，制冷量也会随之增加。

c）当车厢温度下降时，与上述过程则刚好相反。如此调节，使制冷量与制冷负荷相匹配。

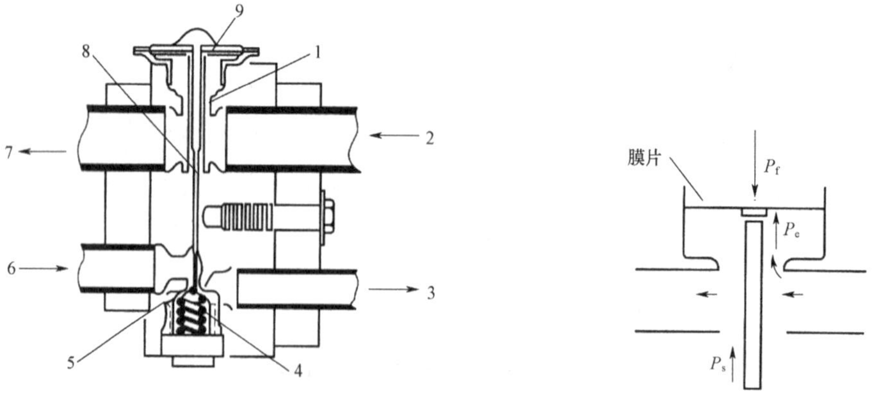


1—温度传感器；2—接蒸发器出口；3—接蒸发器入口；4—弹簧；5—球阀；
6—接干燥过滤器出口；7—至压缩机；8—传动杆；9—膜片

图 8-11　H 型膨胀阀原理及膜片受力情况

（3）膨胀阀的选配和安装。

为空调制冷系统选配或更换膨胀阀时应注意，膨胀阀的容量一定要与蒸发器相匹配。

如果容量选择过大，会导致阀经常在小开度下频繁开、闭工作，从而影响车内温度的稳定，并降低阀的寿命；如果容量选择过小，则会导致流量过小，无法很好地满足车内制冷量的要求。一般情况下，膨胀阀的容量应该比蒸发器的容量大 20%～30%。

安装膨胀阀时应注意以下几点。

① 膨胀阀应直立安装，不允许倒置。

② 感温包应安装在蒸发器出口管的上表面，包扎牢靠，并注意与外界隔热。

③ 外平衡管应安装在感温包后面管段 10～15 mm 处。

### 8.2.5　储液干燥器

储液干燥器适用于膨胀阀式空调系统，安装在冷凝器出口与膨胀阀入口之间。储液干燥器相当于膨胀阀的“蓄水池”。由于每次制冷循环的条件都不同，如蒸发器有不同的热负荷、压缩机的转速不同等，导致每次进入循环的制冷剂量也不同。为了补偿这种波动，在制冷环路中增加了储液干燥器。

**1. 储液干燥器的构造**

储液干燥器主要由储液器、干燥器、过滤器、视窗和安全装置构成，如图 8-12 所示。

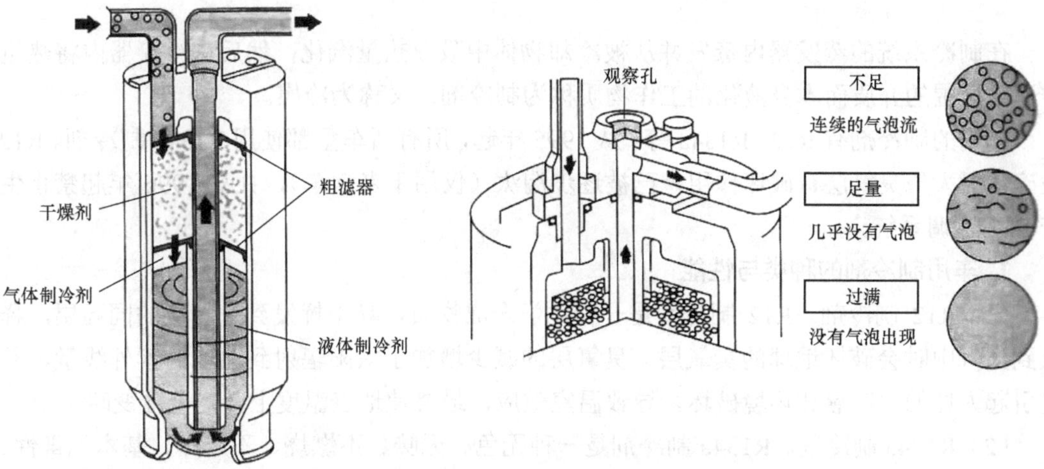


图 8-12　储液干燥器结构

**2. 储液干燥器的作用**

储液干燥器主要有以下作用。

（1）存储多余液体。可存储制冷系统的部分制冷剂，以满足制冷负荷变化时的流量变化要求，同时可以补充系统的微量渗漏。储液罐的容量约为系统制冷剂体积的三分之一，罐体有钢制和铝制两种。

（2）吸收系统中的水分。

如果制冷系统中有水分存在，会带来以下问题。

① 由于在膨胀阀出口处制冷剂压力和温度都要下降很多，若系统中存在水分，则会使膨胀阀处结冰，造成“冰阻”现象，影响制冷系统的正常工作。

② 水分会与制冷剂、冷冻机油等起反应（主要是冷冻机油），其生成物对金属有强烈的腐蚀作用，使其脱落形成杂质。

③ 水分会使铁产生锈蚀且使润滑油呈泥状，从而增大压缩机的运转阻力，加剧磨损。

系统中水分的主要来源：制冷剂或冷冻机油中含有的微量水分，以及抽真空不彻底或在维修时侵入空气。

水分的吸收是通过干燥剂来完成的，通常使用硅胶（$SiO_2$）及分子筛。

（3）过滤制冷剂中的杂质。杂质易堵塞系统中的孔，增加压缩机的磨损，同时也会妨碍制冷剂的正常流动。

系统中杂质的主要来源：维修时带入杂质，以及水分侵入与制冷剂及冷冻机油混合后腐蚀金属产生杂质。

（4）观察制冷剂的流动情况。在制冷系统工作过程中，可以通过储液干燥器上的玻璃观察制冷剂的流动情况，从而判断制冷系统的工作状况。

此外，储液干燥器还具有气液分离的作用。

### 8.2.6 制冷剂

在制冷系统的蒸发器内蒸发并从被冷却物体中吸取热量汽化，然后在冷凝器内将热量传递给周围的介质而本身液化的工作物质称为制冷剂，又称为冷媒。

车用的制冷剂有 R12、R134a 等。从 1995 年起，所有新车型都使用 R134a 制冷剂。R12 被确认对大气臭氧层有破坏作用，已被逐步淘汰（仅用于老款车），并从 1996 年起禁止生产 R12 空调系统。

**1. 车用制冷剂的种类与性能**

（1）R12 制冷剂。R12 制冷剂是一种化学合成物质，易于挥发到大气层的同温层，释放到大气中时会破坏地球的臭氧层。臭氧层的减少增加了太阳辐射到地球的紫外线量，并且引起人体的皮肤癌和环境破坏，导致温室效应，最终使地表温度上升，全球变暖。

（2）R134a 制冷剂。R134a 制冷剂是一种无色、无味、不燃烧、不爆炸、基本无毒性、化学性质稳定的工作介质。它不会破坏大气臭氧层，在大气中停留时间短，温室效应影响小，被广泛应用。

**2. 制冷剂的工作循环**

制冷剂作为空调系统中循环流动的工作介质，在制冷压缩机的作用下使温度下降，然后再去冷却其他被冷却物质，是一种“热载体”。它可以根据空调系统的要求变化状态，实现制冷循环。

（1）压缩机排放出高温、高压的气态制冷剂。

（2）气态的制冷剂流入冷凝器。在冷凝器中，气态的制冷剂凝结成液态制冷剂。

（3）液态制冷剂流入储液罐，它存储和过滤液态制冷剂。

（4）过滤后的液态制冷剂流向膨胀阀，膨胀阀将液态制冷剂转变成低温、低压气/液混合物。

（5）低压的气/液制冷剂流到蒸发器，蒸发器中液体蒸发，穿过蒸发器芯的热空气流的热量传给制冷剂。在蒸发器中，所有的液体变成气态制冷剂，并且只有载热的气态制冷剂进入压缩机，然后过程重复。

**3. 制冷剂的特征**

在低压下 R134a 可以低温蒸发，但如果压力变高，即使在高温下它也保持液态不蒸发。汽车空调系统利用此特征，通过压缩机加压使它便于液化。

## 8.2.7　冷冻机油

冷冻机油也被称为压缩机油、冷冻润滑油，是一种在高、低温工况下均能正常工作的特殊润滑油，具有润滑、冷却、密封等作用，可降低压缩机噪声等。此外，冷冻机油能够以非常快的速度吸收空气中的湿气，从而防止湿气损坏空调系统。

**1. 冷冻机油的功能**

对于压缩机运动机件的润滑，压缩机油是必要的。压缩机油通过溶于制冷剂并在制冷系统中循环来润滑压缩机。因此，必须使用推荐的冷冻机油。用于 R134a 体系的压缩机油与 R12 体系的压缩机油不可互换。如果用了错误的油种，会导致压缩机卡死。

**2. 冷冻机油的量**

一方面，如果制冷系统中冷冻机油量不够，压缩机就不能充分润滑。另一方面，如果油量过多，大量油会涂在蒸发器的内壁上，不利于热交换，并降低系统的制冷能力。因此，在制冷系统中维持规定量的冷冻机油很重要。

**3. 更换零件后补油**

检修时，一旦制冷系统管路拆开（向大气敞开），制冷剂将逸出蒸发，并被排出空调系统。然而，冷冻机油在室温下不会蒸发，它几乎全部保留在系统中。为此，当更换如储液罐、蒸发器或冷凝器等部件时，必须给新部件加入与老部件原来的等量的机油。

**知识拓展**

### 汽车空调典型压缩机

汽车空调系统中使用了许多型式的压缩机，除少数例外情况，压缩机一般具有相同的结构设计：往复式活塞。往复式就是指活塞做来回的往复运动，往复式压缩机活塞通过曲轴或斜盘两种基本的驱动方法。斜盘一般指星型或旋转斜盘。除了往复式压缩机以外，还有旋转式（贯穿叶片式或轭片式）和涡旋式压缩机。这两种型式压缩机仅在少数轿车中配备。

**1. 往复式压缩机**

（1）哈里松 DA-6 和 HR-6 式 6 缸压缩机。

哈里松 DA-6 和 HR-6 式 6 缸压缩机采用轴向往复活塞式结构，根据车辆或空调器的用途，这种压缩机也标以 HR6-1-HE 名称。3 组双作用活塞是由安装在压缩机轴上的旋转斜盘驱动的，轴转动时，活塞沿气缸往复移动。为了满足各种用途，压缩机每端均装有 3 个独立的气缸，各缸都安装有簧片阀。

虽然它在性能方面与哈里松（冷气）A-6 式 6 缸压缩机相似，但是质量却轻约 21 磅，长度尺寸短 1/2～3 英寸。它的压缩机盖、气缸以及活塞由铝制成，活塞的优点是装有可缓冲侧负荷的特氟隆活塞环。

哈里松 DA-6 和 HR-6 式 6 缸压缩机的离合器为 6 级结构，而不是其他制造厂使用的普通 4 极结构。离合器没有油槽，但是当离合器被切断时，压缩机结构仍然存在油。空调器的润滑系统包括一系列用于收集和使油流向轴承和旋转斜盘的导流板、挡块和开槽。后盖有两个孔，一个装高压卸压阀，另一个装高压切断开关。

（2）哈里松 V5 式 5 缸压缩机。

此种压缩机为变量压缩机，可在各种工况条件下满足汽车空调的要求而不需要交替开停。压缩机的离合器为 DA-6 型 6 极离合器。V5 式压缩机的主要特点是装有一个变角旋转斜盘和 5 个轴向活塞总成。

压缩机的排量是由压缩机后盖的波纹盒驱动的压缩机调节阀控制的。调节阀受到压缩机进气压力的控制。旋转斜盘的转角和压缩机排量是由曲轴箱—进气压力差控制的。

当汽车空调需要大功率运行时，进气压力可能会超过控制点。压缩机调节阀保持从曲轴箱向进气口放气。压力差消失，因此产生最大排量。

当汽车空调容量要求低，而且进气压力已经达到控制点时，压缩机调节阀即将排气进入曲轴箱。调节阀同时关闭曲轴箱与进气口的通孔，以确保小排量工作。

旋转斜盘的角度由 5 个活塞上力的平衡进行控制。曲轴箱—进气压力差的微小增加都会使活塞产生总压力，引起旋转斜盘围绕枢销运动，从而使旋转斜盘角减小。

压缩机属于自动润滑型，在曲轴箱内装有 4 盎司润滑油。曲轴箱—进气口通过旋转斜盘旋转进行吹气润滑。旋转使油从吹气中分离并排出一些润滑油流回曲轴箱润滑零件。

**2. 旋转式压缩机**

松下旋转叶片式压缩机是一种单转子、3 叶片结构的压缩机。制冷剂通过进气孔流入压缩机。叶片之间的压力室充满了制冷剂。进气孔由叶片关闭，转子旋转时，压力室体积变小挤压制冷剂，然后加压的制冷剂经过排气孔被排出。

制冷剂加压时会产生热量。为了防止压缩机产生过热现象，可以在压缩机排气孔安装热防护器，如果产生过热（大约 650 ℃），热防护器被激活时，热防护器即断开离合器电源使压缩机停机。当温度达到安全水平（约 147 ℃）后，压缩机才会重新运行。此压缩机具有无噪声、体积小、零件少等特点。

**3. 压力调节式变排量压缩机**

压力调节式变排量压缩机的旋转运动由输入轴传递给驱动连杆机构，驱动连杆机构通过斜盘将旋转运动转换成 5 个连杆的轴向运动。滑轨保证斜盘沿轴向运动。变排量压缩机结构如图 8-13 所示。

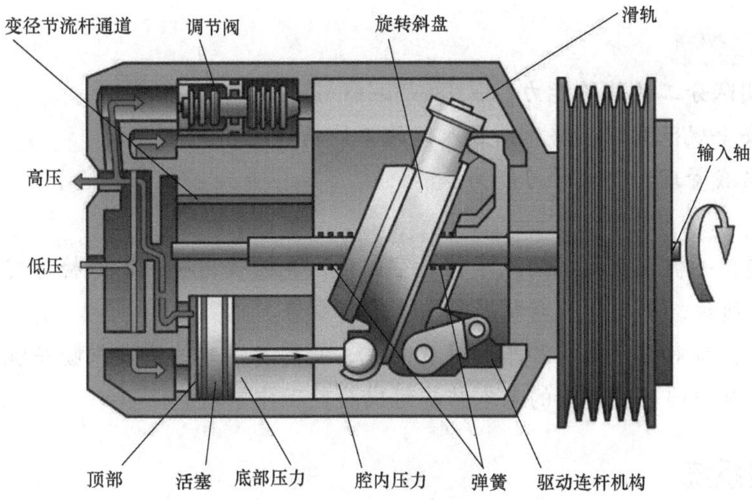


图 8-13　变排量压缩机结构

这种压缩机活塞的工作行程可以根据高、低压压力比率而改变。活塞行程的改变直接影响压缩机的压缩比率，从而调节制冷剂的输出率，改变制冷效率。在正常工作情况下，压缩机是持续运转的，不发生离合动作。

旋转斜盘的倾斜度决定了活塞的行程。旋转斜盘的倾斜度取决于腔内压力、活塞顶部和底部的压力，以及斜盘前后的弹簧力。腔内的压力取决于调节阀两侧的高低压力和节流管道的大小。

思政课堂

1. 分组讨论汽车空调制冷系统的工作原理。通过发散思维训练，分析家用空调、电冰箱等应用原理。

2. 分组讨论汽车空调制冷系统主要部件的结构形式和作用。想一想如何在学习中挖掘创新点，培养创新思维？

# 任务 8.3　采暖与通风系统

知识目标

1. 了解汽车空调采暖与通风系统的组成。
2. 理解汽车空调采暖与通风系统的工作原理。

能力目标

能够识别汽车空调采暖与通风系统各部件。

思政目标

1. 培养团队分工协作的能力。
2. 树立安全规范意识，培养细致入微的工匠精神。
3. 提高自我管理和自主学习能力。

**任务描述**：一辆大众桑塔纳汽车打开空调后，无法吹出暖风，经检查发现是汽车空调采暖系统故障所致，需要对其空调采暖系统进行维修。

**任务分析**：针对维修接待和车间确认意见，需要对汽车的空调采暖系统进行检测，首先需要了解汽车空调采暖系统的基本结构组成及其工作原理。

## 8.3.1 采暖系统

暖风系统是汽车空调的重要组成部分，对车内空气或进入车内的外部空气进行加热的装置，称为汽车暖风装置。汽车空调采用冷暖一体化装置，通过冷热风的混合，人为设定冷热风量的比例，通过风门开闭和调节，满足人们对舒适性的要求；并对车内空气或进入车内的外部的新鲜空气加热，进行取暖、除湿、除霜和除雾。

汽车空调采暖系统有多种形式，按所使用的热源不同可分为非独立式和独立式两种。

小型汽车通常采用非独立式采暖装置（又称发动机余热式），它是以发动机工作时的冷却液（或废气）为热源，通过一个热交换器和电动机组成的暖风机，加热流经暖风机的空气，从而使车内的温度上升。

水暖式采暖系统属于非独立式，一般由控制开关、鼓风机、暖风水箱、循环水控制开关及相应的管路组成，如图 8-14 所示。需要暖风时，接通控制开关，循环水控制开关也自动接通，这样发动机的冷却液开始在暖风水箱及管路中循环。鼓风机同时开始转动，冷风通过暖风水箱后变成暖风通过出风口吹向车内，使车内的温度上升。

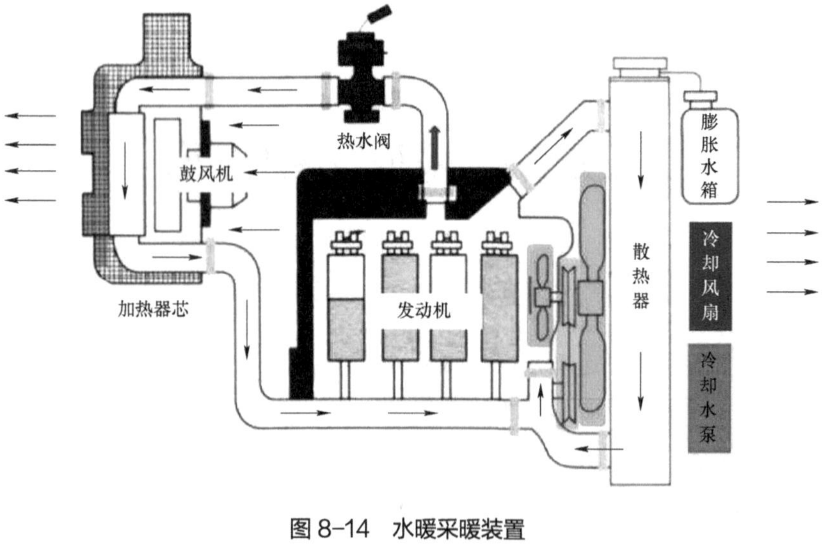


图 8-14 水暖采暖装置

## 8.3.2　通风装置

保持车内空气清洁是汽车空调的重要作用之一。衡量空气清洁度主要有两个指标：一是车内空气中的有害气体是否超过允许浓度；二是空气中的含氧量是否正常。要使空气清洁度达到一定要求，需要借助通风与空气净化系统。

将外部的新鲜空气吸入车厢内进行换气，调节车内的温度和湿度，防止风窗玻璃起雾。通风装置的通风方式一般有自然通风、强制通风和综合通风三种。

**1. 自然通风**

自然通风也称动压通风，是利用汽车行驶对车身外部所产生的风压为动力，在适当的地方开设进风口和排风口，以实现车内的通风换气。因此，乘用车的进风口设在车窗的下部正风压区，而排风口设置在汽车尾部负风压区。

**2. 强制通风**

强制通风是利用鼓风机强制将车外空气送入车厢内进行通风换气的方法。这种方式需要能源和设备，在备有冷暖气设备的汽车车身上大多采用通风、供暖和制冷的联合装置。

**3. 综合通风**

综合通风是指一辆汽车上同时采用动压通风和强制通风两种通风方式。采用综合通风系统的汽车比单独采用强制通风或自然通风的汽车结构要复杂得多，最简单的综合通风系统是在自然通风的车身基础上，安装强制通风扇，根据需要可分别使用或同时使用。

通风系统组成如图 8–15 所示。

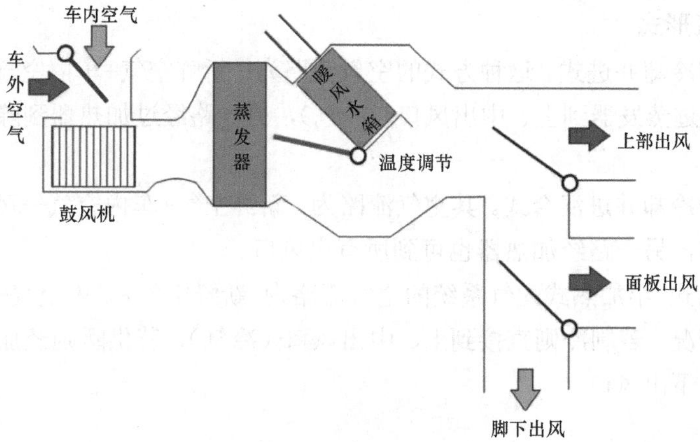


图 8–15　通风系统组成

## 8.3.3　配气系统

汽车空调根据要求，可以将冷、热风按照配置送到驾驶室内，以满足调节需要，其中主要有三种典型的配气方式：采暖、制冷、混合。

在结构方面，汽车空调配气系统由空气进口段、空气混合段和空气分配段三部分组成。

空气进口段包括控制新、旧气比例的风门和风机，其作用是根据需要调节车外与车内空气循环的比例。

空气混合段由蒸发器和加热器组成，其作用是调配适宜的温度和湿度。

空气分配段主要指各出风口及其管道，使气流从不同出风口吹出。

汽车空调的配气形式较多，目前最常用的是空气混合式和全热式两种，除此之外，还有其他一些配气形式。

**1. 空气混合式配气系统**

空气混合式配气系统是一部分空气从蒸发器出来后再经加热器加热，然后与从蒸发器直接过来的冷气混合，最后从各出风口送出的系统。

当天气炎热需要制冷时，外界的湿热空气经蒸发器冷却后送入车内，虽然经过除湿，但相对湿度仍较高，这种冷而湿的气流直接吹到乘员身上，会令人感到不舒服且易感冒。因此，在蒸发器与加热器之间设有混合风门，从蒸发器出来的冷空气可部分或全部经过加热器，经过加热器和不经过加热器的空气在空调器内混合后再从出风口送出，这样可降低冷空气的相对湿度。这种空调配气系统的缺点是冷、暖风混合不均匀，处理后的空气参数精度较差。

**2. 全热式配气系统**

与空气混合式不同的是，全热式配气系统从蒸发器出来的冷气全部进入加热器，二者之间不设调节风门。这种配气形式的优点是处理后的空气参数精度高，缺点是浪费部分冷量，因此主要用于高级轿车上。

**3. 其他配气形式**

（1）加热与冷却并进式。这种方式的空气流路为：新鲜空气+车内空气—风机，然后分为两路，一路经过蒸发器到上、中出风口（冷气），另一路经过加热器到除霜及侧、下出风口（暖气）。

（2）加热与冷却并进混合式。其空气流路为：新鲜空气+车内空气—风机，一路经蒸发器到所有出风口，另一路经加热器也可到所有出风口。

（3）半加热式。半加热式配气系统的空气流路为：新鲜空气+车内空气—风机—蒸发器，然后分为两种情况，若制冷则直接到上、中出风口（冷气），若供暖则经加热器后到除霜风口、上出风口、下出风口。

## 8.3.4 空气净化

进入车内的空气由车外新鲜空气和车内再循环空气组成。车外空气受到粉尘、烟尘以及汽车尾气中的CO、$SO_2$等有害气体的污染，车内空气受到乘员呼出的$CO_2$、人体汗味以及漏入车内的废气污染。这些因素降低了进入车内空气的洁净度，而空气净化器和空调滤芯能够清除车内空气中的异味微粒，并能去除车外空气中的花粉和灰尘，使空气得到净化。因此汽车空调需要配备空气净化设备。

知识拓展

## 汽车空调水暖式供暖系统结构

汽车供暖系统的主要组成部件有热水阀、鼓风机电机总成和加热器芯。

### 1. 热水阀

热水阀也被称为加热器控制阀、冷却液流动控制阀，它安装在发动机冷却液通道中，用于控制进入加热器芯的发动机冷却液流量，如图8–16所示。通过控制板上的温度调节旋钮便可操纵热水阀。目前，某些车型没有配备热水阀。这种情况下，发动机冷却液始终流过加热器芯，暖风装置出口温度由驾驶员打开和关闭位于加热器芯壳体内的风挡来调节。

热水阀可由真空阀实现控制。流经加热器芯的发动机冷却液量的多少（截止到最大流量）取决于热水阀真空信号值。

在空调制冷系统制冷时，为保证车厢内空气的温度和湿度在一定的范围内，通常开启热水阀，使热的发动机冷却液流至加热器芯，散发的热空气与蒸发器混合，从而调节温度和湿度。

### 2. 鼓风机电机总成

鼓风机电机总成由电动机和风扇组成，如图8–17所示。

根据空气流动方向的不同，风扇可以分为轴流式和离心式两种。轴流式风扇将空气从与转轴平行的方向吸入，并将空气从与转轴平行的方向排出。

### 3. 加热器芯

加热器芯由管子和散热片等构成。新式的加热器芯的管道上有凹坑，可改善热量输出性能。加热器芯的形状与散热器相似，如图8–18所示。如前所述，当热水阀打开时，加热后的发动机冷却液部分流经加热器芯，以便为车厢内乘员提供所需的热空气。

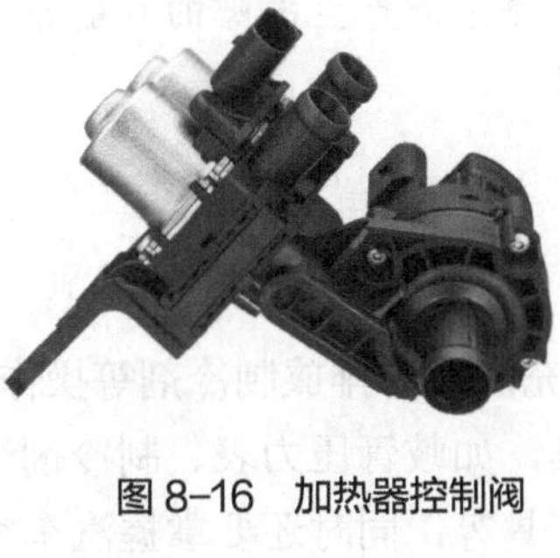

图8–16 加热器控制阀

图8–17 鼓风机电机总成

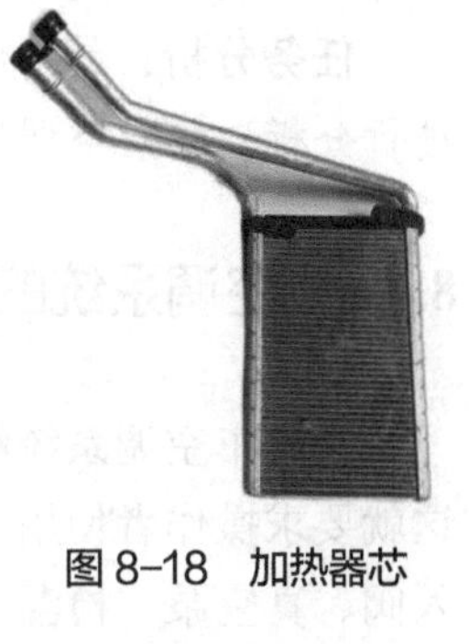

图8–18 加热器芯

加热器最常见的故障是泄漏。泄漏的症状一般是发动机冷却液的明显消耗，或者是副驾驶位置一侧前部的脚垫发现明显浸湿。查明故障原因之后，必须将加热器芯从车上拆下后进行修理。

思政课堂

1. 分组讨论汽车空调采暖系统的工作原理，并对比制冷系统工作原理，引导出能源优化的重要性。

2. 分组练习汽车空调采暖系统加热器和通风装置中鼓风机的拆装，注重安全规范的实施及工匠精神的培养。

# 任务 8.4　汽车空调系统的检测与维修

知识目标

1. 掌握汽车空调系统的维护技能。
2. 了解汽车空调系统故障的判断与处置。

能力目标

能够根据空调系统的故障现象进行诊断处置。

思政目标

1. 培养团队合理分工协作能力。
2. 树立安全规范意识，培养细致入微的工匠精神。
3. 提高自我管理和自主学习能力。

**任务描述：**一辆大众帕萨特汽车因空调不制冷而来进行维修，经检查发现是汽车空调制冷系统故障所致，需要对其进行维修。

**任务分析：**针对维修接待和车间确认意见，需要对汽车制冷系统产生故障的可能原因进行分析，并对空调制冷系统进行检测，诊断并排除相应故障。

## 8.4.1　空调系统的维修工具

在汽车空调系统维修中，经常要对其进行抽真空、检漏、充注或者排放制冷剂等操作，这就要求操作者使用掌握汽车空调检修中需要的各种专用工具，如歧管压力表、制冷剂注入阀、真空泵、检漏仪、制冷剂回收与充注设备、成套维修工具等，同时还要掌握汽车空调系统的检漏方法。在这基础上，根据不同的设备和方法，进行具体的操作。

**1. 歧管压力表**

歧管压力表是维修汽车空调系统必不可少的重要设备。空调系统维修的基本作业，如充注制冷剂、添加冷冻机油、系统抽真空等都离不开歧管压力表组件，汽车空调系统故障诊断与排除中也需要此设备。

（1）歧管压力表的结构。

歧管压力表由两个压力表（低压表和高压表）、两个手动阀（高压手动阀和低压手动阀）、三个软管接头（一个接低压工作阀，一个接高压工作阀，一个接制冷剂罐或真空泵吸入口）组成，这些部件都装在表座上，形成一个压力计装置，如图 8-19 所示。

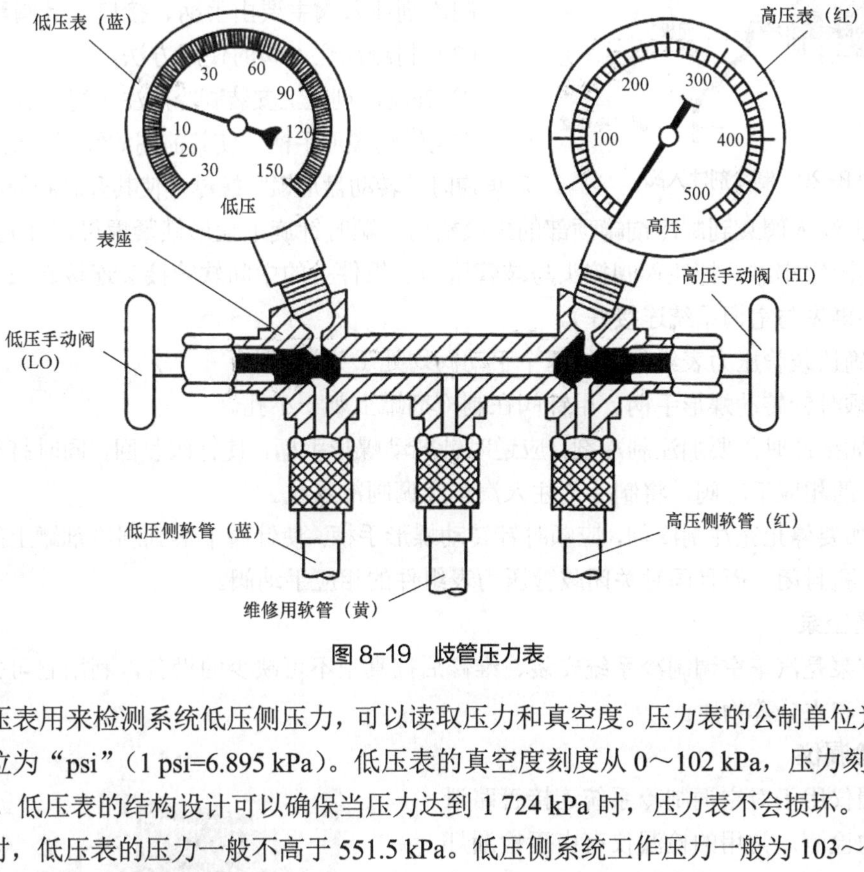


图 8-19　歧管压力表

低压表用来检测系统低压侧压力，可以读取压力和真空度。压力表的公制单位为“kPa”，英制单位为“psi”（1 psi=6.895 kPa）。低压表的真空度刻度从 0～102 kPa，压力刻度从 0～827 kPa。低压表的结构设计可以确保当压力达到 1 724 kPa 时，压力表不会损坏。在空调系统工作时，低压表的压力一般不高于 551.5 kPa。低压侧系统工作压力一般为 103～241 kPa。

高压表用来指示系统高压侧压力。在正常情况下，高压侧压力很少超过 2 068 kPa，但为了安全，高压表的最大刻度一般要远高于此值。高压表虽然在 0 kPa 以下没有刻度，但抽真空时不会损坏。高压侧系统工作压力一般为 1 103～1 517 kPa。

（2）歧管压力表的使用方法。

① 当高压手动阀 B 和低压手动阀 A 同时全关闭时，可以对高压侧和低压侧的压力进行检查，如图 8-19 所示。

② 当高压手动阀 B 和低压手动阀 A 同时全开时，全部管路连通。如果接上真空泵，就可以对系统进行抽真空。

③ 当高压手动阀 B 关闭，而低压手动阀 A 打开时，可以从低压侧充注气态制冷剂。

④ 当低压手动阀 A 关闭，而高压手动阀 B 打开时，可以使系统放空，排出制冷剂，同时也可以由高压侧充注液态制冷剂。

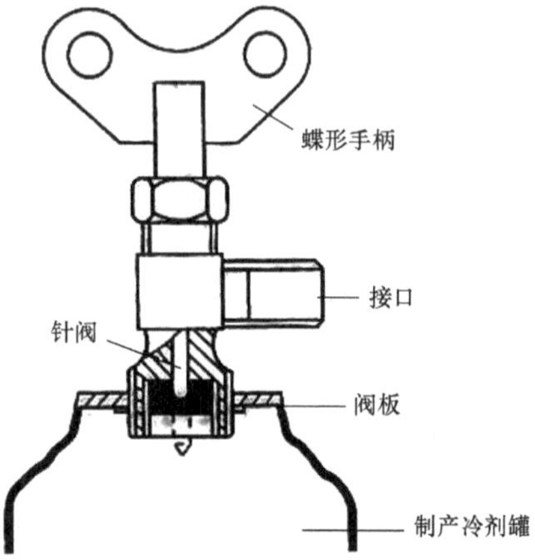


图 8-20 制冷剂注入阀

**2. 制冷剂注入阀**

制冷剂注入阀（或称蝶形阀）是打开小容量制冷剂罐（200～400 g）的专用工具，利用蝶形手柄前部的针阀刺破制冷剂罐，通过螺纹接头把制冷剂引入歧管压力表组件，如图 8-20 所示。

（1）制冷剂注入阀的结构。

制冷剂注入阀主要由手柄、接口、针阀等组成。

（2）制冷剂注入阀的使用方法。

① 在制冷剂罐上安装制冷剂注入阀之前，应按照逆时针方向转动蝶形手柄，使其前端的针阀完全缩回，然后再逆时针转动盘形锁紧螺母，使其升高到最高位置。

② 把注入阀装到制冷剂罐顶部的螺纹槽内，顺时针旋下盘形锁紧螺母，并充分拧紧，使注入阀固定牢靠，把注入阀接头与歧管压力表组件上的中间软管接头连接起来（歧管压力表组件事先与空调系统连接好）。

③ 确认歧管压力表组件上的两个手动阀均处于关闭状态。

④ 顺时针转动蝶形手柄，用针阀在制冷剂罐上刺一小孔。

⑤ 如果此时需要加注制冷剂，应逆时针转动蝶形手柄，使针阀收回，同时打开歧管压力表组件的相应手动阀，将制冷剂注入汽车空调制冷系统。

⑥ 如要停止充注制冷剂，应顺时针转动蝶形手柄，使针阀下落到制冷剂罐上刚开的小孔，使小孔封闭，而且同时关闭歧管压力表组件的相应手动阀。

**3. 真空泵**

真空泵是汽车空调制冷系统安装、维修后抽真空不可缺少的设备，利用它可去除系统内的空气和水分等物质。

**4. 检漏仪**

检漏仪用于对空调制冷系统连接管路泄漏部位的检测。常用的检漏仪有卤素检漏灯和电子检漏仪两种，其中电子检漏仪最为常用。电子检漏仪如图 8-21 所示。

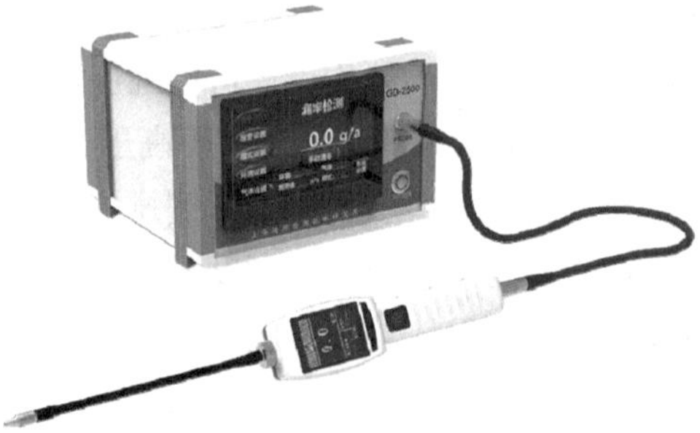

图 8-21 电子检漏仪

（1）卤素检漏灯。

卤素检漏灯是一种丙烷（或酒精）燃烧喷灯，利用制冷剂气体进入安装在喷灯的吸气管内，会改变喷灯的火焰颜色。当喷灯的吸气管从系统泄漏处吸入制冷剂时，火焰颜色会发生变化。具体来说，当泄漏量少时，火焰呈浅绿色；当泄漏较多时，火焰呈浅蓝色；当泄漏很多时，火焰呈紫色。

（2）电子检漏仪。

电子检漏仪分为 R12 电子检漏仪、R134a 电子检漏仪和多功能电子检漏仪等多种类型。一般检测 R12 制冷剂的电子检漏仪对检测 R134a 的空调系统是无效的，检测 R134a 制冷剂要使用专门设计的检漏仪，或使用可检测 R12 及 R134a 制冷剂的多功能电子检漏仪。目前最常用的是多功能电子检漏仪，它既能检测 R12 制冷剂，又能检测 R134a 制冷剂。

**5. 制冷剂回收与充注设备**

汽车空调制冷剂有相当一部分耗费于维修。若维修时直接将原系统内的制冷剂排入到大气中，再另行充加新制冷剂，这样不仅浪费制冷剂，也会造成对大气臭氧层的破坏。若汽车采用的制冷剂为 R134a，由于其价格昂贵，也有必要对这部分维修时释放的制冷剂进行回收再利用。因此维修时需要采用制冷剂回收和充注机对制冷剂进行回收再利用。目前有 R12 和 R134a 两种制冷剂回收与充注装置，或同一装置中有两套管路，分别供 R12 和 R134a 制冷剂回收之用。

各种回收与充注装置的操作方法不完全相同，但基本方法一致。汽车用制冷剂回收与充注机是一种轻便型半自动充注机，适用于 R12 和 R134a 制冷剂的回收与充注。它配有高效压缩机、大功率的真空泵、高低压歧管压力表组件、工作罐压力表、制冷剂电子秤以及冷冻机油注入器等，具备汽车空调维修所需要的所有功能。

## 8.4.2 空调系统的常规检测

汽车空调制冷系统检修的基本操作包括制冷系统工作压力的检测、从制冷系统内放出制冷剂、制冷系统抽真空、加注和补充制冷剂、制冷系统的检漏等。

**1. 空调系统维修注意事项**

（1）当处理制冷剂时，不得在封闭区或明火附近操作。要坚持戴防护眼镜作业，不要让液态制冷剂进入眼睛或沾到皮肤上。

（2）如果液体制冷剂碰到眼睛或皮肤，请不要揉擦，应用大量冷却水冲洗，并在皮肤上涂抹凡士林，或去医院进行专业处理。

（3）当在制冷剂管路上更换零件时，应该使用制冷剂回收机回收制冷剂，以便再次使用。在拆开部分立刻插入塞子防止潮气和灰尘进入。不要除去塞子，以免新冷凝器或储液罐/干燥器对大气环境开放。

在新压缩机拆卸柱塞前，要从加液阀放掉氮气。如果氮气没有先放掉，拆卸柱塞时压缩机油会随氮气喷出。

（4）当拧紧连接件时，在 O 形圈上涂几滴压缩机油以便容易上紧，并防止制冷剂气体泄漏。请用两只开口扳手紧固螺母，以避免扭曲管子。将 O 形圈或螺栓类接头拧紧到额定力矩。

（5）当处理制冷剂容器时，容器不得加热，必须保持在 40 ℃以下。当用温水加温容器时，注意不要把容器顶上的阀门浸入水中，因为水可能会渗入制冷回路。空容器不得重复使用。

（6）当 A/C 开着并补足制冷剂气体时，如果制冷回路没有足够的制冷剂气体，油润滑会变得不足，并且压缩机可能会烧坏，因此要注意避免这种情况。

如果制冷剂容器颠倒，制冷剂又以液态加入，液体将被压缩，并且压缩机将损坏，因此制冷剂必须以气态加入。

不要加入过量的制冷剂气体，这会引起冷却不充分、燃油经济性差、发动机过热等故障。

（7）当使用卤素管检漏器时，明火有点燃爆炸性气体的危险。在用此检漏器前，首先检查附近是否存在易燃、易爆的材料。尽管制冷剂是无毒的，但一旦暴露于明火，就变成有毒的。因此，如果检漏器中的火焰颜色发生变化，一定要特别注意，不要吸入检漏器发出的气体。

**2. 空调系统的人工检查**

空调系统的人工检查，通常采用人工视听方式。

（1）传动皮带是否松弛。如果传动皮带松驰，它将会打滑，造成磨损。

（2）鼓风机风量不足。检查清洁空气过滤器是否存在污垢和阻塞情况。

（3）压缩机附近听到噪声。检查压缩机安装螺栓和托架螺栓是否缺失或松动。

（4）压缩机内部存在噪声。可能是其内部构件损坏引起的噪声。

（5）冷凝器散热片被污垢和灰尘覆盖。如果该冷凝器散热片覆盖有污垢和灰尘，那么该冷凝器的冷却效率可能会明显降低。处置时，可对冷凝器进行洗刷，除去所有污垢和灰尘。

（6）制冷系统连接处或接头上有油污。连接处或接头上的油渍可以指示制冷剂从哪个地方泄漏。如果发现这种油污，应该重新紧固零件，或根据需要更换，以防止气体渗漏。

（7）鼓风机附近听到噪声。将鼓风机开关旋到“LO”、“MED”和“HI”等位置，如果产生异常噪声，须更换鼓风机电机。异物进入鼓风机也会产生噪声，电机安装不合适可能导致异常旋转，因此，更换鼓风机电机前要充分检查是否存在这些因素。

（8）通过观察孔检查制冷剂量。如果在观察孔可以看到大量气泡流过，说明制冷剂不足，因此需要补加制冷剂到恰当的程度。在这时候也要如前所述检查油渍，确信没有制冷剂渗漏。

**3. 制冷系统工作压力的检测方法**

要了解汽车空调制冷系统工作循环进行的情况，必须测量制冷系统工作时高压侧和低压侧的压力。检修方法如下。

（1）当用歧管压力表执行故障诊断时，须遵循以下条件：发动机冷却剂温度在预热以后，所有的车门全部打开；气流选择“FACE”，外循环；发动机转速 1 500 r/min（R134a），2 000 r/min（R12）；风量选择大，温度选择器 MAXCOOL；A/C 开关打开。

（2）将歧管压力表正确连接到制冷系统相应的检修阀上，如果是手动阀，则应确保阀处于中间位置。

（3）关闭歧管压力表上的两个手动阀。

（4）用手拧松歧管压力表上高低压注入软管的联结螺母，让系统内的制冷剂将高压注入软管内的空气排出，然后再将联结螺母拧紧。

（5）将温度计插入中间出风口并观察空气温度。当外界温度为 27 ℃时，运行 5 min 后出风温度应接近于 7 ℃。

（6）观察高低压侧压力，压缩机的吸气压力应为 207 Pa～24 kPa（低压），排气压力应为 1 103 ～1 633 kPa（高压）。如果电磁离合器工作，应在离合器分离之前记录下数值。

制冷系统工作压力异常、原因分析及检修方法见表 8-1。

表 8-1　制冷系统工作压力异常分析表

| 现象 | 原因及检修方法 |
|---|---|
| 低压侧压力低<br>高压侧压力高 | 膨胀阀损坏：更换膨胀阀；<br>制冷剂软管堵塞：检查软管有无死弯，必要时更换；<br>储液干燥器堵塞：更换储液干燥器；<br>冷凝器堵塞：更换冷凝器 |
| 高、低压压力正常<br>（冷气量不足） | 系统中有空气：抽真空、检漏并加注制冷剂；<br>系统中润滑油过量：排放并抽油，恢复正常油量，抽真空、检漏并加注系统 |
| 低压侧压力低<br>高压侧压力低 | 系统中制冷剂不足：抽真空、检漏并加注系统；<br>膨胀阀堵塞：更换膨胀阀 |
| 低压侧压力高<br>高压侧压力低 | 压缩机内部磨损泄漏：拆下压缩机缸盖，检查压缩机。必要时更换阀板总成。如果压缩机堵塞或缸体磨损严重或损伤，更换压缩机；<br>缸盖密封垫泄漏：更换缸盖密封垫；<br>压缩机皮带打滑：调整皮带松紧度 |
| 低压侧压力高<br>高压侧压力高 | 冷凝器叶片堵塞：清扫冷凝器叶片；<br>系统中有空气：抽真空、检漏并加注系统；<br>膨胀阀损坏：更换膨胀阀；<br>皮带松弛或磨损：调整或更换皮带；<br>制冷剂加注过量：释放少量制冷剂 |

**4. 空调系统的抽空**

在高于海平面的高度时，真空计的读数就不是 100 kPa；海拔每升高 300 m，真空计就须修正 3 kPa 以补偿大气压力的变化。例如，在海拔 300 m 时，真空计读数 100 kPa，与在海平面时 97 kPa 相同。

水在海平面 100 kPa 时的沸点为 100 ℃。在抽空空调系统时，真空度被提高，就好比水被移到了海拔相当高的地方，水的沸点随之下降。要充分实现使水沸点降低的目的，需要将空调系统的真空度提高到一个高水平。在汽车空调系统中，需要将空调系统中水的沸点降低到比汽车周围空气温度（环境温度）还要低的温度，才能将水汽排出空调系统，在环境气温为 24 ℃时，至少要抽掉 98.59 kPa 才能使水的沸点降低到 22 ℃，这样就可保证经过 30 min 将空调系统完全抽空。

在对空调系统进行抽空时，必须利用真空泵将空调系统中有害的空气和水分吸走。汽车空调压缩机绝不可作为真空泵使用，因为冷冻机油是与制冷剂一起循环的，而且在使用 R12 制冷剂的空调系统中，R12 制冷剂对冷冻机油具有强大的吸引力，汽车空调系统使用的压缩机要求能进行平稳不变的冷冻机油分布来完成其适当的作用和润滑。冷冻机油不足会损坏系统内部零件，而且由于正在抽空空调系统时冷冻机油不能正确循环，所以压缩机不得用于抽空。在使用循环机时，真空泵是循环机的一部分。在空调系统抽空时，真空泵控制着空调系统内的压力，随着空调系统内部压力降至真空状态，水（水汽）的沸点也降低到易产生蒸汽的温度，蒸发的水汽很容易被真空泵吸走。

空调系统的抽空方法如下。

（1）确认空调系统是否有制冷剂。

首先确认空调系统是否有制冷剂，如果有制冷剂，则按照制冷剂是 R12 还是 R134a 进行分别回收。

（2）连接空调歧管压力表。

连接空调歧管压力表，如图 8-22 所示。将低压软管连接到低压制冷剂充注阀上，将高压软管连接到高压制冷剂充注阀上。为了防止沾上灰尘和碎屑，请不要在阀座上涂抹冷冻机油。

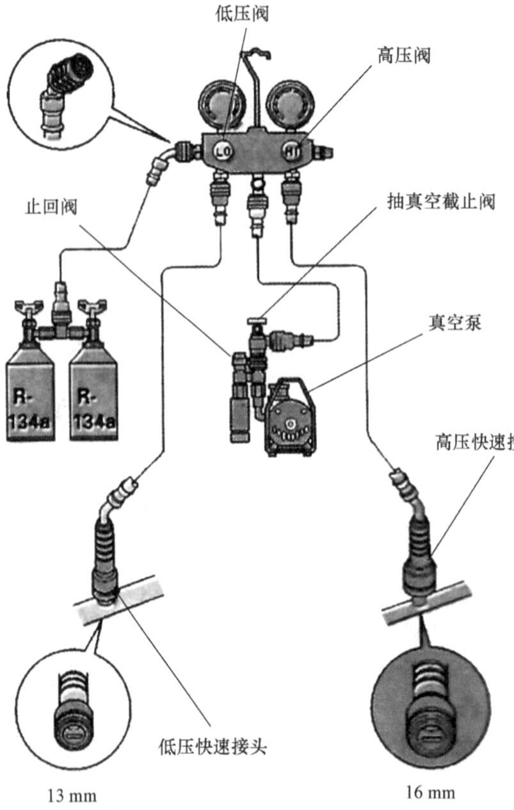


图 8-22　歧管压力表连接

（3）使高压侧表和低压侧表的指示为 0。

关闭歧管表组的中央维护软管的阀门，将歧管表组的低压和高压侧歧管手动阀开到最大位置，同时观察高压侧表和低压侧表，指示应为 0，否则要继续回收空调系统内的制冷剂。如果残余制冷剂不多，可以由歧管表组的中央维护软管慢慢放出。释放残余制冷剂时，要用棉丝或维修布裹住排放管进行排放，直到高压侧表和低压侧表的指示为 0。

（4）起动真空泵或循环机。

开始抽真空前，要检查真空泵的油量是否符合要求，避免真空泵烧毁，确认正常后将歧管表组的中央维护软管接到真空泵或循环机进口接头上。打开真空泵的排泄阀（如果装有）或摘下排泄出口的防尘盖，起动真空泵或循环机。

（5）检查高压表和低压表读数。

约 10 min 后，检查高压表和低压表读数。低压侧表真空读数应低于 80 kPa，高压侧表指针应慢慢降到表刻度 0 以下。如果高压侧表迅速下降到 0 以下，说明空调系统已经堵塞。如果两个表的指针不能下降到相应的数值以下，则说明系统存在泄漏。应将两个阀门都关闭，停止压缩机，根据需要对空调系统进行修理。在故障未排除之前，不要继续对空调系统抽空。

（6）检查系统有无真空损失，判断是否有渗漏发生。

继续对汽车空调系统进行空气排空，直到低压侧表真空读数低于 100 kPa，关闭歧管表组的高压侧和低压侧压力阀，并关闭真空泵或循环机。记录低压侧表的读数。停机 5 min 之后，再检查低压侧表读数。如果空调系统出现真空损失，则说明存在渗漏，低压侧表的读数可能会比所记录的读数高。如果读数相同，则说明没有渗漏发生。

（7）检查、维修。

如果有渗漏发生，要找出渗漏的位置，必要时进行修理，然后重新进行检查。

如果空调系统没有渗漏发生，则起动真空泵并打开两个手动阀。真空泵运行 30 min 后，关闭两个手动阀，关闭真空泵并从真空泵上拆下维护软管。维护软管连接制冷剂供给阀并准备对空调系统加注制冷剂。

**5. 制冷剂的加注**

加注制冷剂的方法一般有以下两种。

（1）从高压侧加注液态制冷剂。

① 当系统抽完真空之后，关闭歧管压力表组的高、低压两侧手动阀。

② 将中间软管的一端与制冷剂注入阀的接头连接后，打开制冷剂罐开启阀，再拧开歧管压力表组件软管一端的螺母，让制冷剂溢出少许，赶走空气，然后再拧紧螺母。制冷剂加注如图 8-23（a）所示。

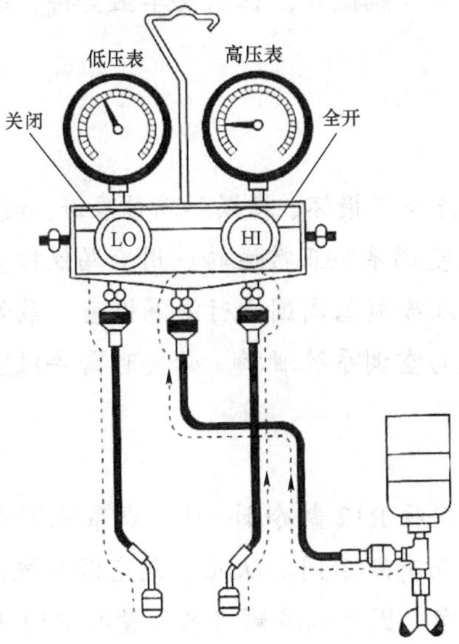


(a) 高压侧加注

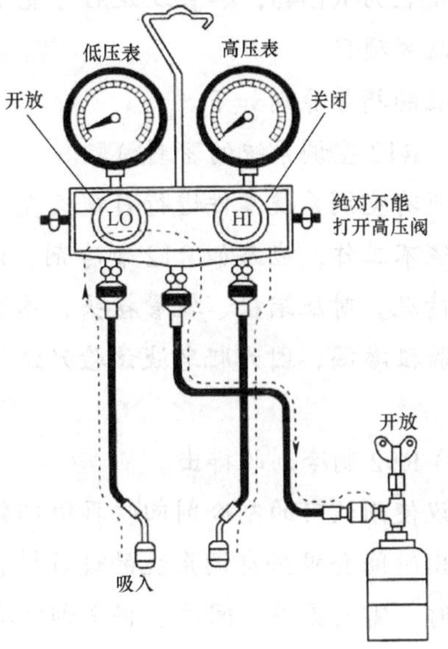


(b) 低压侧加注

图 8-23　制冷剂加注

③ 拧开高压侧手动阀到全开的位置，将制冷剂罐倒立，以便从高压侧注入液态制冷剂。从高压侧注入液态制冷剂两罐以上，或按规定的量注入。要特别注意的是：从高压侧向系统注入制冷剂时，千万不能起动发动机，而且在充注时不能拧开低压侧手动阀。

（2）从低压侧加注气态制冷剂。

① 如图 8-23（b）所示，把歧管压力表组件与压缩机和制冷剂罐连接好。

② 打开制冷剂罐，拧松中间注入软管在歧管压力表组件侧的螺母，直到听见制冷剂蒸气有流动的声音，然后拧紧螺母。其目的是将注入软管中的空气赶走。

③ 打开低压阀，让制冷剂进入系统。当系统的压力值达到 420 kPa 时，必须关闭低压手动阀。

④ 起动发动机，接通空调开关，并将风机开关和温度开关都开到最大。

⑤ 再打开低压侧手动阀，让制冷剂继续进入冷气系统，直到充注量达到规定值为止。

⑥ 充注完毕后，应关闭歧管压力表组件的低压侧手动阀，同时关闭装在制冷剂罐上的注入阀，使发动机停止运转，从压缩机上迅速拆除制冷剂软管接头。此时要特别注意，由于高压侧管路里的制冷剂处于高压状态，因此必须十分小心，以防止制冷剂喷出损伤眼睛和皮肤。

## 知识拓展

### R12 空调系统改装为 R134a 空调系统

汽车空调在维修时，R12 制冷剂系统维修工具与 R134a 不能混用。因此，随着 R134a 制冷剂的广泛应用，老款汽车 R12 制冷剂系统的维修成本越来越高，车主希望将 R12 制冷剂系统改装为 R134a，尽管改装后可能不能保证性能提升，但只要车主坚持，维修单位可以实施改装项目。

改装的指导原则如下。

（1）R12 空调系统的密封试验。

对所有空调系统零件进行目视检查。检查是否有损坏、渗漏和腐蚀痕迹。起动系统后，如果系统不工作，应添加 R12 制冷剂，以确保空调系统正常运转。用检漏仪检查空调系统的密封情况。对压缩机、软管接头、蒸发器以及冷凝器周围进行渗漏检查。最好不要用肥皂液来验证渗漏，因为肥皂液试验只适用于大的空调系统泄漏。必要时需要对空调器进行修理。

（2）R12 制冷剂的排出。

建议使用认可的制冷剂回收再循环装置来回收 R12 制冷剂。从空调系统排出 R12 制冷剂，排出时间会根据空调系统的设计结构情况而有所不同。从孔管式空调系统内排出 R12 制冷剂时，需要更多时间才能将全部制冷剂排净，因为储液罐可装大量的 R12 制冷剂和冷冻机油。

有些空调系统零件在缓慢排放 R12 制冷剂时会出现霜冻，可以用吹风机和电加热器的外加热源使其融化。R12 制冷剂全部排尽后，要抽空空调系统 5 min。如果 5 min 后空调系统出现正压，起动制冷剂回收再循环装置直到空调系统再次被抽为真空为止。关闭制冷剂回收再循环装置，将空调系统的真空至少保持 2 min。

（3）冷冻机油的排出。

排出矿物油对于减少空调系统保留的 R12 制冷剂的数量是重要的。建议按照压缩机和汽车制造厂商的办法为改型的空调系统排出冷冻机油。某些制造厂商可能会建议更换系统零件，并将零件空干或冲洗。如果建议采用冲洗法，那么只能使用 R12 制冷剂冲洗 R12 空调系统。

（4）更换空调系统零件。

建议按照压缩机和汽车制造厂商的建议更换零件。在某些情况下，像软管、密封以及 O 形圈最需要更换。改型时，要使用恰当的配套使用说明书。用于 R134a 空调系统的冷冻机油不能用于 R12 系统的软管、密封和 O 形圈。将橡胶件错误地使用在 R134a 空调系统上可能会导致膨胀和脱皮，从而出现渗漏。

安装密封和 O 形圈时，使用矿物油润滑零件，以防皮肤接触到 R134a 冷冻机油。使用少量矿物油润滑 R134a 空调系统的密封和 O 形圈不会影响空调系统的正常运转。有些制造厂商将提供预润滑的密封和 O 形圈。

将 R12 空调系统的软管更换为与 R134a 制冷剂相配的扩散膜式软管。如果 R12 空调系统的软管使用在已改装为 R134a 的空调系统上，R134a 制冷剂将通过此软管渗漏，导致空调系统不能运行。带螺旋夹的商品不适合 R134a 制冷剂使用。更换的软管应带凸边接头或者轻便式整体卷边结构的软管。

有些压缩机可与 R134a 制冷剂相配，但大部分是不相配的。如果压缩机已与 R12 制冷剂磨合，它就可以允许转化为使用 R134a 制冷剂，因为压缩机内表面由于 R12 制冷剂的作用涂上了一层氯涂层。R134a 压缩机进行了许多设计结构的改变，包括密封、润滑管路、轴承、涂料以及材料等方面的改变。如果 R12 压缩机已损坏，需要替换时，如果压缩机设计本身不成熟，则使用新的或修复的 R12 压缩机可能会过早地损坏。

干燥剂的更换取决于汽车制造厂商安装的干燥剂的数量和类型。如果改装时使用新的 R12 储液罐或储液干燥器时，新的 R12 干燥剂袋可能会破裂而堵塞空调系统。如果干燥剂水分饱和（或）空调系统已过保险期，建议更换储液罐或储液干燥器。如果干燥剂水汽已饱和，而且在改装时也不更换，那么干燥剂袋发生破裂的机会就会增大。根据压缩机和汽车制造厂商的意见，应该安装装有 XH7 和 XH9 干燥剂的储液罐或储液干燥器。

但并不一定非要更换冷凝器。在低速驱动时，R134a 空调系统可能会面临较高的压力头。汽车制造厂商可能建议增添额外的电风扇，增设高压切断开关（防止系统泄漏）和辅助密封来改善冷凝器的气流。安装带有较高气流限制的新冷凝器并不意味着空调系统性能的改善。较高冷凝器气流限制可能造成发动机冷却系统能力和空调系统冷风能力的损失。

更换制冷剂控制器将随着空调系统和汽车设计结构的变化而变化。对于某些空调系统来说，为了保持其工作性能，可能需要更换膨胀阀或细管、新的压力开关和控制装置，因为 R12 和 R134a 制冷剂的工作压力不同。例如，为了保持系统的性能，压缩机离合器循环率可能会发生变化。因此，应按照汽车制造厂商的建议进行制冷剂控制器的改装。

因为压缩机和汽车制造厂商的规定限制矿物油的使用，所以要使用适当的聚烷乙二醇或酯类油。聚烷乙二醇和酯类油有几种类型。为了保证压缩机的正确运转和延长使用寿命，必须使用规定的冷冻机油。在准备装入空调系统之前，聚烷乙二醇和酯类油要保存在密封容器内。聚烷乙二醇和酯类油可以吸收水分。如果冷冻机油从压缩机涌出而不直接加入压缩机，可以用手转动压缩机，以确保在空调系统起动时压缩机内有冷冻机油。如果改装的 R134a 空调系统冷冻机油过多，那么冷冻机油就会集中在蒸发器内，导致出口排放温度升高。

（5）安装维护孔和标签。

① 安装维护孔。

在现有 R12 空调系统的维护孔上安装 R134a 空调系统维护孔。用螺纹锁黏合剂或单独的机械锁紧装置固定 R134a 空调系统维护孔以防脱落。请注意，在安装 R134a 空调系统维护孔时，如果使用 R12 空调系统其他维护孔的 O 形圈，O 形圈可能会被压断或损坏。R12 空调系统的其他维护孔一律堵住或挡住，使其不能与 R12 空调系统维护装置兼用。

② 安装标签。

在现有的 R12 制冷剂标签上安装永久性改装标识。如果在其上不能安装新标签，则临时性涂去 R12 制冷剂标识。

（6）空调系统的抽空和加装 R134a 制冷剂。

空调系统必须加装正确和适量的冷冻机油。使用 R134a 空调系统维护装置和能使真空达到 1 bar 的真空泵对空调系统进行抽空。抽空时间至少保持 30 min。抽空时间可根据压缩机和汽车制造厂商的意见而变化。安装两个蒸发器的空调器或大型空调系统（即大篷车）需要的抽空时间就要长一些。如果空调系统使用 R134a 维护装置进行加氟，则 R134a 空调系统的装量将按照压缩机和汽车制造厂商的规定执行。

（7）密封检查和性能检查。

建议使用与 R12 空调系统检查方法相同的 R134a 检漏仪来检查系统的密封性。确定 R134a 空调系统没有渗漏后，需要检查空调系统的性能是否满意。最好参考汽车制造厂商提供的技术规格。

检查比较改装的 R134a 空调系统与 R12 空调系统的运行性能，在系统运行方面可能有也可能没有明显的差别。

压缩机和汽车制造厂商会建议遵守改装指导原则，为客户空调系统提供性能最好的 R134a 制冷剂。

汽车空调系统改装后要进行最终试验，以确保空调系统能够正常工作。

思政课堂

1. 分组讨论汽车空调制冷系统维修工具的作用和使用方法，注重安全规范地操作。

2. 分组练习汽车空调制冷系统的诊断和维修，注重技能训练和能力培养，打造技能报国的榜样效应。

# 项目 9
# 汽车电路识图

## 项目描述

一天清晨，陈先生准备驾驶自己的大众帕萨特汽车去上班，来到车前发现一只尾灯常亮，汽车其他功能正常，于是下班后将车送往维修店。

根据故障现象，汽车维修人员判断为电路故障，查阅汽车电路图，罗列出故障原因，通过检测判断故障点。

通过本项目的学习，可以更好地掌握汽车电路图的识图方法，了解汽车电路故障的诊断逻辑，掌握汽车电路常见故障的排除方法。

视频讲解

## 任务 9.1　汽车电路图的识读

### 知识目标

1. 了解汽车电路及标识的识读。
2. 了解汽车电路故障的分析方法。

### 能力目标

1. 能够识别汽车电路的主要标识。
2. 能够掌握汽车电路故障的诊断方法。

### 思政目标

1. 培养团队合理分工协作能力。
2. 培养举一反三及提升岗位技能的能力。
3. 提高自我管理和自主学习能力。

**任务描述：**一位新入职的车辆维修人员，面对汽车电路故障无从下手，决定从基础知识开始熟悉车辆电路故障，从电路分析着手解决故障。

**任务分析：**新手进入维修行业，首先需要具备基础知识，汽车电路识图是电路故障分析的基础，是解决电路故障必要的技术支持。

汽车电气系统较为复杂，特别是为了提高现代汽车的性能，电器设备越来越多，电气系统的构成也随之复杂化和智能化。而汽车电路则是将这些越来越复杂的电气系统按照它们各自的工作特性和相互的内在联系，通过电力网络和数据网络连接起来，构成的一个完整的供电和用电系统。因此，熟练掌握汽车电路及其故障的解析方法对于汽车电器维修工作具有重要的意义。

## 9.1.1 汽车电气的线材及标识

在汽车电器维修中，辨别线缆和查阅电路图是技术人员的基本工作内容。熟练掌握汽车电气线缆规定和电路图的释读知识与技能是工作的基础。

汽车电气线路所用的导线相对简单。在当今主流车型上，按其传输内容可以分为数据线和电力线两类；按其工作电压则可以分为低压导线和高压导线两种类型，而低压导线又分为普通导线和特种电缆两种类型。

**1. 数据导线**

车载数据网具有多种网络总线，数据导线根据其所在的总线类型，有 CAN 总线、LIN 总线、MOST 总线之分。

**2. 普通低压导线**

车上使用的普通低压导线为铜质多丝软线，根据外皮绝缘包层的材料不同，又分为 QVR 型（聚氯乙烯绝缘包层）和 QFR 型（聚氯乙烯丁腈复合绝缘包层）两种。

（1）导线的线径。

导线的线径主要根据用电设备的工作电流进行选择，考虑到其耐久性，汽车电气系统中所用的导线线径均在 0.5 mm$^2$ 以上。OVR 汽车用低压导线的参数见表 9–1，12 V 规格的电气系统主要线路导线线径见表 9–2（注：数据来自行业标准 JB/T 8139—1999）。

**表 9–1 QVR 汽车低压导线的参数表**

| 标称线径/mm$^2$ | 线芯结构 | | 电流值/A | 绝缘层标称厚度/mm | 电线最大外径/mm |
|---|---|---|---|---|---|
| | 根数/根 | 单根直径/mm | | | |
| 0.50 | 16 | 0.20 | 3 | 0.60 | 2.40 |
| 0.75 | 24 | 0.20 | 5 | 0.60 | 2.60 |
| 1.00 | 32 | 0.20 | 11 | 0.60 | 2.80 |
| 1.50 | 30 | 0.25 | 14 | 0.60 | 3.10 |
| 2.50 | 49 | 0.25 | 20 | 0.70 | 3.70 |
| 4.0 | 56 | 0.30 | 25 | 0.80 | 4.50 |
| 6.0 | 84 | 0.30 | 35 | 0.80 | 5.10 |

续表

| 标称线径/mm² | 线芯结构 | | 电流值/A | 绝缘层标称厚度/mm | 电线最大外径/mm |
|---|---|---|---|---|---|
| | 根数/根 | 单根直径/mm | | | |
| 10 | 84 | 0.40 | 50 | 1.00 | 6.70 |
| 16 | 126 | 0.40 | 65 | 1.00 | 8.50 |
| 25 | 196 | 0.40 | 92 | 1.30 | 10.60 |
| 35 | 276 | 0.40 | 115 | 1.30 | 11.80 |
| 50 | 396 | 0.40 | 144 | 1.50 | 13.70 |

**表 9-2　12 V 规格全车电气系统主要线路导线线径**

| 标称线径/mm² | 使用位置 |
|---|---|
| 0.50 | 示廓灯、顶灯、指示灯、仪表灯、牌照灯、刮水器、电钟、燃油表、冷却液温度表、油压表等电路 |
| 0.80 | 转向灯、制动灯、停车灯、断电器等电路 |
| 1.00 | 前照灯、电喇叭（3 A 以下）电路 |
| 1.50 | 前照灯、电喇叭（3 A 以上）电路 |
| 1.50～4.00 | 其他 5 A 以上电路 |
| 4～6 | 柴油车电热塞电路 |
| 6～25 | 发电机电源电缆 |
| 16～95 | 起动机电缆 |

（2）导线的颜色和色标。

为了便于维修，汽车线束中的导线常以不同的颜色加以区分并在电路图中加以标注。其中线径在 4 mm² 以上的导线采用单色，而线径在 4 mm² 以下的导线均采用双色，搭铁线则均为黑色或棕色。

汽车用低压导线的颜色与代号依据国标而制定，详见表 9-3。汽车电气系统中各系统的主色见表 9-4。单色线的颜色由表 9-3 所示的颜色组成，双色线的颜色由表 9-3 所示的两种颜色配合组成。主色条纹与辅助色条纹沿圆周表面的比例为 3∶1～5∶1。双色线的标注以第一色为主色，第二色为辅助色。

**表 9-3　低压导线的颜色与代号**

| 线色 | 常用缩写 | 中文 | 线色 | 常用缩写 | 中文 |
|---|---|---|---|---|---|
| Black | BLK/B | 黑色 | Light Green | LT GRN | 浅绿 |
| Blue | BLU/BL | 蓝色 | Orange | ORG/O | 橙色 |

续表

| 线色 | 常用缩写 | 中文 | 线色 | 常用缩写 | 中文 |
|---|---|---|---|---|---|
| Brown | BRN/BR | 棕色 | Pink | PNK/P | 粉红 |
| Clear | CLR/CL | 透明 | Purple | PPL/PP | 紫色 |
| Dark Blue | DK BLU | 深蓝 | Red | RED/R | 红色 |
| Dark Green | DK GRN | 深绿 | Tan | TAN/T | 褐色 |
| Green | GRN/G | 绿色 | Violet | VIO/V | 粉紫 |
| Gray | GRY/GR | 灰色 | White | WHT/W | 白色 |
| Light Blue | LT BLU | 浅蓝 | Yellow | YEL/Y | 黄色 |

**表9-4 汽车电气系统中各系统的主色**

| 序号 | 系统名称 | 主色 | 颜色代号 |
|---|---|---|---|
| 1 | 电源系统 | 红 | R |
| 2 | 点火、起动系统 | 白 | W |
| 3 | 雾灯 | 蓝 | BL |
| 4 | 灯光、信号系统 | 绿 | G |
| 5 | 车身内部照明系统 | 黄 | Y |
| 6 | 仪表、报警系统 | 棕 | Br |
| 7 | 音响、点烟器等辅助系统 | 紫 | V |
| 8 | 各种辅助电动机及电器操纵系统 | 灰 | Gr |
| 9 | 搭铁线 | 黑 | B |

（3）导线在线路图中的表示方法。

在汽车电器设备的线路图中，导线上一般都标注有符号，该符号用来表示导线的线径和颜色。导线的线径标注在颜色代码前，单位为“$mm^2$”时不标注，例如：“2.5R”表示导线线径为2.5 $mm^2$的红色导线；“1.5G/Y”表示导线线径为1.5 $mm^2$的双色导线，主色为绿色，辅助色为黄色。

**3. 特种电缆**

（1）起动电缆。

起动电缆用来连接蓄电池与起动机开关的主接线柱，截面有25 $mm^2$、35 $mm^2$、50 $mm^2$、70 $mm^2$等多种规格，允许电流达1 000 A。为了保证起动机正常工作，并产生足够的功率，要求在线路上每100 A的电流所产生的电压降不超过0.15 V。

（2）蓄电池的搭铁电缆。

这种电缆是由铜丝编织而成的扁形软铜线，国产汽车常用的搭铁线长度有300 mm、450 mm、600 mm、760 mm四种规格。

（3）高压导线。

高压导线用来传送高电压，高压导线分为铜芯线和阻尼线两种。由于高压线的工作电压很高（一般在 15 kV 以上），故其工作电流强度较小。因此，高压导线的绝缘包层很厚，耐压性能好，但其线芯线径很小，各汽车厂家现多采用制式成品的高压线配件供应市场。随着汽油机电控独立点火系统的普及应用，高压导线使用量越来越少，这里就不再赘述。

**4. 电气元件符号**

汽车电气元件的结构比较复杂，如果直接在电路图上画出电器元件，电路图将会变得异常复杂和难懂。因此，电路图在绘制中都采用相应的符号来表示各种电器元件。目前还没有电路图符号的国际标准，各个厂家均采用自定的标准。但从目前各厂家的汽车电路图来看，虽然符号不尽相同，但其含义差别不大，并且电路图都有相应的说明来解释所采用的符号。因此，本书仅以常用的电路图符号为例，说明电气元件的表示方法。

（1）电路图中常用的符号。

汽车电路图中常用图形符号见表 9-5。

**表 9-5　常用图形符号**

| 一、常用基本符号 | | | | | |
|---|---|---|---|---|---|
| 序号 | 名称 | 图形符号 | 序号 | 名称 | 图形符号 |
| 1 | 直流 |   | 6 | 中性点 | **N** |
| 2 | 交流 |  | 7 | 磁场 | **F** |
| 3 | 交直流 | 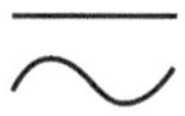 | 8 | 搭铁 |  |
| 4 | 正极 |  | 9 | 交流发电机输出接柱 | **B** |
| 5 | 负极 |   | 10 | 磁场二极管输出端 | **D+** |
| 二、导线端子和导线连接 | | | | | |
| 11 | 接点 |  | 18 | 插头和插座 |  |
| 12 | 端子 |  | 19 | 多极插头和插座（示出的为三极） | 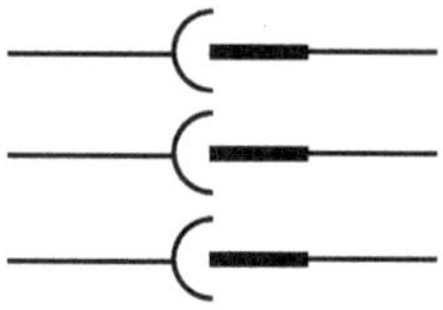 |
| 13 | 导线的连接 |  | | | |
| 14 | 导线的分支连接 |  | | | |
| 15 | 导线的交叉连接 | 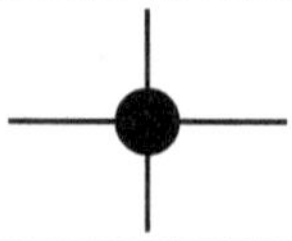 | 20 | 接通的连接片 | 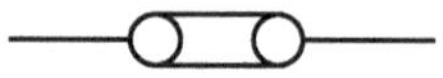 |
| 16 | 插座的一个极 |  | 21 | 断开的连接片 | 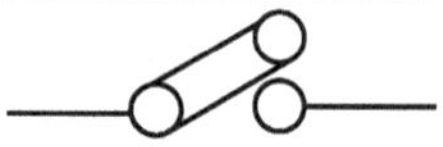 |
| 17 | 插头的一个极 |  | 22 | 屏蔽导线 | 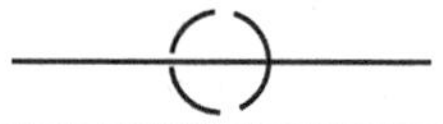 |

续表

| 序号 | 名称 | 图形符号 | 序号 | 名称 | 图形符号 |
|---|---|---|---|---|---|
| 三、触点开关 | | | | | |
| 23 | 动合（常开）触点 |  | 33 | 旋转操作 | 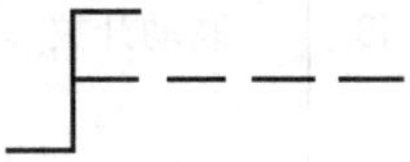 |
| 24 | 动断（常闭）触点 |  | 34 | 推动操作 | 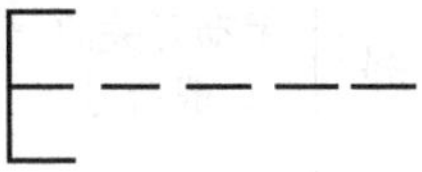 |
| 25 | 先断后合的触点 |  | 35 | 一般机械操作 | 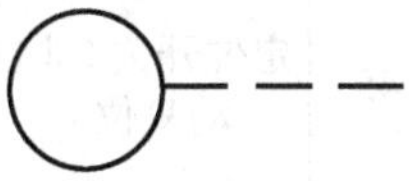 |
| 26 | 中间断开的双向触点 |  | 36 | 钥匙操作 | 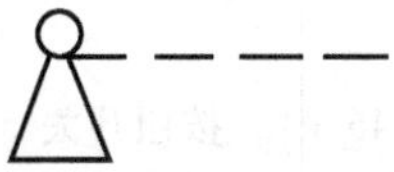 |
| 27 | 双动合触点 |  | 37 | 热执行器操作 | 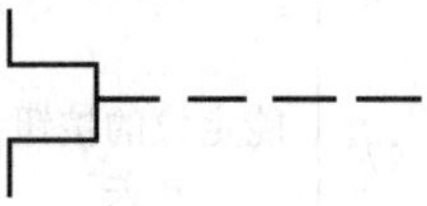 |
| 28 | 双动断触点 | 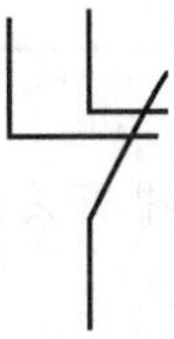 | 38 | 温度控制 | 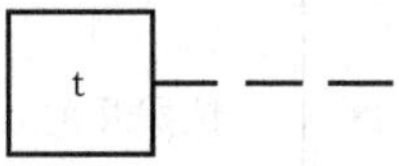 |
| 29 | 单动断双动合触点 | 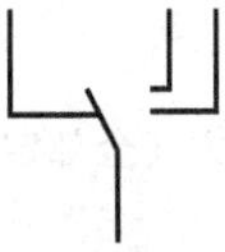 | 39 | 压力控制 | 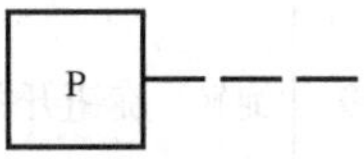 |
| 30 | 双动断单动合触点 | 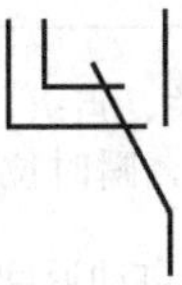 | 40 | 制动压力控制 | 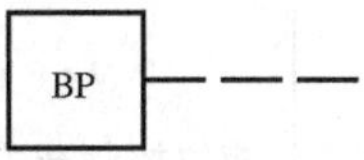 |
| 31 | 一般情况下手动控制 | 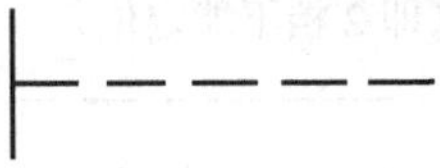 | 41 | 液位控制 | 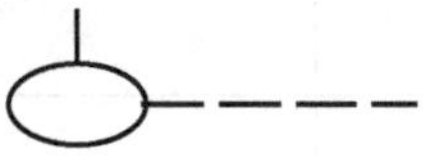 |
| 32 | 拉拨操作 | 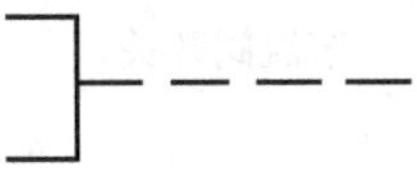 | 42 | 凸轮控制 | 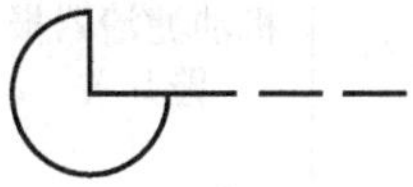 |

续表

| 序号 | 名称 | 图形符号 | 序号 | 名称 | 图形符号 |
| --- | --- | --- | --- | --- | --- |
| 43 | 联动开关 | 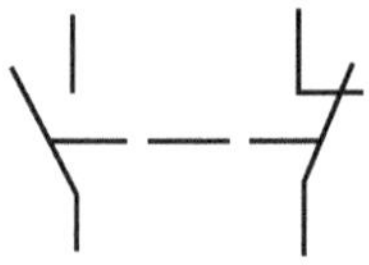 | 52 | 热敏开关动合触点 |  |
| 44 | 手动开关的一般符号 | 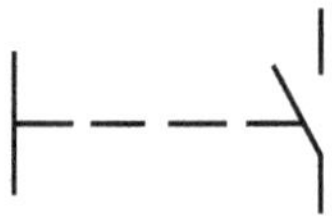 | 53 | 热敏开关动断触点 |  |
| 45 | 定位开关（非自动复位） | 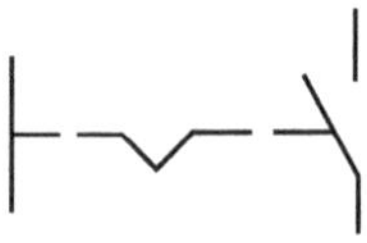 | 54 | 热敏自动开关的动断触点 | 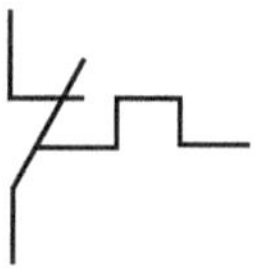 |
| 46 | 按钮开关 | 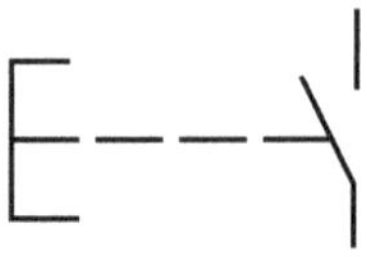 | 55 | 热继电器触点 | 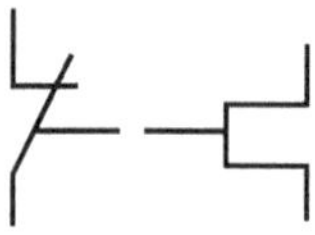 |
| 47 | 能定位的按钮开关 | 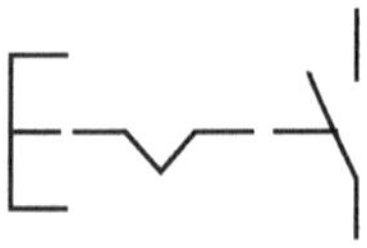 | 56 | 旋转多档开关位置 | 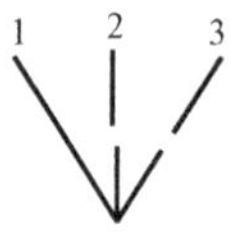 |
| 48 | 拉拨开关 | 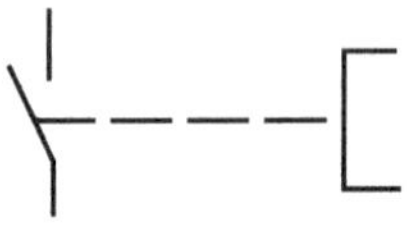 | 57 | 推拉多档开关位置 |  |
| 49 | 旋转、旋钮开关 | 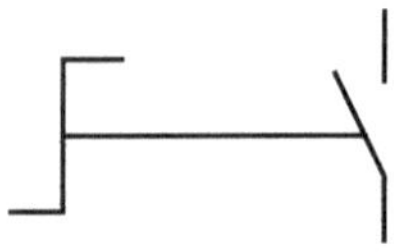 | 58 | 钥匙开关（全部定位） | 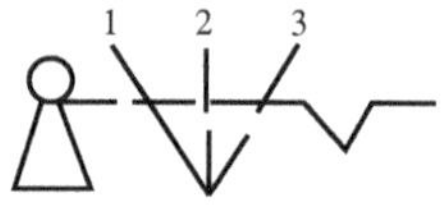 |
| 50 | 液位控制开关 | 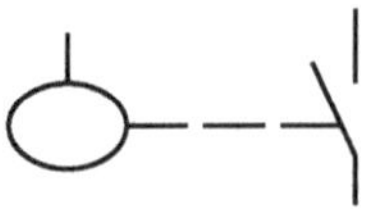 | 59 | 多档开关、点火、起动开关，瞬时位置<br>为 2 能自动返回到 1（即 2 档不能定位） | 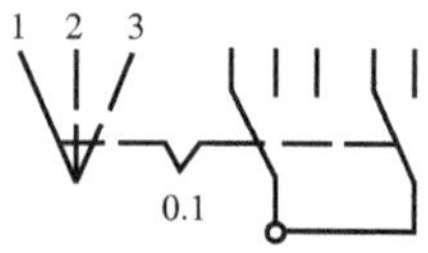 |
| 51 | 机油滤清器报警开关 | 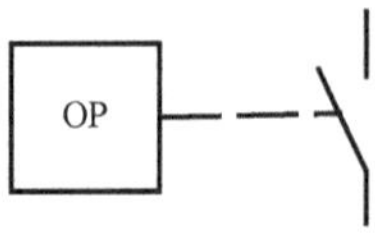 | 60 | 节流阀开关 | 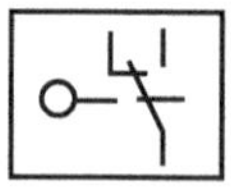 |

续表

| 序号 | 名称 | 图形符号 | 序号 | 名称 | 图形符号 |
|---|---|---|---|---|---|
| 四、电器元件 | | | | | |
| 61 | 电阻器 |  | 72 | 可变电容器 | 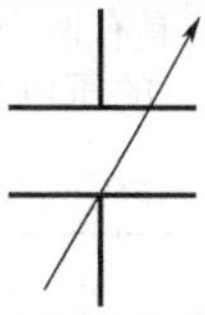 |
| 62 | 可变电阻器 | 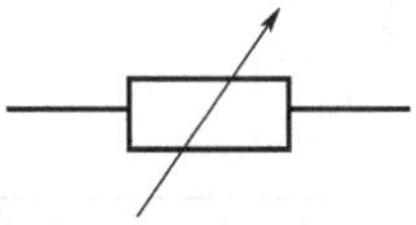 | 73 | 极性电容器 | 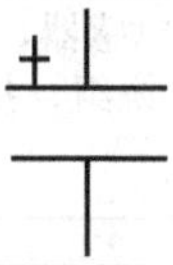 |
| 63 | 压敏电阻器 | 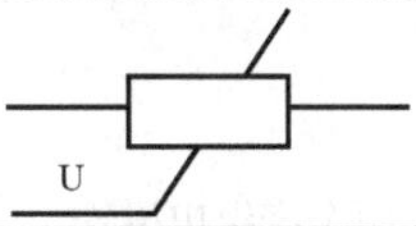  | 74 | 穿心电容器 | 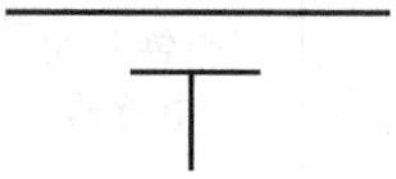 |
| 64 | 热敏电阻器 | 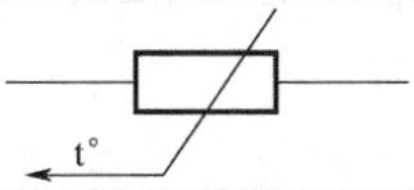  | 75 | 半导体二极管一般符号 | 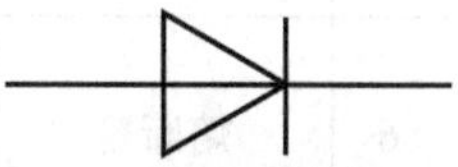 |
| 65 | 滑线式变阻器 | 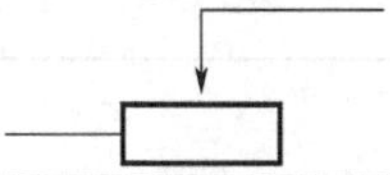 | 76 | 稳压二极管 | 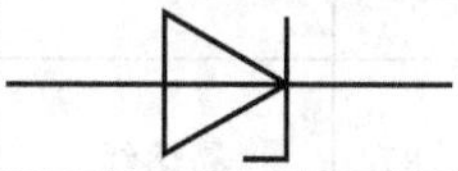 |
| 66 | 分路器 |  | 77 | 发光二极管 | 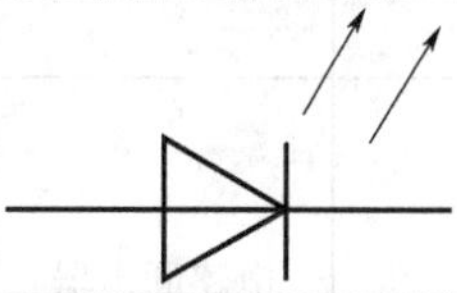 |
| 67 | 滑动触点电位器 | 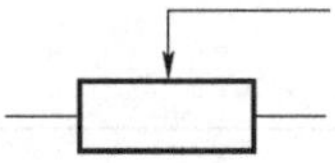 | 78 | 双向二极管（变阻二极管） | 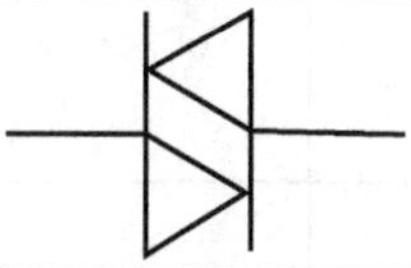 |
| 68 | 仪表照明调光电阻器 | 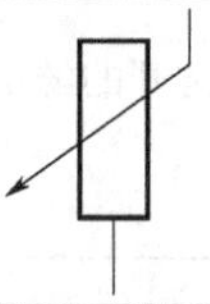 | 79 | 三极晶体闸流管 | 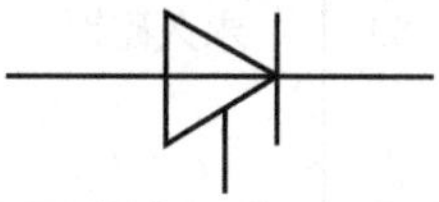 |
| 69 | 光敏电阻 | 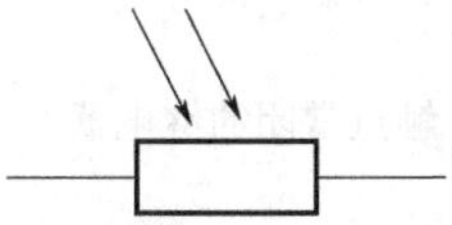 | 80 | 光电二极管 | 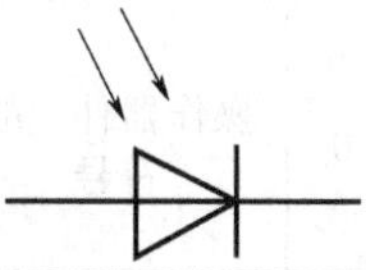 |
| 70 | 加热元件、电热塞 | 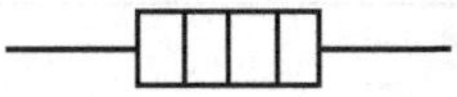 | 81 | PNP 型三极管 | 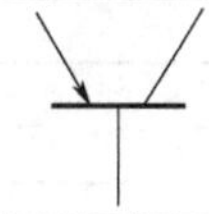 |
| 71 | 电容器 | 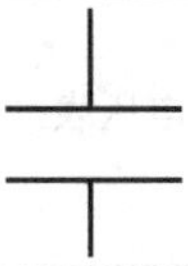 | 82 | 集电极接管壳三极管（NPN） | 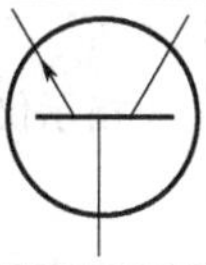 |

续表

| 序号 | 名称 | 图形符号 | 序号 | 名称 | 图形符号 |
|---|---|---|---|---|---|
| 83 | 具有两个电极的压电晶体 | 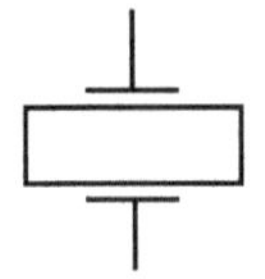 | 91 | 一个绕组电磁铁 | 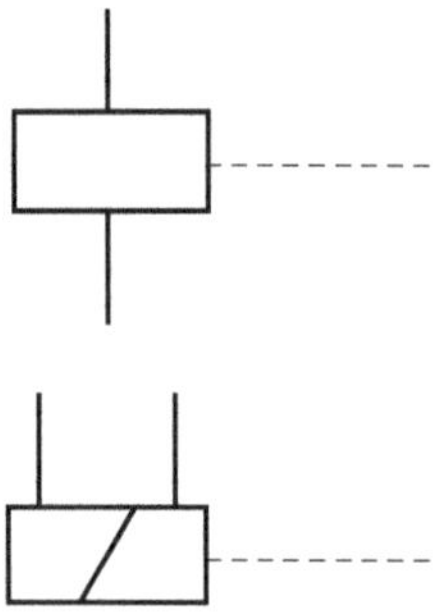 |
| 84 | 电感器、线圈、绕组、扼流圈 |  | | | |
| 85 | 带铁芯的电感器 | 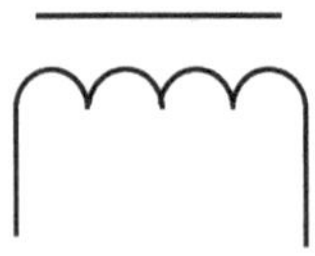 | 92 | 两个绕组电磁铁 | 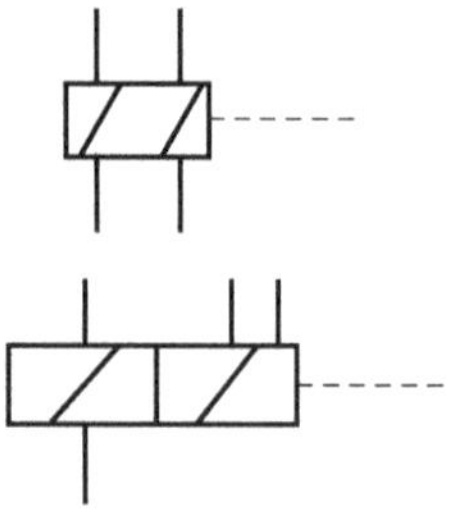 |
| 86 | 熔断器 | 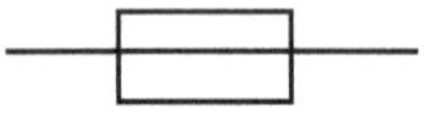 | | | |
| 87 | 易熔线 |  | 93 | 不同方向绕组电磁铁 | 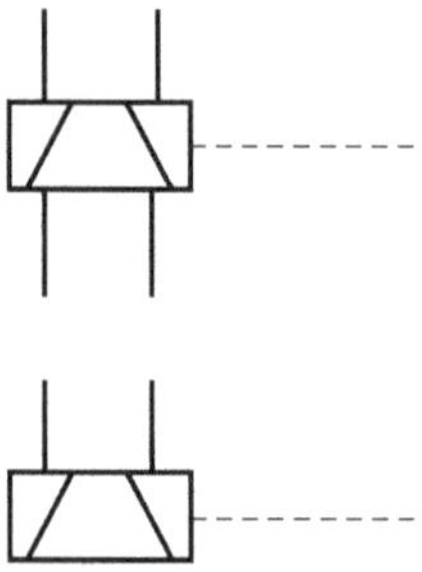 |
| 88 | 电路断电器 |  | | | |
| 89 | 永久磁铁 |  | 94 | 触点常开的继电器 | 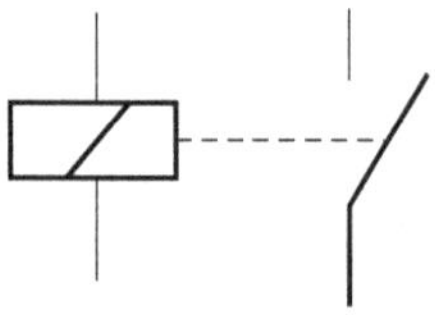 |
| 90 | 操作器件一般符号 | 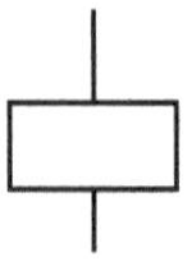 | 95 | 触点常闭的继电器 | 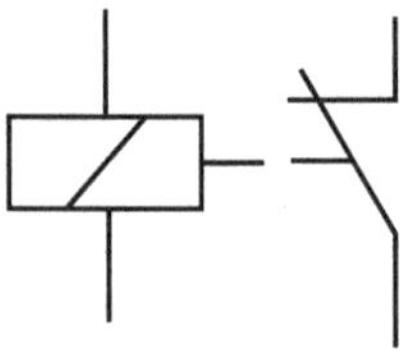 |

五、仪表

| 序号 | 名称 | 图形符号 | 序号 | 名称 | 图形符号 |
|---|---|---|---|---|---|
| 96 | 指示仪表 | 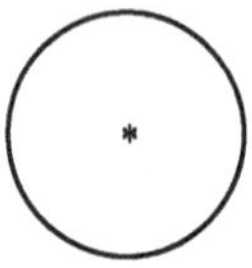 | 97 | 电压表 | 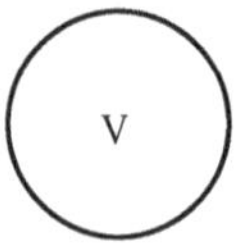 |

续表

| 序号 | 名称 | 图形符号 | 序号 | 名称 | 图形符号 |
|---|---|---|---|---|---|
| 98 | 电流表 | A | 104 | 温度表 | t° |
| 99 | 电压、电流表 | A/V | 105 | 燃油表 | Q |
| 100 | 欧姆表 | Ω | 106 | 车速里程表 | V |
| 101 | 瓦特表 | W | 107 | 电钟 | 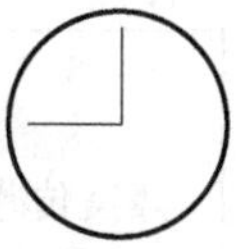 |
| 102 | 油压表 | OP | 108 | 数字式电钟 | 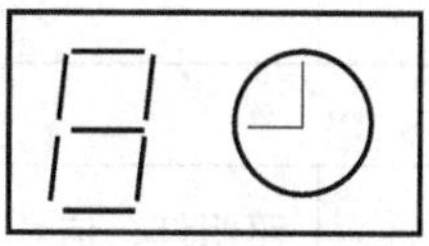 |
| 103 | 转速表 | n | | | |
| | | 六、传感器 | | | |
| 109 | 传感器的一般符号 | * | 112 | 水温传感器 | $t^{\circ}_{w}$ |
| 110 | 温度表传感器 | t° | 113 | 燃油表传感器 | Q |
| 111 | 空气温度传感器 | $t^{\circ}_{n}$ | 114 | 油压表传感器 | OP |

续表

| 序号 | 名称 | 图形符号 | 序号 | 名称 | 图形符号 |
|---|---|---|---|---|---|
| 115 | 空气质量传感器 |  | 119 | 转速传感器 | 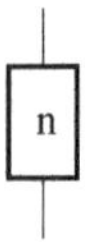 |
| 116 | 空气流量传感器 |  | 120 | 速度传感器 |  |
| 117 | 氧传感器 |  | 121 | 空气压力传感器 |  |
| 118 | 爆震传感器 | 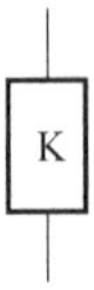 | 122 | 制动压力传感器 |  |
| 七、电气设备 | | | | | |
| 123 | 照明灯、信号灯、仪表灯、指示灯 |  | 128 | 电喇叭 | 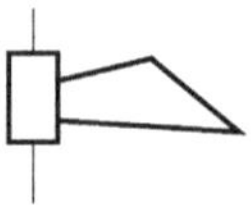 |
| 124 | 双丝灯 | 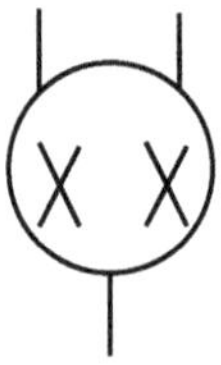 | 129 | 扬声器 | 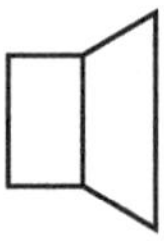 |
| 125 | 荧光灯 | 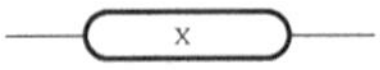 | 130 | 蜂鸣器 |  |
| 126 | 组合灯 | 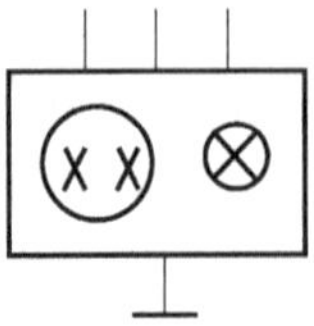 | 131 | 报警器、电警笛 |  |
| 127 | 预热指示器 | 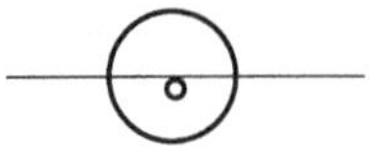 | 132 | 信号发生器 | 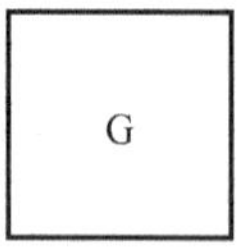 |

续表

| 序号 | 名称 | 图形符号 | 序号 | 名称 | 图形符号 |
|---|---|---|---|---|---|
| 133 | 脉冲发生器 | 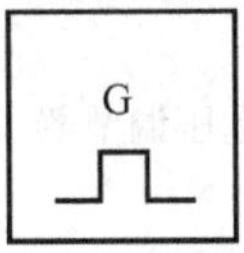 | 144 | 过电流保护装置 | 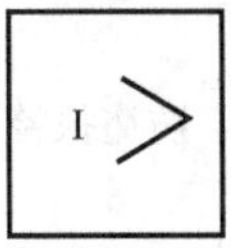 |
| 134 | 闪光器 | 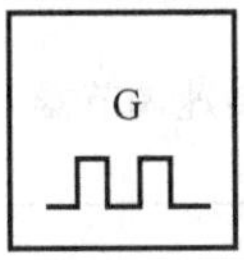 | 145 | 加热器（出霜器） | 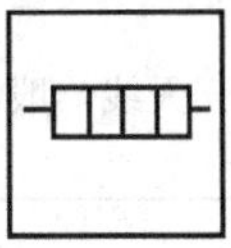 |
| 135 | 霍尔信号发生器 | 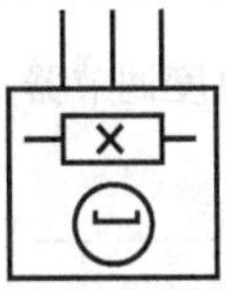 | 146 | 振荡器 | 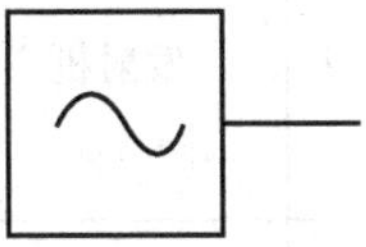 |
| 136 | 磁感应信号发生器 | 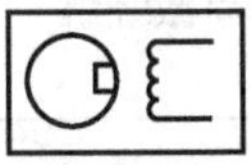 | 147 | 变换器、转换器 |  |
| 137 | 温度补偿器 | 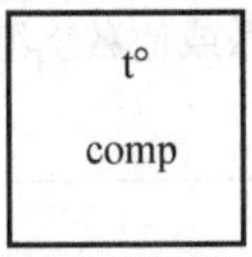 | 148 | 光电发生器 | 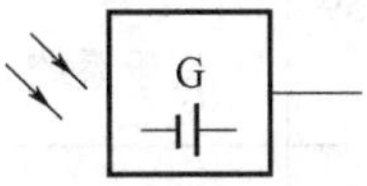 |
| 138 | 电磁阀一般符号 | 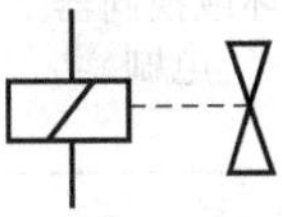 | 149 | 空气调节器 |  |
| 139 | 常开电磁阀 | 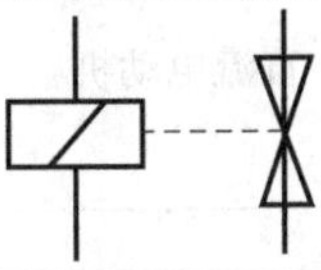 | 150 | 滤波器 |  |
| 140 | 常闭电磁阀 | 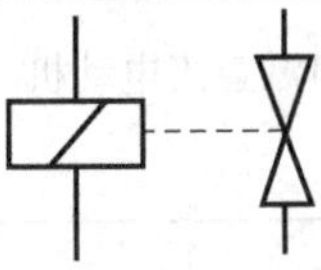 | 151 | 稳压器 |  |
| 141 | 电磁离合器 | 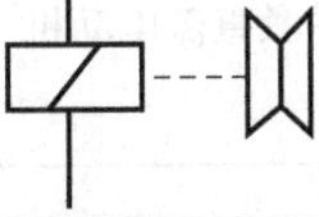 | 152 | 点烟器 | 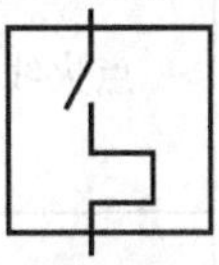 |
| 142 | 用电动机操纵的怠速调整装置 |  | 153 | 热继电器 | 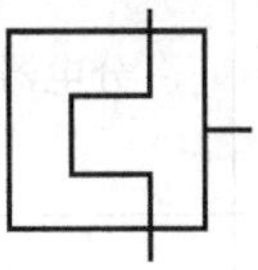 |
| 143 | 过电压保护装置 | 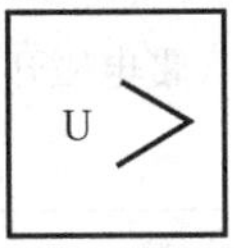 | 154 | 间歇刮水继电器 | 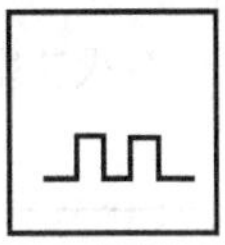 |

续表

| 序号 | 名称 | 图形符号 | 序号 | 名称 | 图形符号 |
|---|---|---|---|---|---|
| 155 | 防盗报警系统 | 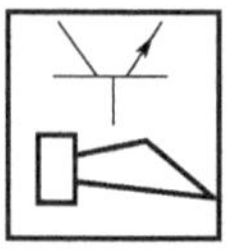 | 166 | 电压调节器 | 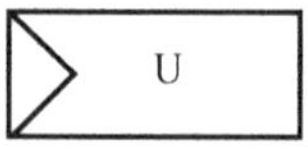 |
| 156 | 天线一般符号 | 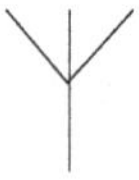 | 167 | 转速调节器 | 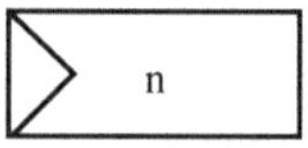 |
| 157 | 发射机 | 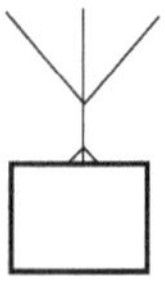 | 168 | 温度调节器 | 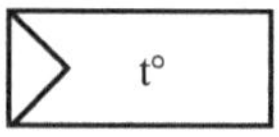 |
| 158 | 收放机 |  | 169 | 串激绕组 |  |
| 159 | 内部通信联络及音乐系统 | 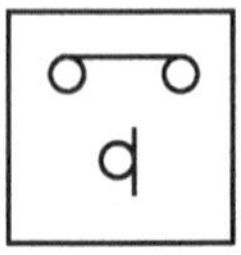 | 170 | 并激或他激绕组 |  |
| 160 | 收放机 |  | 171 | 集电环或换向器上的电刷 | 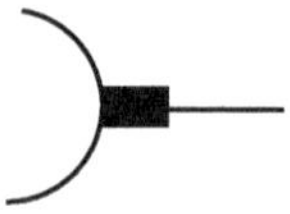 |
| 161 | 天线电话 | 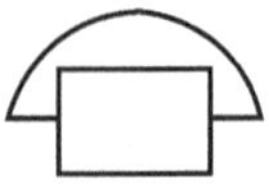 | 172 | 直流电动机 | 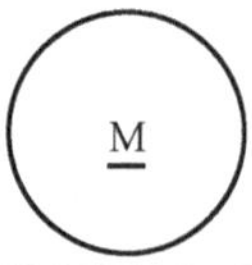 |
| 162 | 收放机 | 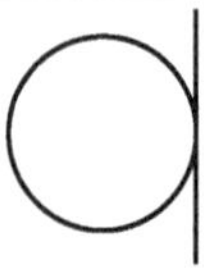 | 173 | 串激直流电动机 | 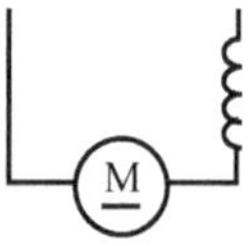 |
| 163 | 点火线圈 | 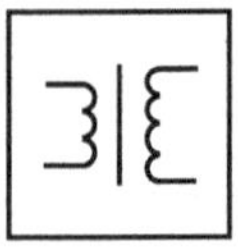 | 174 | 并激直流电动机 | 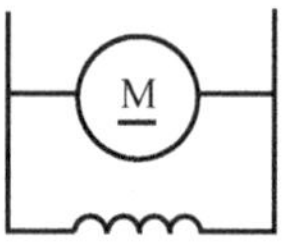 |
| 164 | 分电器 | 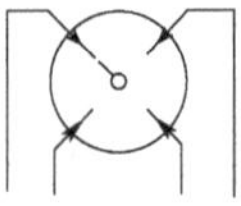 | 175 | 永磁直流电动机 | 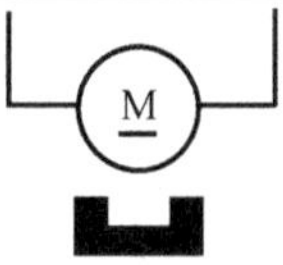 |
| 165 | 火花塞 |  | 176 | 起动机（带电磁开头） |  |

续表

| 序号 | 名称 | 图形符号 | 序号 | 名称 | 图形符号 |
|---|---|---|---|---|---|
| 177 | 燃油泵电动机、洗涤电动机 |  | 186 | 星形连接的三相绕组 | 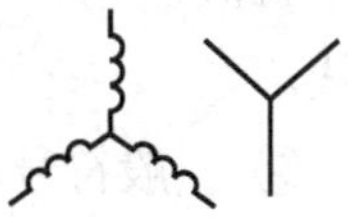 |
| 178 | 晶体管电动汽油泵 |  | 187 | 三角形连接的三相绕组 |  |
| 179 | 加热定时器 |  | 188 | 定子绕组为星形连接的交流发电机 | 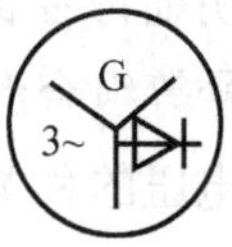 |
| 180 | 点火电子组件 | 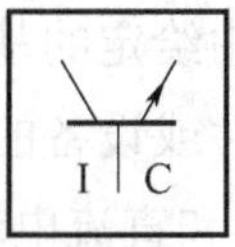 | 189 | 定子绕组为三角形连接的交流发电机 | 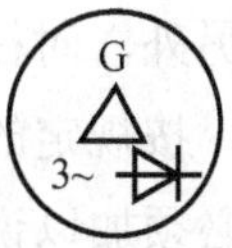 |
| 181 | 风扇电动机 |  | 190 | 外接电压调节器与交流发电机 | 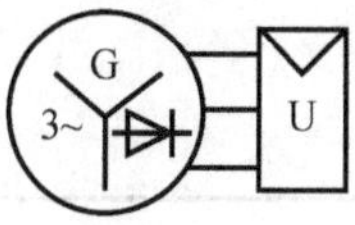 |
| 182 | 刮水电动机 |  | 191 | 整体式交流发电机 |  |
| 183 | 电动天线 | 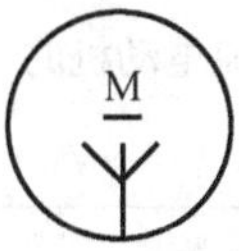 | 192 | 蓄电池 | 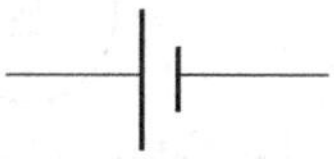 |
| 184 | 直流伺服电动机 |  | 193 | 蓄电池组 | 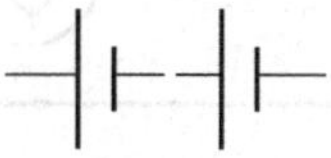 |
| 185 | 直流发电机 | 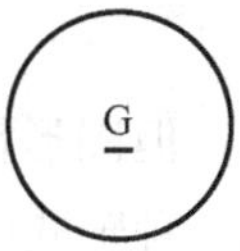 | | | |

① 基本符号。

基本符号不能单独使用，不表示独立的电器元件，只说明电路的某些特征。如：“—”表示直流，“～”表示交流，“+”表示电源的正极，“-”表示电源的负极，“N”表示中性线。

② 一般符号。

一般符号是用以表示一类产品和此类产品特征的一种简单符号。例如，表示指示仪表的一般符号，表示传感器的一般符号。一般符号广义上代表各类元器件，另外，也可以表示没有附加信息或功能的具体元件，如一般电阻、电容等。

③ 明细符号。

明细符号表示某一种具体的电器元件。它是由基本符号、一般符号、物理量符号、文字符号等组合派生出来的。如表 9-5 所示，序号 96 是指示仪表的一般符号，当需要表示电流、电压的种类和特点时，将“*”处换成“A”“V”，就成为明细符号，表示电流表，表示电压表。

另外，对标准中没有规定的符号，可以选取标准中给定的基本符号、一般符号和明细符号，按规定的组合原则进行派生，以构成完整的元件或设备的图形符号，但在图样的空白处必须加以说明，如表 9-6 所示。将天线的一般符号和直流电动机的一般符号进行组合，就构成了电动天线的图形符号。

**表 9-6　电动天线的组合示例**

| 图形符号 | 说明 |
|---|---|
|  | 天线的一般符号 |
| 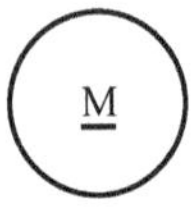 | 直流电动机的一般符号 |
|  | 电动机天线的派生符号 |

（2）图形符号的使用原则。

① 首先选用优选形。

② 在满足条件的情况下，首先采用最简单的形式，但图形符号必须完整。

③ 在同一份电路图中，同一类型元器件应采用同一种形式的图形符号。

④ 符号方位不是固定的，在不改变符号意义的前提下，符号可根据图面布置的需要旋

转或成镜像放置，但文字和指示方向不得倒置。

⑤ 图形符号中一般没有端子代号，如果端子代号是符号的一部分，则端子代号必须画出。

⑥ 导线符号可以用不同宽度的线条表示，如电源线路（主电路）可用粗实线表示，控制、保护线路（辅助电路）则可用细实线表示。

⑦ 一般连接线不是图形符号的组成部分，方位可根据实际需要布置。

⑧ 符号的意义由其形式决定，可根据需要进行缩小或放大。

⑨ 图形符号表示无电压、无外力的常规状态。

⑩ 图形符号中的文字符号、物理量符号，应视为图形符号的组成部分。当用这些符号不能满足标注时，可按有关标准加以补充。电路图中若未采用规定的图形符号，必须加以说明。

### 9.1.2 汽车电路图的识读

汽车电路图是维修汽车电器设备的重要辅助工具，特别是随着现代汽车工业的不断发展，汽车上有关电子电器的内容越来越多，电路越来越复杂。所以，对于汽车维修人员来说，必须仔细阅读电路图，并根据其相应的功能才能对故障进行分析，准确查出故障的部位。

汽车电路图采用国家或相关标准规定的线路符号，对汽车电器设备的构造、组成、工作原理及安装要求进行图解说明，同时也包括图例和简单的结构示图。电路图中表示的是不同电路相互之间的关系及彼此之间的连接，通过识读电路图，可以认识并确定电路图上所画电气元件的名称、型号和规格，清楚地掌握汽车电气系统的组成、相互关系、工作原理和安装位置，以便于对汽车电路进行故障诊断与维修。

目前，随着汽车电气内容的增加，电路图的内容也越来越多，为了便于维修，各制造厂都将电路图单独做成电路图册提供给维修部门。电路图册中通常包括电路图的使用方法、电路中使用的缩写词、电器位置图、继电器和熔断器位置图、线束图、全车电路图等内容。

**1. 汽车电路图**

电路图是指用图形符号按工作顺序或功能布局绘制的，详细表示汽车电路的全部组成和连接关系，不考虑实际位置的简图。

**2. 汽车电气线路图**

为了便于汽车电器设备的安装和线路的布置，经常需要绘制线路图。线路图是指根据电器设备在汽车上的实际安装位置绘制的全车电路图或局部电路图。在线路图中电气元件与电气元件间的导线以线束的形式出现，简单明了、接近实际，对维修人员具有较强的实用性。以上海大众桑塔纳轿车电路为例进行说明，如图 9-1 所示。

电路图例解

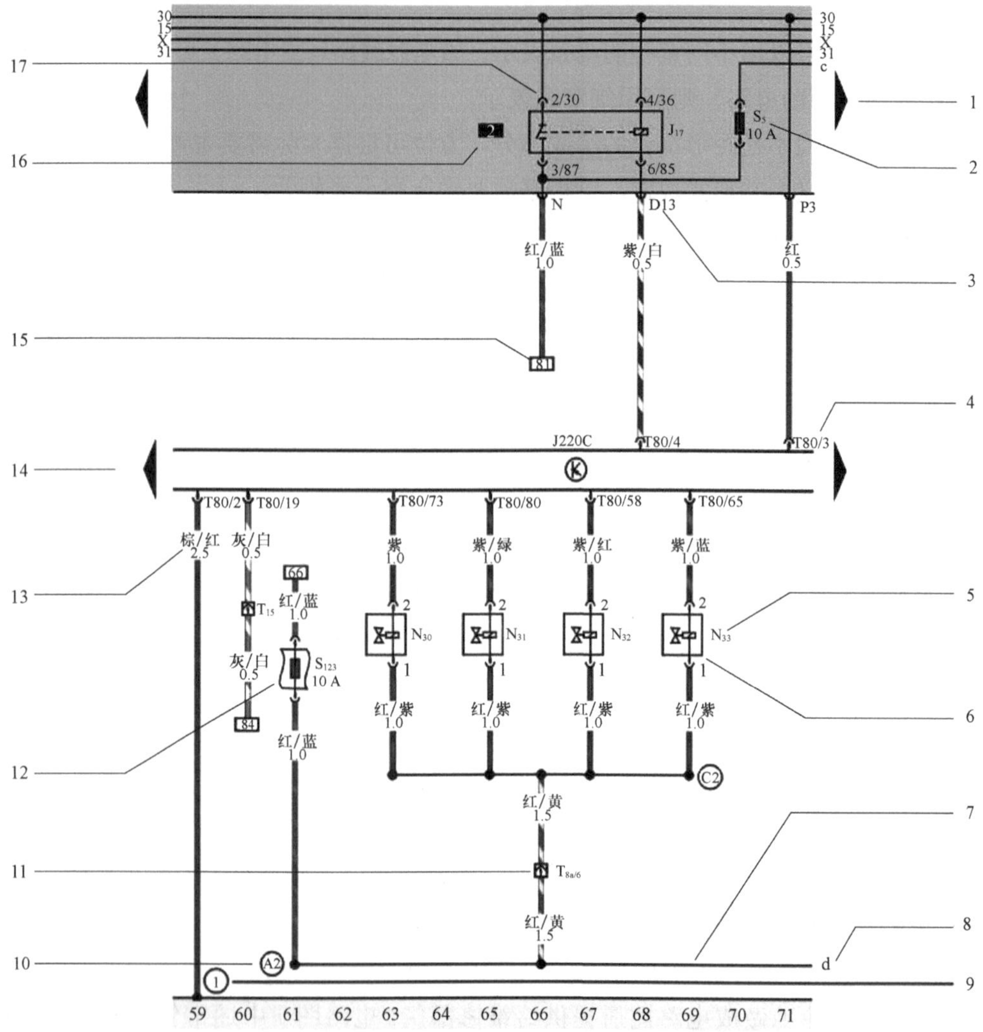


图 9-1　大众桑塔纳轿车电路图解析

1—三角箭头

表示下接下一页电路图。

2—保险丝代号

图中 $S_5$ 表示该保险丝位于保险丝座第 5 号位，10 A。

3—继电器板上插头连接代号

表示多针或单针插头连接和导线的位置。

4—接线端子代号

表示电器元件上接线端子数/多针插头连接触点号码。

5—元件代号

在电路图下方可以查到元件的名称。

6—元件的符号

可参见电路图符号说明。

7—内部接线

该接线并不是作为导线设置的，而是用来表示元件或线束内部的电路。

8—指示内部接线的去向

字母表示内部接线在下一页电路图中与标有相同字母的内部接线相连。

9—接地点的代号

在电路图下方可查到该代号接地点在汽车上的位置。

10—线束内连接线的代号

在电路图下方可查到该不可拆式连接位于哪个线束内。

11—插头连接

插接器针数及触点数。

12—附加保险丝

表示中央电气附加继电器板上某号位保险丝，安培数。

13—导线颜色和截面积

14—三角箭头

接续上一页电路图。

15—指示导线去向

框内数字指示导线连接哪个接点编号。

16—继电器位置编号

表示继电器板上的继电器位置编号。

17—表示继电器板上号位与继电器对位触点号。

**3. 汽车电器位置图**

汽车电器位置图用来表示汽车电器零件的安装位置，便于维修时查找故障零件。位置图可分为发动机舱零件位置图、驾驶室内零件位置图和车身零件位置图等。

**4. 汽车电气线束图**

汽车电气线束图是表示汽车线束分布情况的图形，线束图用来说明线束在车身上的安装位置、搭铁点和线束插接器的基本情况。线束图的特点是对露在线束外面的线头与插接器进行详细编号，并用字母标定，配线记号的表示方法突出，便于配线，各接线端都用序号和颜色准确无误地标注出来。

**5. 车载网络拓扑图**

车载网络拓扑图是由网络节点设备和通信介质构成的网络结构图。

**6. 全车电路图的识图**

由于各厂家汽车电路图的绘制方法、符号标注、文字标注、技术标准的不同，各种汽车电路图的画法也不同。虽然表达方式不尽相同，但差别不大，并且电路图都有相应的说明来解释所采用的符号。因此，掌握汽车电路图识读的基本方法就可以对各种汽车电路图举一反三地融会贯通了。

### 9.1.3 普通电路故障的检测方法

电路可能会出现断路、短路、搭铁或额外电压降，这些都会引起电路工作不正常。了解各种电路故障的现象，便能很快查明故障并对电路作必要的修复。

**1. 断路的检测**

所谓断路，是指电路的连通性遭到破坏，即开关闭合时，电路回路断开，系统无法工作。断路故障可以使用电压表、试灯、有源试灯、欧姆表或借助跨接线来检测。检测一个电路最简单的方法就是从最容易触及到的地方着手。如果很容易介入某个负载部件，就在负载部件的输入端检测电压。

**2. 短路的检测**

短路是指电流绕过正常的负载，但不经过正常的通路。失效的线圈是短路的例子，线圈里面的绕线是互相绝缘的，如果绝缘被破坏，铜线与铜线接触，部分绕组被旁路，通电的匝数减少，导致线圈效能降低。也就是说，由于电流绕过部分正常的电路电阻，电流必然增大，因而还会产生额外的热量。

通常检查短路故障时，确定两导线之间由于绝缘破坏引起短路的位置是比较困难的。如果短路是在部件内部，那么这个部件就会在非正常状态下工作或根本不工作。可用欧姆表来检查部件的电阻，若有短路，则电阻值低于规定值。

如果电路之间发生短路，其结果是部件在不该工作的时刻进行工作。目测检查导线有无绝缘烧焦和导线线芯熔化的迹象，有助于查明短路故障。另外，还要检查两个相互影响电路共享的公共连接器。当连接器的相邻两个端子之间发生腐蚀时，也可能会导致短路。注意：短路并不一定会烧毁熔断丝，因此需要检查电流的大小。

**3. 搭铁回路的检测**

搭铁就是因绝缘材料破损，致使电流未到达负载部件便流到搭铁点。例如，如果尾灯导线绝缘层破损，裸线碰到车身或车架，电流便在该处搭铁回到电源。电路被搭铁，会造成从蓄电池过来的电流过大，有可能严重损害电气系统的许多部件。如果该系统装了熔断丝，过大的电流会使其烧毁，可避免电路损坏。

熔断丝只要一插上就熔断，说明有搭铁短路的地方。如果电路没有熔断丝，导线的绝缘层就会熔化。当然，并非所有的搭铁都会烧毁熔断丝。如果搭铁短路发生在负载部件的搭铁回路，并且在搭铁控制的开关之前，该部件将无法关闭。如果搭铁短路是在负载和搭铁开关（如果应用这种控制方式）之后，电路工作不受影响。

为了确定这种控制方式的电路是否在负载之前搭铁短路，应拆下熔断丝，断开搭铁开关，将试灯按照串联方式接在熔断丝接点处。如果灯亮，则电路是搭铁短路。

**4. 额外电压降的检测**

额外电压降是指加给负载部件的电压被电路别的地方“吞噬”（或吞噬一部分），而不足以用于该负载部件。这时，负载部件出现欠电压的情况。欠电压的后果表现为负载部件的工作效果随着欠电压而降低。例如，尾灯电路使用了一只12 V/5 W灯泡（负载部件），当尾灯达到全功率时，灯泡必须有负载电流0.42 A，即全部12 V降落在灯泡两端。如果电路中别的地方存在电阻，12 V便降低一些，可用于灯泡的电压也就会降低一些。因此，灯泡的亮度必然会降低。额外电压降可能出现在电路的供电回路，可能出现在搭铁回路，也可能两回路都存在。

额外的电压降既可能出现在供电回路，也可能出现在搭铁回路。检测电压降时，电路必须处于工作状态（有电流），并且必须指定电源电压才能认可电压降读数。无论何时对电压降发生疑问，都必须检查电路中的供电回路和搭铁回路。

由高电阻引起的额外电压降可以通过灯光暗淡和闪烁、负载部件不工作或低于正常速度的电动机来辨别。接触电阻不会引起熔丝熔断。

当检测电路的搭铁回路时，负载部件的搭铁端是电路的正极，而蓄电池的负极电桩是电路的负极。通常大于0.1 V的电压降表明在搭铁回路中存在接触电阻。

**5. 汽车电路维修注意事项**

（1）传统的汽车电器故障检修方法采用“试火”的办法，逐一判明故障部位及其原因。但在装有电控网络线路的现代汽车上，不允许使用这种方法，必须借助于一些仪表和工具，按照规定的方法进行。

（2）拆卸蓄电池时，应先拆下负极电缆；装上蓄电池时，则应最后连接负极电缆。拆下或装上蓄电池时，应确保点火开关和其他开关都已断开。

（3）靠近振动部件（如发动机）的线束应用卡子固定，并将松弛部分拉紧，以免由于振动造成线束与其他部件碰擦；紧挨尖锐金属部件的线束部分应用胶带缠好，以免磨破；安装固定零件时，应确保线束不被夹住或损坏。

（4）安装插接器时，应确保连接器连接牢靠。

（5）在维修工作中，对电器和电子元器件应轻拿轻放。如果工作时温度超过80 ℃（如进行焊接作业），应先拆下对温度敏感的器件（如继电器、ECU）。

（6）焊接电子元件时，应使用恒温或功率小于75 W的电烙铁。如果没有特殊说明，元件引脚距离焊点应该不小于10 mm。

（7）检测小功率晶体管或电子控制单元和传感器等电子设备时，一般使用高阻抗（内阻≥10 kΩ）的数字式万用表。

**知识拓展**

## 汽车电控电路系统常用故障分析方法

汽车电控电路系统常用的故障分析方法包括故障代码分析、数据流分析和波形分析等。

**1. 故障代码分析在电路中的应用**

车载故障自诊断系统时刻监测汽车电控系统的工作，一旦发现问题便记录相应的故障代码，维修人员利用汽车故障检测仪通过数据连接器可以读取故障代码，依据故障代码的提示便可以确定车辆的故障部位。故障代码分析是目前汽车故障检测诊断中使用非常普遍的一种方法。

**2. 故障现象和故障代码的相互关系**

车载故障自诊断系统显示的故障代码有两重性：一种是“自生故障”，替换被读码诊断的零件后即可排除；另一种是“他生故障”，是由其他因素影响而产生的，很容易造成误诊断，需要采用读码配合系统原理分析，并了解故障代码与故障现象的相互关系，方能准确判断。

故障代码涵盖的内容，是 ECU 直接控制的输入和输出相关元件（如电动汽油泵的继电器）信息。非直接控制的电控元件的信息，只能通过现象来判断故障（如电动汽油泵）。因此，故障代码和故障现象之间也存在着因果关系和非因果关系。

**3. 数据流分析在电路中的应用**

数据流是电控单元对所控制的系统正运行的控制状态的数量表现形式。在现代汽车维修的过程中，对数据流的分析是判断汽车故障的必要过程，也是解决汽车故障的一个基本手段。

使用汽车故障电脑检测仪，可以得到大量的汽车运行数据，分析这些数据，可以帮助技术人员分析故障，找到故障原因。数据流分析是运用各种测试手段对电控系统的各类相关数据参数进行综合分析的过程。

汽车故障电脑检测仪有专用检测仪和通用检测仪之分。专用检测仪是汽车生产厂家的专业检测仪，它除了具备检测仪的各种功能外，还具备参数修改、数据设定，以及防盗密码设定、更改等多种特殊功能。专用检测仪是一种由各汽车厂家自行或委托设计的专业测试仪器，仅适用于本厂家生产的车型。通用检测仪是由第三方厂家生产的，具备检测仪的各种功能，适用于多种车型。然而，由于汽车整车厂家的技术限制，其检测内容仅相当于专用检测仪的 80%（使用时需要注意这点差别）。

数据流分析方法有多种，常用的有数值分析法、时间分析法、因果分析法、关联分析法和比较分析法等。

（1）数值分析法。

数值分析是对数据的数值变化规律和范围进行分析，如转速、车速、故障检测仪读取值与实际值的差异等。

电控系统在运行时，电控单元将以一定的时间间隔不断地接收各传感器的输入信号，向各执行器发出控制指令，并根据相应传感器的反馈信号对某些执行器的工作状态再加以修正。我们可以通过故障诊断仪读取这些信号参数的数值对其进行分析。

例如，系统电压在发动机未起动时，其值应约为当时的蓄电池电压，在起动后应约等于该车充电系统的电压，若出现不正常的数值，表示充电系统或电控系统可能出现故障（因有些车型的充电系统是由发动机电控单元控制的），有时甚至是电控单元内部的电源部分出现故障。

某些车型冷却风扇的控制不是采用安装在散热器上的温控开关信号，而是发动机电控单元接收冷却液温度传感器的电压信号，判断冷却液的温度变化，当达到规定的温度值时，电控单元将控制冷却风扇的继电器接通，使冷却风扇工作。

（2）时间分析法。

时间分析是对数据变化的频率和周期进行分析。电控单元在分析某些数据参数时，不仅要考虑传感器的数值，而且要判断其响应的速度，以获得最佳的控制效果。例如，氧传感器的信号不仅要求有不断变化的信号电压，而且信号电压的变化频率在一定时间内要超过一定的次数，当小于标准值时，就会产生故障代码，表示氧传感器响应过慢。

有了故障代码的故障是比较容易解决的。但当次数并未低于限定值，而又已经反应迟缓时，并不会产生故障代码。此时如仔细体会，可能会感到一些故障症状。可接上电脑检测仪观察氧传感器的数据。例如大众车型，当氧传感器的响应迟缓时，往往在 1 600～1 800 r/min 阶段出现转速自动波动（加速踏板不动）约 100～200 r/min，甚至影响加速性能。这往往是由于氧传感器响应迟缓，导致可燃比变化过大，造成转速的波动。还有对采用 OBD Ⅱ 系统的车，三元催化转换器前后氧传感器的信号变化频率是不一样的。通常，后氧传感器的信号变化频率至少应低于前氧传感器的一半，否则，三元催化转换器的转化效率就可能降低。

（3）因果分析法。

因果分析是对相互联系的数据之间的响应情况和响应速度进行分析。在各系统的控制中，许多参数之间是有因果关系的。例如，电控单元得到一个输入，肯定要根据此输入给出下一个输出。在认为某个过程有问题时，可以将这些参数连贯起来观察，以判断故障出现在何处。

例如：在自动空调系统中，通常当接通空调开关后，该开关并不是直接接通空调压缩机电磁离合器，而是将开关信号作为空调请求（选择）或空调选择信号传送给发动机电控单元，发动机电控单元接收到此信号后，检查是否已满足设定的条件。如果满足条件，就会向空调压缩机继电器发出控制指令，接通空调压缩机继电器，从而使空调压缩机工作。所以，当空调不工作时，可观察在接通空调开关后，空调请求（选择）、空调允许、空调压缩机继电器等参数的状态变化，以判断故障点。

（4）关联分析法。

关联分析是对互为关联的数据间存在的比例关系和对应关系进行分析（以确定几个参数之间的逻辑关系）。电控单元有时对故障的判断是根据几个相关传感器信号的比较，当发现它们之间的关系不合理时，会给出一个或几个故障代码，或指出某个信号不合理。在这种情况下，一定不要轻易地断定是该传感器不良，而要根据它们之间的相互关系进行进一步的检测，以得出正确的结论。

（5）比较分析法。

比较分析是对相同车型及系统在相同条件下的相同数据组进行的对比分析。在很多情况下，我们没有足够的技术资料和详尽的标准数据，无法很准确地判断某个器件的好坏。此时，可以将同类车型、同类系统的数据进行比较。很多人会使用替换实验进行判断，这也是一种简单易行的方法，但在进行时，注意应首先做一定的基本诊断，在基本确定故障趋势后，再替换被怀疑有问题的器件，不可一上来就换这换那，其结果可能是换了所有的器件，仍未发现问题。还有要注意的是用于替换的器件一定要确认是好的，而不一定是新的，因为新的未必是良好的。这是做替换实验的基本准则。

**4. 波形分析在电路中的应用**

为了判断汽车电控系统功能是否正常，就必须测量用于通信的电子信号，用汽车示波器可以“截听”到汽车电控系统中的电子对话。示波器是用电压随时间变化的图形来反映一个电子信号。这样，就可以解决电控系统的测试问题。如果一个传感器、执行器或电控单元产生了不能正确判断尺度的电子信号，则该信号电路就可能发生“通信中断”的现象。对外的表现就是车辆发生工作不正常、行驶能力降低或排放超标等故障，在一些情况下，还会产生故障代码。因此，波形分析是现代汽车故障分析的一种很重要的方法和手段。

思政课堂

1. 分组讨论汽车电路图符号的含义，并对比自主品牌汽车电路图设计特点，树立自主创新意识。

2. 分组学习汽车电路图的识读，注重电路图的应用，掌握绘制电路图的方法，遵守识读和绘制的规范性要求。

# 参 考 文 献

[1] 徐昭，高丽洁. 汽车电气设备构造与维修[M]. 哈尔滨：哈尔滨工业大学出版社，2013.
[2] 凌永成. 汽车电气设备[M]. 3 版. 北京：北京大学出版社，2016.
[3] 孙仁云，付百学. 汽车电器与电子技术[M]. 北京：机械工业出版社，2011.
[4] 索文义. 汽车电器设备电路与维修[M]. 2 版. 北京：化学工业出版社，2015.
[5] 毛峰. 汽车电器设备与维修[M]. 2 版. 北京：机械工业出版社，2017.
[6] 宋作军. 汽车电器设备与维修[M]. 北京：机械工业出版社，2015.
[7] 王敬，朱命怡. 汽车电器设备与维修[M]. 重庆：重庆大学出版社，2013.
[8] 司景萍，高志鹰. 汽车电器及电子控制技术[M]. 北京：北京大学出版社，2012.
[9] 高丽洁，李新. 汽车电气系统构造与维修[M]. 北京：北京邮电大学出版社，2015.
[10] 胡光辉. 汽车电器设备构造与维修[M]. 北京：机械工业出版社，2014
[11] 郭远辉. 汽车车身电气及附属电气设备检修[M]. 北京：人民交通出版社，2005.
[12] 李明春. 汽车电气设备与维修[M]. 西安：西安电子科技大学出版社，2006.
[13] 王勇. 汽车电气设备构造与维修[M]. 北京：机械工业出版社，2003.
[14] 孙志刚. 汽车电气设备与维修[M]. 北京：北京理工大学出版社，2010.
[15] 周建平. 汽车电气设备构造与维修[M]. 北京：人民交通出版社，2005.
[16] 徐昭. 汽车电气设备维修实训[M]. 北京：人民交通出版社，2003.
[17] 崔选盟. 汽车电气设备维修[M]. 北京：电子工业出版社，2003.
[18] 赵福堂. 汽车电气与电子设备[M]. 北京：北京理工大学出版社，2009.

# 汽车电气设备与维修

责任编辑：廖志平
封面设计：七星博纳

官方微信公众号

ISBN 978-7-5121-5486-5
9 787512 154865

定价：58.00元（全两册）

# 汽车电气设备与维修

## 任务工单及学习自测题


主　编　贾会星　杨　靖

副主编　张婷婷　杨章林

北京交通大学出版社

http://www.bjtup.com.cn

# 汽车电气设备与维修

## 任务工单及学习自测题


主　编　贾会星　杨　靖

副主编　张婷婷　杨章林

参编者（按姓氏笔画排序）

王　超　申路路　朱　烨

杨　诚　徐　康



北京交通大学出版社

·北京·

## 内 容 简 介

本书结合高职院校汽车制造、技术服务类专业汽车电器课程的教学实践，将汽车电气设备、汽车车身电气设备、发动机点火系统、汽车空调等教学内容进行了整合。编写形式采用了项目化教学模式，各项目内容及重要知识点以任务进行引导，激发学生自主学习积极性。基本理论以应用为目的，以讲清概念、强化应用为重点，注重实践性、启发性和科学性，注重对学生操作能力、创造能力和团队合作能力的培养。

全书共分为9个项目，28个学习任务，主要内容包括：汽车蓄电池的使用与维护、发电机的检测与维修、起动系统的检测与维修、点火系统的检测与维修、照明与信号系统的检测与维修、仪表与报警系统的检测与维修、安全与舒适系统的检测与维修、汽车空调系统的检测与维修、汽车电路识图。

本书图文并茂，通俗易懂，每个学习任务配有任务学习工单，既可用作学校汽车专业及相关专业的教材，也可供汽车维修与检测技术人员参考，还可以作为各类汽车维修培训班的培训教材。



**图书在版编目（CIP）数据**

汽车电气设备与维修 / 贾会星，杨靖主编. -- 北京 : 北京交通大学出版社，2025. 8.
ISBN 978-7-5121-5486-5

Ⅰ. U472.41

中国国家版本馆 CIP 数据核字第 2025UE6781 号

**汽车电气设备与维修**
QICHE DIANQI SHEBEI YU WEIXIU

责任编辑：廖志平
出版发行：北京交通大学出版社　　电话：010-51686414　　http://www.bjtup.com.cn
地　　址：北京市海淀区高梁桥斜街44号　　邮编：100044
印 刷 者：北京华宇信诺印刷有限公司
经　　销：全国新华书店
开　　本：185 mm×260 mm　　印张：13.25　　字数：510千字　　插页：8.25印张
版 印 次：2025年8月第1版　　2025年8月第1次印刷
定　　价：58.00元（全两册）

本书如有质量问题，请向北京交通大学出版社质监组反映。对您的意见和批评，我们表示欢迎和感谢。
投诉电话：010-51686043，51686008；传真：010-62225406；E-mail：press@bjtu.edu.cn。

# 目录

项目 1

# 汽车蓄电池的使用与维护

## 任务 1.1　蓄电池的结构原理

<table>
<tr>
<td>制订自学<br>计划提示</td>
<td>
请根据任务要求，确定所需要的设备、工具，并对你的团队进行合理分工，制订详细的蓄电池认知计划。<br><br>
一、了解蓄电池的作用与分类<br><br>
1. 蓄电池的作用<br>
蓄电池（俗称“电瓶”），是一种可逆的低压直流电源，它既能将化学能转化为电能，也能将电能转化为化学能。蓄电池放电时，将其储存的化学能转变为电能；蓄电池充电时，将电能转变为化学能储存起来，直到化学能储存满时，充电结束。<br>
2. 蓄电池的要求<br>
汽车上使用的蓄电池主要有铅酸蓄电池和镍碱蓄电池两大类。铅酸蓄电池分为普通蓄电池、免维护蓄电池、干荷蓄电池及胶体蓄电池等；镍碱蓄电池有铁镍蓄电池和镉镍蓄电池等。<br><br>
二、掌握常见蓄电池的结构和原理<br><br>
1. 蓄电池结构<br>
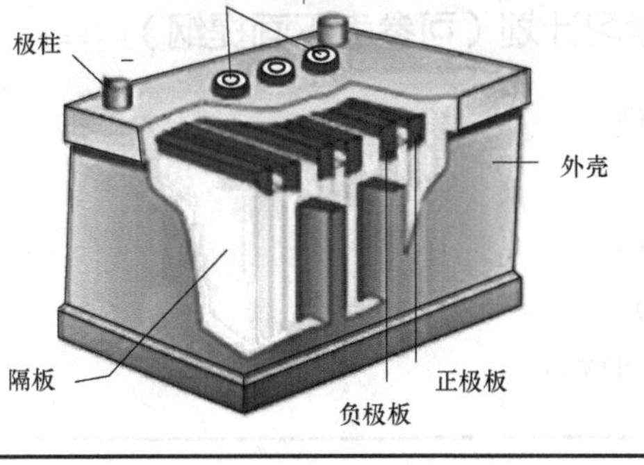

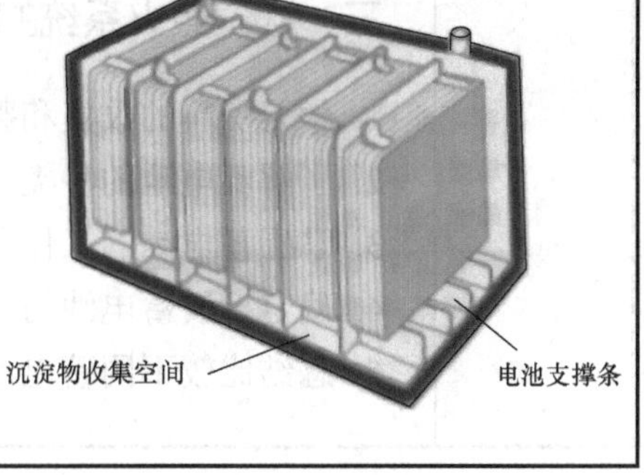

</td>
</tr>
</table>

制订自学计划提示

2. 蓄电池工作原理

（1）放电

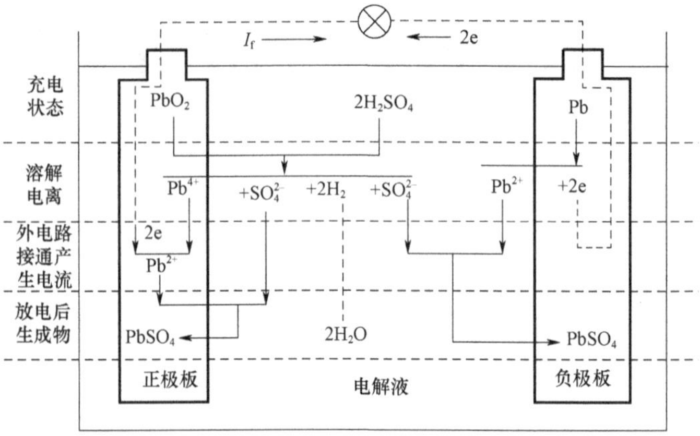


（2）充电

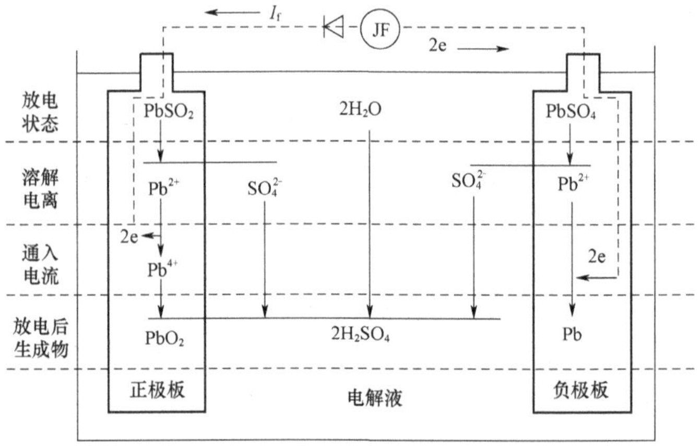


## 三、认识点火系统的学习计划（可参考下面提纲）

1. 学习资料的收集和整理
2. 了解蓄电池的种类
3. 掌握蓄电池的工作原理
4. 确定拆装蓄电池的步骤
5. 总结比较不同蓄电池的特点

| | |
|---|---|
| 分组协作<br>组织实施 | **一、观察实训室现有的汽车蓄电池类型，并正确进行总结归纳**<br>1. 该蓄电池的结构<br>蓄电池种类：<br><br>主要组成部件：<br><br>2. 该蓄电池的型号<br>蓄电池型号：<br><br>型号的具体意义：<br><br>3. 工作原理<br>充电：<br><br>放电：<br><br>**二、蓄电池的充电方法及其特点**<br>1. 充电方法<br><br>2. 该蓄电池的特点 |

<table>
<tr><td>分组讨论<br>总结分析</td><td>完成学习任务后的收获与感想<br>1. 完成任务后的收获<br><br>2. 任务中存在的问题<br><br>3. 需要反馈的问题</td></tr>
<tr><td>学习效果<br>检查评估</td><td>
<table>
<tr><td>评价内容</td><td>检验指标</td><td>自评</td><td>互评</td><td>师评</td><td>总评</td></tr>
<tr><td rowspan="3">检查任务完成情况</td><td>1. 完成任务过程情况</td><td rowspan="3"></td><td rowspan="3"></td><td rowspan="3"></td><td rowspan="10"></td></tr>
<tr><td>2. 任务完成质量</td></tr>
<tr><td>3. 在小组完成任务过程中所起作用</td></tr>
<tr><td rowspan="4">专业知识<br>和<br>专业技能</td><td>1. 能说出蓄电池的作用与要求</td><td rowspan="4"></td><td rowspan="4"></td><td rowspan="4"></td></tr>
<tr><td>2. 能描述汽车蓄电池的分类及结构</td></tr>
<tr><td>3. 能说出汽车蓄电池的工作原理</td></tr>
<tr><td>4. 会正确选择和使用工具对蓄电池进行充电</td></tr>
<tr><td rowspan="3">职业素养</td><td>1. 学习态度：积极主动参与学习</td><td rowspan="3"></td><td rowspan="3"></td><td rowspan="3"></td></tr>
<tr><td>2. 团队合作：与小组成员分工合作，不影响学习进度</td></tr>
<tr><td>3. 现场管理：服从工位安排，执行实训室“5S”管理规定</td></tr>
<tr><td>企业导师的评议与建议</td><td colspan="5"></td></tr>
</table>
</td></tr>
</table>

# 任务 1.2　蓄电池的技术状况检测及维护

**制订自学计划提示**

请根据任务要求，确定所需要的设备、工具，并对你的团队进行合理分工，制订详细的蓄电池技术状况检测及维护学习计划。

## 一、电解液液面高度检测

## 二、电解液密度检测

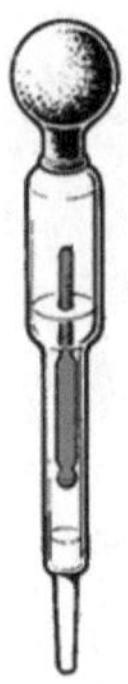

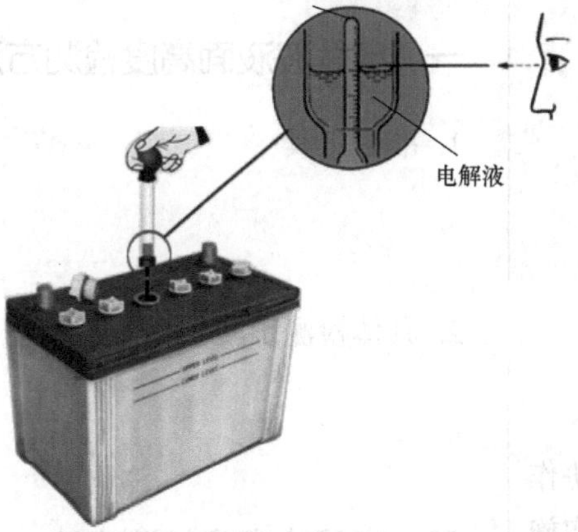


## 三、蓄电池电压检测

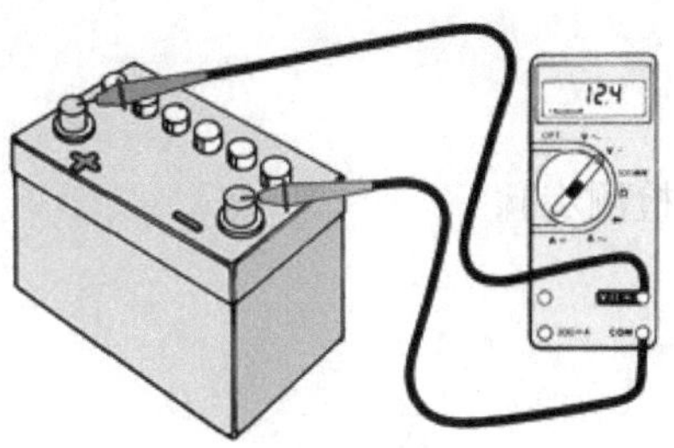

<table>
<tr><td>制订自学计划提示</td><td>

四、蓄电池的跨接

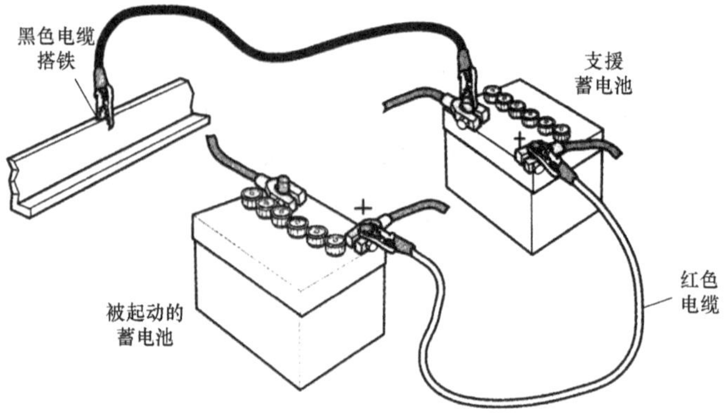


五、蓄电池的技术状况检测及维护的学习计划（可参考下面提纲）

1. 学习资料的收集和整理<br>
2. 了解蓄电池技术状况检测项目<br>
3. 学习每个项目的具体检测方法<br>
4. 学习蓄电池跨接方法<br>
5. 总结蓄电池的拆装和维护方法

</td></tr>
<tr><td>分组协作组织实施</td><td>

一、电解液液面高度检测方法

1. 准备工具

2. 具体检测步骤

二、电解液密度检测方法

1. 准备工具

2. 具体检测步骤

</td></tr>
</table>

<table>
<tr>
<td>分组协作<br>组织实施</td>
<td>
<h3>三、蓄电池电压检测方法</h3>
1. 准备工具
2. 具体检测步骤
<h3>四、蓄电池的跨接方法</h3>
1. 准备工具
2. 具体检测步骤
</td>
</tr>
<tr>
<td>学习效果<br>检查评估</td>
<td>
<table>
<tr><th>评价内容</th><th>检验指标</th><th>自评</th><th>互评</th><th>师评</th><th>总评</th></tr>
<tr><td rowspan="3">检查任务完成情况</td><td>1. 完成任务过程情况</td><td rowspan="3"></td><td rowspan="3"></td><td rowspan="3"></td><td rowspan="12"></td></tr>
<tr><td>2. 任务完成质量</td></tr>
<tr><td>3. 在小组完成任务过程中所起作用</td></tr>
<tr><td rowspan="6">专业知识和专业技能</td><td>1. 能说出蓄电池检测项目</td><td rowspan="6"></td><td rowspan="6"></td><td rowspan="6"></td></tr>
<tr><td>2. 能掌握电解液液面高度检测方法</td></tr>
<tr><td>3. 能掌握电解液密度检测方法</td></tr>
<tr><td>4. 能掌握蓄电池电压检测方法</td></tr>
<tr><td>5. 能掌握蓄电池的跨接方法</td></tr>
<tr><td>6. 能正确拆装蓄电池并进行维护</td></tr>
<tr><td rowspan="3">职业素养</td><td>1. 学习态度：积极主动参与学习</td><td rowspan="3"></td><td rowspan="3"></td><td rowspan="3"></td></tr>
<tr><td>2. 团队合作：与小组成员分工合作，不影响学习进度</td></tr>
<tr><td>3. 现场管理：服从工位安排，执行实训室“5S”管理规定</td></tr>
<tr><td>企业导师的评议与建议</td><td colspan="5"></td></tr>
</table>
</td>
</tr>
</table>

# 项目2

# 发电机的检测与维修

## 任务 2.1 发电机拆装与检修

<table>
<tr>
<td>制订自学<br>计划提示</td>
<td>
请根据任务要求，确定所需要的设备、工具，并对你的团队进行合理分工，制订详细的发电机拆装与检修学习计划。<br><br>
一、掌握发电机的类型及作用<br><br>
汽车用发电机可分为直流发电机和交流发电机。由于交流发电机在许多方面优于直流发电机，所以直流发电机已被淘汰，目前所有汽车均采用交流发电机。<br>
发电机是汽车的主要电源，其功用是在发动机正常运转时（怠速以上），向所有用电设备（起动机除外）供电，同时向蓄电池充电。<br><br>
二、掌握交流发电机的结构和原理<br><br>
1. 结构<br><br>
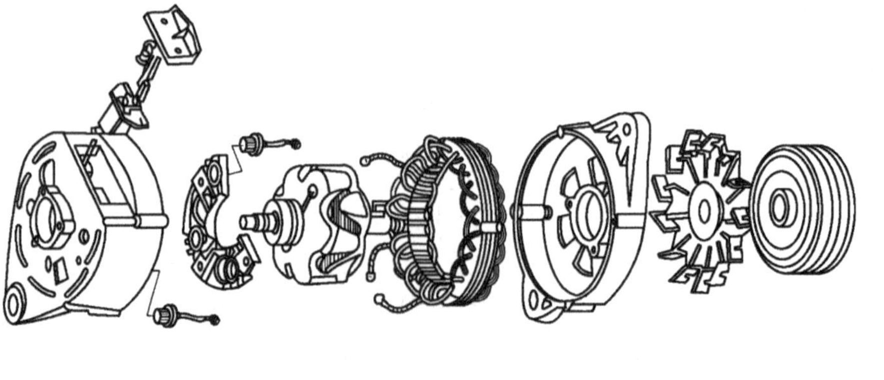
</td>
</tr>
</table>

<table>
<tr><td>制订自学计划提示</td><td>
2. 原理<br>
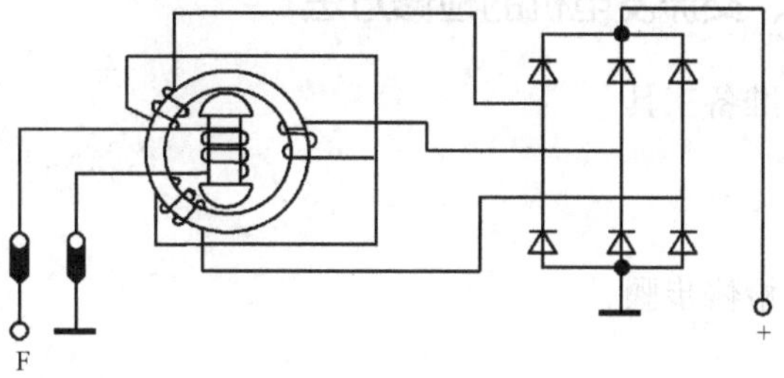<br>
<br>
3. 具体的拆修方法<br><br>
三、发电机拆装与检修的学习计划（可参考下面提纲）<br>
1. 学习资料的收集和整理<br>
2. 了解拆卸、检修交流发电机需要使用哪些工具<br>
3. 学习拆卸、检修交流发电机部件作业的安全事项<br>
4. 确定拆装交流发电机的步骤<br>
5. 总结和归纳交流发电机主要组成部件的结构、作用<br>
6. 总结和归纳交流发电机的工作原理
</td></tr>
<tr><td>分组协作组织实施</td><td>
一、交流发电机的主要组成部件及其作用<br><br>
二、交流发电机的拆装步骤和方法<br>
1. 准备工具<br><br>
2. 拆装步骤及方法
</td></tr>
</table>

<table>
<tr><td>分组协作<br>组织实施</td><td>三、交流发电机的检修方法<br>1. 准备工具<br><br>2. 检修步骤</td></tr>
<tr><td>分组讨论<br>总结分析</td><td>完成工作任务后的收获与感想<br>1. 完成任务后的收获<br><br>2. 任务中存在的问题<br><br>3. 需要反馈的问题</td></tr>
<tr><td>学习效果<br>检查评估</td><td>
<table>
<tr><td>评价内容</td><td>检验指标</td><td>自评</td><td>互评</td><td>师评</td><td>总评</td></tr>
<tr><td rowspan="3">检查任务完成情况</td><td>1. 完成任务过程情况</td><td rowspan="3"></td><td rowspan="3"></td><td rowspan="3"></td><td rowspan="10"></td></tr>
<tr><td>2. 任务完成质量</td></tr>
<tr><td>3. 在小组完成任务过程中所起作用</td></tr>
<tr><td rowspan="4">专业知识和专业技能</td><td>1. 能说出交流发电机的主要组成部件</td><td rowspan="4"></td><td rowspan="4"></td><td rowspan="4"></td></tr>
<tr><td>2. 能描述交流发电机的工作原理</td></tr>
<tr><td>3. 会正确选择和使用工具对交流发电机进行拆装</td></tr>
<tr><td>4. 会正确选择和使用工具对交流发电机进行检修</td></tr>
<tr><td rowspan="3">职业素养</td><td>1. 学习态度：积极主动参与学习</td><td rowspan="3"></td><td rowspan="3"></td><td rowspan="3"></td></tr>
<tr><td>2. 团队合作：与小组成员分工合作，不影响学习进度</td></tr>
<tr><td>3. 现场管理：服从工位安排，执行实训室“5S”管理规定</td></tr>
<tr><td>企业导师的评议与建议</td><td colspan="5"></td></tr>
</table>
</td></tr>
</table>

# 任务2.2 充电系统故障诊断与排除

<table>
<tr><td rowspan="1">制订自学计划提示</td><td>
请根据任务要求，确定所需要的设备、工具，并对你的团队进行合理分工，制订详细的充电系统故障诊断与排除学习计划。<br><br>
一、充电系统的结构<br><br>
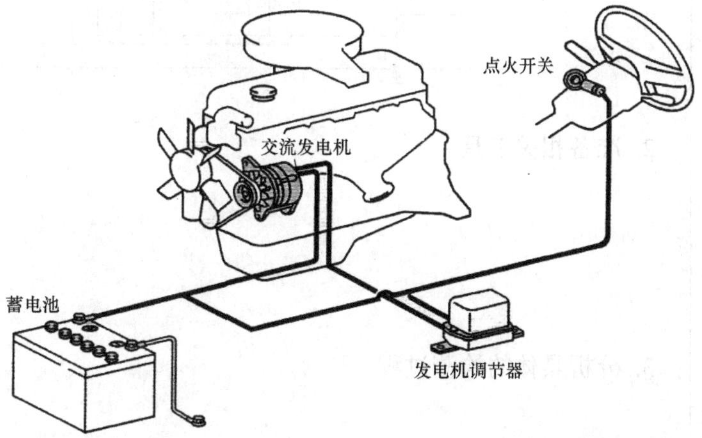<br>
<br><br>
1. 所有结构的位置认知<br><br><br><br>
2. 每个部件的具体作用
</td></tr>
</table>

**制订自学计划提示**

## 二、讨论学习充电系统的工作原理

1. 充电系统原理图分析

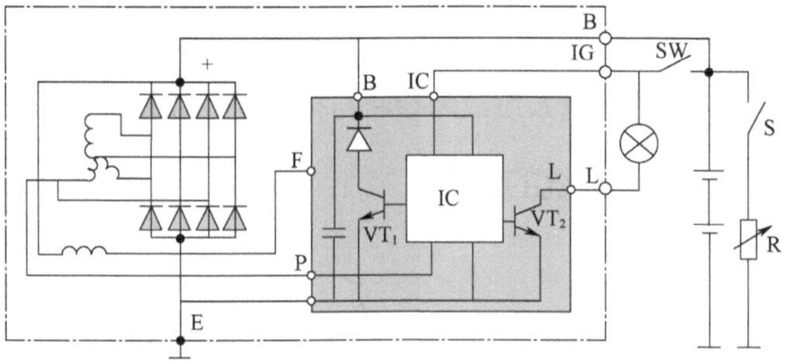


2. 准备相关工具

3. 分析具体的检测过程

## 三、充电系统常见故障的诊断与排除方法

1. 不充电
2. 充电电流过小
3. 充电电流过大
4. 充电电流不稳
5. 发电机不发电

## 四、充电系统故障诊断与排除的学习计划（可参考下面提纲）

1. 学习资料的收集和整理
2. 充电系统的结构和原理
3. 充电系统原理图分析方法
4. 具体的检测过程
5. 总结各种充电系统的故障诊断方法

| | |
|---|---|
| 分组协作<br>组织实施 | **一、相应车型的充电系统电路图**<br><br>**二、充电系统电路图中具体部件的结构和原理**<br><br>**三、具体的检测过程**<br>1. 准备工具<br><br>2. 检测过程<br><br>3. 检测结果<br><br>**四、充电系统故障诊断方法** |

**分组讨论总结分析**

## 完成任务后的收获与感想

1. 完成任务后的收获

2. 任务中存在的问题

3. 需要反馈的问题

**学习效果检查评估**

<table>
<tr><th>评价内容</th><th>检验指标</th><th>自评</th><th>互评</th><th>师评</th><th>总评</th></tr>
<tr><td rowspan="3">检查任务完成情况</td><td>1. 完成任务过程情况</td><td rowspan="3"></td><td rowspan="3"></td><td rowspan="3"></td><td rowspan="11"></td></tr>
<tr><td>2. 任务完成质量</td></tr>
<tr><td>3. 在小组完成任务过程中所起作用</td></tr>
<tr><td rowspan="5">专业知识和专业技能</td><td>1. 能说出充电系统的主要组成部件</td><td rowspan="5"></td><td rowspan="5"></td><td rowspan="5"></td></tr>
<tr><td>2. 能描述充电系统的工作原理</td></tr>
<tr><td>3. 能掌握充电系统的故障检测方法</td></tr>
<tr><td>4. 能掌握充电系统故障诊断方法</td></tr>
<tr><td>5. 会正确选择和使用工具对充电系统进行实际检测</td></tr>
<tr><td rowspan="3">职业素养</td><td>1. 学习态度：积极主动参与学习</td><td rowspan="3"></td><td rowspan="3"></td><td rowspan="3"></td></tr>
<tr><td>2. 团队合作：与小组成员分工合作，不影响学习进度</td></tr>
<tr><td>3. 现场管理：服从工位安排，执行实训室“5S”管理规定</td></tr>
<tr><td>企业导师的评议与建议</td><td colspan="5"></td></tr>
</table>

# 项目 3

# 起动系统的检测与维修

## 任务 3.1　起动机的组成、型号和工作原理

| | |
|---|---|
| 制订自学计划提示 | 请根据任务要求，分组协作确定所需要的设备、工具，并对你的团队进行合理分工，制订详细的起动系统认知计划。<br>**一、了解起动系统的作用与要求**<br>1. 起动系统的作用<br>发动机的起动系统是指发动机借助外力作用，由静止状态过渡到自行运转的过程。<br>2. 起动系统的要求<br>（1）起动时应平顺，起动机的齿轮与发动机的飞轮齿圈啮合要柔和，不应发生冲击。<br>（2）发动机起动后，起动机的小齿轮应能自动打滑或脱离啮合。<br>（3）起动系统结构应简单、工作可靠。<br>（4）在发动机工作时，起动机的小齿轮不能再进入啮合，防止发生冲击。<br>**二、了解常见起动机的种类**<br>1. 普通起动机<br> |

| | |
|---|---|
| 制订自学计划提示 | 2. 减速起动机<br><br>3. 永磁起动机<br><br>三、认识起动系统的学习计划（可参考下面提纲）<br>1. 学习资料的收集和整理<br>2. 了解拆卸起动机需要使用哪些工具<br>3. 学习拆卸部件作业的安全事项<br>4. 确定拆装起动机的步骤<br>5. 总结比较不同类型起动机结构的区别 |

| | |
|---|---|
| 分组协作<br>组织实施 | **一、观察实训室现有的汽车起动机类型，并正确进行总结归纳**<br>1. 普通起动机<br>汽车型号：<br><br>主要组成部件：<br><br>2. 减速起动机<br>汽车型号：<br><br>主要组成部件：<br><br>3. 永磁起动机<br>汽车型号：<br><br>主要组成部件：<br><br>**二、归纳总结各类型汽车起动机的特点**<br>1. 普通起动机<br><br>2. 减速起动机<br><br>3. 永磁起动机 |

<table>
<tr><td>分组讨论<br>总结分析</td><td colspan="6">完成学习任务后的收获与感想<br>1. 完成任务后的收获<br><br><br>2. 任务中存在的问题<br><br><br>3. 需要反馈的问题</td></tr>
<tr><td rowspan="12">学习效果<br>检查评估</td><td>评价内容</td><td>检验指标</td><td>自评</td><td>互评</td><td>师评</td><td>总评</td></tr>
<tr><td rowspan="3">检查任务<br>完成情况</td><td>1. 完成任务过程情况</td><td rowspan="3"></td><td rowspan="3"></td><td rowspan="3"></td><td rowspan="10"></td></tr>
<tr><td>2. 任务完成质量</td></tr>
<tr><td>3. 在小组完成任务过程中所起作用</td></tr>
<tr><td rowspan="4">专业知识<br>和<br>专业技能</td><td>1. 能说出起动系统的作用与要求</td><td rowspan="4"></td><td rowspan="4"></td><td rowspan="4"></td></tr>
<tr><td>2. 能描述起动机的分类及特点</td></tr>
<tr><td>3. 能说出起动机的主要部件</td></tr>
<tr><td>4. 会正确选择和使用工具对起动机进行拆卸</td></tr>
<tr><td rowspan="3">职业素养</td><td>1. 学习态度：积极主动参与学习</td><td rowspan="3"></td><td rowspan="3"></td><td rowspan="3"></td></tr>
<tr><td>2. 团队合作：与小组成员分工合作，不影响学习进度</td></tr>
<tr><td>3. 现场管理：服从工位安排，执行实训室“5S”管理规定</td></tr>
<tr><td>企业导师<br>的评议与<br>建议</td><td colspan="5"></td></tr>
</table>

# 任务 3.2　起动机的控制电路

**制订自学计划提示**

请根据任务要求，确定所需要的设备、工具，并对你的团队进行合理分工，制订详细的起动机控制电路学习计划。

## 一、起动机控制电路结构

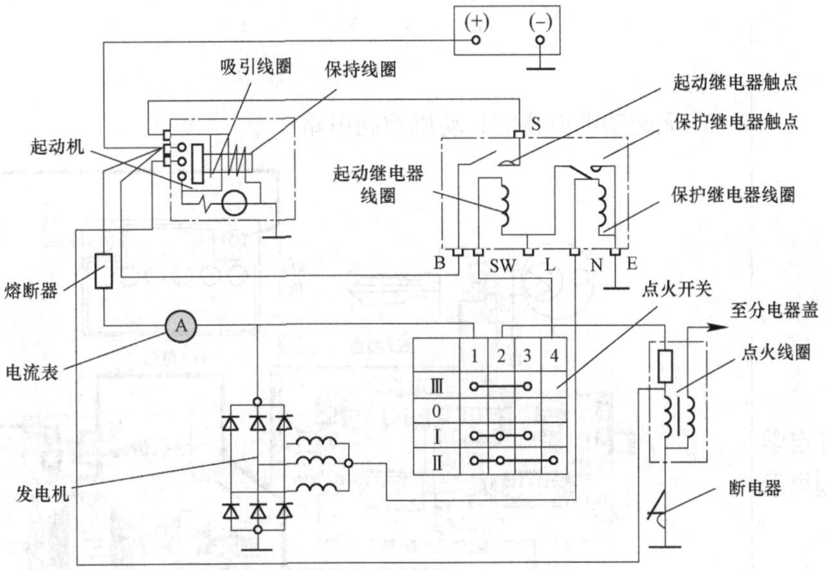


## 二、几种控制电路的工作原理

1. 带起动继电器的起动机控制电路

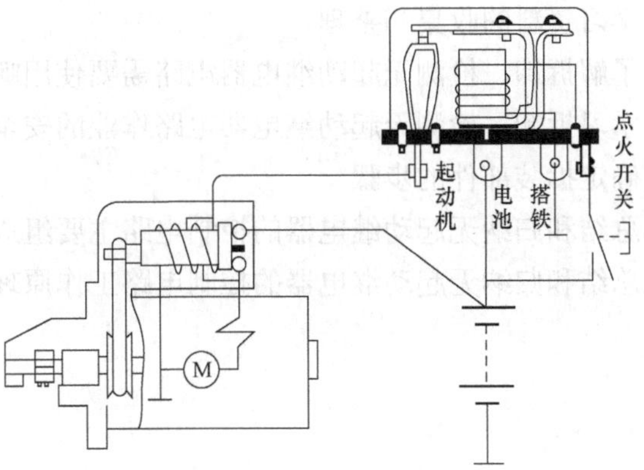

制订自学计划提示

2. 带保护继电器的起动机控制电路

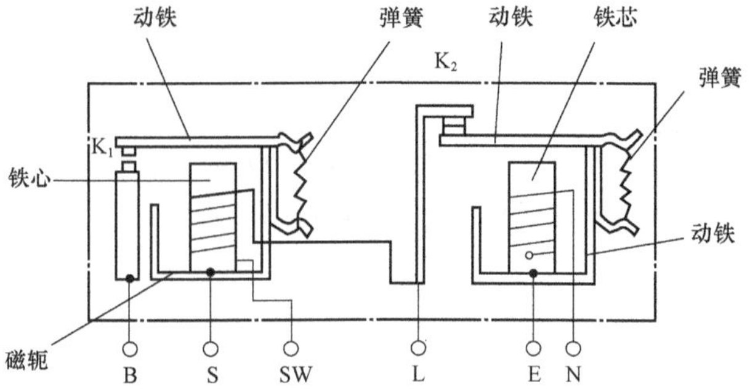


3. 无起动继电器的起动机控制电路

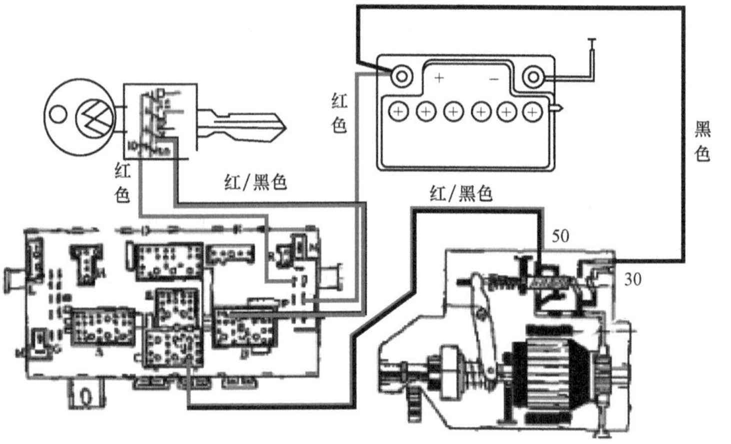


## 三、无起动继电器的起动机控制电路的学习计划

1. 学习资料的收集和整理
2. 了解拆卸、检测无起动继电器电路需要使用哪些工具
3. 学习拆卸、检测无起动继电器电路作业的安全事项
4. 确定拆装部件的步骤
5. 总结和归纳无起动继电器的控制电路主要组成部件的结构、作用
6. 总结和归纳无起动继电器的控制电路工作原理

| | |
|---|---|
| 分组协作<br>组织实施 | 一、无起动继电器的起动机控制电路的组成部件及其作用<br><br>二、三种类型的起动机控制电路知识总结归纳<br>1. 带起动继电器的起动机控制电路工作原理<br><br>2. 带保护继电器的起动机控制电路工作原理<br><br>3. 无起动继电器的起动机控制电路工作原理 |

<table>
<tr>
<td>分组讨论<br>总结分析</td>
<td>
完成工作任务后的收获与感想<br>
1. 完成任务后的收获<br>
2. 任务中存在的问题<br>
3. 需要反馈的问题
</td>
</tr>
<tr>
<td>学习效果<br>检查评估</td>
<td>
<table>
<tr><th>评价内容</th><th>检验指标</th><th>自评</th><th>互评</th><th>师评</th><th>总评</th></tr>
<tr><td rowspan="3">检查任务完成情况</td><td>1. 完成任务过程情况</td><td rowspan="3"></td><td rowspan="3"></td><td rowspan="3"></td><td rowspan="10"></td></tr>
<tr><td>2. 任务完成质量</td></tr>
<tr><td>3. 在小组完成任务过程中所起作用</td></tr>
<tr><td rowspan="4">专业知识<br>和<br>专业技能</td><td>1. 能说出起动机控制电路的主要组成部件</td><td rowspan="4"></td><td rowspan="4"></td><td rowspan="4"></td></tr>
<tr><td>2. 能描述起动机控制电路的工作原理</td></tr>
<tr><td>3. 能描述三种典型的起动机控制电路的工作原理</td></tr>
<tr><td>4. 会正确选择和使用工具起动机控制电路进行拆解、装复</td></tr>
<tr><td rowspan="3">职业素养</td><td>1. 学习态度：积极主动参与学习</td><td rowspan="3"></td><td rowspan="3"></td><td rowspan="3"></td></tr>
<tr><td>2. 团队合作：与小组成员分工合作，不影响学习进度</td></tr>
<tr><td>3. 现场管理：服从工位安排，执行实训室“5S”管理规定</td></tr>
<tr><td>企业导师的评议与建议</td><td colspan="5"></td></tr>
</table>
</td>
</tr>
</table>

# 任务 3.3 起动系统的使用和故障诊断

<table>
<tr>
<td>制订自学计划提示</td>
<td>

请根据任务要求，确定所需要的设备、工具，并对你的团队进行合理分工，制订详细的起动系统使用和故障诊断学习计划。

## 一、起动机的分解与组装

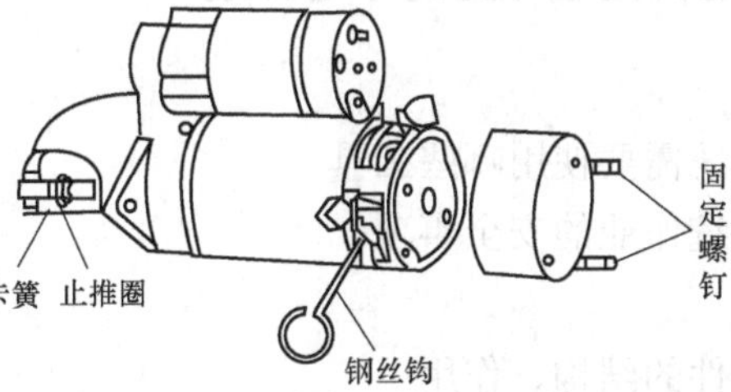


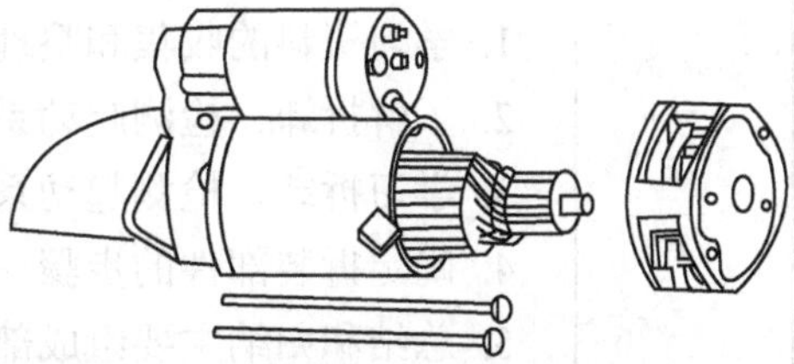

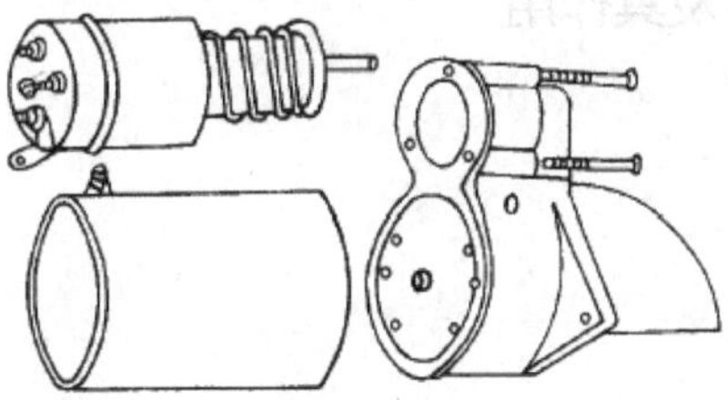

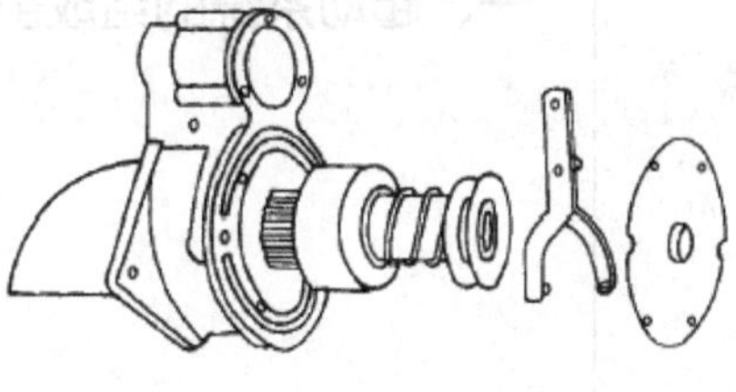

## 二、起动系统电路的检测

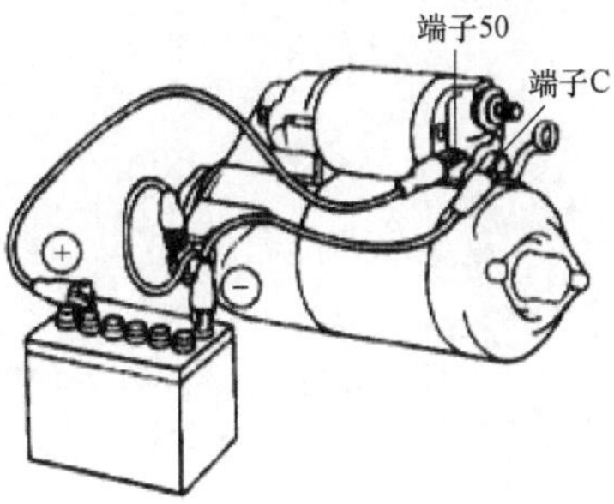


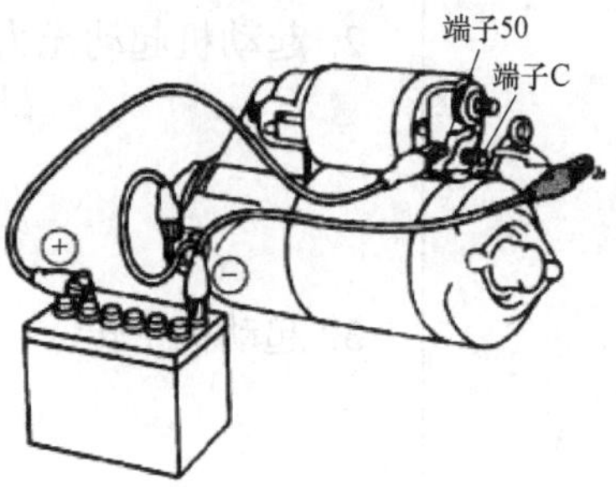


</td>
</tr>
</table>

<table>
<tr><td>制订自学<br>计划提示</td><td>三、起动系统的故障诊断<br>1. 起动机不转<br>2. 起动机起动无力<br>3. 起动机空转<br>4. 起动机使用注意事项<br><br>四、无起动继电器的起动机控制电路的学习计划<br>1. 学习资料的收集和整理<br>2. 了解拆卸、检测起动系统需要使用哪些工具<br>3. 学习拆卸、检测起动系统作业的安全事项<br>4. 确定拆装部件的步骤<br>5. 总结和归纳主要组成部件的结构、作用<br>6. 总结和归纳无法起动的原因</td></tr>
<tr><td>分组协作<br>组织实施</td><td>一、起动系统的组成部件及其作用<br><br>二、三种类型故障原因的总结归纳<br>1. 起动机不转<br><br>2. 起动机起动无力<br><br>3. 起动机空转</td></tr>
</table>

| | |
|---|---|
| 分组讨论<br>总结分析 | **完成工作任务后的收获与感想**<br>1. 完成任务后的收获<br><br>2. 任务中存在的问题<br><br>3. 需要反馈的问题 |

学习效果检查评估

| 评价内容 | 检验指标 | 自评 | 互评 | 师评 | 总评 |
|---|---|---|---|---|---|
| 检查任务完成情况 | 1. 完成任务过程情况 | | | | |
| | 2. 任务完成质量 | | | | |
| | 3. 在小组完成任务过程中所起作用 | | | | |
| 专业知识和专业技能 | 1. 能说出起动系统的主要组成部件 | | | | |
| | 2. 能分析不同类型故障的原因 | | | | |
| | 3. 会正确选择和使用工具对起动系统进行拆解、装复 | | | | |
| 职业素养 | 1. 学习态度：积极主动参与学习 | | | | |
| | 2. 团队合作：与小组成员分工合作，不影响学习进度 | | | | |
| | 3. 现场管理：服从工位安排，执行实训室“5S”管理规定 | | | | |
| 企业导师的评议与建议 | | | | | |

# 项目 4

# 点火系统的检测与维修

## 任务 4.1　认识点火系统

<table>
<tr>
<td>制订自学计划提示</td>
<td>

请根据任务要求，分组协作确定所需要的设备、工具，并对你的团队进行合理分工，制订详细的点火系统认知计划。

### 一、了解点火系统的作用与要求

1. 点火系统的作用

发动机点火系统的作用是按照发动机的点火顺序，在一定的时刻供给火花塞足够能量的高压电，使其两极间产生电火花，点燃混合气，使发动机做功。

2. 点火系统的要求

（1）能产生足以击穿火花塞电极间隙的高电压

（2）电火花应具有足够的能量

（3）点火时间应与发动机的工作情况相适应

### 二、了解常见点火系统的种类

1. 传统点火系统

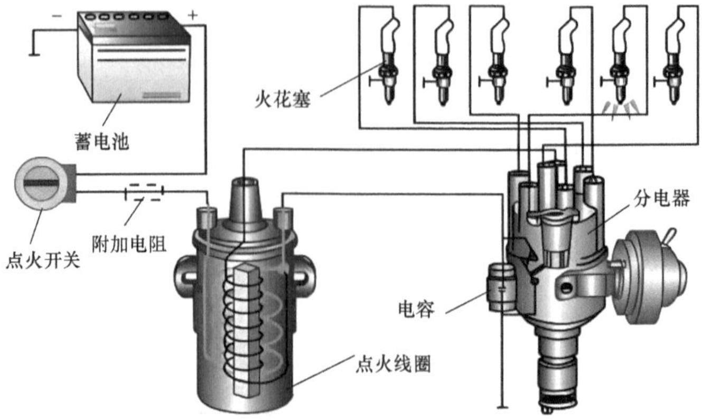


</td>
</tr>
</table>

<table>
<tr><td>制订自学计划提示</td><td>

2. 电子点火系统

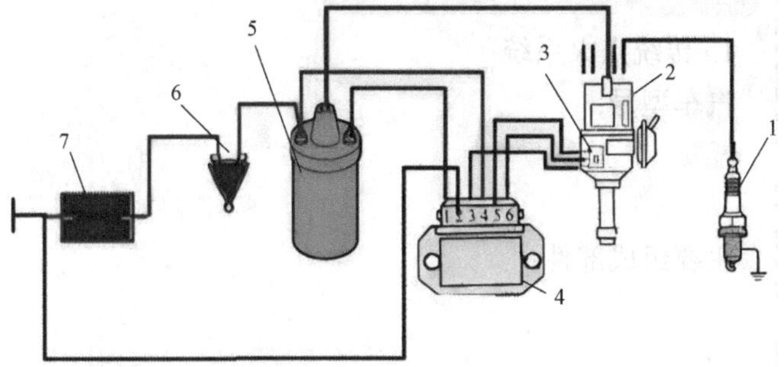


1—火花塞；2—分电器；3—点火信号发生器；4—点火控制器；
5—点火线圈；6—点火开关；7—电源

3. 微机控制点火系统

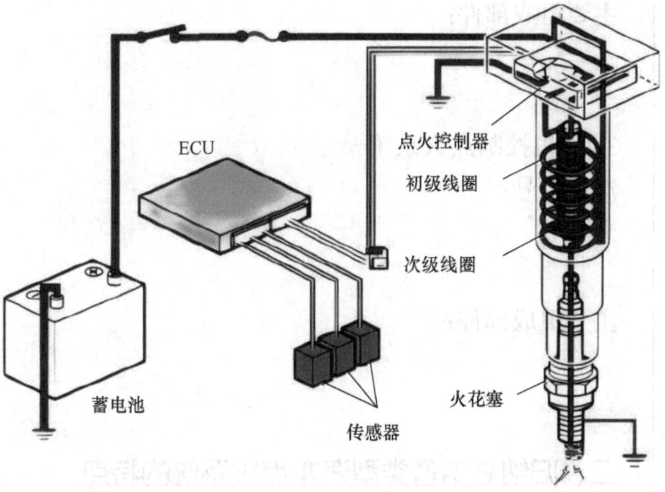


三、认识点火系统的学习计划（可参考下面提纲）

1. 学习资料的收集和整理
2. 了解拆卸点火系统需要使用哪些工具
3. 学习拆卸点火系统部件作业的安全事项
4. 确定拆装点火系统部件的步骤
5. 总结比较不同点火系统结构的区别

</td></tr>
</table>

<table>
<tr>
<td>分组协作<br>组织实施</td>
<td>
一、观察实训室现有的汽车点火系统类型，并正确进行总结归纳<br>
1. 传统点火系统<br>
汽车型号：<br><br>
主要组成部件：<br><br>
2. 无触点电子点火系统<br>
汽车型号：<br><br>
主要组成部件：<br><br>
3. 微机控制点火系统<br>
汽车型号：<br><br>
主要组成部件：<br><br>
二、归纳总结各类型汽车点火系统的特点<br>
1. 传统点火系统<br><br>
2. 无触点电子点火系统<br><br>
3. 微机控制点火系统
</td>
</tr>
</table>

| | 评价内容 | 检验指标 | 自评 | 互评 | 师评 | 总评 |
|---|---|---|---|---|---|---|
| 学习效果检查评估 | 检查任务完成情况 | 1. 完成任务过程情况 | | | | |
| | | 2. 任务完成质量 | | | | |
| | | 3. 在小组完成任务过程中所起作用 | | | | |
| | 专业知识和专业技能 | 1. 能说出点火系统的作用与要求 | | | | |
| | | 2. 能描述汽车点火系统的分类及特点 | | | | |
| | | 3. 能说出汽车点火系统的主要部件 | | | | |
| | | 4. 会正确选择和使用工具对点火系统部件进行拆卸 | | | | |
| | 职业素养 | 1. 学习态度：积极主动参与学习 | | | | |
| | | 2. 团队合作：与小组成员分工合作，不影响学习进度 | | | | |
| | | 3. 现场管理：服从工位安排，执行实训室“5S”管理规定 | | | | |
| | 企业导师的评议与建议 | | | | | |

# 任务 4.2　无触点电子点火系统

**制订自学计划提示**

请根据任务要求，确定所需要的设备、工具，并对你的团队进行合理分工，制订详细的无触点电子点火系统学习计划。

## 一、理解无触点电子点火系统的结构

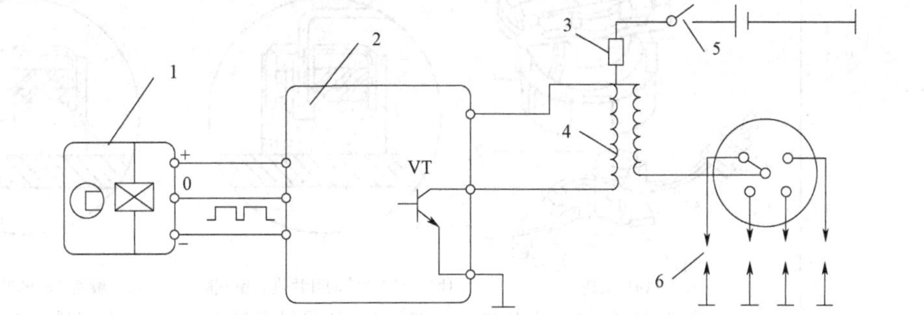


1—点火信号发生器；2—点火器；3—附加电阻；4—点火线圈；5—点火开关；6—火花塞

制订自学计划提示

## 二、理解几种典型无触点电子点火装置的工作原理

1. 磁脉冲式无触点电子点火装置

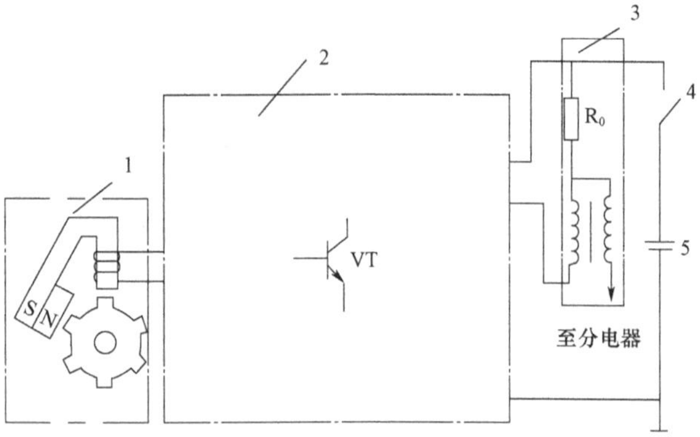


1—点火信号发生器；2—点火器；3—点火线圈；4—点火开关；5—蓄电池

2. 光电式无触点电子点火装置

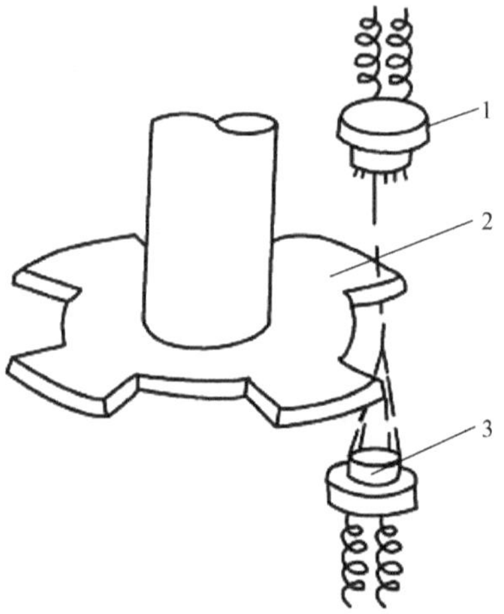


1—发光二极管；2—转盘；3—光敏三极管

3. 霍尔效应式无触点电子点火装置

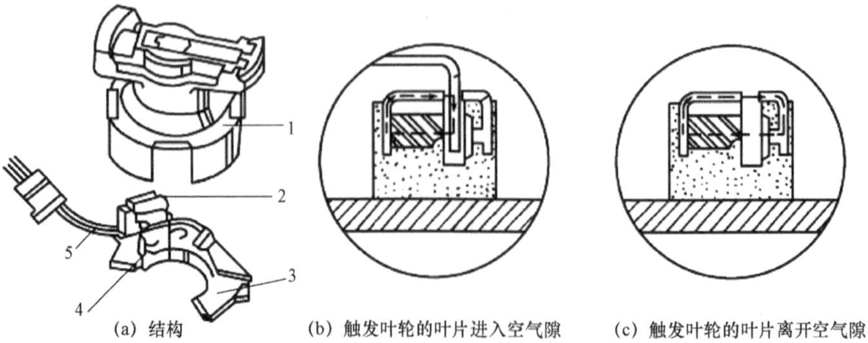


(a) 结构　(b) 触发叶轮的叶片进入空气隙　(c) 触发叶轮的叶片离开空气隙

1—触发叶轮；2—霍尔集成电路；3—信号触发开关；4—永久磁铁；5—导磁板

<table>
<tr><td>制订自学计划提示</td><td>三、无触点电子点火系统的学习计划（可参考下面提纲）<br>1. 学习资料的收集和整理<br>2. 了解拆卸、检测无触点电子点火系统需要使用哪些工具<br>3. 学习拆卸、检测无触点电子点火系统部件作业的安全事项<br>4. 确定拆装无触点电子点火系统部件的步骤<br>5. 总结和归纳无触点电子点火系统主要组成部件的结构、作用<br>6. 总结和归纳无触点电子点火系统的工作原理</td></tr>
<tr><td>分组协作组织实施</td><td>一、无触点电子点火系统的主要组成部件及其作用<br><br>二、三种类型无触点电子点火系统知识总结归纳<br>1. 磁脉冲式无触点电子点火装置工作原理<br><br>2. 光电式无触点电子点火装置工作原理<br><br>3. 霍尔效应式无触点电子点火装置工作原理<br><br>4. 总结归纳三种点火装置的性能特点</td></tr>
</table>

<table>
<tr><td>分组讨论<br>总结分析</td><td colspan="6">完成工作任务后的收获与感想<br>1. 完成任务后的收获<br>2. 任务中存在的问题<br>3. 需要反馈的问题</td></tr>
<tr><td rowspan="13">学习效果<br>检查评估</td><td>评价内容</td><td>检验指标</td><td>自评</td><td>互评</td><td>师评</td><td>总评</td></tr>
<tr><td rowspan="3">检查任务<br>完成情况</td><td>1. 完成任务过程情况</td><td rowspan="3"></td><td rowspan="3"></td><td rowspan="3"></td><td rowspan="10"></td></tr>
<tr><td>2. 任务完成质量</td></tr>
<tr><td>3. 在小组完成任务过程中所起作用</td></tr>
<tr><td rowspan="4">专业知识<br>和<br>专业技能</td><td>1. 能说出无触点电子点火系统的主要组成部件</td><td rowspan="4"></td><td rowspan="4"></td><td rowspan="4"></td></tr>
<tr><td>2. 能描述无触点电子点火系统的工作原理</td></tr>
<tr><td>3. 能描述三种典型的电子点火装置的工作原理</td></tr>
<tr><td>4. 会正确选择和使用工具对点火系统总成进行拆解、装复</td></tr>
<tr><td rowspan="3">职业素养</td><td>1. 学习态度：积极主动参与学习</td><td rowspan="3"></td><td rowspan="3"></td><td rowspan="3"></td></tr>
<tr><td>2. 团队合作：与小组成员分工合作，不影响学习进度</td></tr>
<tr><td>3. 现场管理：服从工位安排，执行实训室“5S”管理规定</td></tr>
<tr><td>企业导师<br>的评议与<br>建议</td><td colspan="5"></td></tr>
</table>

# 任务 4.3　微机控制点火系统

**制订自学计划提示**

请根据任务要求，确定所需要的设备、工具，并对你的团队进行合理分工，制订详细的微机控制点火系统学习计划。

## 一、讨论学习微机控制点火系统的结构组成

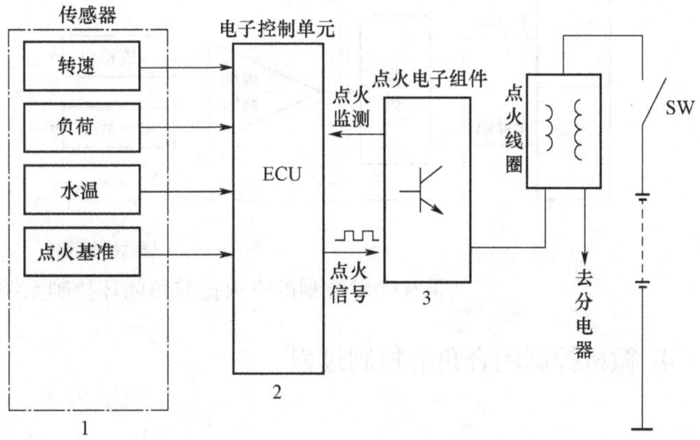


1. 微机控制点火系统相关的传感器及开关信号
2. 电子控制单元 ECU
3. 点火控制器

## 二、讨论学习微机控制点火系统的工作原理

1. 微机控制点火原理

2. 微机控制点火提前角的确定

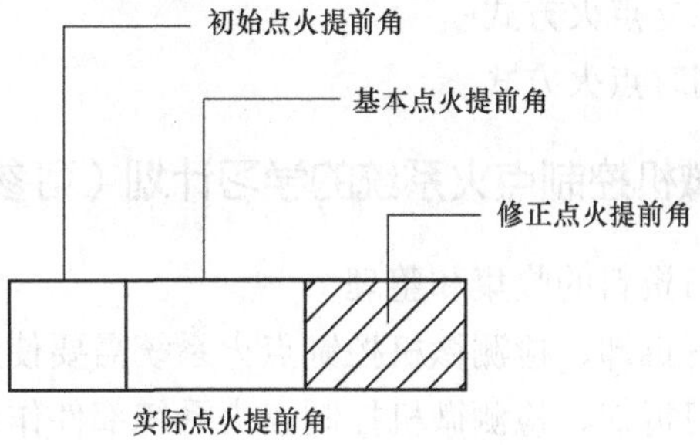

制订自学计划提示

3. 微机控制点火提前角的控制过程

（1）开环控制方式

（2）闭环控制方式

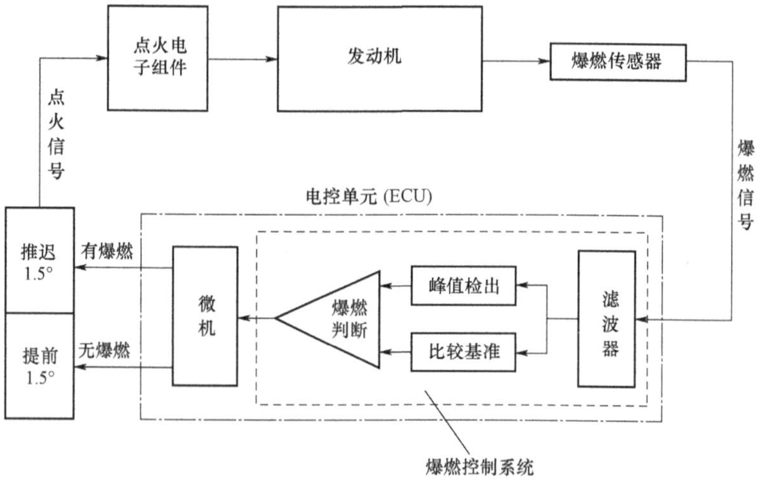


带有爆燃控制的点火提前角闭环控制系统框图

4. 微机控制闭合角的控制过程

## 三、讨论学习微机控制点火系统高压电的分配方式

1. 有分电器式点火控制系统的高压配电方式
2. 无分电器式点火控制系统的高压配电方式

（1）独立点火方式

（2）同时点火方式

## 四、微机控制点火系统的学习计划（可参考下面提纲）

1. 学习资料的收集和整理
2. 了解拆卸、检测微机控制点火系统需要使用哪些工具
3. 学习拆卸、检测微机控制点火系统部件作业的安全事项
4. 确定拆装微机控制点火系统部件的步骤
5. 总结和归纳不同类别微机控制点火系统主要组成部件的结构、工作原理

<table>
<tr><td>分组协作<br>组织实施</td><td>一、微机控制点火系统的优点<br><br>二、微机控制点火系统主要组成部分及其作用<br><br>三、微机控制点火系统的控制过程知识总结归纳<br>1. 微机控制点火系统工作原理<br><br>2. 如何确定微机控制点火提前角<br><br>3. 开环控制与闭环控制的区别<br><br>四、微机控制点火系统高压电的分配方式知识总结归纳<br>1. 有分电器式电控点火系统的主要特点<br><br>2. 无分电器式电控点火系统的主要特点<br><br>3. 独立点火方式和同时点火方式的区别</td></tr>
</table>

<table>
<tr><td>分组讨论<br>总结分析</td><td colspan="6">完成任务后的收获与感想<br>1. 完成任务后的收获<br><br>2. 任务中存在的问题<br><br>3. 需要反馈的问题</td></tr>
<tr><td rowspan="13">学习效果<br>检查评估</td><td>评价内容</td><td>检验指标</td><td>自评</td><td>互评</td><td>师评</td><td>总评</td></tr>
<tr><td rowspan="3">检查任务<br>完成情况</td><td>1. 完成任务过程情况</td><td rowspan="3"></td><td rowspan="3"></td><td rowspan="3"></td><td rowspan="11"></td></tr>
<tr><td>2. 任务完成质量</td></tr>
<tr><td>3. 在小组完成任务过程中所起作用</td></tr>
<tr><td rowspan="5">专业知识<br>和<br>专业技能</td><td>1. 能说出微机控制点火系统的主要组成部件</td><td rowspan="5"></td><td rowspan="5"></td><td rowspan="5"></td></tr>
<tr><td>2. 能描述微机控制点火系统的工作原理</td></tr>
<tr><td>3. 能描述点火开环控制与闭环控制的区别</td></tr>
<tr><td>4. 能描述独立点火与同时点火的区别</td></tr>
<tr><td>5. 会正确选择和使用工具对点火系统总成进行拆解、装复</td></tr>
<tr><td rowspan="3">职业素养</td><td>1. 学习态度：积极主动参与学习</td><td rowspan="3"></td><td rowspan="3"></td><td rowspan="3"></td></tr>
<tr><td>2. 团队合作：与小组成员分工合作，不影响学习进度</td></tr>
<tr><td>3. 现场管理：服从工位安排，执行实训室“5S”管理规定</td></tr>
<tr><td>企业导师<br>的评议与<br>建议</td><td colspan="5"></td></tr>
</table>

# 任务 4.4　点火系统的故障诊断

**制订自学计划提示**

请根据任务要求，确定所需要的设备、工具，并对你的团队进行合理分工，制订详细的点火系统故障诊断学习计划。

## 一、讨论学习电子点火装置的维护

1. 电子点火装置使用注意事项

2. 电子点火装置的检修

## 二、讨论学习点火系统主要部件检测

1. 点火线圈检查

2. 火花塞的检查调整

## 三、点火系统故障诊断的学习计划（可参考下面提纲）

1. 学习拆卸、检测点火系统部件作业的安全事项
2. 学习拆卸、检测点火系统部件工具、设备的操作
3. 确定拆检点火系统统部件的步骤
4. 根据检测结果，分析点火系统的故障原因，并进行故障修复

**分组协作组织实施**

### 主要部件的检测

1. 点火线圈

| 点火线圈型号 | 初级线圈电阻/Ω | | 次级线圈电阻/Ω | | 结果分析 |
|---|---|---|---|---|---|
| | 标准值 | 实测值 | 标准值 | 实测值 | |
| | | | | | |
| | | | | | |
| | | | | | |
| | | | | | |
| | | | | | |

分组协作组织实施

2. 火花塞

| 火花塞型号及外观检查 | 火花塞电极间隙/mm | | 火花塞绝缘电阻/MΩ | | 结果分析 |
|---|---|---|---|---|---|
| | 标准值 | 实测值 | 标准值 | 实测值 | |
| | | | | | |
| | | | | | |
| | | | | | |
| | | | | | |

3. 火花塞跳火检查

将火花塞套入高压分线，火花塞外壳金属与机体搭铁，起动发动机，观察火花塞跳火情况，火花呈蓝白色为正常；无火花或呈红色，说明火花塞或点火线路有问题，应继续检查。

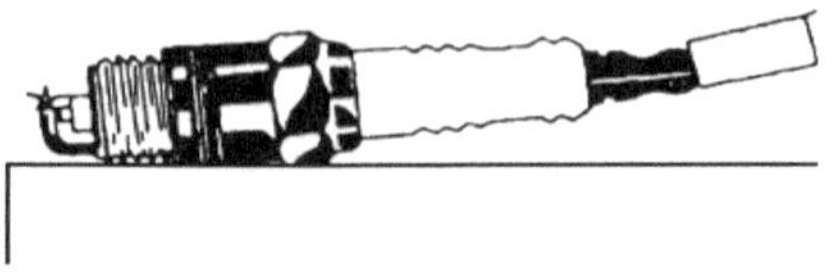

火花塞跳火检查

检查结果：

分组讨论总结分析

## 完成任务后的收获与感想

1. 完成任务后的收获

2. 任务中存在的问题

3. 需要反馈的问题

| | 评价内容 | 检验指标 | 自评 | 互评 | 师评 | 总评 |
|---|---|---|---|---|---|---|
| 学习效果检查评估 | 检查任务完成情况 | 1. 完成任务过程情况 | | | | |
| | | 2. 任务完成质量 | | | | |
| | | 3. 在小组完成任务过程中所起作用 | | | | |
| | 专业知识和专业技能 | 1. 能描述点火系统的工作原理 | | | | |
| | | 2. 能使用万用表、示波器、解码器等工具进行电子元器件检测 | | | | |
| | | 3. 能通过检测分析排除点火系统故障 | | | | |
| | | 4. 会正确选择和使用工具对点火系统总成进行拆解、装复 | | | | |
| | 职业素养 | 1. 学习态度：积极主动参与学习 | | | | |
| | | 2. 团队合作：与小组成员分工合作，不影响学习进度 | | | | |
| | | 3. 现场管理：服从工位安排，执行实训室“5S”管理规定 | | | | |
| | | | | | | |
| | 企业导师的评议与建议 | | | | | |

项目 5

# 照明与信号系统的检测与维修

## 任务 5.1 照明与信号系统的认知

<table>
<tr>
<td>制订自学计划提示</td>
<td>
请根据任务要求，确定所需要的设备、工具，并对你的团队进行合理分工，制订详细的照明、信号系统认知计划。<br><br>
一、照明、信号系统的认知<br><br>
1. 照明系统的作用<br>
汽车照明系统一般包括前照灯、雾灯、牌照灯、仪表灯、顶灯和行李箱灯等。这些设备是为了保证汽车在光线不好的条件下提高车辆的安全性和运行速度而设置的。一般来说，汽车照明设备除了主要用于照明外，还用于汽车装饰。<br>
2. 信号系统的作用<br>
汽车信号系统的作用是通过声响和灯光向其他车辆司机以及行人发出警告，引起注意，确保车辆的行驶安全。<br><br>
二、了解常见照明、信号系统的种类<br><br>
1. 常见的汽车照明系统<br>
包括外部照明系统、内部照明系统。<br>
2. 常见的汽车信号系统<br>
包括外部信号系统、内部信号系统。<br><br>
三、认识照明、信号系统的学习计划（可参考下面提纲）<br><br>
1. 学习资料的收集和整理<br>
2. 了解汽车包括哪些照明灯<br>
3. 了解汽车有哪些信号系统<br>
4. 检查作业安全事项的学习<br>
5. 确定检查汽车信号、照明系统的组成及位置
</td>
</tr>
</table>

分组协作
组织实施

## 一、观察实训室现有的汽车照明、信号系统，并正确进行总结归纳

1. 汽车照明系统

汽车型号：

主要组成部件：

2. 汽车信号系统

汽车型号：

主要组成部件：

## 二、初步检查与确认

1. 识别组合开关，如图所示，按要求完成对应表格内容填写。

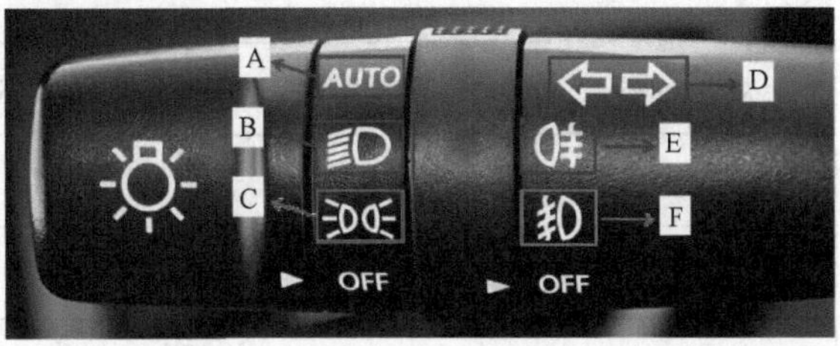


| 开关位置 | 灯光名称 | 开关位置 | 灯光名称 |
| --- | --- | --- | --- |
| A | | D | |
| B | | E | |
| C | | F | |

分组协作组织实施

2. 识别前部灯光，如图所示，将对应位置灯光的名称标识在下表中。

| 灯光位置 | 灯光名称 |
|---|---|
| A | |
| B | |
| C | |
| D | |
| E | |

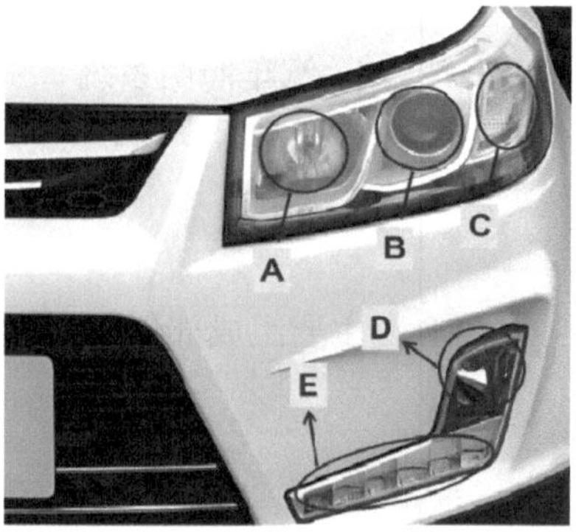


3. 识别尾部灯光，如图所示，将对应位置灯光的名称标识在下表中。

| 灯光位置 | 灯光名称 |
|---|---|
| A | |
| B | |
| C | |
| D | |
| E | |

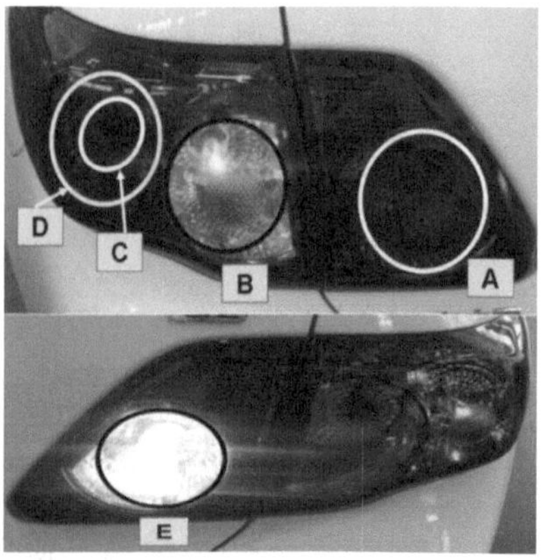


4. 通电后，通过灯光开关操作，检查台架全车灯光，将结果填写于下表中。

| 灯光名称 | 检查结果 | 灯光名称 | 检查结果 |
|---|---|---|---|
| 前小灯 | | 后尾灯 | |
| 大灯近光 | | 制动灯 | |
| 大灯远光 | | 后雾灯 | |
| 远近交替 | | 后左转向 | |
| 前雾灯 | | 后右转向 | |
| 前左转向 | | 危险警告灯 | |
| 前右转向 | | 倒车灯 | |

<table>
<tr>
<td>分组讨论<br>总结分析</td>
<td>完成学习任务后的收获与感想<br><br>1. 完成任务后的收获<br><br><br>2. 任务中存在的问题<br><br><br>3. 需要反馈的问题</td>
</tr>
<tr>
<td>学习效果<br>检查评估</td>
<td>
<table>
<tr><th>评价内容</th><th>检验指标</th><th>自评</th><th>互评</th><th>师评</th><th>总评</th></tr>
<tr><td rowspan="3">检查任务完成情况</td><td>1. 完成任务过程情况</td><td rowspan="3"></td><td rowspan="3"></td><td rowspan="3"></td><td rowspan="10"></td></tr>
<tr><td>2. 任务完成质量</td></tr>
<tr><td>3. 在小组完成任务过程中所起作用</td></tr>
<tr><td rowspan="4">专业知识<br>和<br>专业技能</td><td>1. 能说出照明系统的作用与分类</td><td rowspan="4"></td><td rowspan="4"></td><td rowspan="4"></td></tr>
<tr><td>2. 能说出信号系统的作用与分类</td></tr>
<tr><td>3. 能识别汽车照明、信号系统的主要部件</td></tr>
<tr><td>4. 会正确使用手势，配合完成灯光检查，描述检查结果</td></tr>
<tr><td rowspan="3">职业素养</td><td>1. 学习态度：积极主动参与学习</td><td rowspan="3"></td><td rowspan="3"></td><td rowspan="3"></td></tr>
<tr><td>2. 团队合作：与小组成员分工合作，不影响学习进度</td></tr>
<tr><td>3. 现场管理：服从工位安排，执行实训室“5S”管理规定</td></tr>
<tr><td>企业导师的评议与建议</td><td colspan="5"></td></tr>
</table>
</td>
</tr>
</table>

# 任务 5.2　照明系统电路的检测与维修

<table>
<tr>
<td>制订自学计划提示</td>
<td>
请根据任务要求，确定所需要的设备、工具，并对你的团队进行合理分工，制订详细的照明系统学习计划。<br><br>
一、前照灯的结构<br><br>
1. 前照灯的照明要求<br><br>
2. 前照灯的结构<br><br>
3. 前照灯防眩目构造<br><br>
二、理解前照灯电路分析<br><br>
以大众帕萨特前照灯电路为例，通过前照灯电路图分析，巡线找出所有相关线束及插接器端子的关系，利用万用表测量，得到结果。<br><br>
三、理解雾灯的电路分析<br><br>
通过雾灯电路图分析，巡线找出所有相关线束及插接器端子的关系，利用万用表测量，得到结果。<br><br>
四、照明系统的学习计划（可参考下面提纲）<br><br>
1. 学习资料的收集和整理<br>
2. 实车照明灯的认知<br>
3. 结合电路图巡线，对前照灯电路图进行分析，从灯开始，找到第一段线束插接器的位置，利用万用表测量通断状况<br>
4. 通过分析雾灯电路图，对雾灯巡线找出线束及插接器端子的关系，并利用万用表测量通断状况<br>
5. 对照明系统其他小灯电路的巡线<br>
6. 总结和归纳照明系统的工作原理
</td>
</tr>
</table>

| | |
|---|---|
| 分组协作组织实施 | **一、准备工作**<br>1. 车内防护四件套的安装<br>2. 工具准备<br>3. 车灯检查<br>4. 开关认知（大灯开关、变光开关、雾灯开关）<br>**二、前照灯照明电路检测**<br>1. 前照灯照明电路原理图的绘制（标注元件名称、端子代码等）<br><br>2. 按照电路原理图并结合实物，依次对线束检测通断，说明检查路径及检查结果<br><br>3. 结果分析<br><br>**三、雾灯照明电路检测**<br>1. 雾灯电路原理图的绘制（标注元件名称、端子代码等）<br><br>2. 按照电路原理图结合实物，依次对线束检测通断，说明检查路径及检查结果<br><br>3. 结果分析 |

<table>
<tr><td rowspan="3">分组讨论<br>总结分析</td><td colspan="6">完成学习任务后的收获与感想<br><br>1. 完成任务后的收获</td></tr>
<tr><td colspan="6">2. 任务中存在的问题</td></tr>
<tr><td colspan="6">3. 需要反馈的问题</td></tr>
<tr><td rowspan="12">学习效果<br>检查评估</td><td>评价内容</td><td>检验指标</td><td>自评</td><td>互评</td><td>师评</td><td>总评</td></tr>
<tr><td rowspan="3">检查任务<br>完成情况</td><td>1. 完成任务过程情况</td><td rowspan="3"></td><td rowspan="3"></td><td rowspan="3"></td><td rowspan="10"></td></tr>
<tr><td>2. 任务完成质量</td></tr>
<tr><td>3. 在小组完成任务过程中所起作用</td></tr>
<tr><td rowspan="4">专业知识<br>和<br>专业技能</td><td>1. 能说出前照灯的电路组成和工作原理</td><td rowspan="4"></td><td rowspan="4"></td><td rowspan="4"></td></tr>
<tr><td>2. 能说出前照灯的防眩目装置</td></tr>
<tr><td>3. 能识别汽车雾灯、牌照灯等电路的主要部件</td></tr>
<tr><td>4. 会正确使用手势，配合完成灯光检查，描述检查结果</td></tr>
<tr><td rowspan="3">职业素养</td><td>1. 学习态度：积极主动参与学习</td><td rowspan="3"></td><td rowspan="3"></td><td rowspan="3"></td></tr>
<tr><td>2. 团队合作：与小组成员分工合作，不影响学习进度</td></tr>
<tr><td>3. 现场管理：服从工位安排，执行实训室“5S”管理规定</td></tr>
<tr><td>企业导师<br>的评议与<br>建议</td><td colspan="5"></td></tr>
</table>

# 任务 5.3　信号系统电路的检测与维修

<table>
<tr>
<td>制订自学计划提示</td>
<td>
请根据任务要求，确定所需要的设备、工具，并对你的团队进行合理分工，制订详细的信号系统的学习计划。<br>
一、掌握汽车信号系统的组成<br>
1. 汽车转向信号系统<br>
2. 汽车危险报警信号系统<br>
3. 汽车制动灯电路<br>
4. 汽车倒车信号电路<br>
5. 汽车喇叭电路<br>
二、理解汽车转向灯及危险警告灯电路<br>
1. 汽车转向信号系统组成<br>
2. 闪光器的种类及连接<br>
3. 转向灯及危险警告灯电路的特点<br>
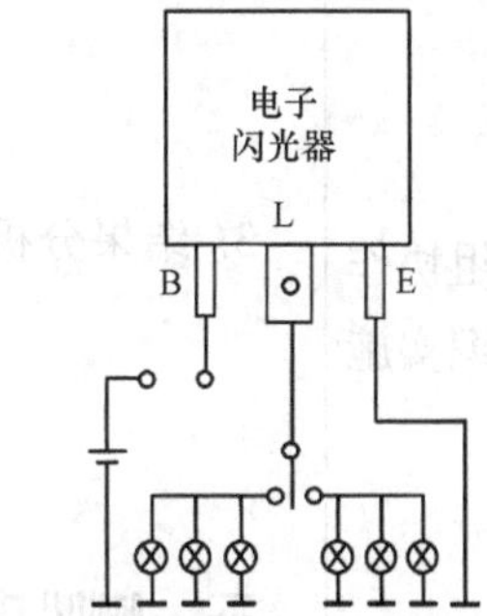<br>
<br>
B—电源端；L—闪光器控制输出端；E—搭铁端<br>
三、理解汽车喇叭电路<br>
1. 汽车电喇叭的种类<br>
2. 汽车电喇叭的电路图<br>
四、汽车信号系统的学习计划（可参考下面提纲）<br>
1. 学习资料的收集和整理<br>
2. 实车转向灯、危险报警灯、倒车灯、制动灯的认知<br>
3. 结合电路图巡线，对转向灯及危险报警灯电路图进行分析，从灯开始，找到第一段线束插接器的位置，利用万用表测量各段通断状况<br>
4. 通过分析汽车喇叭电路图，对双音喇叭巡线找出线束及插接器端子的关系，利用万用表测量通断状况，对喇叭继电器进行检测分析，并尝试对喇叭进行调整<br>
5. 总结和归纳汽车信号系统的工作原理
</td>
</tr>
</table>

<table>
<tr>
<td>分组协作<br>组织实施</td>
<td>
一、准备工作<br>
1. 车内防护四件套的安装<br>
2. 工具准备<br>
3. 车灯检查<br>
4. 开关认知<br>
二、转向灯及危险报警灯检测<br>
1. 转向灯及危险报警灯电路原理图的绘制（标注元件名称、端子代码等）<br>
2. 按照电路原理图并结合实物，依次对线束检测通断，说明检查路径及检查结果<br>
3. 结果分析<br>
三、喇叭电路检测<br>
1. 喇叭电路原理图绘制（标注元件名称、端子代码等）<br>
2. 按照电路原理图并结合实物，依次对线束检测通断，说明检查路径及检查结果<br>
3. 喇叭继电器的检测
</td>
</tr>
</table>

<table>
<tr><td>分组协作<br>组织实施</td><td>4. 结果分析<br><br>5. 喇叭的调整<br>（1）音调调整<br><br>（2）音量调整</td></tr>
<tr><td>分组讨论<br>总结分析</td><td>完成学习任务后的收获与感想<br>1. 完成任务后的收获<br><br>2. 任务中存在的问题<br><br>3. 需要反馈的问题</td></tr>
<tr><td>学习效果<br>检查评估</td><td>
<table>
<tr><th>评价内容</th><th>检验指标</th><th>自评</th><th>互评</th><th>师评</th><th>总评</th></tr>
<tr><td rowspan="3">检查任务完成情况</td><td>1. 完成任务过程情况</td><td rowspan="3"></td><td rowspan="3"></td><td rowspan="3"></td><td rowspan="10"></td></tr>
<tr><td>2. 任务完成质量</td></tr>
<tr><td>3. 在小组完成任务过程中所起作用</td></tr>
<tr><td rowspan="4">专业知识和专业技能</td><td>1. 能说出转向信号系统的组成及工作原理</td><td rowspan="4"></td><td rowspan="4"></td><td rowspan="4"></td></tr>
<tr><td>2. 能分析危险报警灯的电路</td></tr>
<tr><td>3. 能识别喇叭电路中的主要部件</td></tr>
<tr><td>4. 会正确使用手势，配合完成转向灯检查，描述检查结果</td></tr>
<tr><td rowspan="3">职业素养</td><td>1. 学习态度：积极主动参与学习</td><td rowspan="3"></td><td rowspan="3"></td><td rowspan="3"></td></tr>
<tr><td>2. 团队合作：与小组成员分工合作，不影响学习进度</td></tr>
<tr><td>3. 现场管理：服从工位安排，执行实训室“5S”管理规定</td></tr>
<tr><td>企业导师的评议与建议</td><td colspan="5"></td></tr>
</table>
</td></tr>
</table>

项目 6

# 仪表与报警系统的检测与维修

## 任务 6.1　汽车仪表总成的认知

<table>
<tr><td rowspan="1">制订自学<br>计划提示</td><td>请根据任务要求，确定所需要的设备、工具，并对你的团队进行合理分工，制订详细的汽车仪表总成的认知计划。<br><br>一、汽车仪表总成的认知<br><br>汽车仪表总成的组成及主要部件的作用<br>冷却液温度表、燃油表、车速里程表、发动机转速表等<br><br>二、了解常见行车指示灯的种类及作用<br><br>转向指示灯、远光指示灯、雾灯指示灯、示宽指示灯、手刹指示灯<br><br>三、了解常见报警指示灯的种类及作用<br><br>安全气囊指示灯、ABS 防抱死指示灯、机油指示灯、充电指示灯、油量指示灯、刹车盘磨损指示灯、水温指示灯、清洗液指示灯等<br><br>四、认识汽车仪表总成的学习计划（可参考下面提纲）<br><br>1. 学习资料的收集和整理<br>2. 了解汽车包括哪些仪表<br>3. 了解汽车有哪些报警信号<br>4. 检查作业安全事项的学习<br>5. 确定检查汽车仪表与报警系统的组成及位置<br>6. 查找资料，进行预检查</td></tr>
</table>

分组协作
组织实施

## 一、观察实训室现有的汽车仪表总成，并正确进行总结归纳

1. 汽车仪表系统

汽车型号：

主要组成部件：

2. 汽车报警系统

汽车型号：

主要组成部件：

## 二、进行初步检查与确认

1. 识别汽车仪表，如下图所示，将对应位置仪表的名称标识在下表中。

| 仪表位置 | 仪表名称 | 作用 |
|---|---|---|
| A | | |
| B | | |
| C | | |
| D | | |

分组协作组织实施

2. 接通点火开关，在汽车自检时观察仪表板上是否有报警灯亮，如下图所示，自检结束应熄灭，识别这些报警灯并填入下表中。

| 报警灯位置 | 灯光名称 | 报警灯位置 | 灯光名称 |
|---|---|---|---|
| A | | E | |
| B | | F | |
| C | | G | |
| D | | | |

3. 观察仪表板上是否有充电指示灯亮起；踩下制动踏板，观察仪表板上的指示灯是否相应变化。起动汽车，观察充电指示灯情况、转速表情况，轻踏加速踏板，观察转速表是否有变化。运转发动机 2～3 min，观察水温表的变化。

情况描述：

4. 操作灯光变化，观察仪表总成中的行车指示灯情况，将对应位置灯光的名称标识在下表中。

| 行车操作 | 指示灯形状 | 行车操作 | 指示灯形状 |
|---|---|---|---|
| 打开远光 | | 左转 | |
| 打开示廓 | | 右转 | |
| 打开后雾灯 | | 危险报警 | |
| 打开后备箱 | | 手刹 | |

| | |
|---|---|
| 分组讨论<br>总结分析 | **完成学习任务后的收获与感想**<br><br>1. 完成任务后的收获<br><br>2. 任务中存在的问题<br><br>3. 需要反馈的问题 |

| 检查评估 | 评价内容 | 检验指标 | 自评 | 互评 | 师评 | 总评 |
|---|---|---|---|---|---|---|
| | 检查任务完成情况 | 1. 完成任务过程情况 | | | | |
| | | 2. 任务完成质量 | | | | |
| | | 3. 在小组完成任务过程中所起作用 | | | | |
| | 专业知识和专业技能 | 1. 能说出汽车仪表系统的组成及其作用 | | | | |
| | | 2. 能说出报警系统的作用与分类 | | | | |
| | | 3. 能识别汽车的主要仪表及报警灯 | | | | |
| | | 4. 会配合完成灯光检查，描述检查结果 | | | | |
| | 职业素养 | 1. 学习态度：积极主动参与学习 | | | | |
| | | 2. 团队合作：与小组成员分工合作，不影响学习进度 | | | | |
| | | 3. 现场管理：服从工位安排，执行实训室“5S”管理规定 | | | | |
| | 企业导师的评议与建议 | | | | | |

# 任务 6.2　汽车仪表系统的故障诊断与检修

<table>
<tr>
<td>分组协作<br>组织实施</td>
<td>
一、准备工作<br>
1. 车内防护四件套的安装<br>
2. 工具准备<br>
3. 仪表分析<br>
4. 实车检查<br>
二、汽车仪表组成分析<br>
1. 冷却液温度表<br>
主要组成部件及位置：<br>
2. 燃油表<br>
主要组成部件及位置：<br>
3. 发动机转速表<br>
主要组成部件及位置：<br>
4. 车速里程表<br>
主要组成部件及位置：
</td>
</tr>
</table>

| | |
|---|---|
| 分组协作<br>组织实施 | **三、理解汽车仪表的电路分析**<br>1. 按照电路原理图巡线，分析燃油表的电路路径，依次对线束检测通断<br>检查路径及检查结果：<br><br>结果分析：<br><br>2. 按照电路原理图巡线，分析冷却液温度表的电路路径，依次对线束检测通断<br>检查路径及检查结果：<br><br>结果分析：<br><br>3. 根据维修手册进行巡线，分析发动机转速表的接口路径，并依次对其进行检测<br>检查路径及检查结果：<br><br>结果分析：<br><br>4. 根据维修手册进行巡线，分析车速里程表的接口路径，并依次对其进行检测<br>检查路径及检查结果：<br><br>结果分析： |

<table>
<tr><td>分组讨论<br>总结分析</td><td>完成学习任务后的收获与感想<br><br>1. 完成任务后的收获<br><br><br>2. 任务中存在的问题<br><br><br>3. 需要反馈的问题</td></tr>
<tr><td>学习效果<br>检查评估</td><td>
<table>
<tr><td>评价内容</td><td>检验指标</td><td>自评</td><td>互评</td><td>师评</td><td>总评</td></tr>
<tr><td rowspan="3">检查任务<br>完成情况</td><td>1. 完成任务过程情况</td><td rowspan="3"></td><td rowspan="3"></td><td rowspan="3"></td><td rowspan="10"></td></tr>
<tr><td>2. 任务完成质量</td></tr>
<tr><td>3. 在小组完成任务过程中所起作用</td></tr>
<tr><td rowspan="4">专业知识<br>和<br>专业技能</td><td>1. 能说出汽车仪表系统的作用与分类</td><td rowspan="4"></td><td rowspan="4"></td><td rowspan="4"></td></tr>
<tr><td>2. 能说出汽车各仪表的主要部件</td></tr>
<tr><td>3. 能识别汽车仪表的传感器及其位置</td></tr>
<tr><td>4. 配合电路图完成仪表检查，描述检查结果</td></tr>
<tr><td rowspan="3">职业素养</td><td>1. 学习态度：积极主动参与学习</td><td rowspan="3"></td><td rowspan="3"></td><td rowspan="3"></td></tr>
<tr><td>2. 团队合作：与小组成员分工合作，不影响学习进度</td></tr>
<tr><td>3. 现场管理：服从工位安排，执行实训室“5S”管理规定</td></tr>
<tr><td>企业导师<br>的评议与<br>建议</td><td colspan="5"></td></tr>
</table>
</td></tr>
</table>

# 任务 6.3　汽车报警系统的故障诊断与检修

**制订自学计划提示**

请根据任务要求，确定所需要的设备、工具，并对你的团队进行合理分工，制订详细的报警系统的学习计划。

## 一、掌握汽车报警系统的组成

1. 机油压力报警装置

2. 冷却液温度报警装置

3. 制动报警装置

## 二、理解报警系统电路的分析

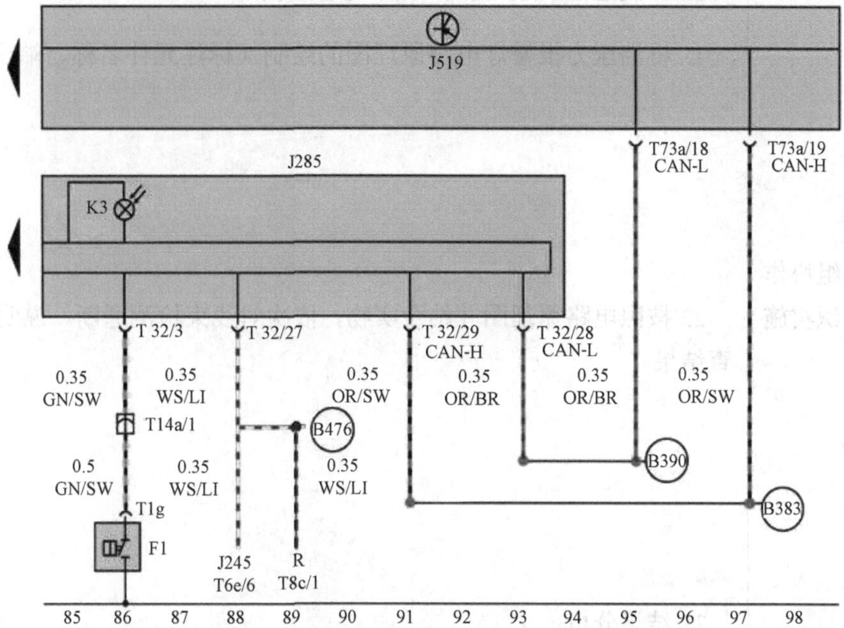


F1—油压开关；J245—滑动天窗控制单元；J285—仪表板中控制单元；J519—车身控制模块，在仪表板左侧下方；K3—油压指示灯；R—收音机；T1g—1 芯黑色插头连接；T6e—6 芯黑色插头连接；T8c—8 芯黑色插头连接；T14a—14 芯黑色插头连接，在发动机舱内左大灯后面；T32—32 芯蓝色插头连接；T73a—73 芯白色插头连接；B383—主线束中的连接 1（驱动系统 CAN 总线高频）；B390—主线束中的连接 1（驱动系统 CAN 总线低频）；B476—主线束中的连接 12

仪表系统电路图——机油压力开关电路图

| | |
|---|---|
| 制订自学计划提示 | **三、汽车报警系统的学习计划（可参考下面提纲）**<br>1. 学习资料的收集和整理<br>2. 实车报警灯的认知<br>3. 结合电路图巡线，对机油压力报警灯、冷却液温度报警灯、制动灯线路故障报警灯等报警电路进行分析，从灯开始，找到第一段线束插接器的位置，利用万用表测量各段通断状况<br>4. 总结和归纳汽车信号系统的工作原理 |
| 分组协作组织实施 | **一、准备工作**<br>1. 车内防护四件套的安装<br>2. 工具准备<br>3. 报警系统检查<br>4. 报警灯认知<br>**二、机油压力报警灯控制电路分析**<br>1. 机油压力报警灯电路原理图的绘制（标注元件名称、端子代码等）<br><br>2. 按照电路原理图并结合实物，依次对线束检测通断，说明检查路径及检查结果<br><br>3. 结果分析 |

<table>
<tr><td>分组讨论<br>总结分析</td><td>完成学习任务后的收获与感想<br>1. 完成任务后的收获<br><br><br>2. 任务中存在的问题<br><br><br>3. 需要反馈的问题</td></tr>
<tr><td>学习效果<br>检查评估</td><td>
<table>
<tr><td>评价内容</td><td>检验指标</td><td>自评</td><td>互评</td><td>师评</td><td>总评</td></tr>
<tr><td rowspan="3">检查任务完成情况</td><td>1. 完成任务过程情况</td><td rowspan="3"></td><td rowspan="3"></td><td rowspan="3"></td><td rowspan="10"></td></tr>
<tr><td>2. 任务完成质量</td></tr>
<tr><td>3. 在小组完成任务过程中所起作用</td></tr>
<tr><td rowspan="4">专业知识<br>和<br>专业技能</td><td>1. 能说出报警系统的作用与分类</td><td rowspan="4"></td><td rowspan="4"></td><td rowspan="4"></td></tr>
<tr><td>2. 能分辨出不同的报警灯含义</td></tr>
<tr><td>3. 能识别常见汽车报警装置的主要部件</td></tr>
<tr><td>4. 会分析电路路径，正确选择工具进行检测，描述检查结果</td></tr>
<tr><td rowspan="3">职业素养</td><td>1. 学习态度：积极主动参与学习</td><td rowspan="3"></td><td rowspan="3"></td><td rowspan="3"></td></tr>
<tr><td>2. 团队合作：与小组成员分工合作，不影响学习进度</td></tr>
<tr><td>3. 现场管理：服从工位安排，执行实训室“5S”管理规定</td></tr>
<tr><td>企业导师的评议与建议</td><td colspan="5"></td></tr>
</table>
</td></tr>
</table>

# 项目 7

# 安全与舒适系统的检测与维修

## 任务 7.1　安全气囊系统的检测与维修

<table>
<tr>
<td>制订自学计划提示</td>
<td>
请根据任务要求，确定所需要的设备、工具，并对你的团队进行合理分工，制订详细的汽车安全气囊认知计划。
一、了解安全气囊系统的作用与组成
1. 安全气囊的作用
安全气囊是指撞车时在乘员产生二次碰撞前，使气囊膨胀保护乘员的装置。安全气囊作为座椅安全带的乘员约束装置的辅助装置，被称为安全气囊系统。
2. 安全气囊基本组成
安全气囊主要由安全气囊传感器、电子控制装置、安全气囊组件和指示灯组成。
二、了解安全气囊的工作原理和工作过程
1. 安全气囊的工作原理
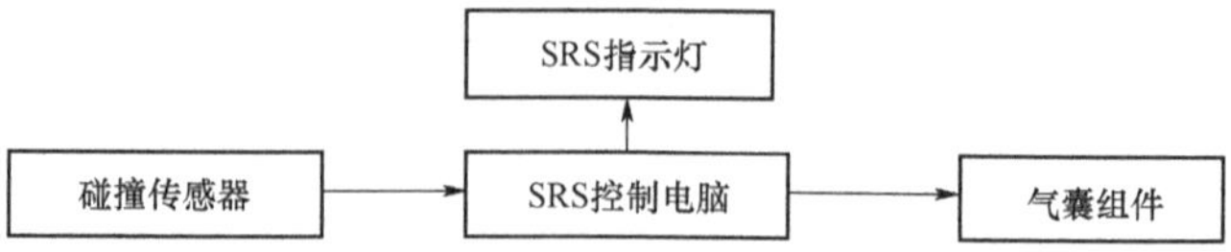

</td>
</tr>
</table>

| | |
|---|---|
| 制订自学计划提示 | 2. 安全气囊的工作过程<br>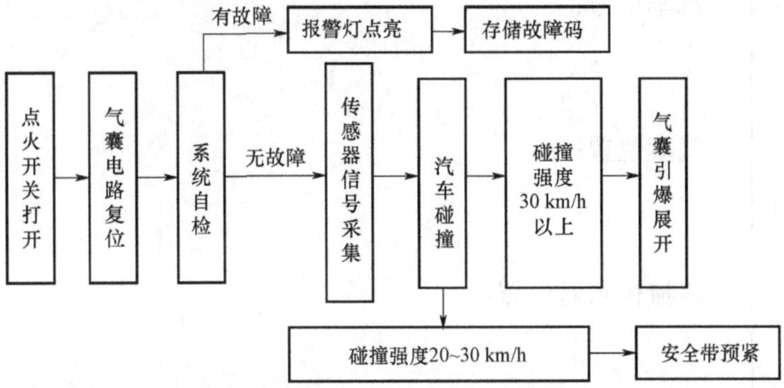<br><br>**三、认识安全气囊系统的学习计划（可参考下面提纲）**<br>1. 学习资料的收集和整理<br>2. 了解检测安全气囊系统需要使用哪些工具<br>3. 学习检测安全气囊系统的安全事项<br>4. 确定安全气囊系统检测步骤 |
| 分组协作组织实施 | **一、观察实训室现有的安全气囊的种类及安装位置，并正确进行总结归纳**<br>1. 正面安全气囊<br>汽车型号：<br><br>气囊位置：<br><br>碰撞传感器位置：<br><br>2. 侧面安全气囊<br>汽车型号：<br><br>气囊位置：<br><br>碰撞传感器位置： |

| | |
|---|---|
| 分组协作<br>组织实施 | 3. 后排头部安全气囊<br>汽车型号：<br><br>气囊位置：<br><br>碰撞传感器位置：<br><br>**二、总结归纳各类型安全气囊的特点**<br>1. 正面安全气囊<br><br>2. 侧面安全气囊<br><br>3. 后排头部安全气囊 |
| 分组讨论<br>总结分析 | **完成学习任务后的收获与感想**<br>1. 完成任务后的收获<br><br>2. 任务中存在的问题<br><br>3. 需要反馈的问题 |

<table>
<tr><td rowspan="13">学习效果<br>检查评估</td><td>评价内容</td><td>检验指标</td><td>自评</td><td>互评</td><td>师评</td><td>总评</td></tr>
<tr><td rowspan="3">检查任务<br>完成情况</td><td>1. 完成任务过程情况</td><td rowspan="3"></td><td rowspan="3"></td><td rowspan="3"></td><td rowspan="10"></td></tr>
<tr><td>2. 任务完成质量</td></tr>
<tr><td>3. 在小组完成任务过程中所起作用</td></tr>
<tr><td rowspan="4">专业知识<br>和<br>专业技能</td><td>1. 能说出安全气囊的作用</td><td rowspan="4"></td><td rowspan="4"></td><td rowspan="4"></td></tr>
<tr><td>2. 能描述安全气囊的安装位置和具体保护部位</td></tr>
<tr><td>3. 能说出安全气囊的基本组成和工作原理</td></tr>
<tr><td>4. 能够正确指出安全气囊各个部件的安装位置</td></tr>
<tr><td rowspan="3">职业素养</td><td>1. 学习态度：积极主动参与学习</td><td rowspan="3"></td><td rowspan="3"></td><td rowspan="3"></td></tr>
<tr><td>2. 团队合作：与小组成员分工合作，不影响学习进度</td></tr>
<tr><td>3. 现场管理：服从工位安排，执行实训室“5S”管理规定</td></tr>
<tr><td>企业导师的评议与建议</td><td colspan="5"></td></tr>
</table>

# 任务 7.2　中央门锁控制系统的检测与维修

**制订自学计划提示**

请根据任务要求，确定所需要的设备、工具，并对你的团队进行合理分工，制订详细的中央门锁控制系统学习计划。

## 一、理解中央门锁控制系统的结构

## 二、理解中央门锁控制系统的工作原理

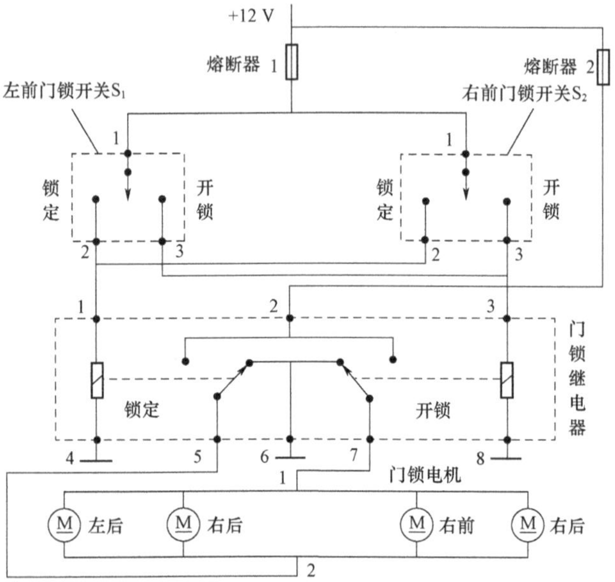


## 三、理解中央门锁控制电机的结构及控制原理

## 四、中央门锁控制系统的学习计划（可参考下面提纲）

1. 学习资料的收集和整理
2. 了解拆卸、检测中央门锁控制系统需要使用哪些工具
3. 学习拆卸、检测中央门锁控制系统部件作业的安全事项
4. 确定拆装中央门锁控制系统部件的步骤
5. 总结和归纳中央门锁控制系统的工作原理

<table>
<tr>
<td>分组协作<br>组织实施</td>
<td>
一、中央门锁控制系统的组成部分<br><br><br>
二、中央门锁控制系统主要部件知识总结归纳<br>
1. 双向直流电机<br>
（1）作用<br><br>
（2）结构<br><br>
2. 门锁开关<br>
（1）作用<br><br>
（2）结构<br><br>
3. 连杆执行机构<br>
（1）作用<br><br>
（2）结构<br><br>
三、总结和归纳中央门锁控制系统的工作原理<br><br>
</td>
</tr>
</table>

<table>
<tr><td rowspan="1">分组讨论<br>总结分析</td><td colspan="6">完成学习任务后的收获与感想<br>1. 完成任务后的收获<br><br>2. 任务中存在的问题<br><br>3. 需要反馈的问题</td></tr>
<tr><td rowspan="14">学习效果<br>检查评估</td><td>评价内容</td><td>检验指标</td><td>自评</td><td>互评</td><td>师评</td><td>总评</td></tr>
<tr><td rowspan="3">检查任务完成情况</td><td>1. 完成任务过程情况</td><td rowspan="3"></td><td rowspan="3"></td><td rowspan="3"></td><td rowspan="11"></td></tr>
<tr><td>2. 任务完成质量</td></tr>
<tr><td>3. 在小组完成任务过程中所起作用</td></tr>
<tr><td rowspan="5">专业知识<br>和<br>专业技能</td><td>1. 能说出中央门锁控制系统的主要组成部件</td><td rowspan="5"></td><td rowspan="5"></td><td rowspan="5"></td></tr>
<tr><td>2. 能描述双向直流电机的工作原理</td></tr>
<tr><td>3. 能描述连杆执行机构的作用及结构</td></tr>
<tr><td>4. 能描述中央门锁控制系统的工作原理</td></tr>
<tr><td>5. 会正确选择和使用工具对中央门锁控制系统进行拆解、装复</td></tr>
<tr><td rowspan="3">职业素养</td><td>1. 学习态度：积极主动参与学习</td><td rowspan="3"></td><td rowspan="3"></td><td rowspan="3"></td></tr>
<tr><td>2. 团队合作：与小组成员分工合作，不影响学习进度</td></tr>
<tr><td>3. 现场管理：服从工位安排，执行实训室“5S”管理规定</td></tr>
<tr><td>企业导师的评议与建议</td><td colspan="5"></td></tr>
</table>

# 任务 7.3　电动车窗系统的检测与维修

**制订自学计划提示**

请根据任务要求，确定所需要的设备、工具，并对你的团队进行合理分工，制订详细的电动车窗系统学习计划。

## 一、理解电动车窗控制系统电机基本控制方式

1. 直接搭铁式

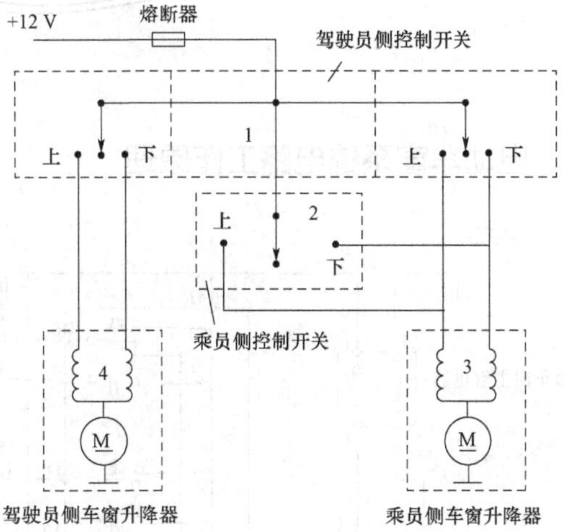


2. 控制搭铁式

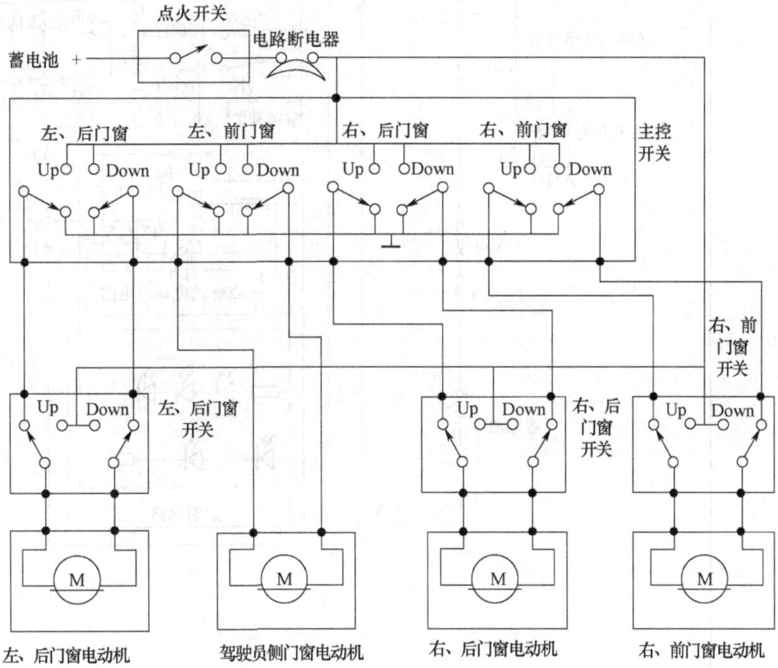

| 制订自学计划提示 | 二、掌握电动车窗玻璃升降器的基本结构和工作原理<br>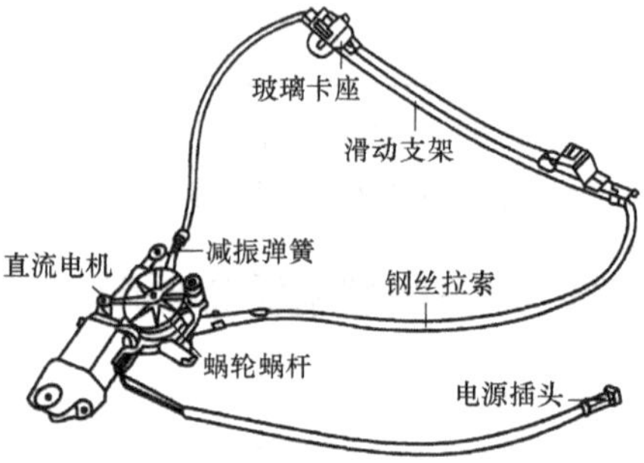<br>三、电动车窗系统电路工作原理<br>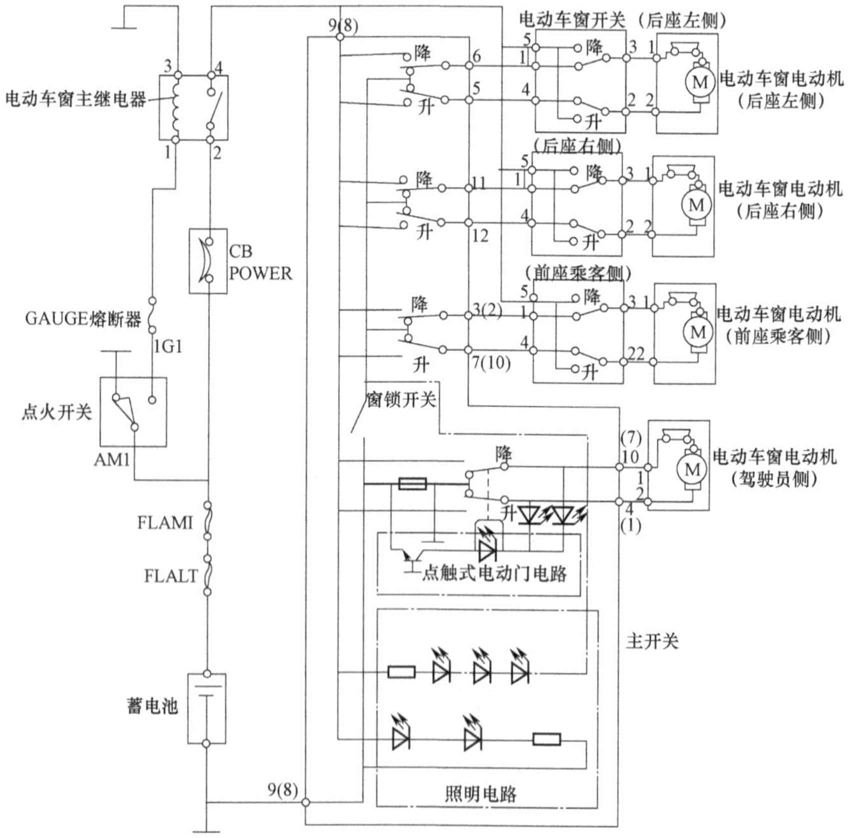 |
| --- | --- |

<table>
<tr><td>制订自学计划提示</td><td>四、电动车窗系统的学习计划（可参考下面提纲）<br>1. 学习资料的收集和整理<br>2. 了解拆卸、检测电动车窗系统需要使用哪些工具<br>3. 学习拆卸、检测电动车窗系统部件作业的安全事项<br>4. 确定拆装电动车窗系统部件的步骤<br>5. 总结和归纳电动车窗系统主要组成部件的结构、作用<br>6. 总结和归纳电动车窗系统的工作原理</td></tr>
<tr><td>分组协作组织实施</td><td>一、电动车窗系统中电机的两种控制方式及其特点<br><br>二、电动车窗玻璃升降器主要组成部件及其工作原理<br><br>三、描述电动车窗系统的电路原理</td></tr>
</table>

<table>
<tr><td>分组讨论<br>总结分析</td><td colspan="6">完成工作任务后的收获与感想<br>1. 完成任务后的收获<br><br>2. 任务中存在的问题<br><br>3. 需要反馈的问题</td></tr>
<tr><td rowspan="13">学习效果<br>检查评估</td><td>评价内容</td><td>检验指标</td><td>自评</td><td>互评</td><td>师评</td><td>总评</td></tr>
<tr><td rowspan="3">检查任务<br>完成情况</td><td>1. 完成任务过程情况</td><td rowspan="3"></td><td rowspan="3"></td><td rowspan="3"></td><td rowspan="10"></td></tr>
<tr><td>2. 任务完成质量</td></tr>
<tr><td>3. 在小组完成任务过程中所起作用</td></tr>
<tr><td rowspan="4">专业知识<br>和<br>专业技能</td><td>1. 能说出电动车窗系统的主要组成部件</td><td rowspan="4"></td><td rowspan="4"></td><td rowspan="4"></td></tr>
<tr><td>2. 能描述电动车窗系统中电机的两种控制方式</td></tr>
<tr><td>3. 能描述电动车窗玻璃升降器的工作原理</td></tr>
<tr><td>4. 会正确识读电动车窗系统的电路工作原理图</td></tr>
<tr><td rowspan="3">职业素养</td><td>1. 学习态度：积极主动参与学习</td><td rowspan="3"></td><td rowspan="3"></td><td rowspan="3"></td></tr>
<tr><td>2. 团队合作：与小组成员分工合作，不影响学习进度</td></tr>
<tr><td>3. 现场管理：服从工位安排，执行实训室“5S”管理规定</td></tr>
<tr><td>企业导师<br>的评议与<br>建议</td><td colspan="5"></td></tr>
</table>

# 任务 7.4 电动座椅的检测与维修

| | |
|---|---|
| 制订自学计划提示 | 请根据任务要求，确定所需要的设备、工具，并对你的团队进行合理分工，制订详细的电动座椅系统学习计划。<br><br>**一、电动座椅的结构组成**<br><br>1. 电动座椅前后调节机构<br><br>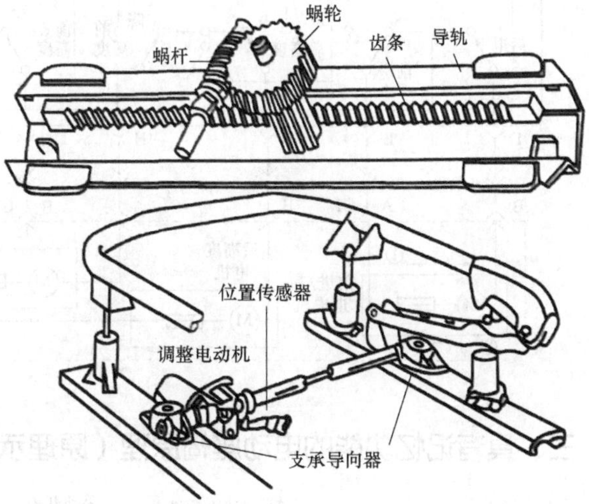<br><br><br>2. 电动座椅上下调节机构<br><br>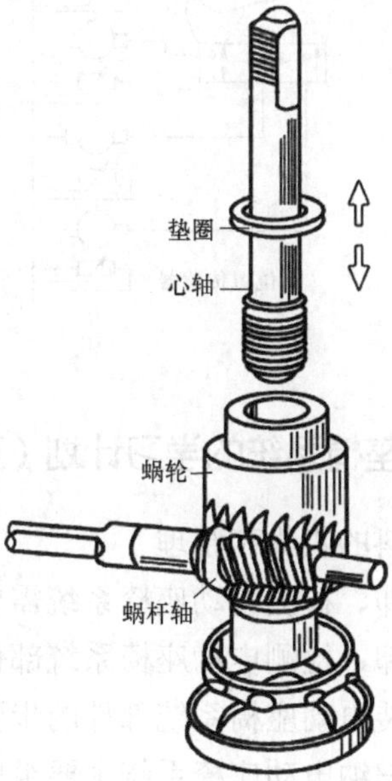<br> |

制订自学计划提示

## 二、讨论电动座椅系统电路的工作原理

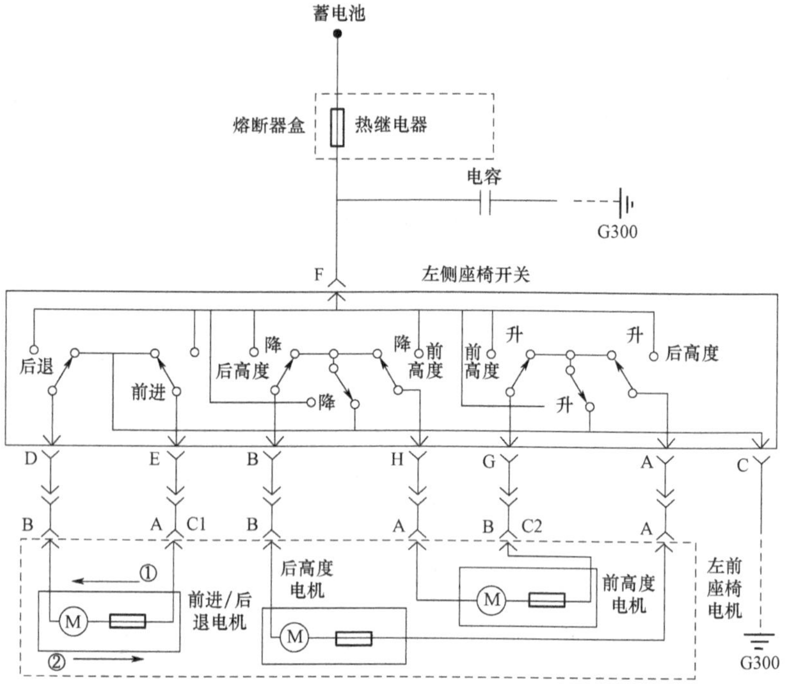


## 三、具有记忆功能的电动座椅原理（原理示意图）

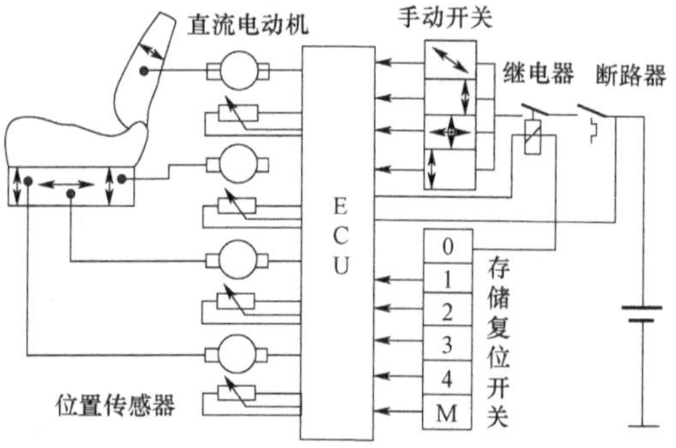


## 四、电动座椅系统的学习计划（可参考下面提纲）

1. 学习资料的收集和整理
2. 了解拆卸、检测电动座椅系统需要使用哪些工具
3. 学习拆卸、检测电动座椅系统部件作业的安全事项
4. 确定拆装电动座椅系统部件的步骤
5. 总结和归纳电动座椅系统主要组成部件的结构、工作原理

| | |
|---|---|
| 分组协作<br>组织实施 | 一、电动座椅系统的功能及其组成<br><br>二、电动座椅系统的电路工作原理<br><br>三、电动座椅记忆功能的实现 |
| 分组讨论<br>总结分析 | 完成任务后的收获与感想<br><br>1. 完成任务后的收获<br><br>2. 任务中存在的问题<br><br>3. 需要反馈的问题 |

<table>
<tr><td rowspan="12">学习效果检查评估</td><td>评价内容</td><td>检验指标</td><td>自评</td><td>互评</td><td>师评</td><td>总评</td></tr>
<tr><td rowspan="3">检查任务完成情况</td><td>1. 完成任务过程情况</td><td rowspan="3"></td><td rowspan="3"></td><td rowspan="3"></td><td rowspan="10"></td></tr>
<tr><td>2. 任务完成质量</td></tr>
<tr><td>3. 在小组完成任务过程中所起作用</td></tr>
<tr><td rowspan="4">专业知识<br>和<br>专业技能</td><td>1. 能说出电动座椅系统的主要组成部件</td><td rowspan="3"></td><td rowspan="3"></td><td rowspan="3"></td></tr>
<tr><td>2. 能描述电动座椅系统电路的工作原理</td></tr>
<tr><td>3. 会正确选择和使用工具对电动座椅系统进行拆解、装复</td></tr>
<tr><td>4. 能对电动座椅的功能故障进行分析、检查维修</td><td></td><td></td><td></td></tr>
<tr><td rowspan="3">职业素养</td><td>1. 学习态度：积极主动参与学习</td><td rowspan="3"></td><td rowspan="3"></td><td rowspan="3"></td></tr>
<tr><td>2. 团队合作：与小组成员分工合作，不影响学习进度</td></tr>
<tr><td>3. 现场管理：服从工位安排，执行实训室“5S”管理规定</td></tr>
<tr><td>企业导师的评议与建议</td><td colspan="5"></td></tr>
</table>

# 任务 7.5　刮水器系统的检测与维修

制订自学计划提示

请根据任务要求，确定所需要的设备、工具，并对你的团队进行合理分工，制订详细的电动刮水器故障诊断学习计划。

## 一、讨论风窗清洁装置的功用、结构及原理

1. 电动刮水器结构

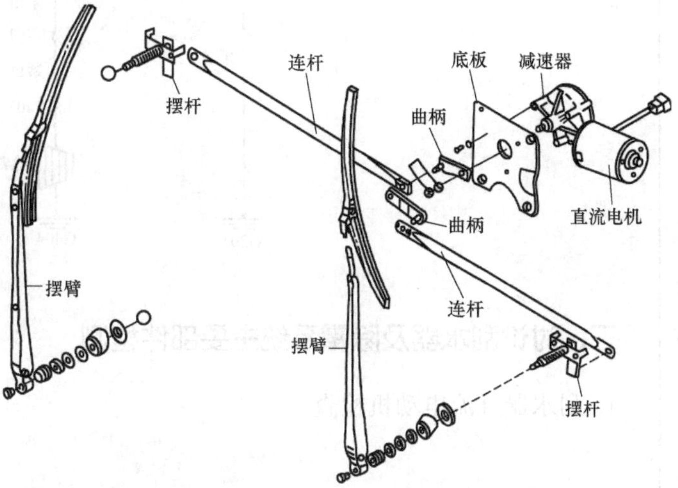


2. 电动刮水器变速原理

3. 电动刮水器复位原理

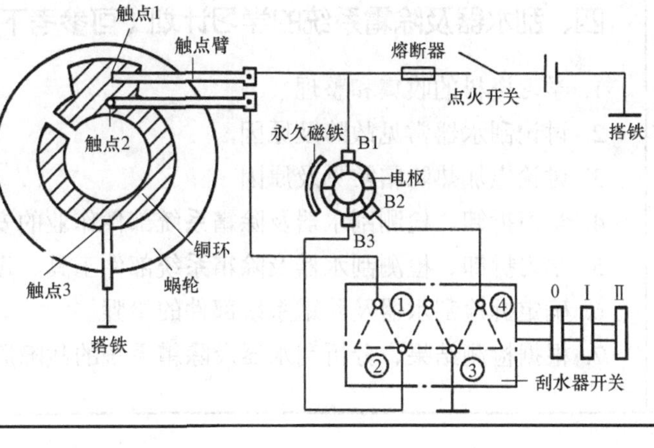

制订自学计划提示

## 二、后风窗玻璃除霜系统的工作原理

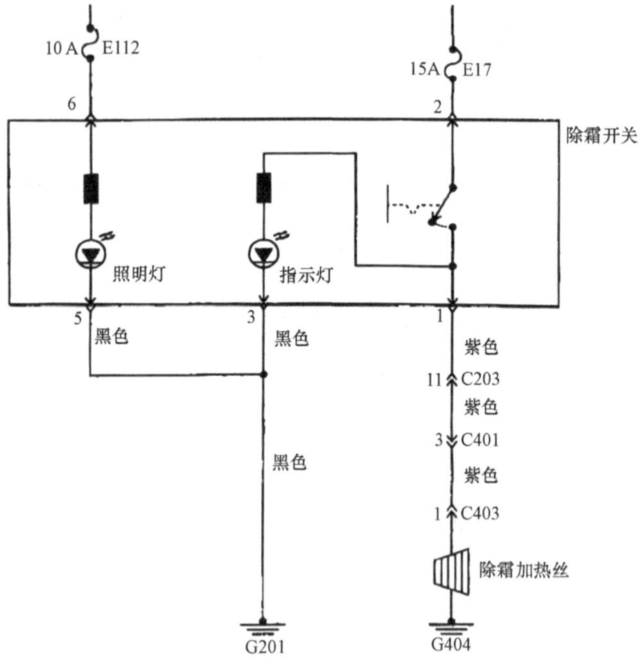


## 三、讨论刮水器及除霜系统主要部件检测

1. 刮水器直流电动机检查

2. 刮水器开关的检查

3. 除霜电热丝的检测

## 四、刮水器及除霜系统的学习计划（可参考下面提纲）

1. 学习资料的收集和整理
2. 讨论刮水器常见故障及原因
3. 讨论电加热除霜常见及原因
4. 学习拆卸、检测刮水器及除霜系统部件作业的安全事项
5. 学习拆卸、检测刮水器及除霜系统部件工具、设备的操作
6. 确定拆检刮水器及除霜系统部件的步骤
7. 根据检测结果、分析刮水器及除霜系统的故障原因，并进行故障修复

| | |
|---|---|
| 分组协作<br>组织实施 | **刮水器及除霜系统常见故障现象分析**<br>1. 刮水器不动作<br>（1）故障原因分析<br><br>（2）检测及排除过程记录<br><br>2. 刮水器不复位<br>（1）故障原因分析<br><br>（2）检测及排除过程记录<br><br>3. 除霜电加热系统不能加热<br>（1）故障原因分析<br><br>（2）检测及排除过程记录 |

<table>
<tr><td rowspan="1">分组讨论<br>总结分析</td><td colspan="6">

**完成任务后的收获与感想**

1. 完成任务后的收获

2. 任务中存在的问题

3. 需要反馈的问题

</td></tr>
<tr><td rowspan="14">学习效果<br>检查评估</td><td>评价内容</td><td>检验指标</td><td>自评</td><td>互评</td><td>师评</td><td>总评</td></tr>
<tr><td rowspan="3">检查任务<br>完成情况</td><td>1. 完成任务过程情况</td><td rowspan="3"></td><td rowspan="3"></td><td rowspan="3"></td><td rowspan="11"></td></tr>
<tr><td>2. 任务完成质量</td></tr>
<tr><td>3. 在小组完成任务过程中所起作用</td></tr>
<tr><td rowspan="5">专业知识<br>和<br>专业技能</td><td>1. 能对刮水器常见故障进行分析</td><td rowspan="5"></td><td rowspan="5"></td><td rowspan="5"></td></tr>
<tr><td>2. 能描述刮水器的工作原理</td></tr>
<tr><td>3. 能描述刮水器的变速原理</td></tr>
<tr><td>4. 能描述刮水器的复位原理</td></tr>
<tr><td>5. 会正确选择和使用工具对刮水器总成进行拆解、装复</td></tr>
<tr><td rowspan="3">职业素养</td><td>1. 学习态度：积极主动参与学习</td><td rowspan="3"></td><td rowspan="3"></td><td rowspan="3"></td></tr>
<tr><td>2. 团队合作：与小组成员分工合作，不影响学习进度</td></tr>
<tr><td>3. 现场管理：服从工位安排，执行实训室“5S”管理规定</td></tr>
<tr><td>企业导师<br>的评议与<br>建议</td><td colspan="5"></td></tr>
</table>

# 任务 7.6　电动后视镜系统的检测与维修

**制订自学计划提示**

请根据任务要求，确定所需要的设备、工具，并对你的团队进行合理分工，制订详细的电动后视镜故障诊断学习计划。

## 一、电动后视镜结构及电路原理

1. 电动后视镜结构

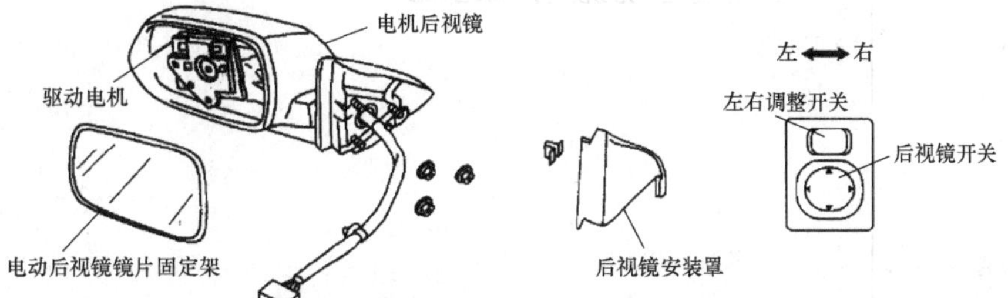


2. 电动后视镜电路原理图

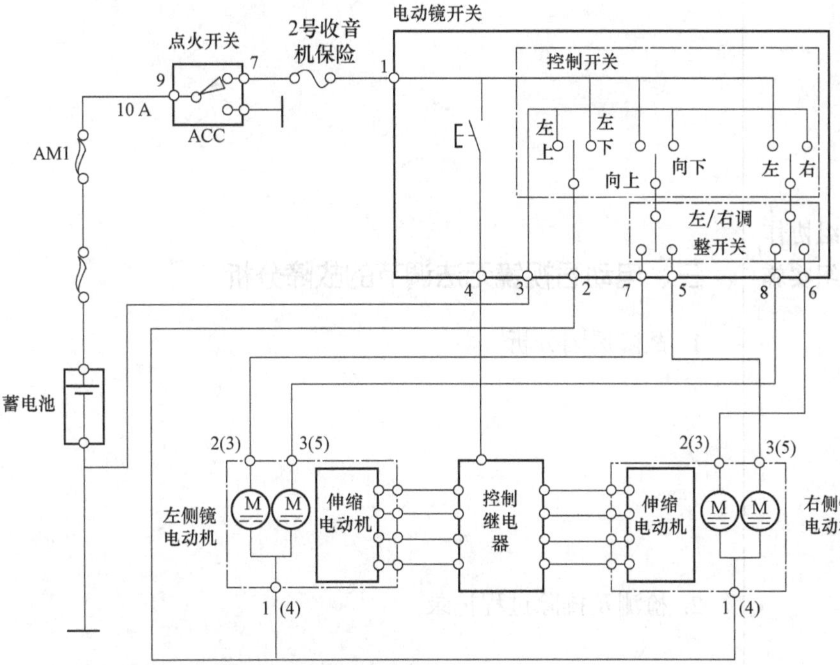


## 二、讨论电动后视镜主要部件检测

1. 电动后视镜直流电动机检查

2. 后视镜调整开关检查

<table>
<tr><td>制订自学<br>计划提示</td><td>三、刮水器及除霜系统的学习计划（可参考下面提纲）<br>1. 学习资料的收集和整理<br>2. 讨论电动后视镜常见故障及原因<br>3. 学习拆卸、检测电动后视镜系统部件作业的安全事项<br>4. 学习拆卸、检测电动后视镜系统部件工具、设备的操作<br>5. 确定拆检电动后视镜系统部件的步骤</td></tr>
<tr><td>分组协作<br>组织实施</td><td>一、电动后视镜的组成部分<br><br>二、描述电动后视镜的电路控制原理<br><br>三、电动后视镜无法调节的故障分析<br>1. 故障原因分析<br><br>2. 检测及排除过程记录</td></tr>
</table>

| | |
|---|---|
| 分组讨论总结分析 | **完成任务后的收获与感想**<br>1. 完成任务后的收获<br><br>2. 任务中存在的问题<br><br>3. 需要反馈的问题 |
| 学习效果检查评估 | （见下表） |

| 评价内容 | 检验指标 | 自评 | 互评 | 师评 | 总评 |
|---|---|---|---|---|---|
| 检查任务完成情况 | 1. 完成任务过程情况 | | | | |
| | 2. 任务完成质量 | | | | |
| | 3. 在小组完成任务过程中所起作用 | | | | |
| 专业知识和专业技能 | 1. 能对电动后视镜的结构进行描述 | | | | |
| | 2. 能对电动后视镜的工作原理进行描述 | | | | |
| | 3. 能对电动后视镜的常见故障原因进行分析并排除 | | | | |
| | 4. 会正确选择和使用工具对电动后视镜总成进行拆解、装复 | | | | |
| 职业素养 | 1. 学习态度：积极主动参与学习 | | | | |
| | 2. 团队合作：与小组成员分工合作，不影响学习进度 | | | | |
| | 3. 现场管理：服从工位安排，执行实训室“5S”管理规定 | | | | |
| 企业导师的评议与建议 | | | | | |

# 项目 8

# 汽车空调系统的检测与维修

## 任务 8.1　汽车空调的组成及功能

<table>
<tr><td>制订自学计划提示</td><td>
分组布置学习任务，收集汽车空调的主要部件信息，制订学习计划，进行知识汇总讨论。
一、汽车空调的功能及基本组成
1. 汽车空调的基本功能<br>（1）改变温度<br>（2）改变湿度<br>（3）自然通风<br>（4）净化空气<br>2. 汽车空调系统的组成<br>（1）制冷系统<br>（2）采暖系统<br>（3）通风系统<br>（4）净化系统
二、汽车空调的种类
1. 按驱动方式分类<br>（1）非独立式空调<br>（2）独立式空调<br>2. 按布置形式分类<br>（1）整体式空调<br>（2）分体式空调
</td></tr>
</table>

制订自学计划提示

（3）分散式空调

3. 按控制方式分类

（1）手动空调

（2）半自动空调

（3）全自动空调

## 三、空调制冷系统组成

空调制冷系统主要部件认知

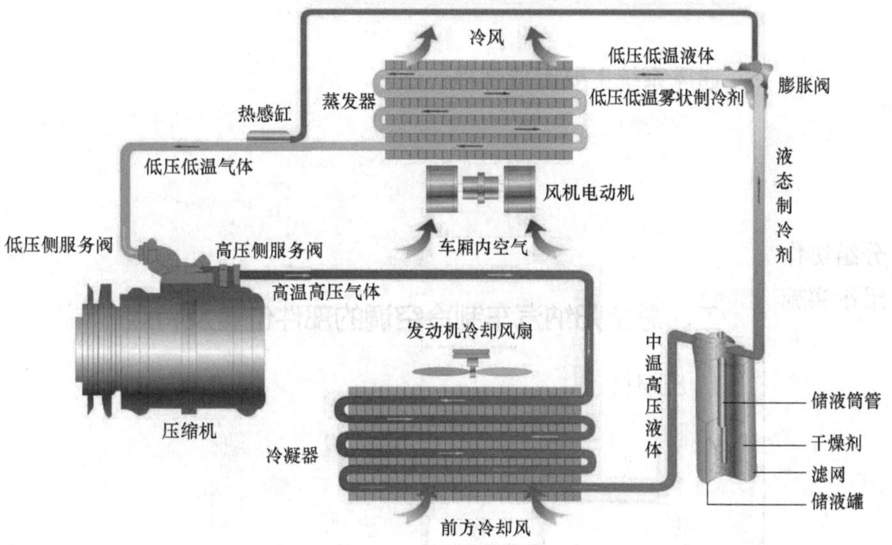


## 四、认识汽车空调的学习计划（可参考下面提纲）

1. 学习资料的收集和整理
2. 观察汽车空调实训台的组成
3. 观察空调工作过程

| | |
|---|---|
| 分组协作<br>组织实施 | **一、分组收集汽车空调的相关资讯，并对其进行总结归纳**<br>汽车空调系统组成<br>制冷系统主要组成部件：<br><br><br>采暖系统主要组成部件：<br><br><br>通风系统主要组成部件：<br><br><br>**二、总结归纳汽车制冷空调的部件位置及特点**<br>1. 压缩机<br><br><br>2. 冷凝器<br><br><br>3. 膨胀阀 |

<table>
<tr><td rowspan="2">分组协作<br>组织实施</td><td>4. 蒸发器</td></tr>
<tr><td>5. 储液干燥器</td></tr>
<tr><td>学习效果<br>检查评估</td><td>

| 评价内容 | 检验指标 | 自评 | 互评 | 师评 | 总评 |
|---|---|---|---|---|---|
| 检查任务完成情况 | 1. 完成任务过程情况 | | | | |
| | 2. 任务完成质量 | | | | |
| | 3. 在小组完成任务过程中所起作用 | | | | |
| 专业知识和专业技能 | 1. 能描述汽车空调的主要功能 | | | | |
| | 2. 能描述汽车空调各系统主要部件 | | | | |
| | 3. 能说出汽车空调的分类方式 | | | | |
| 职业素养 | 1. 学习态度：积极主动参与学习 | | | | |
| | 2. 团队合作：与小组成员分工合作，不影响学习进度 | | | | |
| | 3. 现场管理：服从工位安排，执行实训室“5S”管理规定 | | | | |
| 企业导师的评议与建议 | | | | | |

</td></tr>
</table>

# 任务 8.2　汽车空调制冷系统

<table>
<tr>
<td>制订自学<br>计划提示</td>
<td>
请根据任务要求，确定所需要的设备、工具，并对你的团队进行合理分工，制订详细的汽车空调制冷系统学习计划。<br>
一、了解汽车空调制冷系统的基本组成<br>
1. 压缩机<br>

<br>
2. 冷凝器<br>
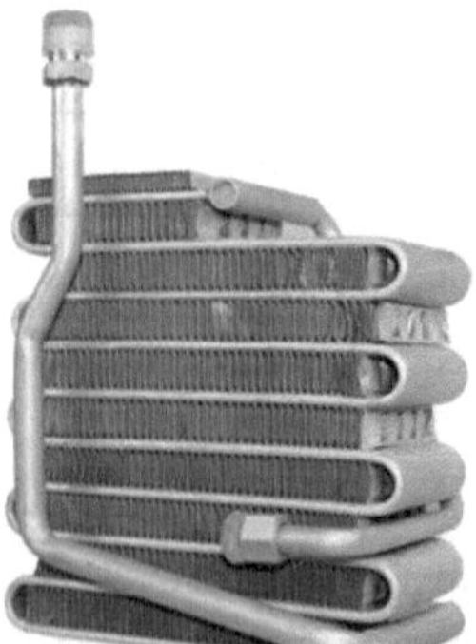<br>
3. 蒸发器<br>
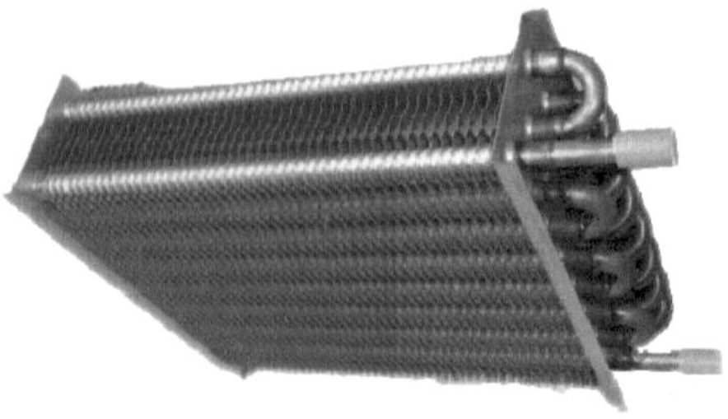
</td>
</tr>
</table>

制订自学计划提示

4. 储液干燥器

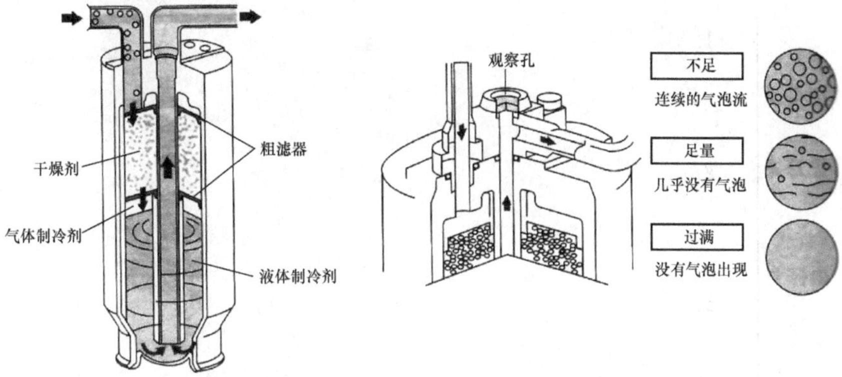


5. 膨胀阀

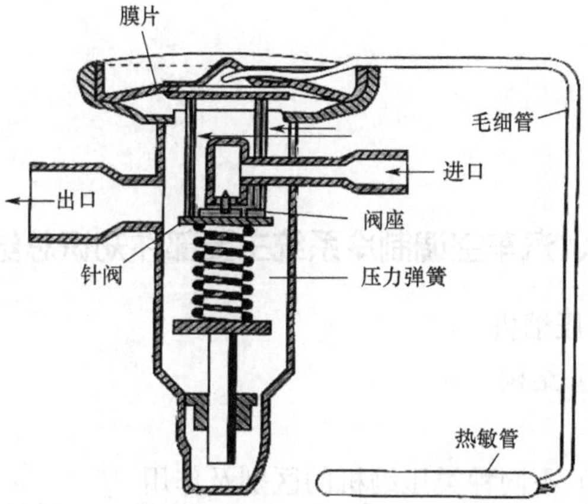


## 二、汽车空调制冷系统的学习计划（可参考下面提纲）

1. 学习资料的收集和整理
2. 开启汽车制冷空调，设置汽车制冷空调
3. 进行作业安全事项的学习
4. 分辨汽车空调实训台主要部件的种类
5. 总结和归纳制冷空调的部件知识点
6. 总结和归纳制冷循环的工作原理

<table>
<tr><td>分组协作<br>组织实施</td><td>一、汽车空调制冷系统的主要组成部件及其作用<br>1.<br>2.<br>3.<br>4.<br>5.<br>二、汽车空调制冷系统主要部件知识总结归纳<br>1. 压缩机<br>（1）结构<br>（2）不同种类压缩机的区别及作用<br>2. 冷凝器<br>（1）构成<br>（2）冷凝器的种类及作用<br>3. 蒸发器<br>（1）结构类型<br>（2）作用</td></tr>
</table>

| | |
|---|---|
| 分组协作<br>组织实施 | 4. 储液干燥器<br>作用<br><br>5. 膨胀阀<br>（1）结构类型<br><br>（2）作用<br><br>**三、总结归纳空调制冷循环的工作原理** |
| 分组讨论<br>总结分析 | **完成工作任务后的收获与感想**<br>1. 完成任务后的收获<br><br>2. 任务中存在的问题<br><br>3. 需要反馈的问题 |

| | 评价内容 | 检验指标 | 自评 | 互评 | 师评 | 总评 |
|---|---|---|---|---|---|---|
| 学习效果检查评估 | 检查任务完成情况 | 1. 完成任务过程情况 | | | | |
| | | 2. 任务完成质量 | | | | |
| | | 3. 在小组完成任务过程中所起作用 | | | | |
| | 专业知识和专业技能 | 1. 能说出汽车空调制冷的过程 | | | | |
| | | 2. 能描述汽车空调制冷系统的工作原理 | | | | |
| | | 3. 能描述汽车空调制冷系统的主要部件 | | | | |
| | 职业素养 | 1. 学习态度：积极主动参与学习 | | | | |
| | | 2. 团队合作：与小组成员分工合作，不影响学习进度 | | | | |
| | | 3. 现场管理：服从工位安排，执行实训室“5S”管理规定 | | | | |
| | 企业导师的评议与建议 | | | | | |

# 任务8.3　采暖与通风系统

<table>
<tr>
<td>制订自学计划提示</td>
<td>

请根据任务要求，确定所需要的设备、工具，并对你的团队进行合理分工，制订详细的汽车空调通风与采暖系统学习计划。

## 一、理解空调采暖系统的结构

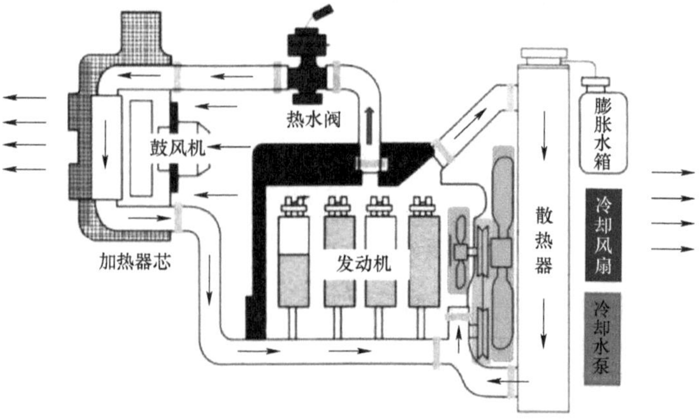


</td>
</tr>
</table>

| | |
|---|---|
| 制订自学计划提示 | 二、理解空调通风系统的结构<br>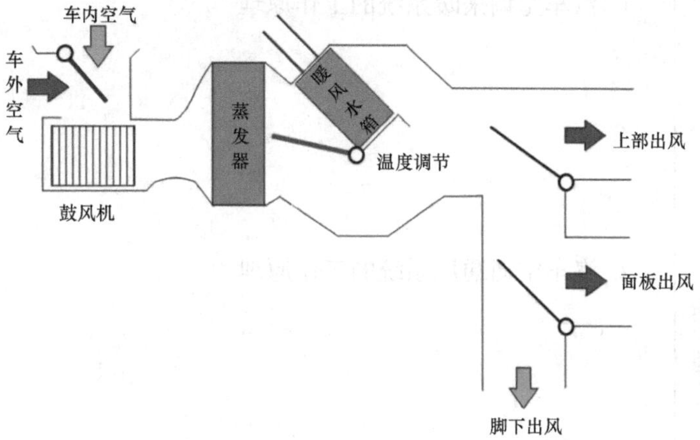<br><br>三、汽车空调采暖与通风系统的学习计划（可参考下面提纲）<br>1. 学习资料的收集和整理<br>2. 确定采暖系统的供热渠道位置<br>3. 确定采暖系统的控制部件的位置<br>4. 确定通风系统的工作过程<br>5. 总结和归纳空调采暖和通风系统主要组成部件的结构、作用<br>6. 总结和归纳空调采暖和通风系统的工作原理 |
| 分组协作组织实施 | 一、汽车空调采暖系统的主要组成部件及其作用 |

| | |
|---|---|
| 分组协作<br>组织实施 | **二、汽车空调采暖和通风系统知识总结归纳**<br>1. 汽车空调采暖系统的工作原理<br><br><br>2. 汽车空调通风系统的工作原理<br><br><br>3. 汽车空调采暖与通风系统产生故障点的分析 |
| 分组讨论<br>总结分析 | **完成工作任务后的收获与感想**<br>1. 完成任务后的收获<br><br><br>2. 任务中存在的问题<br><br><br>3. 需要反馈的问题 |

<table>
<tr><td rowspan="12">学习效果检查评估</td><td>评价内容</td><td>检验指标</td><td>自评</td><td>互评</td><td>师评</td><td>总评</td></tr>
<tr><td rowspan="3">检查任务完成情况</td><td>1. 完成任务过程情况</td><td rowspan="3"></td><td rowspan="3"></td><td rowspan="3"></td><td rowspan="9"></td></tr>
<tr><td>2. 任务完成质量</td></tr>
<tr><td>3. 在小组完成任务过程中所起作用</td></tr>
<tr><td rowspan="3">专业知识和专业技能</td><td>1. 能说出汽车空调采暖系统的工作过程</td><td rowspan="3"></td><td rowspan="3"></td><td rowspan="3"></td></tr>
<tr><td>2. 能描述汽车空调采暖系统和通风装置的工作原理</td></tr>
<tr><td>3. 能描述汽车空调采暖系统和通风装置的主要部件</td></tr>
<tr><td rowspan="3">职业素养</td><td>1. 学习态度：积极主动参与学习</td><td rowspan="3"></td><td rowspan="3"></td><td rowspan="3"></td></tr>
<tr><td>2. 团队合作：与小组成员分工合作，不影响学习进度</td></tr>
<tr><td>3. 现场管理：服从工位安排，执行实训室“5S”管理规定</td></tr>
<tr><td>企业导师的评议与建议</td><td colspan="5"></td></tr>
</table>

# 任务 8.4　汽车空调系统的检测与维修

<table>
<tr><td>制订自学计划提示</td><td>请根据任务要求，确定所需要的设备、工具，并对你的团队进行合理分工，制订详细的汽车空调系统学习计划。<br><br>一、讨论学习空调制冷系统的检测工具作用和使用方法<br><br>1. 空调制冷系统检测工具使用注意事项<br>2. 空调系统的检测工具使用方法</td></tr>
</table>

<table>
<tr><td>制订自学计划提示</td><td>

**二、讨论学习检测空调的过程**

1. 歧管压力表的安装
2. 根据歧管压力表的读数判断故障原因
3. 总结故障原因和故障现象之间的关系

**三、学习空调制冷系统的常规排除方法**

1. 检漏的方法
2. 制冷剂的加注

**四、汽车空调制冷系统维修的学习计划（可参考下面提纲）**

1. 学习资料的收集和整理
2. 学习汽车空调系统检修工具、设备的操作
3. 确定汽车空调系统检修的步骤

</td></tr>
<tr><td>分组协作组织实施</td><td>

**一、汽车空调制冷系统的检测**

1. 空调制冷工作压力检测

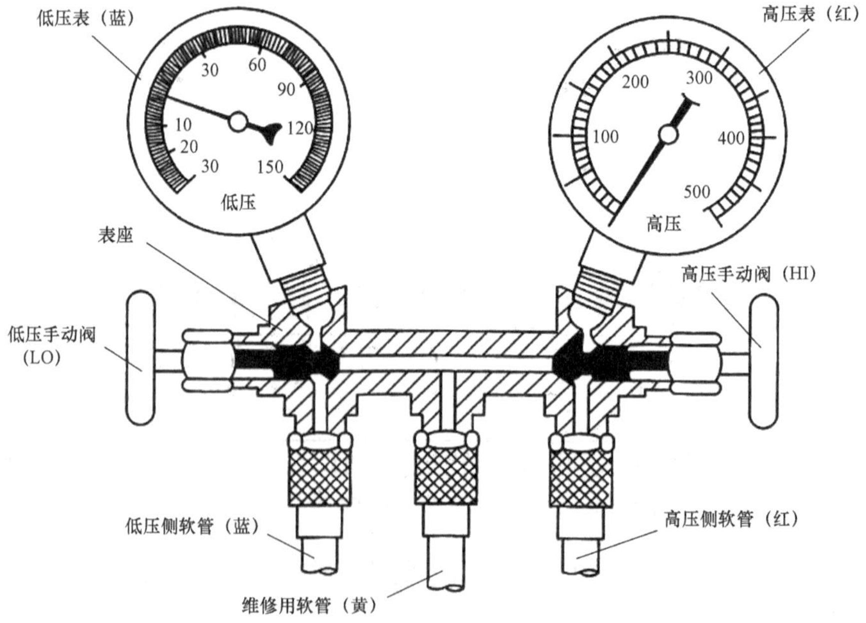


</td></tr>
</table>

<table>
<tr><td rowspan="1">分组协作<br>组织实施</td><td>
检查结果记录：<br>
<table>
<tr><th>现象</th><th>原因</th></tr>
<tr><td>低压侧压力低<br>高压侧压力高</td><td></td></tr>
<tr><td>高、低压压力正常<br>（冷气量不足）</td><td></td></tr>
<tr><td>低压侧压力低<br>高压侧压力低</td><td></td></tr>
<tr><td>低压侧压力高<br>高压侧压力低</td><td></td></tr>
<tr><td>低压侧压力高<br>高压侧压力高</td><td></td></tr>
</table>
2. 检测及排除过程记录<br>
（1）是否需要检漏<br>
（2）抽真空过程记录<br>
（3）制冷剂加注过程记录
</td></tr>
</table>

<table>
<tr><td rowspan="11">学习效果检查评估</td><td>评价内容</td><td>检验指标</td><td>自评</td><td>互评</td><td>师评</td><td>总评</td></tr>
<tr><td rowspan="3">检查任务完成情况</td><td>1. 完成任务过程情况</td><td rowspan="3"></td><td rowspan="3"></td><td rowspan="3"></td><td rowspan="9"></td></tr>
<tr><td>2. 任务完成质量</td></tr>
<tr><td>3. 在小组完成任务过程中所起作用</td></tr>
<tr><td rowspan="3">专业知识和专业技能</td><td>1. 能正确使用空调检修工具</td><td rowspan="3"></td><td rowspan="3"></td><td rowspan="3"></td></tr>
<tr><td>2. 能掌握空调制冷系统的故障诊断分析方法</td></tr>
<tr><td>3. 能正确进行空调制冷系统故障维修</td></tr>
<tr><td rowspan="3">职业素养</td><td>1. 学习态度：积极主动参与学习</td><td rowspan="3"></td><td rowspan="3"></td><td rowspan="3"></td></tr>
<tr><td>2. 团队合作：与小组成员分工合作，不影响学习进度</td></tr>
<tr><td>3. 现场管理：服从工位安排，执行实训室“5S”管理规定</td></tr>
<tr><td>企业导师的评议与建议</td><td colspan="5"></td></tr>
</table>

# 项目9

# 汽车电路识图

## 任务9.1 汽车电路图的识读

| | |
|---|---|
| 制订自学计划提示 | 请根据任务要求，对你的团队进行合理分工，制订详细的电路识图学习计划。<br>**一、讨论学习汽车导线的标识和种类**<br>1. 导线颜色<br>2. 导线标称线径<br>**二、讨论学习汽车电路常见符号**<br>1. 常见电路符号认知<br>2. 常见电路符号使用规则<br>**三、讨论学习电路识读的方法**<br>1. 以大众汽车电路图为图例进行分析<br>2. 电路图的识读<br>3. 总结故障原因和电路图的关系<br>**四、学习常见的电路故障排除方法**<br>1. 断路故障<br>2. 短路故障<br>3. 搭铁回路故障<br>4. 额外电压降故障 |

| | |
|---|---|
| 制订自学计划提示 | **五、汽车电路图识读学习计划（可参考下面提纲）**<br>1. 学习资料的收集和整理<br>2. 学习电路图导线标识<br>3. 讨论学习常用的电路图符号<br>4. 讨论电路图的识读方法<br>5. 讨论常见电路故障的诊断方法 |
| 分组协作组织实施 | **一、汽车电气的线材及标识认知**<br>1. 导线颜色的规定<br>2. 导线的线径应用<br>**二、电气元件符号的学习**<br>1. 基本符号<br>2. 一般符号<br>3. 明细符号<br>4. 图形符号的使用原则<br>**三、汽车电路图的识读**<br>1. 大众桑塔纳电路图例学习<br>2. 电路图的分析方法 |

| | |
|---|---|
| 分组协作<br>组织实施 | **四、常见电路故障的分析**<br>1. 断路故障<br><br>2. 短路故障<br><br>3. 搭铁回路故障<br><br>4. 额外电压降故障 |
| 分组讨论<br>总结分析 | **完成工作任务后的收获与感想**<br>1. 完成任务后的收获<br><br>2. 任务中存在的问题<br><br>3. 需要反馈的问题 |

<table>
<tr><td rowspan="13">学习效果检查评估</td><td>评价内容</td><td>检验指标</td><td>自评</td><td>互评</td><td>师评</td><td>总评</td></tr>
<tr><td rowspan="3">检查任务完成情况</td><td>1. 完成任务过程情况</td><td></td><td></td><td></td><td rowspan="11"></td></tr>
<tr><td>2. 任务完成质量</td><td></td><td></td><td></td></tr>
<tr><td>3. 在小组完成任务过程中所起作用</td><td></td><td></td><td></td></tr>
<tr><td rowspan="5">专业知识和专业技能</td><td>1. 能说出电路导线标识规定</td><td></td><td></td><td></td></tr>
<tr><td>2. 能认出常用的电路基本符号</td><td></td><td></td><td></td></tr>
<tr><td>3. 能对大众车型电路图进行简单识图</td><td></td><td></td><td></td></tr>
<tr><td>4. 能够根据电路图分析故障原因</td><td></td><td></td><td></td></tr>
<tr><td>5. 能够说出常见的电路故障诊断方法</td><td></td><td></td><td></td></tr>
<tr><td rowspan="3">职业素养</td><td>1. 学习态度：积极主动参与学习</td><td></td><td></td><td></td></tr>
<tr><td>2. 团队合作：与小组成员分工合作，不影响学习进度</td><td></td><td></td><td></td></tr>
<tr><td>3. 现场管理：服从工位安排，执行实训室“5S”管理规定</td><td></td><td></td><td></td></tr>
<tr><td>综合评议与建议</td><td colspan="5"></td></tr>
</table>

# 学习自测

## 项目1

### 一、填空题

1. 蓄电池按结构特点可分为____________和____________两大类，大多数汽车上采用的是____________。

2. 汽车上有两个电源：一个是________，另一个是________。

3. 在发动机起动时，蓄电池向起动机提供强大的电流，约为________。

4. 铅酸蓄电池主要由______、______、______、______、________、________等组成。

5. 每个单格电池的电压约为________V，12 V 蓄电池由________个单格组成。

6. 正、负极板是由__________和填充在其上的__________组成。

7. 正极板上的活性物质是_____________，呈_____________；负极板上的活性物质是____________，呈_____________。

8. 电解液是由密度为_____________和________按一定比例配制而成的。

9. 配制成的电解液相对密度一般为__________。

10. 铅酸蓄电池的极桩制造厂已分别刻上“+”和“−”，同时在正极桩上涂______，负极桩上一般__________。

11. 联条的作用是将_________________，提高整个蓄电池的_____________。

### 二、判断题（正确的打“√”，错误的打“×”）

1. 电池是将化学能转换成机械能的一种装置。（　　）

2. 现代汽车普遍采用的电池是铅−二氧化铅蓄电池。（　　）

3. 酸性蓄电池的电解液为化学纯净的硫酸和蒸馏水。（　　）

4. 起动发动机的电源是发电机。（　　）

5. 各单格电池之间有间壁相隔，以保证各单格电池的独立性。（　　）

6. 栅架的作用是容纳活性物质。（　　）

7. 栅架的材料是铅锑和木材。（　　）

8. 铅锑合金中掺锑的目的是降低浇铸性能和减小机械强度。（　　）

9. 正负极板各一片插入电解液中，就可获得 6 V 的电动势。（　　）

10. 负极板总比正极板多一片。 ( )
11. 配制电解液时，是将蒸馏水注入硫酸中的。 ( )
12. 电解液在电池内的液面应高出防护片 10～15 cm。 ( )
13. 如果电解液的液面低于规定值时，应加稀硫酸，以保持一定的液面高度。 ( )
14. 电解液的标准温度各国都不一样，我国的标准温度是 20 ℃。 ( )
15. 加液孔盖是密封的，主要防止电解液逸出和外界空气进入电解液中。 ( )
16. 极桩的截面积上下大小是一样的，以防止导线松脱。 ( )
17. 东风 EQ1090 装有两个 6-Q-105 型干封式铅蓄电池。 ( )
18. 铅蓄电池的串联目的是提高蓄电池的额定电压。 ( )

## 三、问答题

1. 简述免维护蓄电池的原理。
2. 简述蓄电池充电方式及注意事项。
3. 画出用电器和发电机、铅酸蓄电池的并联电路。
4. 铅酸蓄电池的连接有哪几种形式？
5. 铅酸蓄电池的型号由哪五部分组成？写出每一部分的含义。
6. 试解释解放牌 CA1091 汽车用的 6-QA-100 型铅酸蓄电池各部分的意义？
7. 蓄电池主要由几部分组成？蓄电池在车上的作用有哪些？

# 参考答案

## 一、填空题

1. 铅酸蓄电池　镍碱蓄电池　铅酸蓄电池
2. 蓄电池　发电机
3. 200～600 A
4. 极柱　极板　隔板　电解液　壳体　联条
5. 2.1　6
6. 栅架　活性物质
7. 二氧化铅　棕红色　海绵状纯铅　青灰色
8. 1.84 g/cm$^3$的纯硫酸　蒸馏水
9. 1.24～1.31 g/cm$^3$
10. 红色　不涂颜色
11. 单格电池串联起来　端电压

## 二、判断题

1. ×　2. √　3. √　4. ×　5. √　6. √　7. ×　8. ×　9. ×　10. √　11. ×　12. ×
13. ×　14. √　15. ×　16. ×　17. ×　18. √

## 三、问答题

1.【答】在充电时，电能转化为化学能，放电时化学能又转化为电能。电池在放电时，金属铅是负极，发生氧化反应，被氧化为硫酸铅；二氧化铅是正极，发生还原反应，被还原为硫酸铅。电池用直流电充电时，两极分别生成铅和二氧化铅。移去电源后，它又恢复到放电前的状态，组成内部动态平衡的化学电池。铅蓄电池是一种能够反复充电、放电的电池，又叫作二次电池。

2.【答】① 充电室应该安装通风和防火设备，并且在充电过程中严禁烟火，以免发生事故。

② 充电过程中，要及时检查记录各单格电池电解液密度和端电压。在充电初期和中期，每 2 h 检查记录一次即可，接近充电终了时，每 1 h 检查记录一次。

③ 在充电过程中，观察各单格电池的端电压和电解液密度，若有异常，应停止充电。

④ 在充电过程中，必须随时测量各单格电池的温度，以免温度过高影响蓄电池的性能。当电解液温度上升到 40 ℃时，应立即将充电电流减半。减小充电电流后，如果电解液温度仍继续升高，应该停止充电，待温度降低到 35 ℃以下时，再继续充电。

⑤ 初充电作业应连续进行，不可长时间间断。

⑥ 充电时，应旋开出气孔盖，使产生的气体能够顺利逸出。

⑦ 就车充电时，一定要将蓄电池负极断开，否则会损坏电控系统的电子元器件。

⑧ 如果蓄电池长时间未在行车中使用，如库存车蓄电池等，必须以小电流进行充电。

⑨ 对过度放电的蓄电池进行充电时，不可采用快速充电方法。

3. 略。

4.【答】四种形式——单一电池、串联、并联、串并联。

5.【答】第一部分表示串联单格电池个数，第二部分表示电池的用途，第三部分表示极板类型，第四部分表示额定容量，第五部分是表示特殊性能。

6.【答】即用 6 个单格电池串联，额定电压为 12 V，起动型干荷式蓄电池、额定容量为 100 A·h。

7.【答】蓄电池主要由极柱、极板、隔板、电解液、壳体、联条等部组成。蓄电池在车上的作用有以下几点：

① 在发动机起动时，蓄电池向起动机提供强大的电流（约为 200～600 A，柴油机可达 1 000 A），同时向点火系统、燃油喷射系统及发动机其他用电设备供电。

② 当发电机不工作时，由蓄电池向用电设备供电。

③ 当发电机正常发电时，蓄电池将发电机的电能转变为化学能储存起来（即充电）。

④ 当发电机过载时，蓄电池协助发电机向用电设备供电。

⑤ 当取下车钥匙时，蓄电池会向时钟、发动机及其他控制单元、音响系统和防盗报警系统等供电。

⑥ 蓄电池相当于一个大容量电容器，可以保持汽车电气系统电压的稳定，保护电子元件。

# 项目 2

## 一、填空题

1. ____________是汽车的主要电源，其功能是在发动机起动后，把机械能转变成电能，利用整流功能把交流电变成直流电，给用电设备供电(起动机除外)，同时向__________充电。

2. 目前汽车上所用的交流发电机，按调节器是否单独安装可分为两大类：一类是调节器单独安装，称为______________________；另一类是调节器安装在发电机内部，称为__________________。

3. 按磁场绕组搭铁形式不同，交流发电机可分为__________和__________两种。

4. 按整流板二极管数目不同，交流发电机分为__________交流发电机、__________交流发电机、__________交流发电机和 11 管式交流发电机。

5. 交流发电机的转子是用来建立磁场的，主要由两块___________、___________、__________和_________等组成。

6. 汽车交流发电机一般由________、________、________、_________、________、带轮（整体式交流发电机，内部还包含电压调节器）等组成。

7. 交流发电机励磁方式有_______和_______两种。

## 二、选择题

1. 一般硅整流发电机都采用（　　）连接，即每相绕组的首端分别与整流器的硅二极管相接，每相绕组的尾端在一起，形成中性点 N。

A. 星形　　B. 串联　　C. 三角形　　D. 并联

2. 整流器的作用是把三相同步交流发电机产生的（　　）转换成（　　）输出，它一般用六只硅二极管接成三相桥式全波整流电路。

A. 交流电　　B. 直流电　　C. 低压　　D. 高压

3. 当发电机低速运转，电压（　　）蓄电池电动势时，蓄电池向调压器励磁线圈供电，同时进行他励发电。

A. 低于　　B. 高于　　C. 等于

4. 判断一个整流二极管好坏时，红表笔接其管壳，黑表笔接中心引线，测得的电阻值约为 9 Ω；对换表笔测得电阻为“∞”。请判断该二极管是否损坏？该二极管是正极管还是负极管？（　　）

A. 否；负极管　　B. 是；正极管　　C. 否；正极管　　D. 是；正极管

5. 汽车充电指示灯在发电机未起动或低速时（　　），发电机转速超过 1 000 r/min 以上时，充电指示灯（　　），以表示蓄电池处于（　　）状态。下列正确的一项是（　　）。

A. 熄灭；点亮；充电　　B. 点亮；熄灭；放电

C. 点亮；熄灭；充电　　D. 熄灭；点亮；放电

6. 某发电机的一个接线柱标注有“D+”符号，表示该接线柱为（　　）。

A. 磁场接柱　　B. 电枢输出接柱

C. 励磁电压输出接柱　　D. 中性点接柱

## 三、判断题（正确的打“√”，错误的打“×”）

1. 在用充电指示灯代替电流表的汽车上，如果从起动到运行的过程中，指示灯一直不亮，则说明发电机正常。（　　）

2. 交流发电机的励磁过程是先自励后他励。（　　）

## 三、问答题

1. 发电机不发电的主要原因有哪些？

2. 如何判断和排除充电电流过小故障？

## 参考答案

### 一、填空题

1. 交流发电机　蓄电池
2. 普通硅整流发电机　整体式硅整流发电机
3. 内搭铁式　外搭铁式
4. 6 管　8 管式　9 管式
5. 爪极　励磁绕组　轴　集电环
6. 转子　定子　整流器　前后端盖　风扇
7. 他励　自励

### 二、选择题

1. A　2. A；　B　3. A　4. C　5. B　6. A

### 三、判断题

1.×　2.×

### 三、问答题

1. 【答】发电机不发电的主要原因有：整流二极管击穿短路或断路；激磁绕组短路或断路；三相定子绕组相间短路或搭铁；转子滑环严重氧化脏污，炭刷架损坏或炭刷在刷架中卡住。

2. 【答】蓄电池在存电不足的情况下，提高发动机转速，电流表指针指示较小的充电电流，则为充电电流过小故障。这一般是发电机本身电压不足，调节器技术状态不良以及充电线路中电阻增大所致。

可按以下步骤判断和排除：检查蓄电池、发电机、调节器和电流表等各机件的接线柱及其导线连接是否牢靠。检查风扇皮带是否过松而使发电机转速不高。在上述情况正常时，可在发动机中等转速下检查调节器的限额电压，拆检发电机是否有磨损损坏的异常现象。检查调节器活动触点是否烧蚀或有无氧化物，活动触点臂与铁芯间间隙及弹簧拉力是否符合技术要求；调节器接线有无松动现象。发现异常现象应及时修复。发动机在中速以上运转时，接通前照灯，若电流仍，显示充电，为充电系统技术状况良好；若电源表显示放电，为充电电流过小故障，应予检修。

# 项目 3

## 一、填空题

1. 直流电动机主要由壳体、________、________、________和电刷组件等部分组成。

2. 起动系统主要由蓄电池、____________和____________组成，起动时借助点火开关和起动继电器，控制起动机接通或切断主电路，来起动发动机。

3. 各种普通起动机的结构大同小异，它主要由____________、____________和____________三部分组成。

4. 单向离合器有________、________、________等几种类型。

5. 在现代汽车上，起动机均采用电磁式控制电路，电磁式控制装置是利用电磁开关的电磁力操纵拨叉，使________与________啮合或分离。

6. 装起动继电器的目的是减小通过________________，防止________________。

## 二、选择题

1. 电刷由铜粉与石墨粉压制而成，能够减少（　　），增加耐磨性。

A. 电阻　　B. 电流　　C. 磨损　　D. 振动

2. 正常情况下，开大灯或按喇叭前后蓄电池端电压变化不大于（　　）。

A. 0.1～0.2 V　　B. 0.2～0.3 V　　C. 0.3～0.4 V　　D. 0.4～0.5 V

3. 常见的起动机驱动小齿轮与飞轮的啮合靠（　　）强制拨动完成。

A. 轴承　　B. 离合器　　C. 拨叉　　D. 齿轮

## 三、问答题

1. 对起动系统的要求有哪些？

2. 简述起动机传动机构的组成及作用。

3. 起动机起动无力的常见原因有哪些？

## 参考答案

### 一、填空题

1. 磁极　电枢　换向器
2. 起动机　起动机控制电路
3. 直流电动机　传动机构　控制机构
4. 滚柱式　摩擦片式　弹簧式
5. 驱动齿轮　飞轮
6. 点火开关的电流　点火开关烧损

### 二、选择题

1. A　2. A　3. C

### 三、问答题

1. 【答】为了完成起动的任务，不管何种起动机都要满足以下要求。

（1）起动时应平顺，起动机的齿轮与发动机的飞轮齿圈啮合要柔和，不应发生冲击。

（2）发动机起动后，起动机的小齿轮应能自动打滑或脱离啮合。

（3）起动系统结构应简单、工作可靠。

（4）发动机在工作中，起动机的小齿轮不能再进入啮合，防止发生冲击。

2. 【答】它一般由驱动齿轮、单向离合器、拨叉、啮合弹簧等组成。传动机构的作用是把直流电动机产生转矩传递给飞轮齿圈，再通过飞轮齿圈把转矩传递给发动机的曲轴，使发动机起动；起动后，飞轮齿圈与驱动齿轮自动打滑脱离。

3. 【答】起动运转无力常见原因：（1）蓄电池亏电或有故障。（2）蓄电池极桩氧化或桩头、导线连接松动。（3）电磁开关故障，如接触盘和主接线柱烧蚀等造成接触不良。（4）直流电动机故障，如换向器脏污或烧蚀，电刷磨损严重、电枢绕组或磁场绕组部分短路等。

# 项目 4

## 一、填空题

1. 按照系统的构造和工作特点，点火系统可以分为____________________________、______________________和________________________________。

2. 按点火信号发生器的形式不同，无触点电子点火系统可分为________________、_____________、_____________等多种形式。

3. 无触点电子点火系统一般由__________________、_____________、_____________、点火线圈、点火开关、火花塞等组成。

4. 磁脉冲式无触点电子点火装置由点火信号发生器、____________、______________、______________、火花塞等组成。

5. 微机控制点火系统主要由下列元件组成：监测发动机运行状况的___________，处理信号、发出指令的___________，响应微机发出指令的点火器、点火线圈等。

6. 根据点火线圈的数量和高压电分配方式，又可分为_____________、______________和________________三种类型的无分电器电控点火系统。

## 二、选择题

1.（　　）取决于曲轴基准位置传感器（点火基准传感器）信号及其最初调整值，其值随车型或发动机型式而异。另外，该基准信号也常作为发动机起动时的点火信号。

A. 初始点火提前角　　B. 基本点火提前角

C. 修正点火提前角　　D. 实际点火提前角

2. 一般功率高、压缩比大的发动机选用热值高的（　　）。

A. 热型火花塞　　B. 中型火花塞　　C. 冷型火花塞　　D. 普通火花塞

3.（　　）用来不断地检测与点火有关的发动机工况信息，并将检测结果输入电子控制单元，作为运算和控制点火时刻的依据。

A. 执行器　　B. 传感器　　C. 电脑　　D. 控制器

4. 发动机工作期间（多在低速大负荷工况时）如发生爆燃，且爆燃强度达到一定值时，电子控制单元便能接收到提前信号，并根据爆燃强度的大小给点火电子组件发出推迟点火的信号，一般每次推迟（　　）曲轴转角，直到爆燃消失。

A. 5°～15°　　B. 0.05°～0.15°　　C. 0.5°～1.5°　　D. 50°～60°

## 三、判断题

1. 点火线圈的初级电阻阻值应该比次级电阻阻值大很多。（ ）

2. 火花塞的绝缘体不得有破裂，否则应予以更换。（ ）

3. 在确认点火信号发生器基本完好的情况下，可采用跳火试验法来判断点火器是否有故障。（ ）

4. 二极管配电点火方式的特性与同时点火方式相同，但对点火线圈要求较高，而且发动机的气缸数必须是数字 4 的整倍数，所以在应用上受到一定的限制。（ ）

5. 在微机控制的电子点火系统中，爆燃控制一般仅在大负荷、中低转速（如小于 3 000 r/min）时起作用，而在部分低负荷高转速时则多采用闭环控制。（ ）

6. 爆燃消失后，电子控制单元便将点火提前角逐渐移至最佳点火角，或以一定角度使点火提前，直到再次发生爆燃时为止。（ ）

7. 对涡轮增压式发动机而言，由于混合气进入气缸前要经过废气涡轮增压器进行预压缩，故爆燃问题将更加突出，而消除爆燃最有效的方法是增大点火提前角。（ ）

8. 爆燃控制最主要的传感器是爆燃传感器，它用于检测发动机是否发生爆燃，一般每台发动机安装 1～2 只，分别安装在发动机气缸体或气缸盖的前部和后部。（ ）

## 四、问答题

1. 简述无分电器同时点火方式的点火系统有哪些缺点？
2. 简述点火系统的作用与要求。
3. 电子点火装置在使用过程中应注意哪些事项？
4. 火花塞有哪些方面检查调整？

## 参考答案

### 一、填空题

1. 传统触点式点火系统　无触点电子点火系统　微机控制点火系统
2. 磁脉冲式　光电式　霍尔效应式
3. 点火信号发生器　点火器　附加电阻
4. 点火器　分电器　点火线圈
5. 传感器　微处理器
6. 独立点火方式　同时点火方式　二极管配电点火方式

### 二、选择题

1. A　2. C　3. B　4. C

### 三、判断题

1. ×　2. √　3. √　4. √　5. ×　6. √　7. ×　8. √

### 四、问答题

1.【答】无分电器同时点火方式的点火系统的缺点：

（1）产生的点火火花成对出现，使点火的次数加倍，能量的消耗有所增大，且有浪费。

（2）由于用成对火花点火，它不适合应用在气缸数为奇数的发动机上。

（3）需要有两个功率输出级触发，电路较复杂。

2.【答】发动机点火系统的作用是按照发动机的点火次序，在一定的时刻供给火花塞足够能量的高压电，使其两极间产生电火花，点燃混合气，使发动机做功。

为了确保发动机能正常工作，发挥最佳的性能，要求点火系应满足下列三个要求：

（1）能产生足以击穿火花塞电极间隙的高电压。

（2）电火花应具有足够的能量。

（3）点火时间应与发动机的工作情况相适应。

3.【答】（1）电子点火装置必须有可靠的搭铁，尽量减小搭铁处的接触电阻，以确保电路稳定可靠地工作。

（2）安装时，接线必须正确、牢固。

（3）电子点火系统中的点火线圈一般为专用高能点火线圈，不能用普通点火线圈代替。

（4）洗车时应尽量避免水溅到点火电子组件和分电器内。

（5）发动机运转时，不可拆去蓄电池连接线，也不可用刮火的方法检查发电机的发电情况，以免产生瞬间过电压而损坏点火电子组件。

（6）当需要拆、接电子点火装置连接导线或安装、拆卸检测仪器时，应先关断点火开关或断开蓄电池的搭铁线。

4.【答】（1）火花塞外观的检查。

（2）火花塞电极间隙的检查调整。

（3）火花塞插头电阻检查。

（4）火花塞绝缘电阻测量。

（5）火花塞跳火检查。

# 项目 5

## 一、填空题

1. 汽车的照明系统一般包括________、________、________、________、________和行李厢灯等。

2. 汽车信号系统主要包括________、________、________、________、危险警告灯、驻车灯、各种指示灯及喇叭等。

3. 前照灯主要由________、________和________三部分组成。

4. 目前，汽车上多使用组合灯具，将__________、__________等组合起来，称为前组合灯。

5. 如遇危险情况，可使前后左右四个转向灯同时闪烁，作为______________________，请求其他车辆避让。

6. 按照声频，喇叭可分为_______________、_______________。

## 二、选择题

1. 汽车倒车灯的灯光颜色通常为（　　）。

A. 红色　　B. 白色　　C. 橙色

2. 汽车制动灯的灯光颜色通常为（　　）。

A. 红色　　B. 白色　　C. 橙色

3. 汽车电喇叭，可按外形分为螺旋形、（　　）和盆形。

A. 长形　　B. 筒形　　C. 短形

4. 前照灯的近光灯丝位于（　　）。

A. 焦点上方　　B. 焦点处　　C. 焦点下方

5. 下列关于汽车照明系统的叙述不正确的是（　　）。

A. 前照灯的光源可以是灯泡

B. 充气灯泡采用钨丝作灯丝，灯泡内充以氩和氮的混合惰性气体

C. 反射镜可使光线向较宽的路面散射

6. 下列关于车前照灯远近光不全的故障检修，其中不正确的是（　　）。

A. 检查灯光开关是否损坏

B. 检查相应熔丝是否损坏

C. 检查变光开关是否损坏

## 三、判断题

1. 有些汽车设置了高位制动灯，主要目的是踩刹车时更加绚丽、美观。（　）
2. 汽车雾灯发光颜色一般为黄色。（　）
3. 铁芯气隙小时，膜片的振动频率高，则音量变大。（　）
4. 卤钨灯泡是在惰性气体中渗入卤族元素，使其防眩目。（　）
5. 汽车会车时应采用远光灯，无对面来车时采用近光灯。（　）
6. 夜间车前应有明亮均匀的光照，应使驾驶员能看清车前 100 m 或更远距离以外路面上的任何障碍物。（　）

## 四、问答题

1. 简述汽车照明系统的组成和作用。
2. 汽车信号系统的作用是什么？
3. 对于汽车前照灯的基本要求有哪些？
4. 汽车上闪光器的功用是什么？电子式闪光器有哪些优点？
5. 简述电喇叭的通常调整内容及其决定因素。
6. 前照灯的电路由哪几部分组成？

## 参考答案

### 一、填空题

1. 前照灯　雾灯　牌照灯　仪表灯　顶灯
2. 转向灯　制动灯　示宽灯　倒车灯
3. 灯泡　反射镜　配光镜
4. 前照灯　前转向灯
5. 危险报警信号
6. 高音　低音

### 二、选择题

1. B　2. A　3. B　4. A　5. C　6. A

### 三、判断题

1. ×　2. √　3. ×　4. ×　5. ×　6. √

### 四、问答题

1.【答】汽车照明系统一般包括前照灯、雾灯、牌照灯、仪表灯、顶灯和行李箱灯等。这些设备的作用是为了保证汽车在光线不好的条件下提高车辆行驶的安全性和运行速度。一般来说，汽车照明设备除了主要用于照明处，还用于汽车装饰。

2.【答】汽车信号系统的作用是通过声响和灯光向其他车辆司机以及行人发出警告，引起注意，确保车辆的行驶安全。

3.【答】前照灯的基本要求：

（1）夜间车前应有明亮均匀的光照，驾驶员能辨明车前 100 m 以内路面的障碍物。目前汽车前照灯照明距离已达 200～250 m。

（2）具有防眩目装置，避免因灯光眩目造成会车事故。

（3）光束横向应有一定的散射宽度，以便直行时能看清车身侧面运动物体及转弯时的照明需要。

（4）满载时，照明效果不应因车灯高度变化而下降。

4.【答】闪光器是控制转向信号灯闪烁频率的装置。电子式闪光器的优点有：结构简单、体积小、性能稳定、可靠、使用寿命长。

5.【答】电喇叭的调整包括音调调整和音量调整两个方面：

（1）音调的调整是通过调整衔铁与铁芯间的气隙来实现。铁芯气隙小时，膜片的振动频率高，音调高。

（2）音量的调整是通过调整喇叭内触点顶压力（即控制喇叭线圈的电流大小）来实现。触点的接触压力增大时，喇叭的音量则变大，反之音量变小。

6.【答】前照灯控制电路主要由灯光开关、变光开关、前照灯继电器及前照灯组成。

# 项目 6

## 一、填空题

1. 常用的汽车仪表按照功能不同可分为＿＿＿＿＿＿＿＿＿＿、＿＿＿＿＿＿＿＿＿＿、＿＿＿＿＿＿＿＿＿＿、＿＿＿＿＿＿＿＿＿＿等。

2. 车速里程表是用来指示汽车＿＿＿＿＿＿＿＿和＿＿＿＿＿＿＿＿的。

3. 燃油表由安装在燃油箱上的＿＿＿＿＿＿＿＿和安装在仪表盘上的＿＿＿＿＿＿＿＿两部分组成。

4. 冷却液温度过高报警灯通常为＿＿＿＿＿＿＿＿，其作用是当冷却液温度升高到一定值时，警告灯自动＿＿＿＿＿＿＿＿，指示＿＿＿＿＿＿＿＿。

5. 在汽车润滑系统中，一般都备有机油压力报警装置，由＿＿＿＿＿＿＿＿＿＿和＿＿＿＿＿＿＿＿＿＿组成。

## 二、选择题

1. 机油压力传感器安装在（　　）。

A. 主油道　　B. 分油道　　C. 进气管道

2. 温度传感器普遍采用负温度系数电阻，其特性为：温度上升时电阻越（　　），导致电流越（　　）。

A. 大；小　　B. 大；大　　C. 小；大

3. 燃油表一般采用（　　）传感器。

A. 双金属式　　B. 热敏电阻式　　C. 可变电阻式

4. 发动机转速表用的电子式转速表，其信号取自（　　）的脉冲电压。

A. 充电系统　　B. 点火系统　　C. ABS 系统

5. 当只有燃油表故障，燃油表指针总指向无油位置不动时，下列叙述不正确的是（　　）。

A. 可能是燃油表有故障

B. 可能是燃油表和燃油传感器的线路有故障

C. 可能是汽车电源系统有故障

6. 对于汽车仪表来说，下列说法正确的是（　　）。

A. 所有车都有车速表

B. 所有车都有发动机转速表

C. 大多数车都有机油压力表

## 三、判断题

1. 冷却液温度传感器安装在发动机汽冷却水套上。（　　）

2. 每当润滑系统机油压力低于标准值时，机油压力报警灯亮。（　　）

3. 冷却液温度低于标准值时，红色报警灯自动发亮报警。（　　）

4. 制动液面过高时，接通报警灯电路以示警告。（　　）

5. 汽车报警系统中的报警灯一般会在点火开关刚接通时进行自检，在此过程中都会亮灯，随后熄灭。（　　）

6. 拆装组合仪表时，应先拆下蓄电池正极电缆线。（　　）

## 四、问答题

1. 电子式车速里程表由哪些部分组成？

2. 试分析导致制动报警灯常亮故障的可能原因有哪些？

3. 试说明下列报警灯的名称及颜色。

| 指示灯 | 名称 | 颜色 |
|---|---|---|
|  | | |
|  | | |
|  | | |
|  | | |
|  | | |

## 参考答案

### 一、填空题

1. 冷却液温度表　燃油表　车速里程表　发动机转速表
2. 行驶速度　累计行驶里程数
3. 燃油传感器　燃油指示表
4. 红色警告灯　发亮报警　冷却液温度过高
5. 传感器　机油压力报警灯

### 二、选择题

1. A　2. C　3. C　4. B　5. C　6. A

### 三、判断题

1. √　2. √　3. ×　4. ×　5. √　6.×

### 四、问答题

1.【答】电子式车速里程表主要由车速传感器、信号处理电路、车速表和里程表四部分组成。

2.【答】可能原因有：制动液液面过低、制动液液位开关有故障、驻车制动开关有故障、警报灯线路有故障。

3.【答】

| 指示灯 | 名称 | 颜色 |
|---|---|---|
|  | 制动系统故障指示灯 | 红色 |
|  | 驾驶人安全带未系报警灯 | 红色 |
|  | 胎压异常指示灯 | 黄色 |
|  | ABS 故障指示灯 | 黄色 |
|  | 电子稳定控制系统故障灯 | 黄色 |

# 项目 7

## 一、填空

1. 电子式安全气囊主要由____________、____________、____________和 SRS 指示灯组成。

2. 汽车电子锁有____________________________、____________________________、__________________________、触摸式电子锁等类型。

3. 中央门锁控制系统主要由________________________、________________________、________________________、导线和继电器等组成。

4. 目前，不同车型所采用的电动车窗的电动机及其控制电路各不相同，电动机控制方式主要分为________________________和________________________两种。

5. 电动座椅主要由________________________、________________________等组成。

6. 风窗清洁装置由________________________、__________________________与除霜装置三部分组成。

7. 按动力源不同，汽车上采用的风窗玻璃刮水器分为__________、__________和电动式三种。

8. 电热控制除霜装置由___________、____________、___________和连接线路组成。

## 二、选择题

1. 安全气囊是（　　）装置。

A. 主动安全　　B. 被动安全　　C. 电动　　D. 机械

2. 安全气囊传感器包括（　　）传感器和压力传感器。

A. 曲轴位置　　B. 空气流量　　C. 加速度　　D. 水温

3. 下列不属于电动车窗防夹功能优点的是（　　）。

A. 防夹伤　　B. 防止电机过载　　C. 防盗

4. 在电动座椅中，不能将电机的旋转运动转变为直线运动的装置是（　　）。

A. 螺旋传动　　B. 齿轮齿条装置　　C. 凸轮机构

5. 风窗清洁装置的玻璃水喷出口的位置一般设置在（　　）。

A. 发动机盖上　　B. U 型槽盖板位置

C. 刮水器上　　D. 以上都对

6. 气囊组件主要由 SRS 气囊、（　　）和气体发生器等组成。

A. 点烟器　　B. 点火器　　C. 点火线圈　　D. 高压线

7. 在讨论气囊系统警告灯时，甲说有些系统的这种警告灯，在发动机起动后应闪光 7~9 次，然后熄灭；乙说有些系统的这种警告灯在发动机起动时应该发亮。下列说法正确的是（　　）。

A. 甲正确　　B. 乙正确　　C. 两人均正确　　D. 两人均不正确

8. 在讨论气囊胀开回路时，甲说如果起爆传感器触点闭合，该传感器就接通充气器到地线的电路；乙说如果两个判别传感器的触点闭合，气囊就胀开。下列说法正确的是（　　）。

A. 甲正确　　B. 乙正确　　C. 两人均正确　　D. 两人均不正确

9. 在讨论安全气囊系统的检修时，甲说在更换安全气囊系统元件之前，应该断开蓄电池负极线，并应等待 2 min；乙说该等待时间是使安全气囊系统计算机中的储备电源能量消失所必需的。下列说法正确的是（　　）。

A. 甲正确　　B. 乙正确　　C. 两人均正确　　D. 两人均不正确

## 三、判断题

1. 安全气囊系统的诊断主要是读取故障码和数据流。（　　）
2. 未引爆过的安全气囊报废后必须用专用工具引爆，然后就可以随便处理了。（　　）
3. 在检测丰田车系 SRS 系统前要将蓄电池负极拆下 20 s 以上，主要是让备用电源彻底放电，防止操作过程中导致安全气囊误引爆。（　　）
4. 大多数 SRS 系统连接器的颜色为黄色。（　　）
5. 太阳辐射传感器常采用的是正温度系数的热敏电阻式的传感器。（　　）
6. 碰撞传感器相当于一只控制开关。（　　）
7. 安全气囊的报警灯常亮说明系统没有故障。（　　）
8. 所谓中控锁就是驾驶员锁住驾驶员车门时，其他几个车门能同时自动锁住。（　　）

## 四、简答

1. 简述安全气囊的工作过程。
2. 简述电动中央门锁控制电路工作原理。
3. 简述电动刮水器的变速原理。
4. 根据下图简述 SRS 的工作原理。

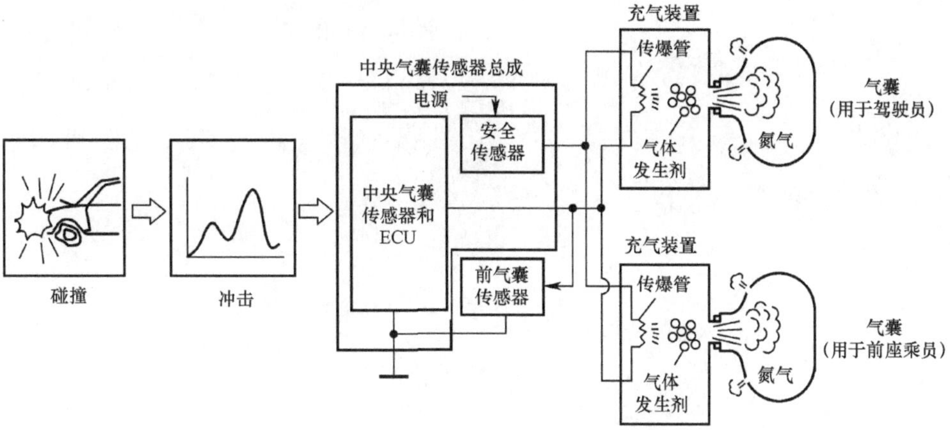

5. 下图是一种电磁线圈式门锁执行机构。根据下图说出电磁线圈式中控门锁工作过程。

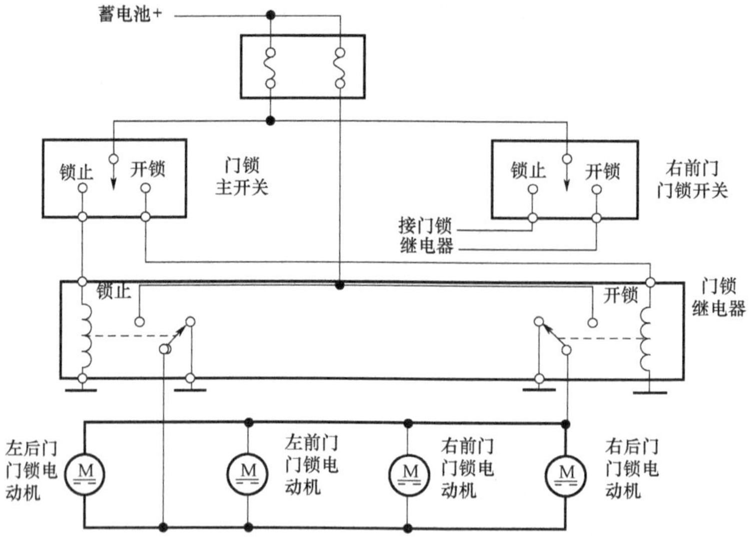

## 参考答案

### 一、填空

1. 安全气囊传感器　电子控制装置　安全气囊组件
2. 按键式电子锁　拨盘式电子锁　电子钥匙式电子
3. 双向直流电动机　门锁开关　连杆执行机构
4. 直接搭铁式　控制搭铁式
5. 双向直流电动机　传动机构
6. 风窗玻璃刮水器　风窗玻璃洗涤器
7. 真空式　气动式
8. 开关　控制器　电热丝

### 二、选择题

1. B　2. C　3. C　4. C　5. D　6. B　7. C　8. B　9. C

### 三、判断题

1. √　2. ×　3. √　4. √　5. √　6. √　7. ×　8. √

### 四、简答题

1.【答】当汽车受到前方一定角度范围内的高速碰撞时，安装在汽车前端的碰撞传感器与 SRS 控制电脑安装在一起的防护碰撞传感器检测到汽车突然减速的信号，使其两传感器的触点闭合合，将减速信号传到 SRS 控制电脑，通过计算和逻辑判断后，立即向 SRS 气囊组件内的点火器发出点火指令，点火剂引爆，迅速产生大量热量，气体发生器内的充气剂受热释放，将气囊膨胀，从而达到保护人体的目的。

2.【答】当用钥匙来开、锁门时，控制器被触发，门锁电动机反转，通过门锁操纵连杆操纵门锁动作，由于在锁或开门时给控制器的触发不同，故门锁电动机通过电流的方向相反，这样利用电动机的正转或反转，就可以完成车门的闭锁和开锁动作。

3.【答】由于电动刮水器的动力来源是直流电动机，故刮水器的变速就是直流电动机的变速。在实际应用中，通过电枢绕组的电流 $I$、电枢绕组的电阻 $R$ 以及常数 $k$ 均为定数，可见改变直流电动机的磁极磁通 $\Phi$ 和两电刷之间的电枢绕组（导体）数 $Z$ 均能改变直流电机的转速。当磁极磁通 $\Phi$ 减小时，转速 $n$ 上升，反之则转速下降。当导体数目增加时，转速 $n$ 也下降，反之则上升。

4.【答】当汽车发生碰撞时，由传感器对碰撞程度进行识别，对于中等程度以上的碰撞，传感器发出信号给 ECU，经 ECU 判别后发出点火信号使点火器工作，气体发生装置在极短的时间内产生大量气体通过滤清器充入卷收在一起的气囊，使其膨胀。

5.【答】当给锁门线圈通正向电流时，衔铁带动连杆左移，锁门；当给开门线圈通反向电流时，衔铁带动连杆右移，开门。

# 项目 8

## 一、判断题

1. 液体的沸点随压强的增大而升高；反之，在低压强下，液体的沸点也会相应降低。 ( )
2. 温度传感器是一种热敏电阻，它的电阻阻值随温度升高而升高。 ( )
3. 根据外形，热力膨胀阀可分为 F 型和 H 型。 ( )
4. 储液干燥器安装在冷凝器入口与膨胀阀出口之间。 ( )
5. 汽车空调系统检测，高压表高、低压表高，可能是系统制冷剂过量。 ( )
6. 在使用中，可以将两种不同的制冷剂交换使用。 ( )
7. 加注冷冻机油越多越好。 ( )
8. 冷凝器一般装在水箱前面。 ( )
9. R12 制冷剂是一种无色、无味、不燃烧不爆炸的工作介质，其不破坏大气臭氧层。 ( )
10. 空调系统的蒸发器一般可分管带式、管片式、平行流式三种。 ( )

## 二、单选题

1. 汽车空调系统中的动力设备是（ ）。

A. 冷凝器　B. 蒸发器　C. 压缩机　D. 节流器

2. 可以观察到冷冻油流动情况的设备是（ ）。

A. 连接管　B. 储液干燥器玻璃镜

C. 波纹管　D. 组合阀

3. 在把软管接在压力表上时，下列说法正确的是（ ）。

A. 红、蓝、黄管分别接在低压、高压和中间接头上

B. 红、蓝、黄管分别接在中间、高压和低压接头上

C. 红、蓝、黄管分别接在高压、低压和中间接头上

D. 红、蓝、黄管分别接在低压、中间和高压接头上

4. 汽车空调系统正常工作时，高压侧的压力最大范围为（ ）。

A. 1.2～1.5 MPa　B. 0.5～1.0 MPa

C. 1.5～2.5 MPa　D. 2.2～2.8 Mpa

5. 充注制冷剂的方法中，下列错误的是（ ）。

A. 从高压端充注

B. 从低压端充注

C. 从高低压端同时充注

D. 从高压端注入液态制冷剂，再从低压端补足制冷剂量

6. 蒸发器出口到压缩机入口的管道是（　　）。

A. 低压管　B. 排气管　C. 高压管　D. 送气管

7. 制冷剂更换时，真空泵的作用为（　　）。

A. 补充制冷剂　B. 抽排制冷剂和冷冻机油

C. 补充空气和水　D. 保护节流器免受损坏

8. 电磁离合器是装在压缩机主轴上的，它起到的作用是（　　）。

A. 通电或断电时，可以控制冷凝器停或开

B. 通电或断电时，可以控制发动机停或开

C. 通电或断电时，可以控制风扇停或开

D. 通电或断电时，可以控制压缩机停或开

9. 汽车制冷空调工作时，蒸发器出口处制冷剂为（　　）。

A. 气态　B. 液态　C. 固态　D. 混合态

10. 下列关于制冷剂在系统中的循环顺序正确的是（　　）。

A. 压缩—蒸发—减压—冷凝　B. 压缩—冷凝—蒸发—减压

C. 压缩—冷凝—减压—蒸发　D. 压缩—减压—冷凝—蒸发

## 三、多选题

1. 完善的汽车空调系统的组成包括（　　）。

A. 制冷系统　B. 取暖系统　C. 配气系统　D. 电气控制系统

2. 可用做制冷剂的有（　　）。

A. R12　B. R134a　C. $CO_2$　D. $N_2$

3. 热交换器包括（　　）。

A. 冷凝器　B. 蒸发器　C. 储液干燥器　D. 膨胀阀

4. 汽车空调取暖系统按照载热体不同可分为哪几种（　　）。

A. 气暖式　B. 余热式　C. 水暖式　D. 独立式

5. 自动空调与手动空调的区别有（　　）。

A. 控制系统的区别　B. 空调操作的区别

C. 温度设定值含义不同　D. 机械结构

## 四、问答题

1. 简述汽车空调的基本功能。

2. 膨胀阀在安装时应注意哪些方面？

3. 空调维修的注意事项。

## 参考答案

一、判断题

1. √　2. ×　3. √　4. ×　5. √　6. ×　7. ×　8. √　9. ×　10. ×

二、单选题

1. C　2. B　3. C　4. C　5. C　6. A　7. B　8. D　9. A　10. C

三、多选题

1. ABC　2. AB　3. AB　4. ACD　5. ABC

四、问答题

1. 【答】汽车空调的基本功能是用人为的办法在车厢中制造出使人感到舒适的气候环境，即在夏天能使车室内降温（制冷）、冬天能使车室内升温（采暖），并尽可能满足“头凉足暖”的循环送风原则。当车内空气混浊时要能补充新鲜空气（新风）或净化空气。对于高级车辆，还要求上述功能自动实现，则需要一套高级的自动控制与调节设备。

2. 【答】（1）膨胀阀应直立安装，不允许倒置。

（2）感温包应安装在蒸发器出口管的上表面，包扎牢靠，并注意与外界隔热。

（3）外平衡管应安装在感温包后面管段 10～15 mm 处。

3. 【答】（1）当处理制冷剂时，不得在封闭区或明火附近操作。要坚持带防护眼镜作业，不要让液态制冷剂进入眼睛或沾到皮肤上。

（2）如果液体制冷剂碰到眼睛或皮肤时不要揉擦，应用大量冷却水冲洗，并在皮肤上涂抹干净的凡士林，或去医院进行专业处理。

（3）当在制冷剂管路上更换零件时，应该用制冷剂回收机回收制冷剂再使用。在拆开部分立刻插入塞子防止潮气和灰尘进入。不要除去塞子，防止新冷凝器或储液罐/干燥器对大气环境开放。

在新压缩机拆卸柱塞前，要从加液阀放掉氮气。如果氮气没有先放掉，拆卸柱塞时压缩机油会随氮气喷出。

（4）当拧紧连接件时，对 O 形圈涂几滴压缩机油以便容易上紧，并防止制冷剂气体泄漏。要用两只开口扳手上紧螺母，避免扭曲管子。将 O 形圈或螺栓类接头拧紧到额定力矩。

（5）当处理制冷剂容器时，容器不得加热，容器必须保持在 40 ℃以下。当用温水加温容器时，注意不要把容器顶上的阀门浸入水中，因为水可能渗入制冷回路。空容器不得重复再用。

（6）当 A/C 开着并补足制冷剂气体时，如果制冷回路没有足够的制冷剂气体，油润滑会变得不足，并且压缩机可能会烧坏，因此要注意避免这种情况。

如果制冷剂容器颠倒，制冷剂又以液态加入，液体将被压缩，并且压缩机将损坏，因此制冷剂必须以气态加入。

不要加入过量的制冷剂气体，这会引起冷却不充分、燃油经济性差、发动机过热等故障。

（7）当用卤素管检漏器时，用明火有点燃爆炸性气体的危险。在用此检漏器前，首先检查附近是否存在易燃、易爆的材料。尽管制冷剂是无毒的，但一旦它暴露于明火，就变成有毒的。为此，如果检漏器中的火焰颜色发生变化，特别注意不要吸入检漏器发出的气体。

# 项目9

## 一、填空题

1. 导线的线径主要根据用电设备的____________进行选择，考虑到其耐久性，汽车电气系统中所用的导线线径均在_________以上。

2. 车载数据网具有多种网络总线，数据导线根据其所在的总线类型，有___________、_________、_________之分。

3. 为了便于维修，汽车线束中的导线常以不同的颜色加以区分并在电路图中加以标注。其中线径在_______以上的导线采用_______，而线径在_______以下的导线均采用_______，搭铁线则均为_______或_______。

4. 起动电缆用来连接_______与____________________的主接线柱。

5. 线束图用来说明线束在车身上的__________、__________和_________的基本情况。

## 二、判断题

1. 汽车的低压导线采用单股线。（　）

2. 汽车电气系统为直流系统。（　）

3. 所有的汽车都采用正极搭铁。（　）

4. 因为汽车所有的用电器都接到蓄电池，所以汽车电路中只有一个电源。（　）

## 三、问答题

1. 什么是断路？常用哪些工具来检测？

2. 简述汽车电路维修的注意事项。

## 参考答案

### 一、填空题

1. 工作电流　0.5 $mm^2$
2. CAN 总线　LIN 总线　MOST 总线
3. 4 $mm^2$　单色　4 $mm^2$　双色　黑色　棕色
4. 蓄电池起动机开关
5. 安装位置　搭铁点　线束插接器

### 二、判断题

1. ×　2. √　3. ×　4. ×

### 三、问答题

1. 【答】所谓断路，即电路的连通性遭到破坏，即开关闭合时，电路回路断开，系统不工作。断路故障可以使用电压表、试灯、有源试灯、欧姆表或借助跨接线来检测。

2. 【答】(1) 传统的汽车电器故障检修方法采用“试火”的办法，逐一判明故障部位及其原因。但在装有电控网络线路的现代汽车上，不允许使用这种方法，必须借助于一些仪表和工具，按照规定的方法进行。

(2) 拆卸蓄电池时，应先拆下负极电缆；装上蓄电池时，则应最后连接负极电缆。拆下或装上蓄电池时，应确保点火开关和其他开关都已断开。

(3) 靠近振动部件（如发动机）的线束应用卡子固定，并将松弛部分拉紧，以免由于振动造成线束与其他部件碰擦；紧挨尖锐金属部件的线束部分应用胶带缠好，以免磨破；安装固定零件时，应确保线束不被夹住或损坏。

(4) 安装插接器时，应确保连接器连接牢靠。

(5) 在维修工作中，对电器和电子元器件应轻拿轻放，不能粗暴对待；若工作时温度超过 80 ℃（如进行焊接作业）时，应先拆下对温度敏感的器件（如继电器、ECU）。

(6) 焊接电子元件时，应使用恒温或功率小于 75 W 的电烙铁。如无特殊说明，元件引脚距焊点应不小于 10 mm。

(7) 检测小功率晶体管或电子控制单元和传感器等电子设备时，一般使用高阻抗（内阻≥10 kΩ）的数字式万用表。